2023年版 出る順宅建士 当たる！直前予想模試

袋とじ
超独断

これが出たら困る！
とっておき！

ガチンコ予想

「出題論点」
大本命 & 大穴6選

ズバリ
こう出た！
過去問

×

ズバリ
こう出る！
予想問題

2023年度本試験で出題が予想される「とっておきの論点」を、LECの実力派講師陣が徹底ジャッジしました。直前期の試験対策にぜひご活用ください！

破線にそってハサミで切ってご使用ください。なお、切り取りの際の破損等による返品・交換には応じられません。

自信あり！
友次正浩
LEC専任講師

ヒ・ミ・ツ
水野 健
LEC専任講師

コレです

有山 茜
LEC専任講師

JN172671

権利関係 大本命 メジャー部門

集会の招集等（区分所有法）

アリかも！ 間違いない！ アリかも！

区分所有法は、毎年１問 中でも、集会は過去10年で8回

時系列を意識して知識を整理するとよいでしょう。

集会の招集等まとめ

①	招集権者	●管理者は、少なくとも毎年1回集会を招集しなければならない。
②	通知	●会日より少なくとも１週間前（建替え決議の場合を除く）に、会議の目的たる事項を示して、各区分所有者に発しなければならない。
③	決議	●原則、区分所有者及び議決権の各過半数で決する。 ●①重大変更、②大規模滅失復旧、③規約の設定・変更・廃止、④法人化等は、区分所有者及び議決権の各3/4以上で決する。 ●建物区分所有法又は規約により集会において決議をすべき場合において、区分所有者全員の承諾があるときは、書面又は電磁的方法による決議をすることができる。
④	効果	●占有者は、使用方法につき区分所有者と同一の義務を負う。（占有者は集会で意見を述べることができる。ただし、議決権は行使できない。） ●集会の決議は、区分所有者だけでなく、特定承継人に対しても、その効力を生ずる。

水野 健
LEC 専任講師

ズバリ！こう出た！過去問

Q1 管理者は、少なくとも毎年１回集会を招集しなければならない（2017年問13肢1）。

Q2 法又は規約により集会において決議をすべき場合において、これに代わり書面による決議を行うことについて区分所有者が１人でも反対するときは、書面による決議をすることができない（2009年問13肢2）。

Q3 規約及び集会の決議は、区分所有者の特定承継人に対しては、その効力を生じない（2010年問13肢2）。

A1 正 その通り。2回ではないので注意。

A2 正 書面による決議を行うには全員の承諾が必要である。

A3 誤 規約及び集会の決議は、特定承継人に対しても効力を生ずる。

権利関係 大穴 マイナー部門
根と枝（相隣関係）

一定要件下において枝を切除できるようになった

これまでは、「根は自ら切除してよい。枝は所有者に切除させることができるに留まる。」とされていましたが、枝についても、一定要件下においては自ら切除できるようになりました。

土地の所有者は、隣地の根や枝が境界線を越えて伸びてきた場合…

根		自ら切除できる。
枝	原則	自ら切除することはできない。（枝の所有者に切除させることができる。）
	例外	次の(a)(b)(c)のいずれかを満たす場合には、自らその枝を切除できる。 (a) 竹木の所有者に枝を切除するよう催告したにもかかわらず、竹木の所有者が相当の期間内に切除しないとき。 (b) 竹木の所有者を知ることができず、又はその所在を知ることができないとき。 (c) 急迫の事情があるとき。

有山 茜
LEC専任講師

ズバリ！こう出る！予想問題

Q1 土地の所有者は、隣地から竹木の根が境界線を越えて伸びてきたときは、自らこれを切除できる。

Q2 土地の所有者は、隣地から竹木の枝が境界線を越えて伸びてきたときは、当該竹木の所有者に当該枝を切除させることはできるが、急迫の事情がある場合でも、自らこれを切除することは許されない。

A1 正　根は文句なしに切除できる。

A2 誤　枝は、原則的に、自分で切除できず所有者に切除させることができるに留まるが、例外的に、自分で切除できる場合がある。

宅建業法 大本命 メジャー部門
媒介契約書面の記載内容

記載内容は省略できない

あっせんしないなら「しない」等、基づかないなら「否」等と記載します。

記載内容 ※いずれも省略不可	①	売買すべき価額又は評価額 ●ポイント　宅建業者が意見を述べるときは　根拠を示さなければならない（口頭可）。
	②	（既存建物の場合）既存建物の建物状況調査を実施する者のあっせんに関する事項 ●ポイント　・建物状況調査の概要自体は記載しなくてよい。 　　　　　　・あっせんしないならその旨を記載する。
	③	指定流通機構の登録に関する事項 ●ポイント　一般媒介契約の場合でも記載しなければならない。
	④	標準媒介契約約款に基づくか否か ●ポイント　一般媒介契約の場合でも記載しなければならない。
注意点		媒介契約書面は、依頼者の承諾を得て、電磁的方法により提供することもできる。

ズバリ！こう出た！過去問

※便宜上、一部改題しています。

Q1 宅建業者Aが、依頼者Bとの間に一般媒介契約（専任媒介契約でない媒介契約）を締結したときは、当該宅地に関する所定の事項を必ずしも指定流通機構へ登録しなくてもよいため、当該媒介契約の内容を記載した書面に、指定流通機構への登録に関する事項を記載する必要はない。（2008問35肢ア）。

Q2 宅建業者Aが、甲住宅について、法第34条の2第1項第4号に規定する建物状況調査の制度概要を紹介し、依頼者Bが同調査を実施する者のあっせんを希望しなかった場合、Aは、同項の規定に基づき交付すべき書面に同調査を実施する者のあっせんに関する事項を記載する必要はない（2018年問33肢1）。

A1 誤　一般媒介契約でも記載する必要がある。

A2 誤　あっせんしなかった旨を記載する必要がある。

宅建業法 大穴 マイナー部門
「経由」を要する手続き

奇をてらう問題に注意しよう

裏を返せば、下記の手続き以外の手続きで、経由について言及された場合、注意深く解く必要があるでしょう。

| 「経由」を要する手続き | ●大臣免許を申請する場合
●大臣免許へ免許換えをする場合
●大臣免許を受けている宅建業者が変更の届出をする場合
●大臣免許を受けている宅建業者が廃業等の届出をする場合
⇒主たる事務所の所在する都道府県知事を経由して大臣に申請（届出）

●大臣免許を受けている宅建業者が、契約等を行う案内所等を設置する場合
⇒案内所等の所在する都道府県知事を経由して大臣に届出

●登録の移転をする場合
⇒旧登録先の都道府県知事を経由して新登録先に申請 |

友次 正浩
LEC 専任講師

ズバリ！こう出る！予想問題

Q1 甲県知事の免許を受けているＡ（事務所数１）が、甲県の事務所を廃止し、乙県に事務所を新設して、引き続き宅地建物取引業を営もうとする場合、Ａは、甲県知事を経由して、乙県知事に免許換えの申請をしなければならない。

Q2 宅地建物取引士Ａ（甲県知事登録）が、乙県に所在する宅地建物取引業者の事務所の業務に従事することとなったときは、Ａは甲県知事を経由せずに、直接乙県知事に対して登録の移転を申請することができる。

A1 誤　Ａは、直接、乙県知事に免許換えの申請をしなければならない。

A2 誤　登録の移転の申請をする場合には、甲県知事を経由して、乙県知事に登録の移転の申請をすることとなる。

事後届出（国土利用計画法）

規模・区域問わず届出対象とならないもの

下記に該当すると、その規模（面積）、区域（場所）に関係なく、届出は不要です。

届出対象の取引に該当しない	・抵当権設定　・時効取得 ・贈与　・相続　・遺産分割 ・設定対価のない賃借権又は地上権設定
届出対象取引でも、例外的に不要	・当事者の一方又は双方が国、地方公共団体の場合 ・農地法第3条の許可を受けた場合 ・民事調停法による調停に基づく場合

友次 正浩
LEC 専任講師

ズバリ！こう出た！過去問

※便宜上、一部改題しています。

Q1 Gが所有する都市計画区域外の15,000㎡の土地をHに贈与した場合、Hは事後届出を行う必要がある。（2020年10月問22肢3）。

Q2 都市計画区域外においてAが所有する面積12,000㎡の土地について、Aの死亡により当該土地を相続したBは、事後届出を行う必要はない（2015年問21肢1）。

Q3 乙市が所有する市街化調整区域内の10,000㎡の土地と丙市が所有する市街化区域内の2,500㎡の土地について、宅地建物取引業者Dが購入する契約を締結した場合、Dは事後届出を行う必要はない。（2010年問15肢3）。

A1 誤　贈与による土地の取得は、届出対象の取引等に該当しない。

A2 正　相続による土地の取得は、届出対象の取引等に該当しない。

A3 正　取引の相手方が地方公共団体である「市」なので、届出は不要である。

法令制限 大穴 マイナー部門

農地の賃借人の保護（農地法）

出たら大変！ △ アリかも！ ○ アリかも！ ○

水野 健
LEC 専任講師

毎年出題される農地法だからこそ

マイナーな知識にも目を向けておきましょう。
また、そもそも、農地の賃貸借をする場合には、原則として許可が必要であり、許可を得ないでした行為は、効力を生じないこともおさえておきましょう。

農地の賃借人の保護まとめ

①	書面化	農地の賃貸借は、存続期間や借賃等を書面化しておく必要がある。
②	対抗要件	農地の賃借権の対抗要件は、引渡しで足りる。
③	存続期間等	農地の賃貸借の存続期間は、50年以内とされている。
④	契約の終了	農地の契約の解除、解約申入れ、合意解除など契約を終了させる行為には、原則として都道府県知事の許可を要する。

ズバリ！こう出る！予想問題

Q1 農地の賃貸借については、50年までの存続期間が認められる。

Q2 農地の賃貸借について法第3条第1項の許可を得て農地の引渡しを受けても、土地登記簿に登記をしなかった場合、その後、その農地について所有権を取得した第三者に対抗することができない。

Q3 農地の賃貸借の解除については、農地の所有者が、賃借人に対して一方的に解約の申入れを行う場合には、法第18条第1項の許可を受ける必要がない。

A1 正 その通り。

A2 誤 引渡しが対抗要件となる。登記の有無は結論に影響しない。

A3 誤 都道府県知事の許可（法第18条第1項の許可）を受ける必要がある。

講師プロフィール

水野 健　Mizuno Ken
LEC専任講師

モットーは『勉強嫌いを、勉強好きに！』。宅建講師、行政書士、不動産業経営者などなど、様々な顔を持つ唯一無二のカリスマ。長年の宅建受験指導や実務経験を活かし、単なる知識説明にはとどまらない、日常生活で生じる身近な事例を用いた講義は、独特の語り口調も合わさり多くの受験者を魅了する。スーパー合格講座をはじめとして数多くの宅建士講座の収録を担当。講師オリジナル講座には、毎年200名以上の受講生が集まるほどの人気講師。

【保有資格】宅地建物取引士・行政書士・マンション管理士
　　　　　　管理業務主任者・賃貸不動産経営管理士ほか
【ブログ】水野健の宅建・合格魂！養成ブログ
　　　　　（URL）https://ameblo.jp/takkenken1972/

友次 正浩　Tomotsugu Masahiro
LEC専任講師

國學院大學文学部日本文学科卒業・國學院大學大学院文学研究科修了（修士）。大学受験予備校講師として教壇に立ち、複数の予備校で講義を行うなど異色の経歴を持つ。現在はLEC東京リーガルマインド専任講師として、その経歴を活かした過去問分析力と講義テクニックを武器に、初心者からリベンジを目指す人まで、幅広い層の受講生を合格に導き、『講義のスペシャリスト』として受講生の絶大な支持を受け、圧倒的な実績を作り続けている。宅建士合格のトリセツシリーズ執筆者。

【保有資格】宅地建物取引士・マンション管理士・管理業務主任者
　　　　　　賃貸不動産経営管理士
【ブログ】TOM★CAT ～友次正浩の宅建合格道場～
　　　　　（URL）https://ameblo.jp/tomotsugu331/

有山 茜　Ariyama Akane
LEC専任講師

大学卒業後、不動産業界へ。バリバリの営業ウーマンとして不動産業界の現場で活躍する傍ら、2017年よりLEC東京リーガルマインド講師として教壇に立つ。担当した大学講座では、複数年にわたり多くの合格者を輩出。実際に不動産業に従事しているからこその経験やエピソードを交えた講義は、初学者にも分かりやすいと好評。現在は渋谷駅前本校でスーパー合格講座の講師を務めつつ、新たに行政書士としてのキャリアもスタートさせた。

【保有資格】宅地建物取引士・行政書士・マンション管理士
　　　　　　管理業務主任者・賃貸不動産経営管理士
【ブログ】Akane Note 有山あかねの不動産・宅建ブログ
　　　　　（URL）https://ameblo.jp/4riy4m4

はしがき

＜本書の目的＞

　本書は、宅建士試験の勉強をひと通り終えた方が、本番を意識した予行演習をするための予想問題集です。宅建士試験は合格率15～17％前後つまり100人受験すると約85人が落ちるという難関試験の一つです。テキストを読んで理解し、正確に知識を暗記しても問題が解けるとは言えない難しい試験です。そのため、多くの方が、過去問題集等を購入して、過去問を数多く解くという対策をとっています。しかし、繰り返し過去問を解き続けると、「答えを覚えてしまった」や「緊張感がない」という状況に陥るでしょう。そこで、ＬＥＣは宅建士試験と同じ時間・同じ問題数・同じレベルで、過去問ではない"オリジナル予想問題"を作成いたしました。

＜本書の特長＞

　本書は、LEC宅建講師陣による今年の宅建士試験を予想した「2023年試験に出る！最重要テーマ10」と、同じく今年の本試験を当てにいく「直前予想模試50問×4回分」を収録しています。さらに、恒例の人気講師による巻頭"袋とじ"企画として「『出題論点』大本命＆大穴6選」を本書限定で掲載しております。

　なお、より多くの問題を解いてみたいという方は、LECの「全日本宅建公開模試（基礎編・実戦編）」や「ファイナル模試」を受験してください。受験方法は会場受験（通学）、自宅受験（通信）のいずれか選ぶことができます。復習の際には、ご自身の弱点を分析できる成績表や、復習に役立つ解説冊子と解説動画がセットになっていますので安心してください。これらの模試は、全国のLEC各本校やLECオンラインショップでご購入いただけます。

　本書は、2023年4月1日以降に制作しておりますので、2023年4月1日時点の法改正に完全対応しております。

＜本書の利用法＞

　本書を下記のように有効活用をしていただき、効率の良い学習をしてください。

(1) 第1部「『出題論点』大本命＆大穴6選」＆「2023年試験に出る！最重要テーマ10」を読む
　　どのテーマも出題可能性が非常に高いものばかりですので、理解できていないもの、忘れていたものがあれば、最低3回は読み込んで、本番に備えましょう！

(2) 第2部「直前予想模試　第1回～第4回」を解く
　　問題冊子・マークシート用紙を切り離し、試験時間2時間（登録講習修了者の場合は1時間50分）を計って、解答してください。

(3) 購入者限定特典①「Ｗｅｂ無料成績診断」を利用する
　　解答が終わった答案のマークをＷｅｂ上のマークシートに入力しましょう。採点後、Ｗｅｂ上で成績表を閲覧することが出来るようになります。

(4) 購入者限定特典②「全模試4回分の無料解説動画」を視聴する
　　4回分の直前予想模試の解説動画を視聴してください。LEC宅建講座で活躍する講師陣が「合否を分ける重要問題」を中心に解説していきます。

　本書を最大限に活用し、ぜひとも2023年の合格を勝ち取ってください。

2023年6月吉日

株式会社　東京リーガルマインド
LEC総合研究所　宅建士試験部

本書の利用法

1. 本書の特長

　本書は、宅建士本試験問題と同様の構成になっています。さらに、より本試験の雰囲気を体験できるよう、問題冊子を抜き取れる製本にし、マークシートの解答用紙も添付しました。近年の新傾向にも対応しています。

2. 利用方法

①宅建士本試験と同様の条件で解いて、出題パターンを知る

　2時間で50問（5問免除対象者は、1時間50分で45問）を解いてみてください。これにより、普段のテキストを読んで過去問を解く勉強方法ではトレーニングできない、「時間の使い方」を習得できます。どのような問題がどのように出題されるのかについても疑似体験することができます。

②マークシートに慣れる

　宅建士試験はマークシートを鉛筆やシャープペンシルで塗りつぶす方法で解答しますので、マークシートに慣れておく必要があります。本書には本試験で使用されるものと同様のマークシートが4回分ついています。必ずこのマークシートを使ってトレーニングしてください。事前にコピーをすれば、何度でも繰り返し使えますので試してみてください。

3. 復習の方法

①自分の客観的な実力を把握する

　本書の問題は、難易度を本試験と同レベルに設定していますので、本書の問題を解くことによって、現時点での客観的な実力を知ることができます。

　宅建士試験の合格点は例年7割(35点)前後です。合格するための目安として、権利関係で14問中6～8点、宅建業法で20問中16～20点、法令上の制限で8問中5～7点、税・価格の評定で3問中1～2点、5問免除対象科目で3～4点の得点が必要です。これとの比較によって、自分の勉強がどの分野でどの程度進んでいるのかを把握してください。

　しかし、直近3年間で行われた本試験5回(通常年1回。2020年と2021年は10月、12月の2回実施)の内、2回は合格基準点が36点、さらに2020年10月試験は38点となっていて、近年の合格には7割を超える得点が必要とされることもあります。そのため、得点目標としては40点を目指して復習してください。

②自分の弱点を知る

　各回の解説の前に出題項目の一覧表がついています。これにより、どの項目が自分の弱点なのかがわかります。

③重要度の高い問題から復習する

　本書には、LECが毎年実施している『全日本宅建公開模試』の出題予想ノウハウが投入されています。なかでも、解説の「重要度ランク」はフルに活用してください。Aランク（出題率が高く、かつ合格者なら正解するであろう問題）は必ず復習してください。これに対して、Cランク（出題率が低いか、又は合格者でも正解率が低いであろう問題）は必ずしも復習する必要はありません。

　１つの問題の中でも重要な選択肢もあれば、復習の必要性が低い選択肢もあります。選択肢別の「重要度」を参考に、★印が３つのものを最優先にして（余裕のある方は★印が２つのものまで）復習してください。

4. 法改正と統計問題への対応について

　本書は、2023年４月１日現在施行されている法令に基づいて作成していますので、本年度の宅建士試験に完全対応しています。

　また、「統計」の問題も、2023年４月１日現在公表され本年度出題が予想される情報に基づいて作成しています。しかしながら、2023年４月２日以後に公表される統計情報が出題される可能性もあります。

　最新の統計情報については、「宅建NEWS　８月号」にて公開しています。宅建士試験最新情報満載の「宅建NEWS（10月までに２回発行予定）」は、LEC Myページよりご覧いただけます。Myページの登録方法は、本書の「インターネット情報提供サービス」ページにてご確認ください。

5. Web無料成績診断、Web無料解説動画の利用について

　本書購入者特典として、４回の各問題について、Web上で、無料採点サービス、個人成績表・総合成績表の閲覧、解説動画の視聴をすることができます。詳細は、本書の「本書購入者特典のご案内」ページをご覧ください。

本書購入者特典のご案内

Web無料成績診断

①合格可能性がわかる！

全4回分の問題を各回ごとに採点を行い、成績診断をしますので、個人成績やサービスをご利用頂いた方々の中での順位・偏差値がわかります。また、ＬＥＣ独自のレベル判定などから本試験での推定順位を算出します。

②問題ごとの重要度がわかる

各回、各肢ごとの正解率、各肢の選択率（何％の方が肢の何番を選んだか）等を成績表につけますので、問題の難度、重要度もデータ上から判明するので、復習の目安になります。

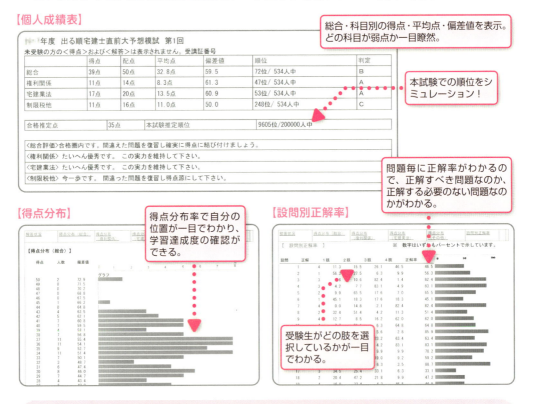

全模試4回分の無料解説動画

全4回の各回ごとに無料解説動画を視聴することができます。

LEC専任講師が「合否を分ける重要問題」を中心に解法の目線、注意点を解説します。また、横断的な知識の整理等も合わせて講義していきます。

※画面はイメージです。実際の解説担当講師は異なります。

「Web無料成績診断」の受け方

手順1
「LEC Myページ」に入ります。

※採点サービスは2023年7月1日～2023年10月12日となります。

※Myページをお持ちでない方は、Myページを作るところからスタート！
改正資料や統計情報など、合格に不可欠なツールが閲覧、ダウンロードできます。作成にかかる時間は5分程度。
Myページの作成はこちらから⇒ https://online.lec-jp.com/mypage/

【「LEC Myページ」とは】
LECの各種サービスを利用するための機能・情報が1カ所に集まった、あなた専用のページです。最新の情報や割引クーポンの入手など受験生にうれしい特典が満載！登録料・利用料ともに無料です。

手順2
Myページができたら、Myページの「ScoreOnline」をクリック

「ScoreOnline」をクリック

手順3
「無料成績診断・書籍模試」を選択し、「2023年度宅建（書籍）」→「宅建直前予想模試」→「回数」の順にクリック

「無料成績診断・書籍模試」を選択（※）

（※）LECの有料講座（模試）をお申込でない方は、「無料成績診断・書籍模試」だけが表示されます。

「2023年度宅建（書籍）」をクリックし「宅建直前予想模試」と「回数」を選択

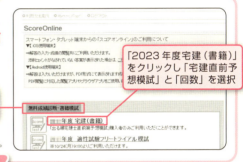

手順4
成績診断を行う方は「受験」をクリック。そして、下記のパスワードを入力すると解答入力画面に進みます。後日成績表をご覧になるときは「閲覧」をクリックしてください。

パスワード **231419**

解答入力期間：2023年7月1日～2023年10月12日
採点結果公開日：7月7日 ※以降毎週金曜日更新
成績表公開日：9月4日

「受験」をクリック
→パスワードを入力したらいよいよ解答を入力！

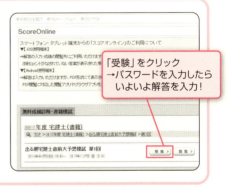

全模試4回分の無料解説動画 視聴方法

解説動画はこちらからご視聴ください
（2023年8月初旬以降UP予定）

⇒ https://www.lec-jp.com/takken/daiyosou/

CONTENTS

<袋とじ>
これが出たら困る！ とっておき！「出題論点」大本命＆大穴6選

はしがき

本書の利用法

本書購入者特典のご案内

<巻頭特集> 2023年試験に出る！最重要テーマ10

宅建士試験ガイダンス

インターネット情報提供サービス

問題冊子

第1回 問題 ・・・・・・・・・・・・・・・・・・・・・・・・ 1～26

第2回 問題 ・・・・・・・・・・・・・・・・・・・・・・・・ 1～26

第3回 問題 ・・・・・・・・・・・・・・・・・・・・・・・・ 1～27

第4回 問題 ・・・・・・・・・・・・・・・・・・・・・・・・ 1～28

解答・解説

第1回 解答・解説 ・・・・・・・・・・・・・・・・・・・・・・・・ 1

第2回 解答・解説 ・・・・・・・・・・・・・・・・・・・・・・・・ 49

第3回 解答・解説 ・・・・・・・・・・・・・・・・・・・・・・・・ 97

第4回 解答・解説 ・・・・・・・・・・・・・・・・・・・・・・・・ 143

巻頭特集

2023年試験に出る！
最重要テーマ10
～今年出るテーマをLEC講師が渾身予想～

　　宅建士試験は毎年50問の出題があり、出題項目は多岐にわたります。出題の可能性として考えると、とてつもなく広範囲に及んでいます。しかし、同じような問題が毎年出題されている項目があるのも事実です。また、3年、4年ごとに定期的に出題されるものもあります。

　　多くの不確かな情報に翻弄されるのはよくありませんが、試験直前期は、ある程度はメリハリをつけて勉強しなければ効率も悪くなります。

　　そこで、その毎年出題されているテーマ、今年出題されそうなテーマを実際に現場で講義を担当しているLEC専任講師陣に「10」個選んでもらい、それらの基本事項の確認ができるよう特集を組みました。

　　勉強が進んでいない方は、今一度この基本に立ち返り、ある程度完成している方は最終確認にご利用ください。

テーマ 1	代理（無権代理の相手方の保護）	小野　明彦	LEC専任講師
テーマ 2	相続（遺言・遺留分）	小原　典彦	LEC専任講師
テーマ 3	不動産登記法	水野　健	LEC専任講師
テーマ 4	免許・取引士手続き総合	友次　正浩	LEC専任講師
テーマ 5	35条書面・37条書面の対比	小山　淳	LEC専任講師
テーマ 6	住宅瑕疵担保履行法	亀田　信昭	LEC専任講師
テーマ 7	開発行為の規制等	林　秀行	LEC専任講師
テーマ 8	農地法	有山　茜	LEC専任講師
テーマ 9	不動産取得税	久保田 充秋	LEC専任講師
テーマ10	電磁化・押印の廃止	才間　恵一	LEC専任講師

テーマ1 権利関係
代理（無権代理の相手方の保護）

出題予想コメント: 今年は出題可能性大！

過去10年の出題傾向

	'13	'14	'15	'16	'17	'18	'19	'20 (10月)	'20 (12月)	'21 (10月)	'21 (12月)	'22
無権代理	★	★				★	★		★		★	

権利関係の中でも、頻出項目である代理。その中でも、無権代理については、しっかり学習しておこう。合格者は必ず学習している項目だからだ。

無権代理の相手方の保護

無権代理人と契約を結んでも、原則として、本人に対して効力は生じない。**本人が追認すると（契約時にさかのぼって）効果が発生**するという非常に不安定な状態となる。相手方にとってみれば、有効になるか無効になるかわからない状態である。

催告権

相手方は、悪意であっても、本人に対して、追認するかどうかの**催告**をすることができる。なお、本人からの確答がない場合には、追認拒絶とみなされる。

取消権

不安定な立場を逃れるため、無権代理人と結んだ契約を**取り消すことができる**。ただし、**相手方は善意であること**が必要で、また、本人が追認をすると、取消権の行使はできなくなる。

追認！ 本人 ← 早い者勝ち！ → 相手方 取消し！

履行請求又は損害賠償請求

無権代理行為の効果が生ぜず、契約の目的が達成できなかった場合、**無権代理人に対して、履行請求又は損害賠償請求**をすることができる。ただし、**相手方は善意かつ無過失**（無権代理人が悪意であるときは、相手方は善意であれば過失があっても可）であることが必要である。

表見代理

本人の落ち度と**相手方の善意無過失**の条件が揃えば、**表見代理が成立**し、**本人に効果が帰属**する。
表見代理の基本パターンは以下の3種類である。
①授権表示（代理権を与えていないが、与えたような表示をした）
②権限外（与えていた代理権の権限を越えて、代理行為をした）
③消滅後（与えていた代理権が消滅後、代理行為をした）

Point 整理して覚えよう！

	善意無過失	善意有過失	悪意
催告権	○	○	○
取消権	○	○	×
履行請求・損害賠償請求	○	×※	×
表見代理	○	×	×

※無権代理人が悪意のときは○

人気講師が斬る！

小野 明彦
LEC専任講師

■Profile
1997年以来、LEC一筋で全ての講座に登壇してきた大ベテラン！冷静な過去問分析力と、情熱的な指導力で不変の看板講師！

代理は頻出分野ですが苦手にしている人も多いので、しっかり学習すればライバルに差をつけることができる分野です。代理のなかでも無権代理は得意不得意がはっきりとしてしまう分野。しっかりと理解して得点につなげよう！

過去問題を解いてみよう！

問題 AがBの代理人として行った行為に関し、BがAに与えた代理権が消滅した後にAが行った代理権の範囲内の行為について、相手方Cが過失によって代理権消滅の事実を知らなかった場合でも、Bはその責任を負わなければならない。なお、Bの追認はないものとする。（2021年（12月）問5肢4出題）

正解 × 無権代理の相手方（C）が悪意又は有過失の場合、表見代理は成立せず、本人（B）は責任を負わない。

テーマ 2 権利関係
相続（遺言・遺留分）

出題予想コメント：今年も出題可能性大

過去10年の出題傾向

	'13	'14	'15	'16	'17	'18	'19	'20(10月)	'20(12月)	'21(10月)	'21(12月)	'22
相続全般	★	★	★	★	★	★	★	★	★	★		★
遺言・遺留分			★								★	★

相続からは過去10年間で毎年出題されているが、遺言・遺留分も比較的多く出題されているといえるだろう。法改正もあり、今年も出題可能性は高いと考えておこう。遺言・遺留分の内容を確実に理解しておこう。

遺言

民法では相続人・相続分を規定している。では、相続人以外に（あるいは、法定相続分と異なる割合で）相続財産を承継させるには遺言をすればよいのだが、遺言はどんな方法でも可能なのか？

【遺言の特徴】

(1) 遺言の方式	遺言は、法律が定めた一定の方式（自筆証書、公正証書、秘密証書、その他特別の方式）によらなければならない。 →自筆証書遺言は、遺言者が、その全文、日付及び氏名を自書しなければならないが、添付する相続財産目録については自書しなくてもよい。
(2) 遺言能力	満15歳に達した者は遺言をすることができる。 →未成年者であっても、満15歳になれば単独で遺言をすることができる。
(3) 遺言の撤回	遺言はいつでも自由に撤回できる。 →前の遺言と後の遺言とが抵触するときは、抵触部分については後の遺言で前の遺言を撤回したものとみなされる（前の遺言と後の遺言とが異なる方式であっても同様である）。前にした遺言と抵触する処分が行われた場合も同様である。
(4) 検認	自筆証書遺言※及び秘密証書遺言による遺言の保管者は、遺言書を家庭裁判所に提出して、その検認を請求しなければならない。 →検認は、遺言書の形式等を検査・確認し、その保存を確実にするための形式的なものであり、遺言の有効・無効を判定するものではない（検認の手続と遺言の効力とは無関係である）。

※法務局における遺言書の保管等に関する法律により法務局（遺言書保管所）に保管されている場合、検認は不要

遺留分

ある者一人に、全財産を相続させた場合や遺贈した場合でも、兄弟姉妹以外の相続人に一定の割合が残される。これが遺留分である。

【遺留分の割合】

遺留分の割合	①直系尊属のみが相続人である場合	被相続人の財産の3分の1
	②①以外の場合	被相続人の財産の2分の1
	上記の額にそれぞれの相続人の法定相続分の割合を乗じたものが、各相続人の遺留分として確保される。 ※兄弟姉妹には遺留分は認められない。	

遺留分が害されたらどうすればよいか？遺留分を害された者は、害された分を金銭で払えと請求することができる。これが遺留分侵害額請求である。

遺留分が必要ない者は放棄できる。

【遺留分の放棄】

要件	相続開始前に遺留分の放棄をするには、家庭裁判所の許可が必要である。 →なお、相続放棄は、相続開始前にすることはできない。
効果	・共同相続人の1人が遺留分の放棄をしても、他の共同相続人の遺留分は増加しない。 ・遺留分を放棄しても、相続を放棄したことにはならない。

整理して覚えよう！

遺言、遺留分について、他の重要ポイントも含め、まとめておきました。

遺言の撤回	できる
相続の承認・放棄の撤回	できない
遺言に行為能力	不要
相続の承認・放棄に行為能力	必要
相続開始前の遺留分の放棄	できる
相続開始前の相続の放棄	できない

人気講師が斬る！

小原 典彦
LEC専任講師

▶Profile◀
講義の特徴は出題頻度別の徹底した過去問演習。過去問演習をもとに講義の中で頻出論点をおさえることで、効率的な学習を可能にする。

相続は毎年出題される分野です。遺留分と相続分の違いは確実に理解しましょう。

遺言がなければ法定相続により相続分が分けられます。違う分け方をするには遺言を残すことになります。この遺言が出てきたときに、相続人が戦う武器が遺留分です。遺言がなければ武器は必要ありません。だから遺留分と相続分は全くの別物です。このあたりの区別も確実にできるようにしてください。

過去問題を解いてみよう！

問題 被相続人Eの生前に、Eの子Fが家庭裁判所の許可を得て遺留分の放棄をした場合でも、Fは、Eが死亡したとき、その遺産を相続する権利を失わない。（1997年問10肢4出題）

正解 ○ 遺留分の放棄と相続の放棄は、異なる制度である。遺産の一部が遺贈された場合、遺留分を放棄していたとしても、相続する権利を失うものではない。

テーマ3 権利関係
不動産登記法

出題予想コメント: 今年も出題可能性大！

過去10年の出題傾向

	'13	'14	'15	'16	'17	'18	'19	'20 (10月)	'20 (12月)	'21 (10月)	'21 (12月)	'22
登記の仕組み			★	★								
表示に関する登記	★	★		★	★	★	★		★		★	
権利に関する登記	★	★		★	★	★			★			
登記の手続き	★					★	★			★	★	★

不動産登記法の分野は、毎年出題されています。技術的な色彩が強く、なじみにくく感じられますが、最低限、基本的な事項はマスターしておきましょう。まずは、表示に関する登記と権利に関する登記の目的をしっかりおさえましょう。次に、申請義務があるか否かという点や登記の申請方法（単独で申請できるか否か）をおさえましょう。

表示に関する登記と権利に関する登記の目的

　表示に関する登記には、不動産の物理的現況を明らかにし、どこに、どのような不動産があるのかを特定できるようにするという公益の目的があります。
　一方で、権利に関する登記には、誰がこの不動産の所有権を有しているのか、誰が抵当権者なのか等を公示することで、国民の権利を保全し、取引の安全をはかる目的があります。

≪試験対策上のポイント：申請義務があるか否か≫
　先の通り、表示に関する登記は公益目的でなされるものですから、登記をしておく必要性が高く、原則として申請義務が課されています。例えば、新築した建物の所有権を取得した者は、取得の日から1カ月以内に表題登記（最初になされる表示の登記のこと）を申請しなければなりません。
　一方で、権利に関する登記には、このような申請義務はありません。権利者の自由意思に任されています。

所有権の保存の登記

　所有権の保存の登記とは、ある不動産について、初めてなされる所有権の登記のことをいいます。例えば、建物を新築した際など、不動産を原始的に取得した場合になされる所有権の登記とイメージするとわかりやすいでしょう（ただし、例外あり）。

≪試験対策上のポイント：登記申請人≫
　所有権の保存の登記の申請は単独でなされます。所有権の保存の登記を申請できる者は以下の通りです。
　　①表題部所有者又はその相続人その他の一般承継人
　　②所有権を有することが確定判決によって確認された者
　　③収用によって所有権を取得した者
　　④区分建物につき、表題部所有者から直接所有権を取得した者

このうち、特に①と④の違いをおさえましょう。①は、建物を新築した本人やその相続人というイメージでよいでしょう。これに対して④は、分譲マンションの購入者というイメージです。したがって、新築した本人（ないしはその関係者）が申請しているのか否かという点で違いが有ります。④は、マンション販売会社が、所有権の保存の登記の申請に伴う登録免許税を節約できるようにするための配慮と考えればよいでしょう。

権利に関する登記の申請

権利に関する登記の申請は、原則として、**登記権利者**（買主のイメージ）及び**登記義務者**（売主のイメージ）が**共同して行う必要**があります。これには、登記の真正（真実味）を担保するという目的があります。

≪試験対策上のポイント：単独申請ができる場合≫
　一定の場合には、例外的に単独で申請をすることができます。

	内容	考え方
①	登記手続きを命じる確定判決による登記	裁判所のお墨付きがあるなら問題ない。
②	相続による登記	被相続人が死亡しているため、相続人が単独で申請するしかない。
③	登記名義人の氏名等の変更・更正の登記	そもそも、共同で申請するという趣旨のものではない。
④	所有権保存の登記	

水野 健
LEC専任講師

■Profile■
モットーは『勉強嫌いを、勉強好きに』。宅建講師、行政書士、不動産業経営者などなど、様々な顔を持つ、唯一無二のカリスマ講師。

不動産登記法は、初学者がつまずきやすい論点といえるでしょう。闇雲に手を広げずに、これまでに取り上げた基本論点をしっかりおさえることで、理解が進むはず！

過去問題を解いてみよう！

問題　新築した建物又は区分建物以外の表題登記がない建物の所有権を取得した者は、その所有権の取得の日から1月以内に、所有権の保存の登記を申請しなければならない。（2016年問14肢1出題）

正解　　所有権の保存の登記は権利に関する登記であるので、申請義務はない。

テーマ 4 宅建業法 免許・取引士手続き総合

出題予想コメント　今年も出題可能性大！

 ## 過去10年の出題傾向

	'13	'14	'15	'16	'17	'18	'19	'20(10月)	'20(12月)	'21(10月)	'21(12月)	'22
免許の効力	★	★		★	★	★		★		★		
宅地建物取引士の登録	★				★	★	★	★	★	★	★	★
宅地建物取引士証	★	★		★	★	★	★	★	★		★	

「免許の効力」に関してはこの10年間で7回出題されている。また「宅地建物取引士の登録」は10年間で9回出題されている。それぞれの知識を混同しないように正確に整理しておく必要がある。特に「変更の届出」と「変更の登録」の違いは重要である。また、宅建業者の免許の基準と宅地建物取引士の登録の基準もあわせて押さえておこう。

 ## 「免許換え」と「登録の移転」の比較

【移る】

	免許換え（宅建業者）	登録の移転（宅地建物取引士登録を受けている者）
内容	事務所の廃止・移転・新設により、現在受けている免許が不適当になった場合には、免許換えを申請しなければならない（義務）。	登録先以外の都道府県内にある宅建業者の事務所で業務に従事し、又は従事しようとする場合、その都道府県知事に対して登録の移転申請ができる（任意）。
申請方法	①知事免許⇒直接申請 ②大臣免許⇒主たる事務所の所在地を管轄する都道府県知事を経由	登録を受けている都道府県知事を経由
有効期間	免許換えの時から5年間	前の宅地建物取引士証の有効期間が経過するまでの期間を有効期間とする。
その他	変更の届出は不要	事務禁止処分の期間中は申請できない。

 ## 「変更の届出」と「変更の登録」の比較

【変わる】

	変更の届出（宅建業者）	変更の登録（宅地建物取引士の登録を受けている者）
時期	変更後30日以内	変更後遅滞なく
内容	①商号又は名称 ②事務所の名称・所在地 ③役員及び政令で定める使用人の氏名 ④専任の宅地建物取引士の氏名	①氏名 ｝宅地建物取引士証の ②住所 　書換え交付申請も必要 ③本籍 勤務先宅建業者の ④商号又は名称 ⑤免許証番号

「廃業等の届出」と「死亡等の届出」の比較

【やめる】

	廃業等の届出 （宅建業者）	死亡等の届出 （宅地建物取引士登録を受けている者）
時期	30日以内	30日以内
義務者	① 死亡⇒相続人（知った日から） ② 合併による消滅 　⇒消滅会社の代表役員 ③ 破産⇒破産管財人	① 死亡⇒相続人（知った日から） ② 心身の故障 　⇒本人、法定代理人、同居の親族 ③ その他（破産等）⇒本人

整理して覚えよう！

【各種手続きのまとめ】

	移る	変わる	やめる
宅建業者	免許換え （義務）	変更の届出 （義務・30日以内）	廃業等の届出 （義務・30日以内）
宅地建物取引士	登録の移転 （任意）	変更の登録 （義務・遅滞なく）	死亡等の届出 （義務・30日以内）

手続きについては、義務なのか任意なのか、また「30日以内」なのか、「遅滞なく」なのか、「いつから」30日以内なのか正確に覚えよう。

友次 正浩
LEC専任講師

■Profile
大学生の頃から塾講師として教壇に立ち、大手大学受験予備校で国語科の講師を務める。わかりやすく伝える講義力と、過去問の分析力には定評アリ。

「免許の効力」、「取引士の登録」それぞれの知識を混同しないように正確に整理しておく必要がある。特に「変更の届出」と「変更の登録」の違いを確認する。
今年は個数問題で総合問題が出題されるものと予想する。たとえば、「宅地建物取引士Aが宅地建物取引業者Bに勤務する場合に、〜」のように「取引士」と「宅建業者」の両方の知識を1つの選択肢で問う問題である。要注意である。

過去問題を解いてみよう！

問題 宅地建物取引士Aが宅地建物取引業者Bに勤務する場合に、Bが廃業したときは、Aは変更の登録の申請を、また、Bは廃業の届出をしなければならない。（1993年問40肢3出題）

正解 ○ Bが廃業したときは、Aの勤務先は宅建業者Bでなくなるため、Aは変更の登録の申請を、また、Bは廃業の届出をしなければならない。

テーマ5 宅建業法　35条書面・37条書面の対比

出題予想コメント 今年も出題可能性大

過去10年の出題傾向

	'13	'14	'15	'16	'17	'18	'19	'20 (10月)	'20 (12月)	'21 (10月)	'21 (12月)	'22
35条書面記載事項	★	★	★	★	★	★	★	★	★	★	★	★
37条書面記載事項	★	★	★	★	★	★	★	★	★	★	★	★

「35条書面（重要事項説明書）記載事項」、「37条書面記載事項」とも、この10年毎年出題されている。37条書面記載事項ではあるが、35条書面記載事項ではない事項の出題が多く、その攻略がポイントとなる。

35条書面と37条書面

「35条書面（重要事項の説明書面）」と「37条書面（契約内容を記載した書面）」の記載内容は頻出中の頻出テーマである。

"35条書面では記載が必要だが37条書面では不要"、"37条書面では記載が必要だが35条書面では不要"、"両者で必要"、"両者で不要"等の出題パターンがあり、初めて学習するときに混乱を起こしやすい。

特に頻度が高いものが、「37条書面の必要的記載事項は35条書面の記載事項にはならない。」という形式である。

なぜそうなるのか。見極めポイントを紹介するので得点項目にしてほしい。

両者の根本的な違い

【35条書面】
契約を締結するか否かの判断材料を説明

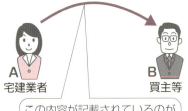

【37条書面】

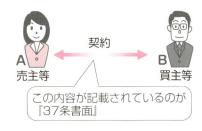

35条書面では、契約によって決まる事項、言い換えれば当事者の合意を待たなければ決まらない事項の記載は義務づけていないということである。

たとえば代金にせよ、代金以外の金銭にせよ、支払や授受の時期は35条書面の記載事項ではない。「いつ払うか。」は、売主と買主の契約によって決まるものであるため、義務づけていない。

さらに、「天災その他不可抗力による負担（危険負担）」、「契約不適合担保責任の内容」、「公租公課の負担」も、売主と買主の契約で決まることが多く、35条書面でなく37条書面の任意的（定めがあるとき）記載事項となっている。

37条書面記載事項のポイントとして、**必ず記載される内容と、合意があったときだけに記載すればよい内容**の2種類を意識することがあげられる。単純知識として覚えるだけの項目なので、重要事項の説明内容と混乱しないように、時間をかけて習得していこう。「必ず記載」するのか、「定めがあるときに記載」するのか、ここの違いが出題される。

試験対策では、必要的記載事項の3つ（下記②③④）をまず覚えるとよい。

次に、貸借の場合は不要であるものに注意しよう。

整理して覚えよう！

定めの有無にかかわらず37条書面は記載必要　35条は記載不要

		35条書面	37条書面
①	既存建物であるときは、当事者の双方が確認した事項	×	○（貸借なら①③は不要）
②	代金・交換差金・借賃の額・支払時期・支払方法		
③	移転登記の申請時期		
④	物件の引渡時期		

定めのある場合のみ37条書面は記載必要　35条は記載不要

		35条書面	37条書面
⑤	天災その他不可抗力による損害の負担（危険負担）	×	△（貸借なら⑥⑦は不要）
⑥	契約不適合担保責任の内容		
⑦	公租公課の負担		

 人気講師が斬る！

小山 淳
LEC専任講師

■Profile
過去問と合格者データを重視し、合格者のわかっている知識と過去問を徹底的に講義し、宅建士試験に自信をもてるようにしている。また、具体的イメージを挙げての講義で理解しやすい講義を心がけている。

「代金の額は売買契約の中で一番重要な要素にもかかわらず、重要事項の説明対象になっていないのはなぜですか。」という質問を受けることがある。

「代金の額」は売主と買主の話し合いの結果決まるものなので、上記の通り、重要事項として説明を義務づけてはいないのである。

実際上は、販売価格で購入することが多いことから「代金は前もって決まっている」という印象を受けるのである。しかし、交渉によって値引きしてもらえるかも知れず、その場合、販売価格は代金と一致しないのである。

過去問題を解いてみよう！

問題　宅建業者A社は、建物の売買に関し、その媒介により契約が成立した場合に、天災その他不可抗力による損害の負担に関する定めがあるときは、その内容を記載した37条書面を交付しなければならない。（2013年問31肢ウ出題）

正解　○　危険負担の定めがあるときは、37条書面に記載しなければならない。

テーマ6 宅建業法
住宅瑕疵担保履行法

出題予想コメント 今年も出題可能性大！

過去10年の出題傾向

	'13	'14	'15	'16	'17	'18	'19	'20 (10月)	'20 (12月)	'21 (10月)	'21 (12月)	'22
住宅瑕疵担保履行法	★	★	★	★	★	★	★	★	★	★	★	★

住宅瑕疵担保履行法の分野は、毎年出題されています。
出題のパターンは一定なので、慣れれば得点源にしやすい分野であるといえますが、「類似論点との混同を誘う問題」に気をつけておかなければ思わぬ失点をしてしまう可能性がありますので、注意しましょう。

資力確保措置の義務を負う者

宅建業者は、自ら売主として、宅建業者でない者に対して新築住宅を販売する場合には、特定住宅瑕疵担保責任の履行を確保するため、「住宅販売瑕疵担保保証金の供託」、又は「住宅販売瑕疵担保責任保険契約の締結」のいずれかによる資力確保が義務付けられています。

≪試験対策上のポイント≫

宅建業法と同様の「自ら売主制限」となります。資力確保義務を負うのは、相手方（買主）が「宅建業者でない者」に限定されます。なお、建設業者は「宅建業者でない者」に該当します。また、代理・媒介業者は、資力確保義務は負いません。

資力確保措置

≪供託のポイント≫

供託手続きについては、①供託所（主たる事務所の最寄りの供託所）、②供託方法（金銭又は一定の有価証券）、③最寄りの供託所が変更した場合（保管替え等）の手続き等は、営業保証金の手続きに準じます。以下は相違点ですので、注意して下さい。
- 供託額は、毎年基準日において、当該基準日前10年間に買主に引き渡した新築住宅の合計戸数を基礎として計算した保証金の額です（新築住宅の合計戸数を算定するにあたっては、その床面積が55㎡以下のものについては、2戸をもって1戸と数えます。）。
- 住宅販売瑕疵担保保証金の額が基準日に係る基準額を超えることとなったときは、その超過額を取り戻すことができますが、この取戻しは免許権者の承認を受けなければなりません。

≪保険契約のポイント≫
- 宅建業者が保険料を支払います。
- 保険金額は2,000万円以上でなければなりません。
- 有効期間が新築住宅の引渡しを受けた時から10年以上でなければなりません。

≪資力確保措置の状況の届出のポイント≫
　新築住宅を引き渡した宅建業者は、毎年、基準日（3月31日）ごとに、保証金の供託及び保険契約の締結の状況について、**基準日から3週間以内に、免許権者に届け出**なければなりません。
　⇒この届出をしない宅建業者は、**基準日の翌日から起算して50日を経過した日以後**、新たに**自ら売主となる新築住宅の売買契約を締結してはなりません。**

情報提供

　宅建業者は、自ら売主となる新築住宅の買主に対して、**売買契約を締結するまでに**、保証金を供託している供託所の所在地等について、書面を交付し、又は買主の承諾を得て、電磁的方法により提供して説明しなければなりません。

亀田 信昭
LEC専任講師
■Profile■
法律の理解はもちろん、点数のとり方、ミスの防ぎ方まで、実践的な講義が特徴。面倒見がよく、頑張る人には最後まで徹底的にサポート。

住宅瑕疵担保履行法からは、毎年のように似通った知識が出題されるため、過去問をマスターしておけばかなりの確率で得点が期待できます。裏を返せば、住宅瑕疵担保履行法での失点は、大きな痛手になり、他の受験者に差をつけられるので、油断せずにいきましょう！

過去問題を解いてみよう！

問題　宅地建物取引業者は、自ら売主として宅地建物取引業者である買主との間で新築住宅の売買契約を締結し、その住宅を引き渡す場合、住宅販売瑕疵担保保証金の供託又は住宅販売瑕疵担保責任保険契約の締結を行う義務を負う。（2022年問45肢1出題）

正解 ✗　宅建業者が買主である場合には、資力確保措置を執る必要はない。

テーマ7 法令上の制限・税・その他
開発行為の規制等

出題予想コメント 今年も出題可能性大！

過去10年の出題傾向

	'13	'14	'15	'16	'17	'18	'19	'20 (10月)	'20 (12月)	'21 (10月)	'21 (12月)	'22
開発行為の規制等	★	★	★	★	★	★	★	★	★	★	★	★

開発行為の規制等の分野は、毎年出題されています。
面積要件（数値）を問う問題など、正確な暗記が求められる問題が出題されることが多いものの、そのパターンは一定なので、慣れれば得点源にしやすい分野であるといえます。
盲点になりやすいのが、開発行為か否かの判断です。面積要件等を暗記するだけでなく、定義もしっかりとおさえましょう。

開発行為か否か

　開発行為とは、主として建築物の建築又は特定工作物の建設の用に供する目的で行う土地の区画形質の変更のことをいいます。要するに、主に「建物や工作物など、なんらか立体的なものを設置する目的で行う土地の工事」とイメージすればよいでしょう。

≪試験対策上のポイント：開発行為か否か≫
　「なんらか立体的なものを設置する目的で行う土地の工事」が開発行為なのですから、いくら大規模の工事であったとしても、青空駐車場の用に供する目的の土地の区画形質の変更は開発行為にはあたりません。
　また、建設物が第二種特定工作物の場合、その規模（規模要件）が問われる場合があります。

ゴルフコース	規模要件なし
野球場、庭球場、動物園その他の運動レジャー施設や墓園	10,000㎡以上

　この点、小規模開発による許可の例外との区別をつけておかなければ、思わぬ失点をしてしまう可能性がありますので注意しましょう。例えば、「市街化区域内で行われる、8,000㎡の野球場を建設する目的で行われる土地の区画形質の変更は開発許可を受ける必要があるか」と出題された場合、答えは「不要」となります。そもそも開発行為に該当しないためです。この点、「開発許可の要否の考え方」を意識しておく必要があります。

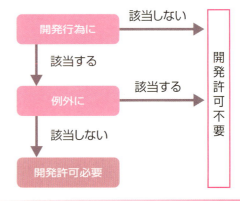

開発行為であるか否か　許可が必要か否か

　公益上必要な建築物のうち、開発区域及びその周辺の地域における適正かつ合理的な土地利用及び環境の保全を図る上で支障がないもの（駅舎、図書館、公民館、変電所等）を建築する目的で行う開

発行為は、区域や規模を問わず、常に開発許可が不要となります。

≪試験対策上のポイント：新傾向の問題への対応≫

近年の試験では、駅舎、図書館、公民館、変電所以外の建築物についても出題されています。直近では、公園施設（2021年10月）、博物館（2022年）が出題されました。

このような新傾向の問題に対応するために必要なことは、やはり開発許可の論点を過不足なく学習しておくことでしょう。これにより、比較検討によって正解肢を導き出すことが可能になります。そして、ときには「図書館を作る目的の開発行為が許可不要なのだから、博物館を造る目的の開発行為も許可不要だろう。」と素直な気持ちで類推することも解決の糸口となるでしょう。

面積要件

開発行為の規模が一定の大きさに満たないものについては、開発許可が不要とされます。

≪試験対策上のポイント≫

直接的な関係はありませんが、国土利用計画法における届出対象面積（事後届出）と比較しておきましょう。いずれも頻出の論点ですので、しっかりと比較しておかなければ、要件が混同してしまい、思わぬ失点をするおそれがあるといえるでしょう。

小規模開発（開発許可）	区域	届出対象面積 （国土利用計画法 事後届出）
1,000㎡未満ならば不要	市街化区域	2,000㎡未満ならば不要
3,000㎡未満ならば不要	市街化調整区域	5,000㎡未満ならば不要
	区域区分が定められていない都市計画区域	
	準都市計画区域	10,000㎡未満ならば不要
10,000㎡未満ならば不要	都市計画区域及び準都市計画区域以外の区域内	

人気講師が斬る！

林 秀行
LEC専任講師

■ Profile
私は難解な法律を身近な具体例に置き換えて、イメージしやすいかたちでお伝えする事を常に最優先に考えています。講義では勉強すべき範囲を絞り込み、理解すべき事項、記憶すべき事項を明確に指摘していきます。

開発行為か否かをまず判断しましょう。面積要件ばかりにとらわれず、今一度定義を復習しておきましょう！

過去問題を解いてみよう！

問題 市街化調整区域内における庭球場の建設の用に供する目的で行う5,000㎡の土地の区画形質の変更を行う場合には、開発許可を受ける必要がない（2007年問20肢ア出題）

正解 ○ 本肢の庭球場は5,000㎡なので、第二種特定工作物に該当しない。それゆえ、開発許可は不要である。

テーマ 8 法令上の制限・税・その他
農地法

出題予想コメント　今年も出題可能性大！

過去10年の出題傾向

	'13	'14	'15	'16	'17	'18	'19	'20 (10月)	'20 (12月)	'21 (10月)	'21 (12月)	'22
権利移動、転用、 転用目的権利移動	★	★	★	★	★	★	★	★	★	★		

毎年の出題の中でポイントになるのは、3条許可、4条許可、5条許可であり、それぞれに許可不要となる例外がある。そこをしっかり覚えよう。

農地法の全体像

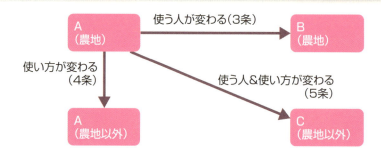

3条許可（権利移動）

行為	耕作目的で取得等（売買、賃貸、競売取得等）
許可主体	農業委員会
例外	相続や遺産分割で取得する場合（農業委員会への事後届出は必要）

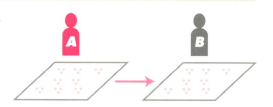

4条許可（転用）

行為	自己所有農地に建築、資材置き場にする等
許可主体	都道府県知事等
例外	・市街化区域（農業委員会への届出は必要） ・農家が2アール（200㎡）未満の農地を農業用施設用地に転用する場合

※都市計画法の開発許可とは異なり、農家の居住用建築物が、農地法では農業用施設として扱われないことには注意が必要となる。

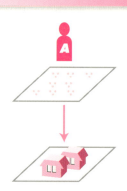

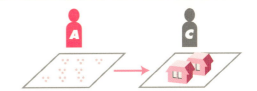

5条許可（転用目的権利移動）

行為	転用目的で取得等（売買、賃貸、競売取得等）
許可主体	都道府県知事等
例外	市街化区域（農業委員会への届出は必要）

整理して覚えよう！

	3条	4条	5条
許可主体	農業委員会	都道府県知事等	
市街化区域内の特則	なし	許可不要（農業委員会へ届出は必要）	

人気講師が斬る！

有山 茜
LEC専任講師

■ Profile
受講生に学習を楽しんでもらうこと、宅建を好きになってもらうことを第一に、わかりやすく、丁寧に、初学者もイメージしやすい講義を提供している。

農地法は狭い範囲から1点分出題されるので得点源となります。だから、細かい知識よりも絶対に外せない必須の知識をまずは確認しておきましょう。農地法を苦手にする人は「木を見て森を見ず」、つまり細かい知識ばかりにとらわれて、今回記載しているような基本事項が抜けていることが多いのです。

過去問題を解いてみよう！

問題 農業者が、自らの養畜の事業のための畜舎を建設する目的で、市街化調整区域内にある150㎡の農地を購入する場合は、農地法第5条第1項の許可を受ける必要がある。
（2011年問22肢3出題）

正解 人が変わって農地以外として利用しようとしているので5条許可が必要。また、「畜舎」は農業用施設であるところ、農業者が2アール未満の農地を農業用施設に自己転用（4条）する場合には許可は不要だが、転用目的権利移動（5条）の場合には許可が必要である。

テーマ9 法令上の制限・税・その他
不動産取得税

出題予想コメント　今年は出題可能性大

 過去10年の出題傾向

	'13	'14	'15	'16	'17	'18	'19	'20 (10月)	'20 (12月)	'21 (10月)	'21 (12月)	'22
不動産取得税		★		★		★		★		★		

地方税の枠で「固定資産税」か「不動産取得税」かで例年1問出題される。近年は交互に出題されているので、2023年は不動産取得税の可能性が高い。
不動産取得税は、土地や建物を取得したときに課される税で有償・無償を問わない。
不動産取得税の基本事項、税金が安くなる特例措置の内容を確実に理解しよう。

 不動産取得税とは？

【基本事項のまとめ】

課税主体	取得した不動産が所在する都道府県（地方税）
課税客体	不動産の取得
納税義務者	不動産を取得した者
課税標準	不動産の価格（固定資産課税台帳に登録されている価格）
標準税率	土地・住宅：100分の3（3％） 住宅以外の家屋：100分の4（4％）
納付方法	普通徴収（納税通知書が交付される）
免税点	土地……………………10万円未満 家屋…建築に係るもの……23万円未満 　　　その他に係るもの…12万円未満

 税金の算出方法

課税標準 × 税率 = 税額

どこかを下げてもらうと税金が安くなる

 新築住宅を取得したときに税金が安くなる課税標準の特例がある。

課税標準×税率＝税額
↓
新築住宅　1,200万円控除

原則：床面積50㎡以上〜240㎡以下・法人でもよい
貸家でも親族に住まわせてもよい

宅地を取得したときに税金が安くなる課税標準の特例がある。

課税標準×税率＝税額
↓
登録価格の2分の1

整理して覚えよう！

【住宅に係る課税標準の特例】

	新築住宅	既存住宅
床面積	50㎡〜240㎡ （一戸建て以外の賃貸住宅は40㎡〜240㎡）	50㎡〜240㎡
法人の取得	○	×
賃貸住宅	○	×
控除額	1,200万円	築年数により異なる

人気講師が斬る！

久保田 充秋
LEC専任講師

■Profile
要点を正確に指摘して得点出来るところは落とさない、捨てるものは捨てる。メリハリをはっきりつけて一発合格を勝ち取って頂きます。苦しくても遅れないでください。
理解できるまで必ず教えます。それが私の講義信条と特徴です。

不動産取得税と固定資産税は共に地方税である。不動産取得税は都道府県税で固定資産税は市町村税である。本試験の地方税から一年おきに出題されることが多い。昨年が固定資産税の出題だったので今年は不動産取得税の可能性が高い。安くなる特例の内容、どこから、いくら引いてもらえるか？住宅も宅地も課税標準の特例なので、あとは、1,200万円控除と2分の1の控除をきっちりと理解して得点しよう！

過去問題を解いてみよう！

問題 令和5年4月に取得した床面積240㎡である新築住宅に係る不動産取得税の課税標準の算定については、当該新築住宅の価格から1,200万円が控除される。（1998年問28肢4改題）

正解 ○ 不動産取得税の課税標準についての1,200万円控除は、当該住宅の床面積が50㎡（一戸建て以外の貸家住宅の場合は40㎡）以上240㎡以下であることを要する。

テーマ 10 横断テーマ 電磁化・押印の廃止

出題予想コメント　ひょっとして出題あるかも！

過去10年の出題傾向

	'13	'14	'15	'16	'17	'18	'19	'20 (10月)	'20 (12月)	'21 (10月)	'21 (12月)	'22
電磁化・押印の廃止												

法改正によって押印の廃止や書面の電磁化が可能となりました。改正点がズバリ問われる可能性は高くありませんが、文章表現が変わってきます（例「書面又は電磁的方法により…」、「…なお、本問において電磁的方法は考慮しないものとする」）。本書や模擬試験で演習をしておきましょう。電磁化については、電磁化が可能な書面やその要件は押さえておきましょう。

宅建業法

≪電子化≫
(1) 電磁化可能な書面
　以下の書面について、相手方等の承諾を得て、書面の交付等に代えて、電磁的方法による提供が可能となりました。
　①代理・媒介契約書面
　②指定流通機構から交付される登録済証
　③重要事項説明書
　④37条書面
　⑤手付金等保全措置を講じたことを証する書面
　⑥住宅瑕疵担保履行法の資力確保の措置をしたことを証する書面
　※クーリング・オフできる旨の告知書面、クーリング・オフ行使書面及び割賦販売契約解除の催告書については、電磁化は認められていません。

(2) 提供方法
　電磁的方法とは、以下のものを指します。
　①電子メールによる方法
　②Web上からのダウンロードによる方法
　③CD-ROM等の交付による方法

(3) 注意点
　①相手方等が、ファイルの記録を書面で作成（印刷）できなければなりません。
　②Web上からのダウンロードによる場合は、ダウンロード可能である旨を相手方等に通知しなければなりません。

≪押印の廃止≫
　重要事項説明書及び37条書面について、従来必要とされていた宅地建物取引士の押印が不要となりました。
　※代理・媒介契約書面を交付する場合については、従前通り、宅地建物取引業者の記名及び押印が必要です。

他の法令

≪民法≫
弁済をする者は、受取証書（領収書）の交付に代えて、その内容を記録した電磁的記録の提供を請求することができるようになりました。ただし、弁済を受領する者に不相当な負担を課するものであるときは、この限りではありません。

≪区分所有法≫
①集会の議事録について、従来必要とされていた押印が不要となりました。
②大規模滅失の復旧において、買取請求をするか否かを確答すべき旨の催告を、電磁的方法により行うことができるようになりました。
③建替え決議があった場合において、決議に賛成しなかった区分所有者に対し建替えに参加するか否かを回答すべき旨の催告を、電磁的方法により行うことができるようになりました。

≪借地借家法≫
以下の契約（特約）について、書面に代わり、電磁的記録による締結が可能となりました。
①長期の定期借地権（事業用定期借地権を除く）
②定期建物賃貸借※
③取壊し予定建物の賃貸借

※定期建物賃貸借をしようとする場合、賃貸人は、賃借人に対して、あらかじめ、賃貸借に更新がなく、期間の満了によって終了する旨を説明しなければなりません。この説明は、書面の交付のほか、書面の交付に代えて、賃借人の承諾を得て当該書面に記載すべき事項を電磁的方法により提供することで行います。

才間 恵一
LEC専任講師

■Profile
自身の受験経験から、法律用語を身近な例に置き換えた、受験生目線での講義スタイル。問題演習においては解答を導くための考え方を大事にしていて、解答や知識を覚えてしまいがちな受験生の道しるべとして尽力している。

宅建士試験では、改正点に関する問題が好んで出題されます。特に、宅建業法の三大書面（媒介契約書面、重要事項説明書、37条書面）や定期借地権、定期建物賃貸借に関しては、もとより、出題頻度が高い論点でもありますので、注意しましょう。

予想問題を解いてみよう！

問題1 宅地建物取引業者は、宅地又は建物の売買の媒介の依頼を受けて、専任媒介契約を締結したときは、宅地建物取引業法34条の2第1項の規定に基づき交付する書面に代えて、当該書面に記載すべき事項を電磁的方法であって宅地建物取引士の記名押印に代わる措置を講じたものにより提供することができる。

正解1 ✗ 媒介書面には「宅地建物取引業者」の記名押印が必要なので、それに代わる措置も、宅地建物取引士のものではなく宅地建物取引業者のものとなる。

問題2 宅地建物取引業者が売買の媒介をする場合、買主の承諾を得ることなく、重要事項説明書の交付に代えて、電磁的方法により提供をすることができる。

正解2 ✗ 重要事項説明書の交付に代えて、電磁的方法により提供をするためには、買主等の承諾を要する。

宅建士試験ガイダンス

1. 宅地建物取引士って何をする人なの？

宅地建物取引士は、不動産取引に関する法律問題のアドバイザーです。一般の人にとって、不動産の購入は一生に1度か2度であることが多いもの。しかも、一生をかけて支払うような大金が動きます。したがって、慎重にも慎重を重ねて取引しなくてはなりません。しかし、いかんせん、一般の人には、不動産の取引についての知識も経験もないのが通常です。このような人に法律的なアドバイスをすることが宅地建物取引士の仕事です。宅地建物取引士がいい加減なアドバイスをしてしまうと、一生気に入らない家に住むことにもなりかねません。大げさに言えば、人の一生を預かる仕事といえます。このように、宅地建物取引士の役割はとても重要なのです。

2. 宅建士試験って難しいの？

過去10年間の宅建士試験の合格率は以下のとおりです。100人受験して15～17人程度しか合格できない、難しい試験といえます。

年度	申込者数(人)	受験者数(人)	合格者数(人)	合格点	合格率(%)
2013	234,586	186,304	28,470	33点	15.3
2014	238,343	192,029	33,670	32点	17.5
2015	243,199	194,926	30,028	31点	15.4
2016	245,742	198,463	30,589	35点	15.4
2017	258,511	209,354	32,644	35点	15.6
2018	265,444	213,993	33,360	37点	15.6
2019	276,019	220,797	37,481	35点	17.0
2020 (10月)	204,163	168,989	29,728	38点	17.6
2020 (12月)	55,121	35,261	4,610	36点	13.1
2021 (10月)	256,704	209,749	37,579	34点	17.9
2021 (12月)	39,814	24,965	3,892	34点	15.6
2022	283,856	226,048	38,525	36点	17.0

3. 受験概要（2023年度）

〔受験資格〕　年齢、性別、学歴等に関係なく、誰でも受験することができる

〔願書配布〕　2023年7月3日(月)〜7月31日(月)

〔願書受付〕　郵送による申込み：2023年7月3日(月)〜7月31日(月)　※消印有効
　　　　　　　インターネットによる申込み：2023年7月3日(月)〜7月19日(水)
　　　　　　　　　　　　　　　　　　　　　　　　21時59分まで

〔受験手数料〕　8,200円

〔試験日〕　2023年10月15日(日)　午後1時〜午後3時

〔合格発表〕　2023年11月21日(火)

〔問い合わせ先〕　(一財)不動産適正取引推進機構　試験部
　　　　　　　　〒105-0001　東京都港区虎ノ門3-8-21　第33森ビル3階
　　　　　　　　https://www.retio.or.jp/

※　上記情報は、2023年4月3日付で試験団体より発表された予定スケジュールに基づいています。確定スケジュールについては願書で必ずご確認ください。

4. 出題科目にはどんなものがあるの？

　権利関係、宅建業法、法令上の制限、税・価格の評定、5問免除対象科目の5科目から、4肢択一形式で50問出題されます。各科目の出題数は下記のとおりです。

	出題内訳	出題数
権利関係	民法・借地借家法・建物区分所有法・不動産登記法	14問
宅建業法	宅建業法・住宅瑕疵担保履行法	20問
法令上の制限	都市計画法・建築基準法・国土利用計画法・農地法・土地区画整理法・宅地造成等規制法・その他の法令	8問
税・価格の評定	地方税・所得税・その他の国税：2問 不動産鑑定評価基準・地価公示法：1問	3問
5問免除対象科目	独立行政法人住宅金融支援機構法：1問 不当景品類及び不当表示防止法：1問 統計・不動産の需給：1問 土地：1問 建物：1問	5問

インターネット情報提供サービス

登録無料

お届けするフォロー内容

- **法改正情報**
- **宅建NEWS**

アクセスして試験に役立つ最新情報を手にしてください。

登録方法

情報閲覧にはLECのMyページ登録が必要です。

LEC東京リーガルマインドのサイトにアクセス
https://www.lec-jp.com/

⬇

▶Myページ ログイン をクリック

⬇

Myページ ID・会員番号をお持ちの方	Myページお持ちでない方 LECで初めてお申込頂く方
Myページログイン	**Myページ登録**

⬇ ⬇

必須

Myページ内希望資格として **宅地建物取引士** を選択して、 をクリックしてください。

ご選択頂けない場合は、情報提供が受けられません。
また、ご登録情報反映に半日程度時間を要します。しばらく経ってから再度ログインをお願いします（時間は通信環境により異なる可能性がございます）。

※サービス提供方法は変更となる場合がございます。その場合もMyページ上でご案内いたします。
※インターネット環境をお持ちでない方はご利用いただけません。ご了承ください。
※上記の図は、登録の手順を示すものです。Webの実際の画面と異なります。

注目 本書ご購入者のための特典

①2023年法改正情報（2023年8月下旬公開予定）
②2023年「宅建NEWS」（2023年5月中旬と8月下旬に公開予定）

〈注意〉上記情報提供サービスは、2023年宅建士試験前日までとさせていただきます。予めご了承ください。

令和　年度宅地建物取引士資格試験解答用紙

記入上の注意

1. 氏名（フリガナ）及び受験番号を確認すること。
2. 氏名（漢字）欄に漢字で氏名を記入すること。
3. 職業の欄を必ずマーク記入すること。
4. 解答は1問につき1つしかないので、2つ以上マークしないこと。
5. 記入に際しては必ず〔HB〕の鉛筆（シャープペンの場合は、なるべくしんの太いもの）を使用すること。
6. マークを訂正する場合は、プラスチック消しゴムで完全に消してからマークし直すこと。
7. この解答用紙をよごしたり折り曲げたりしないこと。
8. （マーク欄）は下の良い例のようにマークすること。

— マーク例 —

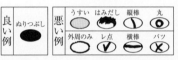

実施日	令和　年　月　日	試験地	
受験番号		教室整理番号	

氏名	フリガナ	
	漢字	

職業の欄　あなたの職業に最も該当するものを下記から1つ選びマークすること

| 不動産関係業 ① | 金融関係業 ② | 不動産・金融関係以外の業務 ③ | 学生 ④ | 主婦 ⑤ | その他 ⑥ |

この欄は記入しないこと

0	1	2	3	4	5	6	7	8	9
0	1	2	3	4	5	6	7	8	9
0	1	2	3	4	5	6	7	8	9
0	1	2	3	4	5	6	7	8	9
0	1	2	3	4	5	6	7	8	9
0	1	2	3	4	5	6	7	8	9
0	1	2	3	4	5	6	7	8	9
0	1	2	3	4	5	6	7	8	9

✂ キリトリ

問題番号	解答欄				問題番号	解答欄			
1	①	②	③	④	26	①	②	③	④
2	①	②	③	④	27	①	②	③	④
3	①	②	③	④	28	①	②	③	④
4	①	②	③	④	29	①	②	③	④
5	①	②	③	④	30	①	②	③	④
6	①	②	③	④	31	①	②	③	④
7	①	②	③	④	32	①	②	③	④
8	①	②	③	④	33	①	②	③	④
9	①	②	③	④	34	①	②	③	④
10	①	②	③	④	35	①	②	③	④
11	①	②	③	④	36	①	②	③	④
12	①	②	③	④	37	①	②	③	④
13	①	②	③	④	38	①	②	③	④
14	①	②	③	④	39	①	②	③	④
15	①	②	③	④	40	①	②	③	④
16	①	②	③	④	41	①	②	③	④
17	①	②	③	④	42	①	②	③	④
18	①	②	③	④	43	①	②	③	④
19	①	②	③	④	44	①	②	③	④
20	①	②	③	④	45	①	②	③	④
21	①	②	③	④	46	①	②	③	④
22	①	②	③	④	47	①	②	③	④
23	①	②	③	④	48	①	②	③	④
24	①	②	③	④	49	①	②	③	④
25	①	②	③	④	50	①	②	③	④

令和　年度宅地建物取引士資格試験解答用紙

記入上の注意

1. 氏名（フリガナ）及び受験番号を確認すること。
2. 氏名（漢字）欄に漢字で氏名を記入すること。
3. 職業の欄を必ずマーク記入すること。
4. 解答は1問につき1つしかないので、2つ以上マークしないこと。
5. 記入に際しては必ず〔HB〕の鉛筆（シャープペンの場合は、なるべくしんの太いもの）を使用すること。
6. マークを訂正する場合は、プラスチック消しゴムで完全に消してからマークし直すこと。
7. この解答用紙をよごしたり折り曲げたりしないこと。
8. （マーク欄）は下の良い例のようにマークすること。

— マーク例 —

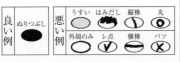

実施日	令和　年　月　日	試験地	
受験番号		教室整理番号	

| 氏名 | フリガナ | |
| | 漢字 | |

職業の欄：あなたの職業に最も該当するものを下記から1つ選びマークすること

| 不動産関係業 ① | 金融関係業 ② | 不動産・金融関係以外の業務 ③ | 学生 ④ | 主婦 ⑤ | その他 ⑥ |

この欄は記入しないこと

0	1	2	3	4	5	6	7	8	9
0	1	2	3	4	5	6	7	8	9
0	1	2	3	4	5	6	7	8	9
0	1	2	3	4	5	6	7	8	9
0	1	2	3	4	5	6	7	8	9
0	1	2	3	4	5	6	7	8	9
0	1	2	3	4	5	6	7	8	9
0	1	2	3	4	5	6	7	8	9

問題番号	解答欄	問題番号	解答欄
1	① ② ③ ④	26	① ② ③ ④
2	① ② ③ ④	27	① ② ③ ④
3	① ② ③ ④	28	① ② ③ ④
4	① ② ③ ④	29	① ② ③ ④
5	① ② ③ ④	30	① ② ③ ④
6	① ② ③ ④	31	① ② ③ ④
7	① ② ③ ④	32	① ② ③ ④
8	① ② ③ ④	33	① ② ③ ④
9	① ② ③ ④	34	① ② ③ ④
10	① ② ③ ④	35	① ② ③ ④
11	① ② ③ ④	36	① ② ③ ④
12	① ② ③ ④	37	① ② ③ ④
13	① ② ③ ④	38	① ② ③ ④
14	① ② ③ ④	39	① ② ③ ④
15	① ② ③ ④	40	① ② ③ ④
16	① ② ③ ④	41	① ② ③ ④
17	① ② ③ ④	42	① ② ③ ④
18	① ② ③ ④	43	① ② ③ ④
19	① ② ③ ④	44	① ② ③ ④
20	① ② ③ ④	45	① ② ③ ④
21	① ② ③ ④	46	① ② ③ ④
22	① ② ③ ④	47	① ② ③ ④
23	① ② ③ ④	48	① ② ③ ④
24	① ② ③ ④	49	① ② ③ ④
25	① ② ③ ④	50	① ② ③ ④

キリトリ

令和　年度宅地建物取引士資格試験解答用紙

記入上の注意

1. 氏名（フリガナ）及び受験番号を確認すること。
2. 氏名（漢字）欄に漢字で氏名を記入すること。
3. 職業の欄を必ずマーク記入すること。
4. 解答は1問につき1つしかないので、2つ以上マークしないこと。
5. 記入に際しては必ず〔HB〕の鉛筆（シャープペンの場合は、なるべくしんの太いもの）を使用すること。
6. マークを訂正する場合は、プラスチック消しゴムで完全に消してからマークし直すこと。
7. この解答用紙をよごしたり折り曲げたりしないこと。
8. （マーク欄）は下の良い例のようにマークすること。

― マーク例 ―

実施日	令和　年　月　日	試験地	
受験番号		教室整理番号	

氏名	フリガナ	
	漢字	

職業の欄：あなたの職業に最も該当するものを下記から1つ選びマークすること

| 不動産関係業 ① | 金融関係業 ② | 不動産・金融関係以外の業務 ③ | 学生 ④ | 主婦 ⑤ | その他 ⑥ |

この欄は記入しないこと

0	1	2	3	4	5	6	7	8	9
0	1	2	3	4	5	6	7	8	9
0	1	2	3	4	5	6	7	8	9
0	1	2	3	4	5	6	7	8	9
0	1	2	3	4	5	6	7	8	9
0	1	2	3	4	5	6	7	8	9
0	1	2	3	4	5	6	7	8	9

問題番号	解答欄	問題番号	解答欄
1	① ② ③ ④	26	① ② ③ ④
2	① ② ③ ④	27	① ② ③ ④
3	① ② ③ ④	28	① ② ③ ④
4	① ② ③ ④	29	① ② ③ ④
5	① ② ③ ④	30	① ② ③ ④
6	① ② ③ ④	31	① ② ③ ④
7	① ② ③ ④	32	① ② ③ ④
8	① ② ③ ④	33	① ② ③ ④
9	① ② ③ ④	34	① ② ③ ④
10	① ② ③ ④	35	① ② ③ ④
11	① ② ③ ④	36	① ② ③ ④
12	① ② ③ ④	37	① ② ③ ④
13	① ② ③ ④	38	① ② ③ ④
14	① ② ③ ④	39	① ② ③ ④
15	① ② ③ ④	40	① ② ③ ④
16	① ② ③ ④	41	① ② ③ ④
17	① ② ③ ④	42	① ② ③ ④
18	① ② ③ ④	43	① ② ③ ④
19	① ② ③ ④	44	① ② ③ ④
20	① ② ③ ④	45	① ② ③ ④
21	① ② ③ ④	46	① ② ③ ④
22	① ② ③ ④	47	① ② ③ ④
23	① ② ③ ④	48	① ② ③ ④
24	① ② ③ ④	49	① ② ③ ④
25	① ② ③ ④	50	① ② ③ ④

キリトリ

令和　年度宅地建物取引士資格試験解答用紙

記入上の注意
1. 氏名（フリガナ）及び受験番号を確認すること。
2. 氏名（漢字）欄に漢字で氏名を記入すること。
3. 職業の欄を必ずマーク記入すること。
4. 解答は1問につき1つしかないので、2つ以上マークしないこと。
5. 記入に際しては必ず〔HB〕の鉛筆（シャープペンの場合は、なるべくしんの太いもの）を使用すること。
6. マークを訂正する場合は、プラスチック消しゴムで完全に消してからマークし直すこと。
7. この解答用紙をよごしたり折り曲げたりしないこと。
8. （マーク欄）は下の良い例のようにマークすること。

― マーク例 ―

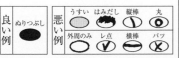

実施日	令和　年　月　日	試験地	
受験番号		教室整理番号	

| 氏名 | フリガナ | |
| | 漢字 | |

あなたの職業に最も該当するものを下記から1つ選びマークすること

| 職業の欄 | 不動産関係業 ① | 金融関係業 ② | 不動産・金融関係以外の業務 ③ | 学生 ④ | 主婦 ⑤ | その他 ⑥ |

この欄は記入しないこと

0	1	2	3	4	5	6	7	8	9
0	1	2	3	4	5	6	7	8	9
0	1	2	3	4	5	6	7	8	9
0	1	2	3	4	5	6	7	8	9
0	1	2	3	4	5	6	7	8	9
0	1	2	3	4	5	6	7	8	9
0	1	2	3	4	5	6	7	8	9
0	1	2	3	4	5	6	7	8	9

キリトリ

問題番号	解答欄				問題番号	解答欄			
1	①	②	③	④	26	①	②	③	④
2	①	②	③	④	27	①	②	③	④
3	①	②	③	④	28	①	②	③	④
4	①	②	③	④	29	①	②	③	④
5	①	②	③	④	30	①	②	③	④
6	①	②	③	④	31	①	②	③	④
7	①	②	③	④	32	①	②	③	④
8	①	②	③	④	33	①	②	③	④
9	①	②	③	④	34	①	②	③	④
10	①	②	③	④	35	①	②	③	④
11	①	②	③	④	36	①	②	③	④
12	①	②	③	④	37	①	②	③	④
13	①	②	③	④	38	①	②	③	④
14	①	②	③	④	39	①	②	③	④
15	①	②	③	④	40	①	②	③	④
16	①	②	③	④	41	①	②	③	④
17	①	②	③	④	42	①	②	③	④
18	①	②	③	④	43	①	②	③	④
19	①	②	③	④	44	①	②	③	④
20	①	②	③	④	45	①	②	③	④
21	①	②	③	④	46	①	②	③	④
22	①	②	③	④	47	①	②	③	④
23	①	②	③	④	48	①	②	③	④
24	①	②	③	④	49	①	②	③	④
25	①	②	③	④	50	①	②	③	④

2023年版
出る順宅建士 当たる！直前予想模試

第1回　問題

1　この表紙（色紙）を残したまま問題冊子を取り外してください。
2　解答用紙（マークシート）はこの冊子の前にとじてあります。
　　切り取ってご使用ください。

「問題冊子」の取り外し方

①この色紙を残し、「問題冊子」だけをつかんでください。
②「問題冊子」をしっかりとつかんだまま手前に引っ張って、
　取り外してください。

「問題冊子」

※色紙と「問題冊子」は、のりで接着されていますので、丁寧に取り外してください。なお、取り外しの際の破損等による返品・交換には応じられませんのでご注意ください。

LEC東京リーガルマインド

2023 年版

出る順宅建士 当たる！直前予想模試

令和 5 年度
問　　題

第 1 回

合格基準点　36 点

次の注意事項をよく読んでから、始めてください。

(注意事項)

1　問　　題

　　問題は、1 ページから 26 ページまでの 50 問です。

　　試験開始の合図と同時に、ページ数を確認してください。

　　落丁や乱丁があった場合は、直ちに試験監督員に申し出てください。

2　解　　答

　　解答は、解答用紙の「記入上の注意」に従って記入してください。

　　正解は、各問題とも一つだけです。

　　二つ以上の解答をしたもの及び判読が困難なものは、正解としません。

3　適用法令

　　問題の中の法令に関する部分は、令和 5 年 4 月 1 日現在施行されている

　規定に基づいて出題されています。

【問　1】　Ａ所有の土地が、ＡからＢ、ＢからＣへと売り渡され、移転登記もなされている場合に関する次の記述のうち、民法の規定及び判例によれば、正しいものはどれか。

1　ＡがＢの詐欺により当該土地をＢに売り渡していたとき、Ｃがそのことにつき善意無過失であれば、Ａは、ＡＢ間の売買契約を取り消すことができない。

2　ＡがＤの強迫により当該土地をＢに売り渡していたとき、Ｂがそのことにつき善意無過失であれば、Ａは、ＡＢ間の売買契約を取り消すことができない。

3　ＡＢ間の売買でＢに法律行為の目的及び取引上の社会通念に照らして重要なものに錯誤があった場合、Ｂは、当該錯誤を過失なく知らなかった場合に限って、錯誤に基づき当該売買契約を取り消すことができる。

4　ＡＢ間の売買が、Ａが債権者の差押えを免れるためになされたものである場合において、ＣがさらにＥに当該土地を売り渡していたとき、Ｃがそのことにつき善意であれば、Ｅが悪意であっても、Ａは、Ｅに対し、ＡＢ間の売買契約の無効を主張することができない。

【問　2】　Ａが行った法律行為に関する次の記述のうち、民法の規定によれば、正しいものはどれか。

1　Ａが意思能力を欠いている状態である場合において、Ａが自己所有の不動産をＢに売却したとき、Ａは、その売買契約を取り消すことができる。

2　Ａが未成年者である場合、Ａが法定代理人の同意を得ないでＣから何ら負担のない土地の贈与を受けたときは、Ａの法定代理人は、その贈与契約を取り消すことができる。

3　Ａが成年被後見人である場合、Ａが成年後見人の同意を得て自己所有の不動産をＤに売却したときは、Ａの成年後見人は、その売買契約を取り消すことができる。

4　Ａが被保佐人である場合、Ａが保佐人の同意を得ないで自己所有の建物を3年間Ｅに賃貸したときは、Ａの保佐人は、その賃貸借契約を取り消すことができる。

【問　3】　Aが、BのCに対する金銭債務を担保するため、A所有の土地に抵当権を設定し、物上保証人となった。この場合に関する次の記述のうち、民法の規定及び判例によれば、正しいものはどれか。

1　当該金銭債務の消滅時効は、Bが援用しなくともAが援用すれば、裁判所がこれによって裁判をすることができる。

2　CがBに対して当該金銭債務の支払を求める訴えを提起した場合、その訴えが却下されたときは、当該金銭債務の消滅時効の完成が猶予されることはない。

3　Aが、Cに対して、当該金銭債務が存在することを時効期間の経過前に承認した場合、当該金銭債務の消滅時効の更新の効力が生じる。

4　Bが、Cに対して、当該金銭債務が存在することを時効期間の経過前に承認した場合、Bが被保佐人であって、保佐人の同意を得ていなければ、時効更新の効力は生じない。

【問　4】　Aが、Bの代理人として、Bの所有地についてCと売買契約を締結した場合に関する次の記述のうち、民法の規定及び判例によれば、誤っているものはどれか。

1　BがAに売買契約を締結する代理権を与えていた場合において、CがAを強迫して契約を締結させたとき、Aが当該契約を取り消すことができるので、Bは、当該契約を取り消すことはできない。

2　BがAに売買契約を締結する代理権を与えたことがなく、かつ、当該代理権を与えた旨の表示をしたこともなかった場合において、Bが契約を追認しようとするときには、Bは、直接Cに対して追認することができる。

3　BがAに賃貸借契約を締結する代理権しか与えていなかった場合、Cが、AにBの所有地について売買契約を締結する代理権を与えられていないことについて善意無過失であれば、当該売買契約は有効である。

4　BがAに売買契約を締結する代理権を与えていたが、契約締結前にAの代理権が消滅した場合、Cが、Aの有していた代理権が消滅したことについて善意無過失であれば、当該売買契約は有効である。

【問　5】　民法第 177 条は、「不動産に関する物権の得喪及び変更は、不動産登記法その他の登記に関する法律の定めるところに従いその登記をしなければ、第三者に対抗することができない。」旨を定めている。これに関する次の記述のうち、民法の規定及び判例によれば、正しいものはどれか。

1　A所有の甲地につきBの取得時効が完成した後に、Aが甲地をCに譲渡し、所有権移転登記がなされた場合、Bは、登記なくして、時効による甲地の所有権の取得をCに対抗することができる。

2　A所有の甲地がBに売却され、Bに所有権移転登記がなされたところ、AB間の当該売買契約がBの債務不履行を理由に解除された。しかし、所有権移転登記は抹消されず、登記名義はBのままであった。その後、BはCに甲地を売却し、Cに所有権移転登記がなされた。この場合、Aは、登記なくして、甲地の所有権をCに対抗することができる。

3　A所有の甲地がBに譲渡されたが、甲地には、すでにAから甲地を賃借し、その上に建物を建てて自己名義の登記をしているCがいた場合、Bは、甲地の所有権移転登記を経ることなく、Cに対し甲地の賃貸人たる地位を主張することができる。

4　AはBに甲地を売却して所有権移転登記をしたが、甲土地の真の所有者はCであって、Aが各種の書類を偽造して自らに登記をしていた場合、Cは所有者であることをBに対して主張することができる。

【問　6】　Aが、配偶者B及びBとの間の子C、D、E、父F、姉Gを残して死亡した。Aが死亡した時、CにはAの孫である子Hがいた。この場合に関する次の記述のうち、民法の規定によれば、正しいものはどれか。

1　原則として、相続人となるのはB、C、D及びEであり、限定承認をする場合、B、C、D及びEの全員が共同して行わなければならない。

2　Cが、Aを強迫して相続に関する遺言をさせていたときは、C及びHは、ともに相続人とならない。

3　C、D及びEが相続放棄をしたときは、F及びGが、Bとともに相続人となる。

4　C、D及びEが相続放棄をしたときは、Fは、相続開始の時から3カ月以内に単純承認若しくは限定承認又は相続の放棄をしなければならない。

【問　7】　民法第557条第1項の規定（以下この間において「本条本項」という。）に関する次の1から4までの記述のうち、民法の規定、判例及び下記判決文によれば、誤っているものはどれか。なお、民法第557条第1項は、「買主が売主に手付を交付したときは、買主はその手付を放棄し、売主はその倍額を現実に提供して、契約の解除をすることができる。ただし、その相手方が契約の履行に着手した後は、この限りでない。」と定めている。

（判決文）

　本条本項にいう履行の着手とは、債務の内容たる給付の実行に着手すること、すなわち、客観的に外部から認識し得るような形で履行行為の一部をなし又は履行の提供をするために欠くことのできない前提行為をした場合を指すもの（中略）と解するを相当とする。（中略）当事者の一方が既に履行に着手したときは、その当事者は、履行の着手に必要な費用を支出しただけでなく、契約の履行に多くの期待を寄せていたわけであるから、若しかような段階において、相手方から契約が解除されたならば、履行に着手した当事者は不測の損害を蒙ることとなる。従って、かような履行に着手した当事者が不測の損害を蒙ることを防止するため、特に本条本項の規定が設けられたものと解するのが相当である。

1　本条本項の「履行の着手」とは、客観的に外部から認識し得るような形で履行行為の一部をなし又は履行の提供をするために欠くことのできない前提行為をした場合を指すものと解すべきである。
2　売主が本条本項の規定に基づいて売買契約を解除する場合、売主は、買主に対して、口頭で手付の額の倍額を償還することを告げて受領を催告すれば足り、これを現実に提供する必要はない。
3　当事者の一方が既に履行に着手したときは、その当事者は、履行の着手に必要な費用を支出しただけでなく、契約の履行に多くの期待を寄せていたわけであるから、相手方から契約が解除されたならば、履行に着手した当事者は不測の損害をこうむることとなる。本条本項は、このような不測の損害を防止するために設けられたものと解すべきである。
4　当事者の一方は、自ら履行に着手した場合でも、相手方が履行に着手するまでは、本条本項の規定に基づいて売買契約を解除することができる。

【問　8】　Ａが、ＢからＢ所有の中古建物を買い受けて引渡しを受けたが、当該建物に欠陥があり、品質に関して契約の内容に適合しないものであった場合に関する次の記述のうち、民法の規定によれば、正しいものはどれか。なお、契約不適合責任についての特約はないものとする。

1　この欠陥がＢの責めに帰することができない事由による場合、Ａは、Ｂに対して契約不適合責任に基づく追完請求をすることができない。

2　この欠陥がＡの責めに帰することができない事由による場合、この欠陥により契約をした目的を達成することができるときでも、Ａは、Ｂの責めに帰することができる事由があれば、Ｂに対して損害賠償請求をすることができる。

3　この欠陥がＡの責めに帰すべき事由による場合であっても、Ａは、Ｂに対して契約不適合責任を追及して契約の解除をすることができる。

4　Ａがこの欠陥の存在を知らずに契約を締結した場合、Ａは、Ｂに対して引渡しの日から2年以内に欠陥がある旨を通知しなければ、契約不適合責任の追及をすることができない。

【問　9】　Ａが、Ａ所有の土地をＢに売却し、自らの履行の提供をしたが、Ｂが代金の支払をしない場合に関する次の記述のうち、民法の規定及び判例によれば、正しいものはどれか。

1　Ａが相当の期間を定めてＢに履行の催告をし、Ｂがその期間内に履行しなかった場合、当該期間を経過した時におけるＢの不履行がその契約及び取引上の社会通念に照らして軽微であるときでも、Ａは、当該契約を解除することができる。

2　Ａが相当の期間を定めずに催告した場合、当該催告は無効であるから、Ａは、改めて相当の期間を定めた催告をしなければ、当該契約を解除することができない。

3　Ａが相当の期間を定めて催告したところ、催告の期間内にＢが履行拒絶の意思を明確に表示した場合、Ａは、その期間の満了を待たずに、当該契約を解除することができる。

4　Ｂの代金支払債務について確定期限の定めがあるにもかかわらず、Ｂが当該確定期限を経過しても代金の支払をしない場合において、Ａが当該契約を解除したときは、Ａは、損害賠償の請求をすることができない。

【問 10】 Aが、AのBに対する債務を担保するため、Aの所有の甲地にBのために抵当権を設定し、その旨の登記をした場合に関する次の記述のうち、民法の規定によれば、正しいものはどれか。

1 Aが抵当権設定当時に、甲地の上に建物を所有していた場合、Bの抵当権の効力は、その建物にも及ぶ。

2 Aが甲地の上に存する自己所有の建物にもBのために抵当権を設定しその旨の登記をしていた場合において、Cの不法行為によりその建物が焼失したときには、Bは、AがCから損害賠償金を受領する前に、その賠償金について、差押えをしなければ、他の債権者に優先して弁済を受けることができない。

3 Aが甲地をDに譲渡すると、Aは甲地の所有権を失うので、それに伴いBの抵当権は消滅する。

4 Aが抵当権設定の登記をした後、Eに甲地を資材置場として期間5年で賃貸する契約をEと締結した場合、Eは、Bの同意の有無を問わず、賃借権設定の登記をすることによって、賃借権をBに対抗することができる。

【問 11】 Aは、建物所有の目的でBから甲地を賃借し（借地権の登記はしていない）、その土地の上に乙建物を単独で所有している場合に関する次の記述のうち、民法及び借地借家法の規定並びに判例によれば、正しいものはどれか。

1 Aが乙建物をCに賃貸する場合、Aは、その賃貸についてBの承諾を得なければならない。

2 Aが乙建物をDに譲渡するに当たり、Bに不利になるおそれがないにもかかわらず、Bが借地権の譲渡を承諾しない場合、DはBの承諾に代わる許可を与えるように裁判所に申し立てることができる。

3 Bが甲地をEに売却し、所有権移転登記をした場合、Aは、乙建物についてAの配偶者名義で所有権保存登記をしていても、Eに対して借地権を対抗することができない。

4 Bが甲地をFに売却し、所有権移転登記をした後に乙建物が滅失した場合、Aが建物を新たに築造する旨を甲地上の見やすい場所に掲示すれば、Aは、乙建物について登記をしていなかったときでも、借地権をFに対抗することができる。

【問 12】 居住用建物につき期間を2年と定めて賃貸借契約が締結された場合に関する次の記述のうち、借地借家法の規定によれば、誤っているものはどれか。

1 当事者間で「賃借人は、建物の通常の使用上相当と認められる範囲内で建物に造作を付加することができるが、賃借人は、賃貸借の終了時に、賃貸人に対してその造作の買取りを請求しない。」旨の特約をした場合、その特約は有効である。

2 賃貸借契約の目的となる建物が、その敷地の売却に伴い2年後に取り壊されることが明らかな場合、当事者間で「建物を取り壊すこととなる時に賃貸借が終了する。」旨の特約は有効であり、その特約は建物を取り壊すべき事由を記載した書面又は電磁的記録によればよく、公正証書による必要はない。

3 当該契約が借地借家法第38条の定期建物賃貸借契約であって、賃料改定に関する特約がない場合、経済事情の変動により賃料が不相当となったときは、賃貸人は賃借人に対し、賃料増額請求をすることができる。

4 「賃貸借期間満了の際、賃貸人が賃借人に対して期間満了時の社会通念に比して高額の立退料を交付すれば、他の事情の有無にかかわらず、賃貸人は賃貸借契約の更新を拒絶することができる。」旨の特約をした場合、その特約は有効である。

【問 13】 建物の区分所有等に関する法律に関する次の記述のうち、誤っているものはどれか。

1 共用部分や敷地等を管理するため必要となる管理費は、各区分所有者が、その持分に応じて負担するが、その負担割合は、規約により合理的限度を超えない範囲内で、持分と異なる割合に定めることもできる。

2 区分所有者が管理費を滞納したままその所有する専有部分を第三者に譲渡した場合、管理者は、その第三者に対して滞納管理費の支払を請求することができる。

3 集会で決議すべき場合において、区分所有者及び議決権の各過半数の承諾があるときは、書面又は電磁的方法による決議をすることができる。

4 管理者は、管理費を滞納する区分所有者に対して管理費支払請求権を有する場合、当該区分所有者が建物に備え付けた動産の上に先取特権を有する。

【問　14】　不動産の仮登記に関する次の記述のうち、誤っているものはどれか。

1　仮登記の申請は、仮登記を命ずる処分があっても、仮登記義務者の承諾がなければ、仮登記権利者が単独ですることはできない。

2　仮登記の申請は、仮登記義務者の承諾があるときは、仮登記権利者が単独ですることができる。

3　所有権の仮登記に基づき本登記を申請する場合に、その本登記について登記上利害関係を有する第三者があるときは、当該第三者の承諾がなければ、当該本登記を申請することはできない。

4　所有権の仮登記を備えた者は、その後同一の不動産について所有権を取得した第三者が出現したときでも、仮登記を本登記に改めれば、当該不動産の所有権を当該第三者に対抗することができる。

【問　15】　都市計画法に関する次の記述のうち、正しいものはどれか。

1　田園住居地域内の農地の区域内において、土地の形質の変更を行おうとする者は、一定の場合を除き、市町村長の許可を受けなければならない。

2　地区計画に関する都市計画は、市街化区域内においてのみ定めることができる。

3　都市計画区域については、区域内のすべての区域において、都市計画に、用途地域を定めるとともに、その他の地域地区で必要なものを定める。

4　都道府県は、都市計画区域内の区域のうち、将来における一体の都市としての整備、開発及び保全に支障が生じるおそれがあると認められる一定の区域を、準都市計画区域として指定することができる。

【問　16】　次に掲げる開発行為を行う場合に、都市計画法に基づく開発許可が必要となるものはどれか。

1　市街化区域内において行う開発行為で、土地区画整理事業の施行として行うもの

2　準都市計画区域内において行う開発行為で、農業者の居住用住宅の建築の用に供する目的で行うもの

3　区域区分の定めのない都市計画区域内において行う開発行為で、規模が 10,000 ㎡の遊園地の建設の用に供する目的で行うもの

4　市街化調整区域内において行う開発行為で、非常災害のため必要な応急措置として行うもの。

【問　17】　建築基準法に関する次の記述のうち、誤っているものはどれか。

1　地方公共団体は、条例で、津波、高潮、出水等による危険の著しい区域を災害危険区域として指定し、災害防止上必要であれば、当該区域内の住居の用に供する建築物の建築の禁止を条例で定めることができる。

2　建築物の延べ面積の敷地面積に対する割合（容積率）を算定する上では、共同住宅の共用の廊下及び階段部分は、当該共同住宅の延べ面積の３分の１を限度として、当該共同住宅の延べ面積に算入しない。

3　商業地域、工業地域及び工業専用地域においては、日影規制（建築基準法第 56条の２の規定による制限をいう。）の対象区域として指定することができない。

4　文化財保護法の規定によって国宝等に指定された建築物については建築基準法の規定は適用されない。

【問　18】　建築基準法に関する次の記述のうち、誤っているものはどれか。なお、他の地域地区等の指定、都道府県知事が都道府県都市計画審議会の意見を聴いて指定する区域等による影響はないものとする。

1　都市計画区域内において木造1階建て、延べ面積400㎡、高さ4mの倉庫を新築しようとする場合、建築確認が必要である。

2　都市計画区域内において木造2階建て、延べ面積250㎡、高さ8mの一戸建ての住宅の大規模な修繕をしようとする場合、建築確認が必要である。

3　都市計画区域内に所在する木造1階建て、延べ面積150㎡、高さ5mの一戸建て住宅の改築について、改築に係る部分の床面積の合計が20㎡であるものをしようとする場合、建築確認が必要である。

4　木造2階建て、延べ面積300㎡、高さ8mの一戸建て住宅を旅館に用途変更しようとする場合、建築確認は必要である。

【問　19】　国土利用計画法第23条の届出（以下この問において「事後届出」という。）に関する次の記述のうち、正しいものはどれか。

1　都市計画区域外においてAが所有する面積12,000㎡の土地について、Aの死亡により当該土地を相続したBは、事後届出をする必要がある。

2　Cが所有する市街化調整区域に所在する6,000㎡の土地の所有権を、DのCに対して有する金銭債権の担保としてDに移転する契約を締結した場合（いわゆる譲渡担保の場合）、Dは事後届出をする必要はない。

3　Eが所有する市街化区域に所在する5,000㎡の一団の宅地を分割して、1,500㎡をFに、3,500㎡をGに売却する契約をEがそれぞれF及びGと締結した場合、F及びGは事後届出をする必要がある。

4　事後届出に係る土地の利用目的について、甲県知事から勧告を受けた宅地建物取引業者Hがその勧告に従わないときは、甲県知事は、その旨及びその勧告の内容を公表することができる。

【問　20】　農地に関する次の記述のうち、農地法（以下この問において「法」という。）の規定によれば、正しいものはどれか。

1　市街化区域内の農地を取得して宅地に転用する場合は、都道府県知事（「指定市町村」の区域内にあっては、指定市町村の長）にその旨を届け出れば、法第5条第1項の許可を受ける必要はない。

2　法第5条第1項の許可を要する農地の権利移転について、当該許可を受けないでした行為は、その効力を生じない。

3　農業者が、農業用施設を建築する目的で自己の所有する農地を転用する場合、法第4条第1項の許可が必要となる場合はない。

4　相続人が相続により農地を取得する場合は、法第3条第1項の許可を受ける必要はなく、相続人に該当しない者に対して特定遺贈がなされて、受贈者が農地を取得する場合も、同項の許可を受ける必要はない。

【問　21】　宅地造成等規制法に関する次の記述のうち、誤っているものはどれか。なお、この問において「都道府県知事」とは、地方自治法に基づく指定都市、中核市及び施行時特例市にあってはその長をいうものとする。

1　宅地造成工事規制区域内の宅地において行われる切土による土地の形質の変更に関する工事で、当該宅地に高さ2.5mの崖を生じ、かつ、その面積が500 ㎡のとき、造成主は、原則として、あらかじめ都道府県知事の許可を受けなければならない。

2　宅地造成工事規制区域内の宅地において行われる盛土による土地の形質の変更に関する工事で、当該宅地に高さ1mの崖を生じ、かつ、その面積が600 ㎡のとき、造成主は、原則として、あらかじめ都道府県知事の許可を受けなければならない。

3　宅地造成工事規制区域内において、宅地を宅地以外の土地にするために行われる切土又は盛土による土地の形質の変更に関する工事で、当該切土又は盛土をする土地の面積が600 ㎡で、かつ、高さ3mの崖を生ずることとなるものに関する工事については、都道府県知事の許可を受けなければならない。

4　宅地造成工事規制区域内において、過去に宅地造成に関する工事が行われ現在は造成主とは異なる者がその工事が行われた宅地を所有している場合、当該宅地の所有者は、宅地造成に伴う災害が生じないよう、その宅地を常時安全な状態に維持するように努めなければならない。

【問 22】 土地区画整理組合が施行する土地区画整理事業に関する次の記述のうち、土地区画整理法の規定によれば、誤っているものはどれか。

1 土地区画整理組合の設立の認可の公告があった日後、換地処分の公告がある日までは、施行地区内において、当該事業の施行の障害となるおそれのある建築物の新築を行おうとする者は、土地区画整理組合の許可を受けなければならない。

2 換地計画において定められた保留地は、換地処分の公告があった日の翌日において、土地区画整理組合が取得する。

3 換地処分の公告があった場合において、土地区画整理事業の施行地区内の土地について土地区画整理事業の施行により変動があったときは、土地区画整理組合は、遅滞なく、変動に係る登記を申請しなければならない。

4 仮換地の指定により使用収益することができる者のなくなった従前の宅地は、当該指定により当該宅地を使用収益することができる者のなくなった時から、換地処分の公告がある日までは、土地区画整理組合がこれを管理する。

【問 23】 住宅用家屋の所有権の移転登記に係る登録免許税の税率の軽減措置（以下この問において「税率の軽減措置」という。）に関する次の記述のうち、誤っているものはどれか。

1 この税率の軽減措置は、所有権の移転の登記に係る住宅用家屋の床面積が 50 ㎡未満の場合には適用されない。

2 この税率の軽減措置は、その居住用家屋の取得後 1 年以内に所有権の移転の登記を受ける場合に適用される。

3 この税率の軽減措置は、売買又は競落により住宅用家屋を取得した場合のみならず、贈与又は交換により住宅用家屋を取得した場合の所有権の移転の登記に適用される。

4 この税率の軽減措置は、2 年前にこの措置の適用を受けたことがある者が新たに取得した住宅用家屋に係る所有権の移転の登記にも適用される。

【問　24】　固定資産税に関する次の記述のうち、誤っているものはどれか。

1　土地又は家屋に対して課する固定資産税の免税点は、特別の場合を除いて、それぞれ30万円、20万円である。

2　土地又は家屋に対して課する固定資産税の課税標準は、地目の変換、家屋の改築等特別の事情、市町村の廃置分合又は境界変更がない等の場合においては、基準年度以後3年度間据え置かれる。

3　固定資産税の納税者は、固定資産課税台帳に登録された価格について不服がある場合には、原則として、固定資産評価審査委員会に審査の申出をすることができる。

4　新築された床面積280㎡の2階建ての住宅にあっては、新たに課されることとなった年度から3年度分の固定資産税は120㎡までの居住部分について、その固定資産税額の6分の1が減額される。

【問　25】　不動産の鑑定評価に関する次の記述のうち、不動産鑑定評価基準によれば、誤っているものはどれか。

1　不動産の鑑定評価における各手法の適用に当たって必要とされる取引事例等は、鑑定評価の各手法に即応し、適切にして合理的な計画に基づき、豊富に秩序正しく収集、選択されるべきであり、例えば、投機的取引と認められる事例は用いることができない。

2　取引事例比較法においては、時点修正が可能である等の要件をすべて満たした取引事例について、近隣地域又は同一需給圏内の類似地域に存する不動産に係るもののうちから選択するものとするが、必要やむを得ない場合においては、近隣地域の周辺の地域に存する不動産に係るもののうちから選択する。

3　不動産の鑑定評価によって求める価格は、基本的には正常価格であるが、市場性を有しない不動産については、鑑定評価の依頼目的及び条件に応じて限定価格、特定価格又は特殊価格を求める場合がある。

4　不動産の価格は、その不動産の効用が最高度に発揮される可能性に最も富む使用を前提として把握される価格を標準として形成されるが、これを最有効使用の原則という。

【問　26】　宅地建物取引業者Ａは、売主Ｂとの間で、宅地の売買の専属専任媒介契約を締結し、宅地建物取引業法（以下この問において「法」という。）第34条の２第１項に規定する書面（以下この問において「34条の２書面」という。）を交付する場合に関する次の記述のうち、法の規定によれば、誤っているものはいくつあるか。なお、本問において、法第34条の２第11項に規定する書面に記載すべき事項を電磁的方法により提供する方法は考慮しないものとする。

ア　Ａは、都市計画法に基づく制限に関する事項で主要なものについて、34条の２書面に記載しなければならない。

イ　売買代金が確定しなければ具体的な報酬の額も確定しないから、Ａは、34条の２書面に報酬に関する事項は記載する必要はない。

ウ　Ａは、ＢがＡの探索した相手方以外の者と売買契約又は交換契約を締結したときの措置を34条の２書面に記載しなければならない。

1　一つ
2　二つ
3　三つ
4　なし

【問　27】　個人である宅地建物取引業者Ａ（甲県知事免許）に関する次の記述のうち、宅地建物取引業法の規定によれば、誤っているものはどれか。

1　Ａは、免許証の記載事項に変更を生じたときは、その免許証を添え、宅地建物取引業法第９条の規定による変更の届出と併せて、甲県知事に免許証の書換え交付を申請しなければならない。

2　Ａの死亡によりその免許の効力が失われた場合、Ａの相続人は、Ａが締結した契約に基づく取引を結了する目的の範囲内においては、宅地建物取引業者とみなされる。

3　Ａが新たに乙県内に案内所を設置する場合、Ａは、甲県知事を経由して国土交通大臣に免許換えの申請をしなければならない。

4　Ａは、新たにＢを支店の代表者にした場合、その氏名を30日以内に甲県知事に届け出なければならない。

【問　28】　次の記述のうち、宅地建物取引業法第2条第1号に規定する宅地にあたらないものの組合せはどれか。

ア　用途地域（都市計画法第8条第1項第1号に掲げられた地域をいう。以下本問において同じ。）外の土地で、山林として利用する目的で取引されるもの

イ　用途地域外の土地で、現在、農作物の倉庫の用に供せられている土地

ウ　用途地域内の土地で、現在、都市公園法第2条第1項に規定する都市公園の用に供せられているもの

1　ア、イ
2　ア、ウ
3　イ、ウ
4　ア、イ、ウ

【問　29】　宅地建物取引業者Aが、自ら売主として、宅地建物取引業者でないBと造成工事完了後の宅地の売買契約（代金額5,000万円、手付金500万円）を締結した場合に関する次の特約のうち、宅地建物取引業法の規定によれば、有効となるものはどれか。なお、宅地の引渡しは契約の締結時から6月後であるものとする。

1　「当事者の一方が契約の履行に着手するまでは、Bは手付金として交付した額のうち250万円を放棄して、Aは手付金として交付を受けた500万円をBに現実に提供して、契約を解除することができる。」旨の特約

2　「Bに引き渡された宅地について、種類又は品質に関して契約の内容に適合しない場合、Bが契約不適合責任を追及するためには、売買契約時から2年以内にその不適合をAに通知しなければならない。」旨の特約

3　「Bに引き渡された宅地について、種類又は品質に関して契約の内容に適合しない場合、その不適合の程度を問わず、Bは契約を解除することはできないが、損害賠償を請求することができる。」旨の特約

4　「債務不履行による契約解除に伴う損害賠償の予定額と違約金の額をそれぞれ500万円とする。」旨の特約

【問　30】　甲県内に本店を、乙県内に支店を設置し、国土交通大臣の免許を受けた法人である宅地建物取引業者Aに関する次の記述のうち、宅地建物取引業法（以下この問において「法」という。）の規定によれば、正しいものはどれか。

1　Aが法第65条第2項の規定による業務停止の処分を受けているにもかかわらず、Aの代表者が、この命令に違反して業務を営んだ場合、当該代表者は1億円の罰金刑に処せられることがある。

2　Aが、甲県内で宅地建物取引業に関し著しく不当な行為をした場合、甲県知事は、Aに対し、2年間の期間を定めて、Aの業務の全部の停止を命じることができる。

3　Aが、法第3条の2第1項の規定により付された条件に違反したとき、甲県知事は、Aの免許を取り消すことができる。

4　Aが、支店において法第32条に規定する誇大広告等の禁止に違反した場合であっても、甲県知事は、Aに対し、業務の停止を命じることができない。

【問　31】　宅地建物取引士証に関する次の記述のうち、宅地建物取引業法の規定によれば、誤っているものはどれか。

1　宅地建物取引士が、宅地建物取引士証の交付を受けた後、6月以内に行われる国土交通省令で定める講習を受けなければ、当該宅地建物取引士の登録は、その効力を失う。

2　宅地建物取引士は、事務の禁止の処分を受けた場合には、速やかに宅地建物取引士証をその交付を受けた都道府県知事に提出しなければならない。

3　宅地建物取引士は、転職によりその勤務する宅地建物取引業者を変更したときは、遅滞なく、変更の登録の申請をしなければならないが、宅地建物取引士証の書換え交付を申請する必要はない。

4　宅地建物取引士証の書換え交付は、当該宅地建物取引士が現に有する宅地建物取引士証と引換えに新たな宅地建物取引士証を交付して行うものとする。ただし、住所のみの変更の場合にあっては、当該宅地建物取引士が現に有する宅地建物取引士証の裏面に変更した後の住所を記載することをもってこれに代えることができる。

【問 32】 宅地建物取引業者が、自ら売主となって工事完了前のマンションの売買契約を締結する場合、宅地建物取引業法第35条の規定に基づく重要事項の説明に関する次の記述のうち、宅地建物取引業法の規定に違反しないものはどれか。なお、説明の相手方は、宅地建物取引業者ではないものとする。

1 当該マンション完成時の建物の外装の仕上げについては説明したが、その内装の仕上げについては説明しなかった。

2 当該マンションの専有部分の用途その他の利用の制限に関する規約について、その案があったが、規約として成立していないため、その内容を説明しなかった。

3 当該マンションの敷地の一部を特定の者にのみ使用を許す旨の規約の案があったが、その内容を説明しなかった。

4 当該マンションの維持修繕の実施状況に関して記録がなかったので、その旨を説明したが、その実施状況について自ら調査することはしなかった。

【問 33】 甲県に主たる事務所を設置し、国土交通大臣の免許を受けた宅地建物取引業者Aの営業保証金に関する次の記述のうち、宅地建物取引業法の規定によれば、正しいものはどれか。

1 Aは、営業保証金を供託したときは、その供託物受入れの記載のある供託書の写しを添附して、その旨を甲県知事に届け出れば、主たる事務所における営業を開始することができる。

2 Aは、その免許が失効した場合、還付の権利を有する者に対し、6月を下らない一定期間内に申し出るべき旨を公告し、その期間内に申出がなかった場合でなければ、原則として、営業保証金の取戻しをすることができない。

3 Aは、地方債証券によって営業保証金を供託している場合で、主たる事務所を移転したためその最寄りの供託所が変更したときは、移転前の主たる事務所の最寄りの供託所から営業保証金を取り戻したうえで、移転後の主たる事務所の最寄りの供託所に当該営業保証金を供託しなければならない。

4 Aが営業保証金を有価証券によって供託するときは、国債証券についてはその額面金額の100分の90を、地方債証券又はそれ以外の債権についてはその額面金額の100分の80を有価証券の価額としなければならない。

【問　34】　宅地建物取引業者Aが、宅地建物取引業者B及び宅地建物取引業者でないCから媒介の依頼を受けて、B所有の宅地（宅地造成工事完了済み）を、代金1億円でCに売却する契約を成立させた場合に関する次の記述のうち、宅地建物取引業法（以下この問において「法」という。）の規定に違反するものはいくつあるか。なお、本問において、法第37条第4項に規定する書面に記載すべき事項を電磁的方法により提供する方法は考慮しないものとする。

ア　Bが、Cから手付金として1,500万円を受領するときに、法第41条の2に規定する手付金等の保全措置を講じたので、Aは、保全措置を講じなかった。

イ　Aは、宅地の売買契約の成立時において、Cに手付金全額の用意ができていなかったので、不足分を立て替えて、当該売買契約を成立させた。

ウ　Aは、Bが宅地建物取引業者であることから、法第37条の規定に基づく契約内容を記載した書面をCにだけ交付し、Bに対しては、交付しなかった。

1　一つ
2　二つ
3　三つ
4　なし

【問　35】　宅地建物取引士資格試験（以下この問において「試験」という。）及び宅地建物取引士登録（以下この問において「登録」という。）に関する次の記述のうち、宅地建物取引業法の規定によれば、正しいものはどれか。

1　不正の手段によって試験を受けたとして合格の決定を取り消された者であっても、合格後すでに登録を受けているときは、その登録を消除されることはない。

2　宅地建物取引業法に違反したとして罰金の刑に処せられ、その刑の執行を終わった日から5年を経過しない者は、試験を受けることができない。

3　試験に合格した者であっても、宅地若しくは建物の取引に関し2年以上の実務の経験を有する者又は国土交通大臣がその実務の経験を有する者と同等以上の能力を有すると認めた者でなければ、登録を受けることはできない。

4　宅地建物取引士としてすべき事務の禁止の処分を受け、当該事務の禁止期間中に登録の消除を申請して消除された者は、当該事務の禁止の期間が満了した日から5年を経過しないと、再度登録を受けることができない。

【問　36】　宅地建物取引業者Aが自ら売主としてマンション（販売価額3,000万円）の売買契約を締結した場合における次の記述のうち、民法及び宅地建物取引業法の規定によれば、正しいものはどれか。

1　Aは、宅地建物取引業者でないBとの売買契約の締結に際して、当事者の債務不履行を理由とする契約の解除に伴う損害賠償の予定額を1,200万円とする特約を定めることができる。

2　Aは、宅地建物取引業者であるCとの売買契約の締結に際して、当事者の債務不履行を理由とする契約の解除に伴う損害賠償の予定額を1,200万円とする特約を定めることはできない。

3　Aは、宅地建物取引業者であるDとの売買契約の締結に際して、当事者の債務不履行を理由とする契約の解除に伴う損害賠償の予定額の定めをしなかった場合、実際に生じた損害額1,000万円を立証することにより請求することができる。

4　Aは、宅地建物取引業者でないEとの売買契約の締結に際して、当事者の債務不履行を理由とする契約の解除に伴う損害賠償の予定額を600万円、それとは別に違約金を600万円とする特約を定めた。これらの特約はすべて無効である。

【問　37】　宅地建物取引業者Aが、自ら売主として、宅地建物取引業者でない買主Bと締結した売買契約について、宅地建物取引業法第37条の2の規定に基づくいわゆるクーリング・オフによる契約の解除をする場合における次の記述のうち、正しいものはどれか。

1　Bが、Aの事務所で買受けの申込みをし、契約を締結した場合であっても、契約締結の日から起算して8日以内であれば、Bは、クーリング・オフによる契約の解除をすることができる。

2　Bがクーリング・オフによる契約の解除をするには、書面により行う必要があり、その書面がAに到達した時に、その効力が発生する。

3　Bが、Aの事務所で買受けの申込みをしたが、契約の締結は旅行先の旅館で行った場合、Bは、クーリング・オフによる契約の解除をすることができる。

4　Bが、Aから代理の依頼を受けた宅地建物取引業者Cの事務所で買受けの申込みをし、契約を締結した場合、Bは、クーリング・オフによる契約の解除をすることができない。

【問 38】 Aは甲県に事務所を設置し（事務所数1）、令和5年1月12日に甲県知事の免許を受け、同年1月20日に甲県知事に対し営業保証金を供託した旨の届出をし、同年1月31日に宅地建物取引業者でないBに宅地を売却し、同年3月10日に宅地建物取引業保証協会の社員となり、同年3月15日に広告業者Cに宅地の売却に関する広告の掲載を依頼した。同年4月、BとCが、それぞれの取引について生じた金銭債権をAに対して行使している。この場合に関する次の記述のうち、宅地建物取引業法の規定によれば、正しいものはどれか。

1　Bは、弁済業務保証金から弁済を受けることができない。

2　Bは、1,500万円の損害が生じていることを証明できた場合、1,500万円の全額について、弁済業務保証金から弁済を受けることができる。

3　Cは、弁済業務保証金から弁済を受けることができない。

4　Cは、1,000万円の損害が生じていることを証明できた場合、1,000万円の全額について、弁済業務保証金から弁済を受けることができる。

【問 39】 宅地建物取引業者A（消費税課税事業者）が、単独で又は宅地建物取引業者B（消費税課税事業者）と共同して建物の賃貸借契約の代理又は媒介業務を行う際の報酬に関する次の記述のうち、宅地建物取引業法の規定によれば、正しいものはどれか。なお、この問において「消費税等相当額」とは、消費税額及び地方消費税額に相当する金額をいうものとする。

1　居住用建物について、Aが貸主から代理を依頼され、Bが借主から媒介を依頼され、共同して賃貸借契約を成立させた場合、Aは貸主から、Bは借主からそれぞれ借賃の1.1カ月分の報酬を受けることができる。

2　居住用建物について、Aが単独で貸主と借主双方から媒介を依頼され賃貸借契約を成立させた場合、Aは、貸主及び借主から承諾を得れば、それぞれから借賃の1.1カ月分ずつの報酬を受けることができる。

3　店舗用建物について、Aが、単独で貸主と借主双方から媒介を依頼され1カ月当たり借賃25万円、権利金800万円（権利設定の対価として支払われる金銭であって返還されないもので、消費税等相当額を含まない。）の賃貸借契約を成立させた場合、Aは、貸主及び借主からそれぞれ33万円の報酬を受けることができる。

4　店舗用建物について、Aが貸主から、Bが借主からそれぞれ媒介を依頼され、共同して賃貸借契約を成立させた場合、Aは貸主から、Bは借主からそれぞれ借賃の1.1カ月分の報酬を受けることができる。

【問　40】　宅地建物取引業法（以下この問において「法」という。）に関する次の記述のうち、誤っているものはどれか。なお、この問において、「35条書面」とは、法第35条の規定に基づく重要事項を記載した書面を、「37条書面」とは、法第37条の規定に基づく契約の内容を記載した書面をいうものとする。また、この問において、書面に記載すべき事項を電磁的方法により提供する場合は考慮しないものとする。

1　宅地建物取引業者は、抵当権に基づく差押えの登記がされている建物の貸借の媒介をするにあたり、貸主から当該登記について告げられなかった場合であっても、35条書面及び37条書面に当該登記について記載しなければならない。

2　宅地建物取引業者は、自ら売主として締結した建物の売買契約の相手方が宅地建物取引業者であっても、37条書面に宅地建物取引士をして記名させなければならない。

3　宅地建物取引業者は、契約の解除について特に定めをしなかった場合、35条書面にはその旨記載しなければならないが、37条書面には記載する必要はない。

4　37条書面に記名する宅地建物取引士は、35条書面に記名した宅地建物取引士と必ずしも同じ者である必要はない。

【問　41】　甲県知事の免許を受けた宅地建物取引業者Aが、新たに支店を1か所設置し、事業を営もうとする場合に関する次の記述のうち、宅地建物取引業法の規定によれば、正しいものはどれか。

1　Aが宅地建物取引業保証協会の社員である場合、Aは、当該支店の設置の日までに、弁済業務保証金分担金30万円を、加入している宅地建物取引業保証協会に納付しなければならない。

2　当該支店においては、本店と同様の様式の標識を掲示しなければならない。

3　甲県内に当該支店を設置する場合、Aは、設置しようとする30日前までに、その旨を甲県知事に届け出なければならない。

4　乙県内に当該支店を設置する場合、Aは、乙県知事の免許を受けなければならない。

【問　42】　宅地建物取引業者Ａが業務に関して行う広告に関する次の記述のうち、宅地建物取引業法の規定によれば、正しいものはいくつあるか。

ア　Ａの行う広告において、当該広告に係る宅地又は建物の所在、規模、形質又は現在若しくは将来の利用の制限については事実に相違する広告を行うことができないが、現在又は将来の交通の利便については事実に相違する広告を行うことができる。

イ　Ａは、建築確認申請中の建物に関しては、たとえ賃貸の媒介広告であっても、広告をすることができない。

ウ　Ａは、たとえ物件が実在していても、実際に取引する意思のない物件を広告することはできないが、実在しないことが客観的に明らかである物件の広告をすることはできる。

1　一つ
2　二つ
3　三つ
4　なし

【問　43】　宅地建物取引業者が、建物の貸借の媒介を行う場合に宅地建物取引業法第35条の規定に基づく重要事項として説明する必要がないものはどれか。なお、説明を受ける者は宅地建物取引業者ではないものとする。

1　新住宅市街地開発法第32条第1項の規定に基づく、権利の処分に関する制限があるときはその内容

2　新都市基盤整備法第51条第1項の規定に基づく、権利の処分に関する制限があるときはその内容

3　流通業務市街地の整備に関する法律第38条第1項の規定に基づく、権利の処分に関する制限があるときはその内容

4　建築基準法第53条第1項の規定に基づく、建築物の建築面積の敷地面積に対する割合に関する制限があるときはその内容

【問　44】　宅地建物取引業の免許（以下この問において「免許」という。）に関する次の記述のうち、正しいものはどれか。

1　免許を受けようとするA社に、刑法第246条の2（電子計算機使用詐欺）の罪により懲役1年（刑の全部の執行猶予2年）の刑に処せられ、その刑の全部の執行猶予期間を満了していない者が役員として在籍している場合、A社は免許を受けることができる。

2　免許を受けようとするB社に、刑法第234条（威力業務妨害）の罪により罰金の刑に処せられた者が役員として在籍している場合、その刑の執行が終わってから5年を経過していなくとも、B社は免許を受けることができる。

3　免許を受けようとするC社に、刑法第231条（侮辱）の罪により拘留の刑に処せられた者が役員として在籍している場合、その刑の執行が終わってから5年を経過していなければ、C社は免許を受けることができない。

4　免許を受けようとするD社に、刑法第235条の2（不動産侵奪）の罪により懲役の刑に処せられた者が政令で定める使用人として在籍している場合、その刑の執行が終わってから5年を経過していなくとも、D社は免許を受けることができる。

【問　45】　特定住宅瑕疵担保責任の履行の確保等に関する法律に基づく住宅販売瑕疵担保保証金の供託又は住宅販売瑕疵担保責任保険契約の締結（以下この問において「資力確保措置」という。）に関する次の記述のうち、正しいものはどれか。

1　住宅販売瑕疵担保責任保険契約は、新築住宅の引渡し時から10年以上有効でなければならないが、当該新築住宅の買主の承諾があれば、当該保険契約に係る保険期間を5年間に短縮することができる。

2　宅地建物取引業者は、自ら売主として、宅地建物取引業者である買主との間で新築住宅の売買契約を締結し、当該住宅を引き渡す場合、資力確保措置を講ずる義務を負う。

3　自ら売主として新築住宅を宅地建物取引業者でない買主に引き渡した宅地建物取引業者は、基準日にかかる資力確保措置の状況の届出をしなければ、基準日から3週間を経過した日以降、新たに自ら売主となる新築住宅の売買契約を締結することができない。

4　宅地建物取引業者は、住宅販売瑕疵担保責任保険契約を締結した場合、国土交通大臣の承認を受けなければ住宅販売瑕疵担保責任保険契約の解除をすることができない。

【問　46】　独立行政法人住宅金融支援機構(以下この問において「機構」という。)に関する次の記述のうち、誤っているものはどれか。

1　機構は、住宅の建設又は購入に必要な資金の貸付けに係る主務省令で定める金融機関の貸付債権の譲受けを行うが、この貸付債権で、一定のものを担保とする債券その他主務省令で定める有価証券に係る債務の保証も行う。

2　機構は、証券化支援事業（買取型）において、いずれの金融機関に対しても、譲り受けた貸付債権に係る元金及び利息の回収その他回収に関する業務を委託することができない。

3　機構は、住宅の建設、購入、改良若しくは移転（以下「建設等」という。）をしようとする者又は住宅の建設等に関する事業を行う者に対し、必要な資金の調達又は良質な住宅の設計若しくは建設等に関する情報の提供、相談その他の援助を行う。

4　機構は、高齢者の家庭に適した良好な居住性能及び居住環境を有する住宅とすることを主たる目的とする住宅の改良（高齢者が自ら居住する住宅について行うものに限る。）に必要な資金の貸付けを業務として行っている。

【問　47】　宅地建物取引業者が行う広告等に関する次の記述のうち、不当景品類及び不当表示防止法（不動産の表示に関する公正競争規約及び不動産業における景品類の提供の制限に関する公正競争規約を含む。）の規定によれば、誤っているものはどれか。

1　宅地建物取引業者が、不動産の購入者に対して、懸賞の方法によらないで景品類を提供する場合、その景品類の価格が取引価額の10分の1又は100万円のいずれか低い価額の範囲であれば、景品類の提供に関する制限に該当するおそれはない。

2　電車、バス等の交通機関の所要時間については、起点及び着点とする駅等又はバスの停留所の名称を明示しなければならず、物件から最寄駅等までのバスを利用する場合であって、物件の最寄りの停留所から最寄駅等までのバスの所要時間を表示するときは、停留所の名称を省略することができる。

3　銀行等との住宅ローンについては、借入金の利率及び利息を徴する方式又は返済例を明示して表示しなければならないが、融資限度額については明示して表示しなくてよい。

4　不動産の価格について、「買得」、「格安」、「激安」等、著しく安いという印象を与える用語を使用しても、表示内容を裏付ける合理的な根拠を示す資料を現に有していれば、表示内容の根拠となる事実を併せて表示しなくても、不当表示となるおそれはない。

【問　48】　次の記述のうち、正しいものはどれか。

1　令和5年地価公示（令和5年3月公表）によれば、令和4年1月以降の1年間の住宅地の地価は、全国平均では、2年連続の下落となった。

2　建築着工統計調査報告（令和4年計。令和5年1月公表）によれば、令和4年の新設住宅着工戸数は、貸家、分譲住宅が減少したため、総戸数では前年より減少となった。

3　「指定流通機構の活用状況について（2022年分）」（令和5年1月公表。公益財団法人不動産流通推進センター）によれば、令和4年の指定流通機構の新規登録件数は約424万件であり、賃貸物件よりも売り物件の方が新規登録件数は多い。

4　建築着工統計調査報告（令和4年計。令和5年1月公表）によれば、令和4年の新設住宅着工床面積は、約6,901万㎡となり、前年より2.3％減少し、昨年の増加から再びの減少となった。

【問　49】　土地に関する次の記述のうち、最も不適当なものはどれか。

1　扇状地は、傾斜が急な半円錐形状の地形を形成し、その微高地は砂礫質で地盤が安定していることは少なく、宅地として不適当であることが多い。

2　地すべり地は、過去に地すべりを起こした痕跡を残していることが多く、地すべり地形と呼ばれる特有の地形を呈しており、等高線は乱れていることが多い。

3　干拓地は、一般に海面以下の場合が多く地盤も軟弱であり、住宅地としては不適格な土地であり、埋立地より安全性に劣る。

4　地図の上で、等高線が密な部分は地形の傾斜が急であり、疎の部分は地形の傾斜が緩やかであり、宅地を選定するにあたり、地形図を用いて、土石流や洪水流の危険度を判別することができる。

【問　50】　鉄筋コンクリート造の建築物に関する次の記述のうち、最も不適当なものはどれか。

1　鉄筋コンクリート造におけるコンクリートを生成する場合、一般に、水セメント比が大きくなるほどワーカビリティーと経済性、耐久性が高くなる。

2　鉄筋コンクリート造に使用するコンクリートの骨材、水及び混和材料は、鉄筋をさびさせ、又はコンクリートの凝結及び硬化を妨げるような酸、塩、有機物又は泥土を含んではならない。

3　鉄筋コンクリート造建築物の構造耐力上主要な部分である柱の主筋は、4本以上とし、帯筋と緊結しなければならない。

4　鉄筋コンクリート造においては、骨組の形式はラーメン式の構造が一般に用いられる。

第 1 回　問題

2023年版
出る順宅建士 当たる！直前予想模試

第2回　問題

1　この表紙（色紙）を残したまま問題冊子を取り外してください。
2　解答用紙（マークシート）は第1回問題の冊子の前にとじてあります。
切り取ってご使用ください。

「問題冊子」の取り外し方

①この色紙を残し、「問題冊子」だけをつかんでください。
②「問題冊子」をしっかりとつかんだまま手前に引っ張って、取り外してください。

「問題冊子」

※色紙と「問題冊子」は、のりで接着されていますので、丁寧に取り外してください。なお、取り外しの際の破損等による返品・交換には応じられませんのでご注意ください。

LEC東京リーガルマインド

2023 年版

出る順宅建士 当たる！直前予想模試

令 和 5 年 度
問 　 題

第 2 回

合格基準点　35 点

次の注意事項をよく読んでから、始めてください。

(注意事項)

1　問　　題

　　問題は、1 ページから 26 ページまでの 50 問です。

　　試験開始の合図と同時に、ページ数を確認してください。

　　落丁や乱丁があった場合は、直ちに試験監督員に申し出てください。

2　解　　答

　　解答は、解答用紙の「記入上の注意」に従って記入してください。

　　正解は、各問題とも一つだけです。

　　二つ以上の解答をしたもの及び判読が困難なものは、正解としません。

3　適用法令

　　問題の中の法令に関する部分は、令和 5 年 4 月 1 日現在施行されている

　規定に基づいて出題されています。

【問　1】　ＡがＢと通じてＡ所有の土地についてＢと仮装の売買契約を締結し、Ｂの名義に所有権移転登記をした場合に関する次の記述のうち、民法の規定及び判例によれば、誤っているものはどれか。

1　Ｂがこの土地にＣに対する抵当権を設定し、その登記をした場合において、ＣがＡＢ間の契約の事情を知っていたとき、Ａは、Ｃに対して抵当権設定行為の無効を主張することができる。

2　Ｂがこの土地をＤに売却し、所有権移転登記をした場合において、ＤがＡＢ間の契約の事情を知らなかったことについて過失があるときは、Ａは、Ｄに対してこの土地の所有権を主張することができる。

3　ＢがＥに、さらにＥがＦに、それぞれこの土地を売却し、所有権移転登記がなされている場合において、ＡＢ間の契約の事情について、Ｅは知っていたが、Ｆが知らなかったとき、Ｆは、Ａに対してこの土地の所有権を主張することができる。

4　Ａの債権者Ｇは、自己の債権を保全するため等、所定の要件を満たせば、Ｂに対して、ＡＢ間の契約の無効を主張して、Ａの所有権移転登記抹消登記請求権を代位行使することができる。

【問　2】　Ａ所有の不動産につき、Ａを売主、Ｂを買主とする売買契約が締結されたが、Ａは未成年者であり、法定代理人であるＣの同意を事前に得ていなかった。この場合に関する次の記述のうち、民法の規定によれば、正しいものはどれか。

1　Ａが、Ｃの同意があると誤信させるため詐術を用いてＢとの間で売買契約を締結した場合、Ａは、当該売買契約を取り消すことができない。

2　Ｂは、Ｃに対して、１カ月以上の期間を定めて、その期間内にＡの行為を追認するか否かを確答すべきことを催告することができ、当該期間内にＣが確答を発しなかった場合には、Ｃは、Ａの行為を取り消したものとみなされる。

3　Ｂが当該不動産をＤに売却し、引き渡した。その後、ＡがＢとの売買契約を未成年を理由に取り消した場合、Ａは、Ｄに対して、当該不動産の引渡しを請求することができない。

4　Ｂが、Ａが未成年者であることを知らなかった場合、Ｂは、当該契約締結後、Ｃの追認があるまでは、この契約を取り消すことができる。

【問　3】　本人Aに無断でBが自己をAの代理人であると偽ってA所有の甲土地をCに売却した場合に関する次の記述のうち、民法の規定及び判例によれば、正しいものはどれか。

1　AがBの行為を追認したときは、甲土地の所有権はBからCへ移転する。

2　BがCに売却した後、Aが死亡し、BがAを単独で相続したときは、Bは、無権代理行為につき追認を拒絶することができる。

3　BがCに売却した後、Bが死亡し、AがBを単独で相続したときは、Aは、無権代理行為につき追認を拒絶することができる。

4　Bが代理権を有しないことについて、Cが善意無過失であれば、Cは、Aに対し損害賠償請求をすることができる。

【問　4】　Aが、BからB所有の土地を購入する契約をBと締結し、手付金300万円を支払った場合に関する次の記述のうち、民法の規定及び判例によれば、正しいものはどれか。

1　AとBが違約金を1,000万円と定めた場合において、Bの債務不履行を理由に契約が解除されたときは、Aは、実際の損害額が違約金よりも多ければこれを立証して違約金の増額を求めることができる。

2　Aの債務不履行を理由に契約が解除された場合、Bは、損害賠償を請求することができるが、その際、損害の証明をしなければならない。

3　Aは、自らが履行に着手していても、Bが履行に着手していなければ、手付を放棄して当該契約を解除することができるが、この場合、損害賠償を請求することはできない。

4　Bの責めに帰すべき事由によりBの債務が履行不能となった場合、Aは、当該契約を解除し、損害賠償の請求をすることができるが、その額は、原則として手付と同額とされる。

【問　5】　次の1から4までの記述のうち、民法の規定及び下記判決文によれば、正しいものはどれか。

（判決文）

　　建物の建築に携わる設計者、施工者及び工事監理者（以下、併せて「設計・施工者等」という。）は、建物の建築に当たり、契約関係にない居住者等に対する関係でも、当該建物に建物としての基本的な安全性が欠けることがないように配慮すべき注意義務を負うと解するのが相当である。そして、設計・施工者等がこの義務を怠ったために建築された建物に建物としての基本的な安全性を損なう瑕疵があり、それにより居住者等の生命、身体又は財産が侵害された場合には、設計・施工者等は、不法行為の成立を主張する者が上記瑕疵の存在を知りながら、これを前提として当該建物を買い受けていたなど特段の事情のない限り、これによって生じた損害について不法行為による賠償責任を負うというべきである。

1　設計・施工者等が自己の注意義務を怠ったために建築された建物に建物としての基本的な安全性を損なう瑕疵があり、それによって居住者等の生命、身体又は財産が侵害された場合には、設計・施工者等は、これによって生じた損害について常に不法行為による賠償責任を負う。

2　建物の建築に携わる設計・施工者等は、建物の建築に当たり、契約関係にない居住者等に対する関係でも、当該建物に建物としての基本的な安全性が欠けることがないように配慮すべき注意義務を負う。

3　請負契約を締結した後、注文者が破産手続開始の決定を受けた場合、請負人が仕事を完成したか否かにかかわらず、請負人は、当該請負契約を解除することができる。

4　建物の居住者等に対する関係で、当該建物に建物としての基本的な安全性が欠けることがないように配慮すべき注意義務を負うのは、居住者等と契約を締結した者のみであり、居住者等と契約関係にない設計・施工者等は一切負わない。

【問　6】　AがBに対し金銭債務を負っている場合に関する次の記述のうち、民法の規定によれば、正しいものはどれか。

1　この債務が利息を生ずべきものである場合、Aが弁済した額が元本と利息の合計に不足するときは、Aが特段の指定をしない限り、まず元本に充当される。

2　Bの代理人と称するCが受取証書を持参したので、AがCに対して弁済した場合、当該証書がCによって盗取されたものであったとしても、Aの弁済が有効となることがある。

3　Aの弟Dが、Aの意思に反して当該債務をBに弁済した場合、当該弁済がAの意思に反することをBが知っていたとしても、Aの債務は消滅する。

4　Aのために弁済をしたAの連帯保証人Eは、Bの承諾なくしてBに代位できるが、これをAに対抗するには、BからAに通知するか、又はAが承諾することが必要である。

【問　7】　甲土地について、Aを売主、Bを買主とする売買契約が成立し、甲土地が引き渡された場合に関する次の記述のうち、民法の規定によれば、誤っているものはどれか。

1　甲土地にCの抵当権が設定されており、Cの抵当権の実行によりBがその所有権を失った場合、Bは、所有権を失った時から1年以内にその旨をAに通知しない限り、Aに対して、損害賠償を請求することができない。

2　甲土地の品質が契約内容に適合しないことが判明した場合、契約時にBがその契約不適合があることを過失によって知らなかったときであっても、Aは、契約不適合責任を負う。

3　甲土地の一部がDの所有であり、Dの所有部分に関してAの履行の追完が不可能となった場合、Bは、Aに対して、直ちに代金の減額を請求することができる。

4　甲土地の所有者がEである場合で、Aが、自己の過失により、Eから甲土地の所有権を取得してBに移転することができなかったとき、Bは、Aとの契約時に甲土地がEの所有であることを知っていたとしても、Aに対して、生じた損害の賠償を請求をすることができる。

【問　8】　Aは、BのCに対する金銭債権（利息付き）を担保するため、Aの所有地にBのために抵当権を設定し、その登記をしたが、その後その土地をDに売却し、登記も移転した。この場合に関する次の記述のうち、民法の規定によれば、誤っているものはどれか。

1　Bは、抵当権を実行しようとする場合、Dにその旨を通知し、抵当権消滅請求の機会を与えなければならない。

2　Bの抵当権の実行としての競売による差押えの効力が発生した後は、Dは、抵当権消滅請求をすることができない。

3　Bが抵当権を実行した場合、Dは、買受人となることができる。

4　Bは、抵当権の実行により、元本と最後の2年分の利息について、Bよりも後順位である他の抵当権者に優先して弁済を受けることができる。

【問　9】　Aは、自己が所有する建物の管理を、当該管理を業としていないBに対して委託した。この場合において、Bが有償で本件管理を受託しているとき（以下「ケース①」という。）と、Bが無償で本件管理を受託しているとき（以下「ケース②」という。）に関する次の記述のうち、民法の規定によれば、正しいものはどれか。

1　ケース①の場合、Bは善良なる管理者の注意をもって本件管理委託事務を処理しなければならないが、ケース②の場合、Bは自己の財産におけると同一の注意をもって本件管理委託事務を処理すれば足りる。

2　Aが死亡した場合、ケース①では、本件管理委託契約は終了することを原則とするが、ケース②では、本件管理委託契約は終了しないことを原則とする。

3　Bが適法に本件管理委託契約を解除したが当該解除はAに不利な時期であった場合、ケース①では、Bは原則としてAに生じた損害を賠償しなければならないが、ケース②では、BはAに生じた損害を賠償する必要はない。

4　ケース①及びケース②のいずれも場合も、Aは、いつでも本件管理委託契約を解除することができる。

【問　10】　Aが配偶者Bと子C・D・Eを残して死亡した場合の相続に関する次の記述のうち、民法の規定及び判例によれば、正しいものはどれか。

1　CがAに対し虐待していたことを理由に相続人から廃除されていた場合、Cの子FもAの遺産を代襲相続することはできない。

2　Aから相続財産に属する不動産を賃借していたGに対する相続開始から遺産分割までの間に生ずる賃料債権については、共同相続人B・C・D・Eがその相続分に応じて分割債権として取得する。

3　AがBを受取人とする生命保険契約を締結していた場合、その死亡保険金は相続財産に含まれる。

4　Aが、相続開始の時にBと居住していた建物を、その時点で友人Hと共有していた場合であっても、B・C・D・Eの遺産分割協議に基づけば、Bは配偶者居住権を取得することができる。

【問　11】　Aは、建物所有の目的でBから甲土地を賃借し（借地権の登記はしていない）、甲土地の上に自己所有の乙建物を建築していたが、その後、Bが、甲土地をCに売却し、所有権の移転の登記をした場合に関する次の記述のうち、借地借家法の規定及び判例によれば、正しいものはどれか。

1　Aが、乙建物についてA名義で所有権の保存の登記をしている場合でも、乙建物をDに賃貸して、Dが乙建物を実際に使用しているときは、Aは、Cに対して甲土地の借地権を対抗することができない。

2　Aに配偶者Eがおり、乙建物についてE名義で所有権の保存の登記をしている場合でも、乙建物を実際に使用しているのがAであるときは、Aは、Cに対して甲土地の借地権を対抗することができる。

3　Aが甲土地上に乙建物だけでなく丙建物も所有する場合において、Aが乙建物についてA名義の所有権の保存の登記をしているが、丙建物について所有権保存の登記をしていないときは、Aは、Cに対して甲土地の借地権を対抗することができない。

4　Aが乙建物についてA名義で所有権の保存の登記をしていた場合において、Aに対する競売事件で乙建物を競落したFは、Cが甲土地の賃借権の譲渡により不利となるおそれがないにもかかわらず譲渡を承諾しないとき、乙建物の代金支払後借地借家法に定める期間内に限り、裁判所に対して、Cの承諾に代わる許可の申立てをすることができる。

【問　12】　賃貸人Aと賃借人Bとの間で締結されたA所有の居住用建物の賃貸借契約に関する次の記述のうち、民法及び借地借家法の規定によれば、誤っているものはどれか。

1　Bは、Aの同意を得ずに建物に造作を付加したときは、特約のない限り、賃貸借終了の際、Aに対し時価でその造作を買い取るべきことを請求することができない。

2　賃貸借契約の締結時に、「AはBが建物に造作を付加することに同意するが、Bは賃貸借の終了時にAに対してその造作の買取りを請求しない」旨の特約が付されていた場合、当該特約は有効である。

3　賃貸借契約の期間継続中に、Bが子のいないまま死亡した場合で、その当時Bと同居しており、婚姻届は提出していないが事実上の妻であったCがいるとき、Cは、Bの母である相続人Dに優先してBの賃借権を承継する。

4　賃貸借契約の締結時に、BがAに対して敷金を交付していた場合で、その後Aがこの建物をEに売却し、賃貸人としての地位がEに移転したときは、Eの承諾がなくてもAの敷金返還債務はEに承継される。

【問　13】　建物の区分所有等に関する法律に関する次の記述のうち、誤っているものはどれか。

1　集会の招集の通知は、区分所有者が管理者に対して通知を受けるべき場所を通知したときはその場所に、これを通知しなかったときは区分所有者の所有する専有部分が所在する場所にあててすれば足りる。

2　建物の価格の2分の1を超える部分が滅失した場合、各区分所有者は、自ら単独で滅失した共用部分の復旧を行うことはできず、復旧は、集会における区分所有者及び議決権の各4分の3以上の多数による滅失した共用部分を復旧する旨の決議がなければすることはできない。

3　規約は、管理者が保管しなければならないが、管理者がないときは、建物を使用している区分所有者又はその代理人で規約又は集会の決議で定めるものが保管しなければならない。

4　建物の建替え決議は、区分所有者及び議決権の各5分の4以上の多数により行うことができるが、この定数は規約により減じることができる。

- 7 -

【問　14】　不動産の登記に関する次の記述のうち、不動産登記法の規定によれば、誤っているものはどれか。

1　建物が新築された場合、その建物の所有権を取得した者は、その所有権を取得した日から１カ月以内に、表題登記を申請しなければならない。

2　既存の建物が増築された場合、既存建物の表題部所有者又は所有権の登記名義人は、増築の日から１カ月以内に、表題部の変更の登記を申請しなければならない。

3　表題登記がない建物と所有権の登記がある建物を合体して一個の建物とした場合、合体前の表題登記がない建物の所有者又は所有権の登記がある建物の所有権の登記名義人は、建物の合体の日から１カ月以内に、合体後の建物についての表題登記及び合体前の建物についての建物の表題部の登記の抹消を申請しなければならない。

4　居宅である建物が事務所として当初から表題部に登記されている場合、表題部所有者又は所有権の登記名義人は、登記官から現況と登記事項が異なる旨の通知を受けた日から１カ月以内に、更正の登記を申請しなければならない。

【問　15】　都市計画法に関する次の記述のうち、誤っているものはどれか。

1　都道府県は、準都市計画区域を指定しようとするときは、あらかじめ関係市町村及び都道府県都市計画審議会の意見を聴かなければならない。

2　都道府県又は市町村は、都市計画を決定しようとするときは、あらかじめ、その旨を公告し、当該都市計画の案を、当該都市計画を決定しようとする理由を記載した書面を添えて、当該公告の日から２週間公衆の縦覧に供しなければならない。

3　開発整備促進区とは、地区計画において、劇場、店舗、飲食店等の大規模な建築物の整備による商業その他の業務の利便の促進を図るため、商業地域内において定められる区域をいう。

4　市街化区域は、すでに市街地を形成している区域及びおおむね10年以内に優先的かつ計画的に市街化を図るべき区域であり、市街化調整区域は、市街化を抑制すべき区域である。

【問　16】　都市計画法に関する次の記述のうち、誤っているものはどれか。なお、この問において「都道府県知事」とは、地方自治法に基づく指定都市、中核市及び施行時特例市にあってはその長をいうものとする。

1　開発許可を受けた開発区域内において、開発行為に関する工事の完了の公告があるまでの間に、当該開発区域内に土地所有権を有する者のうち、当該開発行為に関して同意をしていない者がその権利の行使として建築物を建築する場合については、都道府県知事が支障がないと認めたときでなければ、当該建築物を建築することはできない。

2　都市計画法第33条に規定する開発許可の基準のうち、排水施設の構造及び能力についての基準は、主として自己の居住の用に供する住宅の建築の用に供する目的で行う開発行為に対しても適用される。

3　開発許可を受けた者は、開発行為に関する工事を廃止したときは、遅滞なく、その旨を都道府県知事に届け出なければならない。

4　開発許可の不許可の処分に関して不服のある者は、開発審査会に対して審査請求をすることができる。

【問　17】　第二種低層住居専用地域内の建築物の規制に関する次の記述のうち、建築基準法（以下この問において「法」という。）の規定によれば、正しいものはどれか。

1　地盤面下に設ける建築物であっても、道路に突き出して建築してはならない。

2　容積率（建築物の延べ面積の敷地面積に対する割合）として都市計画で定められる値は、10分の20以下である。

3　日影規制（法第56条の2の制限をいう。）の適用がない建築物については、隣地斜線制限（法第56条第1項第2号の制限をいう。）が適用される。

4　建築物の敷地面積の最低限度に関する制限を都市計画で定める場合においては、100㎡を超えない範囲で、定めなければならない。

【問 18】 建築基準法に関する次の記述のうち、正しいものはどれか。ただし、他の地域地区等の指定及び特定行政庁の許可については考慮しないものとする。

1 街区の角にある敷地で特定行政庁が指定するものの内にある建築物にあっては、容積率（建築物の延べ面積の敷地面積に対する割合）が 10 分の 1 緩和される。

2 建築協定区域内の土地の所有者等は、特定行政庁からの認可を受けた建築協定を変更又は廃止しようとする場合においては、土地所有者等の全員の合意をもってその旨を定めなければならない。

3 地方公共団体は、敷地が袋路状道路にのみ接する延べ面積が 200 ㎡ の建築物については、一戸建ての住宅を除き、条例で接道義務を加重することができる。

4 近隣商業地域内においては、床面積の合計が 150 ㎡ 以内であれば料理店を建築することができるが、田園住居地域内においては、床面積の合計が 500 ㎡ の平屋建てである農家レストランを建築することはできない。

【問 19】 農地に関する次の記述のうち、農地法（以下この問において「法」という。）の規定によれば、正しいものはどれか。

1 農業者が、市街化調整区域内の耕作しておらず遊休化している自己の農地を、自己の住宅用地に転用する場合、あらかじめ農業委員会へ届出をすれば、法第 4 条第 1 項の許可を受ける必要がない。

2 農業者が住宅の改築に必要な資金 500 万円を銀行から借り入れるために市街化区域内の自己所有の農地に抵当権を設定する場合、あらかじめ農業委員会に届出をすれば、法第 3 条第 1 項又は第 5 条第 1 項の許可を受ける必要はない。

3 市街化区域内の農地を耕作のために借り入れる場合、あらかじめ農業委員会に届出をすれば、法第 3 条第 1 項の許可を受ける必要はない。

4 農業者が住宅の改築に必要な資金 500 万円を銀行から借り入れるために市街化区域外の自己所有農地に抵当権の設定が行われ、その後、返済が滞ったため当該抵当権に基づき競売が行われ第三者が当該農地を取得する場合、当該第三者は、法第 3 条第 1 項又は法第 5 条第 1 項の許可を受ける必要がある。

- 10 -

【問　20】　宅地造成等規制法に規定する宅地造成工事規制区域（以下この問において「規制区域」という。）に関する次の記述のうち、正しいものはどれか。なお、この問において「都道府県知事」とは、地方自治法に基づく指定都市、中核市及び施行時特例市にあってはその長をいうものとする。

1　規制区域内において、宅地以外の土地を宅地に転用した者は、宅地造成に関する工事の許可を受けた場合を除き、転用した日から 21 日以内に、その旨を都道府県知事に届け出なければならない。

2　都道府県知事は、規制区域内における宅地の所有者、管理者又は占有者に対して、当該宅地又は当該宅地において行われている工事の状況について報告を求めることができる。

3　規制区域内において許可を受けた工事が完了した場合で、当該工事が請負により行われていたときは、その請負人が、遅滞なく、都道府県知事の工事完了の検査を受けなければならない。

4　規制区域外に盛土によって造成された一団の造成宅地の区域において、造成された盛土の高さが５ｍ未満の場合は、都道府県知事は、当該区域を造成宅地防災区域として指定することができない。

【問　21】　土地区画整理法に関する次の記述のうち、誤っているものはどれか。

1　利害関係者から換地計画に関する図書の閲覧の請求があった場合においては、施行者は、正当な理由なくこれを拒んではならない。

2　個人施行者以外の施行者は、換地計画を定めようとする場合においては、その換地計画を２週間公衆の縦覧に供しなければならない。

3　土地区画整理組合は、その事業に要する経費に充てるため、賦課金として参加組合員以外の組合員に対して金銭を賦課徴収することができる。

4　土地区画整理組合が施行する土地区画整理事業の換地計画においては、当該事業の施行の費用に充てる目的以外で保留地を定めることはできない。

【問　22】　国土利用計画法第 23 条の届出（以下この問において「事後届出」という。）に関する次の記述のうち、正しいものはどれか。

1　区域区分が定められていない都市計画区域内に所在する 5,000 ㎡の土地をAが売買により取得した場合、Aは事後届出をする必要があるが、Aが事後届出をしなかった場合でも、当該売買契約は効力を生じる。

2　BとCが共有（持分均一）している市街化区域に所在する 5,000 ㎡の土地を、Bのみがその持分をDに売却した場合、Bは事後届出をする必要がある。

3　EとFが、E所有の市街化区域内の土地 4,000 ㎡とF所有の市街化調整区域内の土地 6,000 ㎡を交換した場合、Eは事後届出をする必要はない。

4　事後届出においては、土地に関する権利の移転等の対価の額を届出書に記載しなければならず、当該対価の額が土地に関する権利の相当な価額に照らし著しく適正を欠くときは、そのことをもって勧告されることがある。

【問　23】　住宅借入金等を有する場合の所得税額の特別控除（以下この問において「住宅ローン控除」という。）に関する次の記述のうち、誤っているものはどれか。なお、租税特別措置法第 41 条第 10 項に規定する認定住宅等については考慮しないものとする。

1　令和 5 年中に居住用家屋を居住の用に供した場合において、令和 4 年において居住用財産の買換え等の場合の譲渡損失の損益通算及び繰越控除の適用を受けているときであっても、令和 5 年分の所得税について住宅ローン控除の適用を受けることができる。

2　銀行からの住宅借入金等で取得した居住用家屋を令和 5 年中に居住の用に供した場合には、その居住の用に供した年以後 13 年間にわたって、その住宅借入金等の年末残高の 0.7 パーセント相当額の税額控除の適用を受けることができる。

3　令和 5 年中に居住用家屋を居住の用に供した場合において、その前年において居住用財産の譲渡所得の特別控除の適用を受けているときであっても、令和 5 年分以後の所得税について住宅ローン控除の適用を受けることができる。

4　令和 5 年中に居住用家屋を居住の用に供した場合において、住宅ローン控除の適用を受けようとする者のその年分の合計所得金額が 2,000 万円を超えるときは、その超える年分の所得税について住宅ローン控除の適用を受けることはできない。

【問 24】 不動産取得税に関する次の記述のうち、正しいものはどれか。

1 信託の効力が生じた時から引き続き委託者のみが信託財産の元本の受益者である信託において、受託者から委託者に信託財産を移す場合の不動産の取得については、不動産取得税が課税されない。

2 令和5年4月に業務用倉庫の敷地を取得した場合の不動産取得税の標準税率は、100分の4である。

3 令和5年4月に個人が取得した住宅及び住宅用地に係る不動産取得税の課税標準は、2分の1とされる。

4 床面積が280㎡である住宅を令和5年4月に建築した場合、当該住宅の建築に係る不動産取得税の課税標準の算定については、当該住宅の価格から1,200万円が控除される。

【問 25】 地価公示法に関する次の記述のうち、誤っているものはどれか。

1 標準地は、土地鑑定委員会が、国土交通省令で定めるところにより、自然的及び社会的条件からみて類似の利用価値を有すると認められる地域において、土地の利用状況、環境等が通常と認められる一団の土地について選定するものとする。

2 標準地の正常な価格とは、当該土地に地上権が存する場合には、その権利が存しないものとして通常成立すると認められる価格をいうが、この価格は、各標準地について、2人以上の不動産鑑定士が、鑑定評価の結果を審査し、必要な調整を行って判定される。

3 土地鑑定委員会は、標準地の単位面積当たりの価格及び標準地の地積及び形状、標準地及びその周辺の土地の利用の現況等一定の事項を官報により公示しなければならない。

4 公示区域とは、都市計画法に規定する都市計画区域その他の土地取引が相当程度見込まれるものとして国土交通省令で定める区域（国土利用計画法第12条第1項の規定により指定された規制区域を除く。）をいう。

- 13 -

【問　26】　宅地建物取引業法に規定する宅地建物取引士に関する次の記述のうち、宅地建物取引業法（以下この問において「法」という。）の規定によれば、正しいものはどれか。

1　成年被後見人又は被保佐人は、宅地建物取引士資格登録（以下この問において「登録」という。）を受けることができない。

2　登録の移転の申請とともに宅地建物取引士証の交付の申請があったときは、移転後の都道府県知事は、前の宅地建物取引士証の有効期間が経過するまでの期間を有効期間とする宅地建物取引士証を交付しなければならない。

3　宅地建物取引士は、法第35条に規定する重要事項を説明するときは、説明の相手方に対し、宅地建物取引士証を提示しなければならないが、この規定に違反したときでも罰則の適用を受けることはない。

4　宅地建物取引士証の有効期間の更新を受けてから1年を経過した場合、当該宅地建物取引士証を使用する予定がなくなれば、宅地建物取引士証をその交付を受けた都道府県知事に返納しなければならない。

【問　27】　宅地建物取引業者Aが、甲県内に本店a、乙県内に支店bを設置して営業しようとし、又は営業している場合の営業保証金に関する次の記述のうち、宅地建物取引業法の規定によれば、正しいものはどれか。なお、Aと取引した者は、宅地建物取引業者ではないものとする。

1　Aは、支店bにつき500万円の営業保証金を支店bの最寄りの供託所に供託する必要がある。

2　Aが、新たに乙県内に支店cを設置したが、同時に従来の支店bを廃止した。この場合、事務所数に変更が生じないが、Aは、新たに営業保証金を供託する必要がある。

3　Aと支店bで宅地建物取引業に関する取引をした者は、その支店bにおける取引により生じた債権に関し、1,500万円を限度として、Aの供託した営業保証金の還付を請求することができる。

4　Aは、支店bを廃止した場合、営業保証金につき弁済を受ける権利を有する者に対する公告をせずに、直ちに500万円を取り戻すことができる。

【問　28】　次の者のうち、宅地建物取引業の免許を受けることができないものはいくつあるか。

ア　A－刑法第208条（暴行）の罪を犯し、30万円の罰金刑に処せられ、その刑の執行を終えてから3年を経過している。

イ　B－刑法第246条（詐欺）の罪を犯し、懲役1年、刑の全部の執行猶予3年の刑に処せられ、その取消しを受けることなく執行猶予期間が満了してから3年を経過している。

ウ　C－刑法第159条（私文書偽造等）の罪を犯したとして懲役3年の判決を受けたが、それを不服として高等裁判所に控訴中である。

エ　D－かつて破産手続開始の決定を受け、復権を得てから3年を経過している。

1　一つ
2　二つ
3　三つ
4　四つ

【問　29】　宅地建物取引業者が媒介して宅地の売買契約を成立させた場合、宅地建物取引業法第37条の規定に基づき、その契約の各当事者に書面を交付しなければならないが、次の記述のうち、その定めの有無を問わず、必ず当該書面に記載しなければならない事項はいくつあるか。なお、この問において、書面に記載すべき事項を電磁的方法により提供する方法は考慮しないものとする。

ア　代金以外に授受される金銭の額並びに当該金銭の授受の時期及び目的

イ　当該宅地が種類若しくは品質に関して契約の内容に適合しない場合におけるその不適合を担保すべき責任又は当該責任の履行に関して講ずべき保証保険契約の締結その他の措置の内容

ウ　損害賠償額の予定又は違約金に関する内容

エ　代金の支払の時期及び方法

1　一つ
2　二つ
3　三つ
4　なし

【問　30】　宅地建物取引業者Aが、Bの所有する宅地の売却の依頼を受け、Bと専属専任媒介契約（以下この問において「媒介契約」という。）を締結した場合に関する次の記述のうち、宅地建物取引業法（以下この問において「法」という。）の規定によれば、正しいものはどれか。なお、この問において、書面に記載すべき事項を電磁的方法により提供する方法は考慮しないものとする。

1　媒介契約の有効期間は6月を超えることができず、6月より長い期間を定めたときは、その期間は6月となる。

2　当該媒介契約に「Aは、Bに対して10日ごとに業務の処理状況を報告しなければならない。」旨の特約が定められていたとき、Aは特約に従い10日ごとに業務の処理状況の報告をすれば足りる。

3　Aは、法第34条の2の規定に基づきBに交付すべき書面に、BがAの探索した相手方以外の者と売買又は交換の契約を締結したときの措置を記載しなければならない。

4　Aが当該物件を売買すべき価額に対して意見を述べるときは、Bに対して書面によりその根拠を明らかにしなければならない。

【問　31】　宅地建物取引業者Aが、自ら売主として、宅地建物取引業者でないBと建物の売買契約を締結した場合における、宅地建物取引業法第37条の2の規定に基づくいわゆるクーリング・オフに関する次の記述のうち、正しいものはどれか。

1　BがAから当該建物の引渡しを受け、かつ、代金全額をAに対して支払った後であっても、Aから売買契約の解除ができる旨及びその方法を書面で告げられた日から8日経過していなければ、Bは、クーリング・オフによる売買契約の解除をすることができる。

2　Bが、喫茶店で買受けの申込みをし、売買契約を締結した場合、「売買代金を5万円値引きする代わりに、Bはクーリング・オフによる売買契約の解除を一切行わない。」旨の特約は無効である。

3　Bは、成年者である専任の宅地建物取引士の設置義務のあるテント張りの現地案内所で買受けの申込みをし、売買契約を締結した場合、クーリング・オフによる売買契約の解除をすることができない。

4　Bは、Aから販売の代理を依頼された宅地建物取引業者Cの従たる事務所で買受けの申込みをし、売買契約を締結した場合、クーリング・オフによる売買契約の解除をすることができる。

【問 32】 宅地建物取引業者Aが、自ら売主として中古建物の売買契約を締結する際の特約に関する次の記述のうち、宅地建物取引業法の規定に違反するものはいくつあるか。

ア 宅地建物取引業者である買主Bとの間で、「Bは、Aの契約不適合責任について、代金減額請求はすることができるが、他の契約不適合責任は追及することができない。」旨の特約を定めること。

イ 宅地建物取引業者でない買主Cとの間で、「Cが、契約不適合責任を追及するためのその不適合をAに通知する期間は、売買契約締結の日にかかわらず引渡しの日から2年間とする。」旨の特約を定めること。

ウ 宅地建物取引業者でない買主Dとの間で当該契約締結を行うに際して、Dが当該建物の契約不適合責任を追及するためのその不適合である旨をAに通知する期間についての特約を定めないこと。

エ 宅地建物取引業者でない買主Eとの間で、「契約不適合がこの契約及び取引上の社会通念に照らしてAの責めに帰することができない事由によるものであるときは、Eは、損害賠償の請求をすることはできない。」旨の特約を定めること。

1 一つ
2 二つ
3 三つ
4 なし

【問 33】 甲県知事の登録を受けている宅地建物取引士Aが、宅地建物取引業者B（甲県知事免許）の支店における専任の宅地建物取引士として勤務している場合に関する次の記述のうち、宅地建物取引業法の規定によれば、正しいものはどれか。

1 AがBの本店の専任の宅地建物取引士になった場合、Bは、変更の届出をしなければならず、Aは、変更の登録を申請しなければならない。

2 Aが本籍を変更した場合、Bは、変更の届出をしなければならず、Aは、変更の登録を申請しなければならない。

3 Aが、乙県に所在する宅地建物取引業者Cの事務所において宅地建物取引業に従事することとなった場合、Bは、変更の届出をしなければならず、Aは、登録の移転を申請しなければならない。

4 Bが、新たに乙県に宅地建物取引業を営む支店を設置する場合、Bは、免許換えの申請をしなければならず、Aは、変更の登録を申請しなければならない。

- 17 -

【問 34】 宅地建物取引業者が行う宅地建物取引業法第35条に規定する重要事項の説明に関する次の記述のうち、正しいものはどれか。なお、説明の相手方は宅地建物取引業者ではないものとする。

1 宅地の売買の媒介を行う場合、廃棄物の処理及び清掃に関する法律第15条の19に基づき指定された指定区域内において土地の形質の変更をしようとするときは、一定の場合を除き、当該土地の形質の変更の種類、場所等を都道府県知事に届け出なければならない旨を説明しなければならない。

2 建物の売買の媒介を行う場合、当該建物について、石綿の使用の有無の調査の結果が記録されているか照会を行ったにもかかわらず、その存在の有無が分からないときは、宅地建物取引業者自らが石綿の使用の有無の調査を実施し、その結果を説明しなければならない。

3 建物の売買の媒介を行う場合、当該建物が、水防法施行規則第11条第1号の規定により市町村（特別区を含む。）の長が提供する図面にその位置が表示されている場合には、当該図面が存在していることを説明すれば足りる。

4 中古マンションの売買の媒介を行う場合、建物の計画的な維持修繕のための費用を特定の者にのみ減免する旨の規約の定めがあっても、買主が当該減免対象者でなければその内容を説明する必要はない。

【問 35】 甲県知事の免許を受けた宅地建物取引業者A（事務所数1）に対する監督処分に関する次の記述のうち、宅地建物取引業法の規定によれば、正しいものはどれか。

1 Aが建築基準法の規定に違反した場合であれば、宅地建物取引業の業務に関し宅地建物取引業者として不適当であると認められるか否かをとわず、甲県知事はAに必要な指示をすることができる。

2 Aの唯一の専任の宅地建物取引士であるBが宅地建物取引士証の有効期間の更新を怠り、当該宅地建物取引士証が失効したまま1月を経過した場合、Aは甲県知事から業務の停止の処分を受けることがある。

3 Aに従事している宅地建物取引士であるCが、宅地建物取引士の事務に関し事務禁止の処分を受けた場合、CがAの役員又は政令で定める使用人でなければ、このことを理由としてAの免許が取り消されることはない。

4 乙県の区域内における業務に関して、Aが、業務停止処分に該当する行為を行い、その情状が特に重い場合、乙県知事は、Aの免許を取り消すことができる。

- 18 -

【問　36】　宅地建物取引業者Aが、自ら売主となって宅地建物取引業者でないBに建築工事完了前のマンションを1億円で販売する場合に関する次の記述のうち、宅地建物取引業法の規定によれば、正しいものはいくつあるか。なお、この問において「保全措置」とは、同法第41条第1項の規定における手付金等の保全措置をいうものとする。

ア　Aは、指定保管機関と宅地建物取引業法第41条の2第1項第1号に規定する手付金等寄託契約を締結し、かつ、当該手付金等寄託契約を証する書面をBに交付すれば、手付金として600万円を受領することができる。

イ　Aは、信用金庫との間で、Aが受領した手付金の返還債務を負うこととなった場合には当該信用金庫がその債務を連帯して保証することを委託する契約を締結し、その契約に基づく連帯保証書をBに交付すれば、手付金として3,000万円を受領することができる。

ウ　Aは、Bから手付金500万円を受領した後、中間金として2,000万円を受領するとき、当該2,000万円についてのみ保全措置を講じればよい。

1　一つ
2　二つ
3　三つ
4　なし

【問　37】　宅地建物取引業者Aの行う広告に関する次の記述のうち、宅地建物取引業法の規定によれば、正しいものはどれか。

1　Aは、当該広告に係る造成工事完了前の宅地について都市計画法第29条第1項の開発許可が必要とされる場合において、同法第36条第2項に規定する完了検査を受けた後でなければ、当該宅地の分譲に関する広告をすることができない。

2　Aは、Bから宅地の売買の注文を受けた場合、Bからの請求がなければ、Bに対して取引態様の別を明示する必要はない。

3　Aは、当該広告に係る宅地又は建物の所在、規模、形質、現在又は将来の利用の制限、環境若しくは交通その他の利便について、著しく事実に相違する表示をした場合、現実に被害が生じなくとも、罰則の適用を受けることがある。

4　Aが、建築基準法第6条第1項の建築確認を必要とする建物の分譲をする場合、その確認を受けていないときであっても、建築確認申請中である旨を表示すれば、建物の分譲の広告をすることができる。

【問 38】 宅地建物取引業法に関する次の記述のうち、正しいものはいくつあるか。

ア 建物の敷地に供する目的で取引の対象とされる土地は、現に建物の敷地に供されていなくとも宅地に該当する。

イ 学校、病院、官公庁施設等の公共的な施設の用に供されている土地であっても、宅地に該当する。

ウ 倉庫の敷地に供せられる土地であれば、都市計画法に規定する用途地域外に存するものであっても、宅地に該当する。

エ 農地を廃止し、ソーラーパネルを設置する予定の土地であっても、都市計画法に規定する用途地域内に存するものであれば宅地に該当する。

1 一つ
2 二つ
3 三つ
4 四つ

【問 39】 宅地建物取引業法第37条の規定に基づく契約を証する書面（以下この問において「契約書面」という。）に関する次の記述のうち、誤っているものはいくつあるか。なお、電磁的方法による提供は考慮しないものとする。

ア 宅地建物取引業者が土地売買における売主の代理として契約書面を作成するに当たっては、専任でない宅地建物取引士が記名してもよい。

イ 居住用建物の賃貸借契約において、貸主と借主にそれぞれ別の宅地建物取引業者が媒介するときは、どちらか一方の宅地建物取引業者が契約書面を作成したとしても、契約書面の交付については双方の宅地建物取引業者がその義務を負う。

ウ 宅地建物取引業者が事業用ビルの貸借に関し、貸主として契約を締結した場合、その相手方に契約書面を交付しなければならない。

1 一つ
2 二つ
3 三つ
4 なし

【問　40】　宅地建物取引業者Ａが甲から依頼を受け、宅地建物取引業者Ｂが乙から依頼を受け、ＡＢ共同して甲乙間に契約を成立させて報酬を受領した場合に関する次の記述のうち、宅地建物取引業法の規定に違反するものの組合せはどれか。なお、この問において、宅地建物取引業者Ａ及びＢとも消費税課税事業者とする。

ア　Ａは甲から媒介の依頼を受け、また、Ｂは乙から媒介の依頼を受けて、甲所有の2,500万円の宅地と乙所有の3,000万円の宅地とを交換する契約を成立させ、Ａは甲から100万円、Ｂは乙から100万円を受領した。

イ　Ａは甲から媒介の依頼を受け、また、Ｂは乙から媒介の依頼を受けて、甲所有の居住用建物について、１カ月分の借賃を10万円とする賃貸借契約を成立させた場合において、Ａは甲から承諾を得たうえで10万円、Ｂは乙から承諾を得たうえで10万円を受領した。

ウ　Ａは売主である甲から代理の依頼を受けて、また、Ｂは買主である乙から媒介の依頼を受けて、甲所有の宅地について、代金を4,500万円とする売買契約を成立させ、Ａは甲から282万円、Ｂは乙から141万円の報酬を受領した。

1　ア、イ
2　ア、ウ
3　イ、ウ
4　ア、イ、ウ

【問　41】　宅地建物取引業者Ａが、Ｂの所有する建物を、自ら売主としてＣに売却する契約を締結した場合に関する次の記述のうち、宅地建物取引業法の規定に違反するものはどれか。

1　ＡがＢと当該建物の停止条件付売買契約を締結したうえで、当該建物について宅地建物取引業者であるＣと売買契約を締結した。

2　ＡがＢと当該建物の売買契約を締結したうえで、当該建物について宅地建物取引業者でないＣと停止条件付売買契約を締結した。

3　ＡがＢと当該建物の売買の予約をしたうえで、当該建物について宅地建物取引業者でないＣと売買契約を締結した。

4　ＡがＢと当該建物の停止条件付売買契約を締結したうえで、当該建物について宅地建物取引業者でないＣと売買契約を締結した。

【問 42】 Aから120戸の分譲マンションの販売代理を一括して受けたBが、当該マンションの所在する場所以外の場所にモデルルームを設けて、売買契約の申込みを受ける場合に関する次の記述のうち、宅地建物取引業法の規定によれば、正しいものはどれか。なお、当該マンション及びモデルルームは甲県内に所在し、A、Bとも甲県知事から免許を受けた宅地建物取引業者であるものとする。

1 当該マンションの所在する場所に自己の標識を掲示する必要があるのはAであり、Bはその必要はない。

2 当該モデルルームに自己の標識を掲示する必要があるのはAであり、Bはその必要はない。

3 当該モデルルームの場所について、甲県知事に届け出る義務のあるのはAであり、Bはその必要はない。

4 当該モデルルームに成年者である専任の宅地建物取引士を置く必要があるのはAであり、Bはその必要はない。

【問 43】 甲県内に本店と3カ所の支店を有する宅地建物取引業者Aが、宅地建物取引業保証協会（以下この問において「保証協会」という。）に加入しようとし、又は加入した場合に関する次の記述のうち、宅地建物取引業法の規定によれば、正しいものはどれか。なお、Aと取引した者は、宅地建物取引業者ではないものとする。

1 Aは、保証協会の社員の地位を失った場合、弁済を受ける権利を有する者に対し、6月を下らない一定期間内に申し出るべき旨を公告しなければならず、当該期間内に権利者からの申出がなければ、弁済業務保証金を取り戻すことができる。

2 Aと宅地建物取引業に関し取引をした者（Aが社員となる前に宅地建物取引業に関し取引をした者を除く。）は、その取引により生じた債権に関し、2,500万円の範囲内において、弁済業務保証金について弁済を受ける権利を有する。

3 保証協会は、そのすべての社員に対して、当該社員が受領した支払金や預り金の返還債務を負うことになったときに、その債務を連帯して保証する業務及び手付金等保管事業を実施することが義務付けられている。

4 保証協会は、Aから弁済業務保証金分担金の納付を受けたときは、その日から1週間以内に、その納付を受けた額に相当する額の弁済業務保証金を法務大臣及び国土交通大臣の定める供託所に供託しなければならない。

【問　44】　宅地建物取引業者が、宅地建物取引業法第35条に規定する重要事項の説明を行う場合における次の記述のうち、宅地建物取引業法の規定に違反するものはどれか

1　建物の貸借の媒介の場合、当該建物が都市計画法の近隣商業地域内にあり、建築基準法第56条第1項第1号に基づく道路斜線制限があるときに、その概要を説明しなかった。

2　建物の貸借の媒介の場合、当該建物について改築又は内装工事が禁止されている旨を説明しなかった。

3　宅地の貸借の媒介の場合、当該宅地が、建築基準法第39条の規定に基づき、地方公共団体が条例で指定した災害危険区域内にあり、当該条例で定められている制限があるときに、その概要を説明しなかった。

4　宅地の貸借の媒介の場合、当該宅地に地中埋設物の存在が懸念されたので、当該宅地の貸主が作成した「建物の建築に影響を及ぼすような地中埋設物は存在しない。」旨の報告書を借主に交付し、その報告書の内容を説明しなかった。

【問　45】　宅地建物取引業者A（甲県知事免許）が自ら売主として、宅地建物取引業者ではない買主Bに新築住宅を販売する場合における次の記述のうち、特定住宅瑕疵担保責任の履行の確保等に関する法律の規定によれば、正しいものはどれか。

1　Bが建設業者である場合、Aは、Bに引き渡した新築住宅について、住宅販売瑕疵担保保証金の供託又は住宅販売瑕疵担保責任保険契約の締結を行う必要はない。

2　Aは、当該売買契約を締結した日から3週間以内に、当該住宅に関する住宅販売瑕疵担保保証金の供託又は住宅販売瑕疵担保責任保険契約の締結の状況について、甲県知事に届け出なければならない。

3　Aが住宅販売瑕疵担保保証金の供託をし、その額が、基準日において、販売新築住宅の合計戸数を基礎として算定する基準額を超えることとなった場合、Aは、甲県知事の承認を得て、その超過額を取り戻すことができる。

4　Aは、基準日に係る住宅販売瑕疵担保保証金の供託又は住宅販売瑕疵担保責任保険契約の締結の状況の届出を甲県知事にしなければ、基準日から1カ月を経過した日以後、新たに自ら売主となる新築住宅の売買契約を締結してはならない。

【問　46】　独立行政法人住宅金融支援機構（以下「機構」という。）の業務に関する次の記述のうち、誤っているものはどれか。

1　証券化支援業務（買取型）において、機構による譲受けの対象となる住宅の購入に必要な資金の貸付けに係る金融機関の貸付債権には、当該住宅の購入に付随する改良に必要な資金も含まれる。

2　機構は、住宅の敷地について、災害を防止するため必要な擁壁の設置工事等政令で定める一定の工事を行う場合、その工事に必要な資金の貸付けを行う。

3　機構は、住宅の設計に関する情報の提供、相談その他の援助を行うことを、主務省令で定める金融機関に対し委託することができる。

4　機構は、災害により滅失した住宅に代わるべき建築物の購入に必要な資金、及びこれに付随する借地権の取得に必要な資金の貸付けを行う。

【問　47】　宅地建物取引業者が行う広告に関する次の記述のうち、不当景品類及び不当表示防止法（不動産の表示に関する公正競争規約を含む。）の規定によれば、正しいものはどれか。

1　別荘地が傾斜地を含む土地であって、傾斜地の割合が当該土地面積のおおむね30パーセント以上を占める場合は、傾斜地を含む旨及び傾斜地の割合又は面積を明示しなければならない。

2　宅地建物取引業者が、自己所有の中古住宅の販売広告において、当該住宅の一部増築を行った年から起算した年数を建築経過年数と表示して販売広告しても、不当表示となるおそれはない。

3　近くに新駅の設置が予定されている分譲住宅の販売広告を行うに当たり、当該鉄道事業者が新駅設置及びその予定時期を公表している場合、広告の中に新駅設置の予定時期を明示して表示しても、不当表示となるおそれはない。

4　建物につき建築工事完了後1年以上であっても、居住の用に供されたことがないものについて「新築」と表示しても、不当表示となるおそれはない。

【問　48】　次の記述のうち、正しいものはどれか。

1　令和5年地価公示（令和5年3月公表）によれば、令和4年1月以降の1年間の全国平均での商業地の地価は、2年連続の上昇となった。

2　年次別法人企業統計調査（令和3年度。令和4年9月公表）によれば、令和3年度における不動産業の売上高経常利益率は12.5%で前年度より減少し、全産業の売上高経常利益率よりも低くなっている。

3　令和3年度宅地建物取引業法の施行状況調査結果について（令和4年9月公表）によれば、令和3年度末現在での宅地建物取引業者数は約12.9万業者となり、8年ぶりの減少となっている。

4　建築着工統計調査報告（令和4年計。令和5年1月公表）によれば、令和4年の新設住宅着工戸数は、分譲住宅のうち一戸建住宅の着工戸数は約14.6万戸で、2年連続の減少となっている。

【問　49】　土地に関する次の記述のうち、最も不適当なものはどれか。

1　臨海部の低地は、水利や海陸の交通には恵まれている反面、洪水、高潮、地震、津波等による災害の多い所であり、住宅地としての利用には十分な防災対策が必要な地域である。

2　崖錐堆積物におおわれた土地は、水はけはよいが、崩壊の危険があり、雨量が多いときには基盤との境目付近で地すべり等を起こすことがある。

3　沿岸部等の地下水位の低い粘土層では、地震が起きた場合、地盤が液状化し、建物など地上の物が地中に沈み込んだり、倒壊したりする被害が生じることが多い。これを液状化現象という。

4　急勾配の渓流に多量の不安定な砂礫が堆積している所や豪雨に伴う斜面崩壊の危険性の高い渓流においては、土石流が発生する危険性が高い。

【問　50】　建築物の構造及び建築材料に関する次の記述のうち、最も不適当なものはどれか。

1　鉄筋コンクリート造につき、コンクリートの凝結及び硬化を促進するための特別の措置を講じない場合、コンクリート打込み中及び打込み後5日間は、コンクリートの温度が2度を下らないよう養生しなければならない。

2　鉄骨造の建築物の構造耐力上主要な部分の材料は、炭素鋼又は鋳鉄としなければならず、ステンレス鋼を用いることはできない。

3　木材に丸身が生じると、接合面、釘打ち面として不良となる。

4　合板は、軸組構法ならびに枠組壁工法において、耐力壁ならびに床・屋根下張り材として使用されている。

第 2 回　問題

2023年版
出る順宅建士 当たる！直前予想模試
第3回　問題

1　この表紙（色紙）を残したまま問題冊子を取り外してください。
2　解答用紙（マークシート）は第1回問題の冊子の前にとじてあります。
切り取ってご使用ください。

「問題冊子」の取り外し方

①この色紙を残し、「問題冊子」だけをつかんでください。
②「問題冊子」をしっかりとつかんだまま手前に引っ張って、取り外してください。

「問題冊子」

※色紙と「問題冊子」は、のりで接着されていますので、丁寧に取り外してください。なお、取り外しの際の破損等による返品・交換には応じられませんのでご注意ください。

LEC東京リーガルマインド

2023 年版

出る順宅建士 当たる！直前予想模試

令和 5 年度
問　　　題

第 3 回

合格基準点　35 点

次の注意事項をよく読んでから、始めてください。

(注意事項)

1　問　　題

　　問題は、1 ページから 27 ページまでの 50 問です。

　　試験開始の合図と同時に、ページ数を確認してください。

　　落丁や乱丁があった場合は、直ちに試験監督員に申し出てください。

2　解　　答

　　解答は、解答用紙の「記入上の注意」に従って記入してください。

　　正解は、各問題とも一つだけです。

　　二つ以上の解答をしたもの及び判読が困難なものは、正解としません。

3　適用法令

　　問題の中の法令に関する部分は、令和 5 年 4 月 1 日現在施行されている

　規定に基づいて出題されています。

【問　1】　Aが所有する甲土地について以下に掲げる事実が生じた場合に関する次の記述のうち、民法の規定及び判例によれば、誤っているものはどれか。

1　AがBから甲土地を譲り受けたが、その未登記の間に、Cが権原のないDから甲土地を賃借し、建物を建築してその所有権保存登記をした場合、Aは、Cに対して甲土地の明渡し及び建物の収去を請求することができない。

2　AがEの詐欺によってEに甲土地を売り渡し所有権移転登記をしたが、Aは当該Eに対する売却の意思表示を詐欺の理由に取り消した。その後、Fがこれらの事情を知りつつ、Eから甲土地を譲り受けてF名義の所有権移転登記をした場合、Aは、甲土地の所有権をFに対抗することができない。

3　GがAに無断で甲土地についてG名義の所有権移転登記をし、Aがこれを知りながら放置していたところ、GがG所有地として善意無過失のHに売り渡し、HがH名義の所有権移転登記をした場合、Aは、Hに対して甲土地の所有権を対抗することができない。

4　AからI、IからJへと甲土地が売り渡され、J名義の所有権移転登記がなされた後、AがIの債務不履行に基づきAI間の売買契約を解除した場合、Aは、甲土地の所有権をJに対抗することができない。

【問　2】　Aの所有する甲地について、Bが無断で委任状を作成して、Aの代理人と称して、善意無過失の第三者Cに売却し、所有権移転登記を終えた。この場合、民法の規定及び判例によれば、次の記述のうち、正しいものはどれか。

1　Cが善意無過失であるから、AC間の売買契約は、有効である。

2　当該売買契約は有効であるが、Bが無断で行った契約であるから、Aは、当該契約を取り消すことができる。

3　AがBに対して当該売買契約を追認した後でも、Cは、当該売買契約を取り消すことができる場合がある。

4　Aが追認しないので、CがBに対して無権代理人の責任追及として履行の請求を選択した場合、BがAから甲地の所有権を取得しても、Aの追認がない限り、Cは、甲地を取得することができない。

【問　3】　Aがその所有する建物をBに対して売却する契約を締結し、Aの建物引渡し及び所有権移転登記とBの代金支払とを引換えに行う旨を約定した場合に関する次の記述のうち、民法の規定及び判例によれば、正しいものはどれか。

1　Aが、履行期に建物の所有権移転登記はしたが、引渡しをしない場合、特別の合意がない限り、Bは、少なくとも売買代金の半額を支払わなければならない。

2　当該売買契約の成立後引渡し前に建物が地震で全壊した場合、Bは、代金の全額をAに支払わなければならない。

3　A及びBが、Bの債務不履行について違約金の定めをしていた場合、裁判所による当該違約金の減額が認められる場合はない。

4　Bが代金を支払った後、Aが引渡しをしないうちに、Aの責めに帰すべき事由により建物が焼失した場合、Bは、Aに対し契約を解除して、代金の返還、その利息の支払、引渡し不能による損害賠償の各請求をすることができる。

【問　4】　AはBから1,000万円を借り受け、Aの依頼によってC及びDがAの債務について連帯保証人となった場合に関する次の記述のうち、民法の規定及び判例によれば、誤っているものはどれか。なお、CD間に特約はないものとする。

1　Aの債務の弁済期到来後、AがBに対して債務を承認して時効更新の効力が生じた場合、C及びDに対しても時効更新の効力が生じる。

2　Bは、A、C及びDに対して、それぞれ1,000万円全額を同時に請求することができる。

3　CがBに対して500万円を弁済した場合、CはDに対して250万円を求償することができる。

4　Aが破産手続開始の決定を受け、かつ、Bがその破産財団の配当に加入しない場合、C及びDはAに対して、あらかじめ、求償権を行使することができる。

【問　5】　次の１から４までの記述のうち、民法の規定及び下記判決文によれば、正しいものはどれか。なお、民法第405条は、「利息の支払が１年分以上延滞した場合において、債権者が催告をしても、債務者がその利息を支払わないときは、債権者は、これを元本に組み入れることができる。」と定めている。

（判決文）

　民法第405条は、いわゆる重利の特約がされていない場合においても、一定の要件の下に、債権者の一方的な意思表示により利息を元本に組み入れることができるものとしている。これは、債務者において著しく利息の支払を延滞しているにもかかわらず、その延滞利息に対して利息を付すことができないとすれば、債権者は、利息を使用することができないため少なからぬ損害を受けることになることから、利息の支払の延滞に対して特に債権者の保護を図る趣旨に出たものと解される。そして、遅延損害金であっても、貸金債務の履行遅滞により生ずるものについては、その性質等に照らし、上記の趣旨が当てはまるということができる。これに対し不法行為に基づく損害賠償債務は、貸金債務とは異なり、債務者にとって履行すべき債務の額が定かではないことが少なくないから、債務者がその履行遅滞により生ずる遅延損害金を支払わなかったからといって、一概に債務者を責めることはできない。また、不法行為に基づく損害賠償債務については、何らの催告を要することなく不法行為の時から遅延損害金が発生すると解されており、上記遅延損害金の元本への組入れを認めてまで債権者の保護を図る必要性も乏しい。そうすると、不法行為に基づく損害賠償債務の遅延損害金については、民法第405条の上記趣旨は妥当しないというべきである。したがって、不法行為に基づく損害賠償債務の遅延損害金は、民法第405条の適用又は類推適用により元本に組み入れることはできないと解するのが相当である。

1　不法行為に基づく損害賠償債務については、何らの催告を要することなく不法行為の時から遅延損害金が発生する。

2　民法第405条は、いわゆる重利の特約がされていない場合においても、一定の要件の下に、債権者の一方的な意思表示により利息を元本に組み入れることができるものとしているが、これは特に債務者の保護を図る趣旨に出たものと解される。

3　不法行為に基づく損害賠償債務の遅延損害金は、元本に組み入れることができる。

4　貸金債務は、不法行為に基づく損害賠償債務とは異なり、債務者にとって履行すべき債務の額が定かではないことが少なくないから、債務者がその履行遅滞により生ずる遅延損害金を支払わなかったからといって、一概に債務者を責めることはできない。

【問　6】　A、B、Cが別荘を持分均一で共有し、特約がない場合に関する次の記述のうち、民法の規定及び判例によれば、誤っているものはどれか。

1　Aは、BとCの同意を得なくても、当該別荘に関する自己の共有持分権を譲渡することができる。

2　Aは、Dが不法に当該別荘を占拠した場合、Dに対して、単独で別荘の明渡請求を行うことができる。

3　Aは、いつでも当該別荘の分割を請求することができる。

4　Aは、当該別荘の改築については、その形状が著しく変更されるものであっても、Bの同意があれば、Cの反対にかかわらず、行うことができる。

【問　7】　Aが所有する建物をBが賃借し、占有していたところ、この建物の設置又は保存の瑕疵により通行人Cに損害を与えた。この場合の不法行為責任に関する次の記述のうち、民法の規定によれば、正しいものはどれか。

1　A及びBは、原則として、Cに対し、連帯して不法行為責任を負う。

2　Bが損害の発生を防止するのに必要な注意をしていたことを証明した場合、Aは、損害の発生を防止するのに必要な注意をしていたことを証明したときでも、Cに対して不法行為責任を負う。

3　Bは、損害の発生を防止するのに必要な注意をしていたことを証明したときであっても、Cに対して不法行為責任を負う。

4　この建物の瑕疵が、建築工事を請け負ったDの過失によって生じたものであるときは、Aは、Cに対して不法行為責任を負わない。

－ 4 －

【問　8】　契約の解除に関する次の記述のうち、民法の規定によれば、誤っているものはどれか。

1　雇用契約において、当事者が雇用の期間を定めなかったときは、各当事者は、いつでも解約の申入れをすることができる。

2　請負契約において、請負人が仕事を完成しない間は、注文者は、いつでも損害を賠償して契約の解除をすることができる。

3　書面によらない贈与契約において、履行の終わっていない部分については、受贈者が解除をすることはできるが、贈与者が解除することはできない。

4　使用貸借契約において、借主は、貸主の承諾を得なければ、第三者に借用物の使用又は収益をさせることができず、借主が貸主の承諾を得ずに第三者に借用物の使用又は収益をさせたときは、貸主は、当該契約の解除をすることができる。

【問　9】　民法第388条前段は、「土地及びその上に存する建物が同一の所有者に属する場合において、その土地又は建物につき抵当権が設定され、その実行により所有者を異にするに至ったときは、その建物について、地上権が設定されたものとみなす。」と定めている。これに関する次の記述のうち、民法の規定及び判例によれば、誤っているものはどれか。

1　土地に対する抵当権設定当時、土地とその土地上の建物が同一の所有者に属していた場合、建物が存在していれば、建物について所有権保存登記がなされていなかったとしても、法定地上権は成立する。

2　建物に対する抵当権設定当時、土地とその土地上の建物が同一の所有者に属していた場合、抵当権の設定後に土地が譲渡され、抵当権実行時に土地とその土地上の建物の所有者が異なる所有者に帰属したとしても、法定地上権は成立する。

3　土地に対する抵当権設定当時、土地とその土地上の建物が異なる所有者に帰属していた場合であっても、抵当権の実行の際、土地及び建物の所有者が同一人であれば、法定地上権は成立する。

4　土地及び建物に対する抵当権設定当時、土地とその土地上の建物が同一の所有者に属していた場合、抵当権の実行により土地及び建物が別々の者に競落されれば、法定地上権が成立する。

【問　10】　相続に関する次の記述のうち、民法の規定によれば、正しいものはどれか。

1　相続の開始前における相続の放棄は、家庭裁判所の許可を受けたときに限り、その効力を生ずる。

2　被相続人の兄が被相続人に対して虐待をしていたとき、被相続人は、その者の廃除を家庭裁判所に請求することができる。

3　相続人が相続の放棄をした後に相続財産の一部を隠匿した場合には、当該相続人は、常に単純承認をしたものとみなされる。

4　配偶者居住権の存続期間は、配偶者の終身の間とすることが原則であるが、存続期間につき遺言に別段の定めがあるときはその期間となる。

【問　11】　Aが、自己所有の甲土地についてBと賃貸借契約を締結し、Bが甲土地上に乙建物を建築して所有している。この場合に関する次の記述のうち、民法及び借地借家法の規定並びに判例によれば、正しいものはどれか。

1　Bが乙建物をCに賃貸している場合、Bは、あらかじめCの同意を得ておかなければ、借地権を第三者に譲渡することはできない。

2　ＡＢ間の賃貸借契約が専ら事業の用に供する建物（居住の用に供するものを除く。）の所有を目的とし、存続期間を25年として公正証書により設定を受けたものである場合でも、Bは、Aに対して、借地権の存続期間満了時に乙建物について買取請求権を行使することができる。

3　BがAに対して適法に乙建物について買取請求権を行使した場合、AのBに対する建物代金支払債務とBのAに対する乙建物引渡債務は、同時履行の関係に立たない。

4　BがAの承諾を得て甲土地をDに転貸し、同時に乙建物をDに譲渡した場合で、ＡＢ間の賃貸借契約及びＢＤ間の転貸借契約の期間が満了し、かつ更新もなされないときは、Dは、Aに対し、乙建物について買取請求権を行使することができる。

【問　12】　ＡＢ間でＡ所有の居住用建物を目的とする賃貸借契約が締結された場合に関する次の記述のうち、民法及び借地借家法の規定によれば、正しいものはどれか。なお、ＡＢ間の賃貸借契約は建物の一時使用を目的とするものではないものとする。

1　「借賃は２年の契約期間中増額しない」と特約した場合でも、当初定めた借賃が近傍同種の建物の借賃と比較して不相当となったときは、Ａは、当該期間中借賃増額請求をすることができる。

2　ＡＢ間の契約で期間が定められなかった場合において、ＡがＢに対して解約申入れをしたときは、正当事由がなくても、その申入れの日から６カ月を経過することにより契約は終了する。

3　ＡＢ間の契約で期間が定められなかった場合において、ＢがＡに対して解約の申入れをしたときは、正当事由がなくても、その申入れの日から６カ月を経過することにより契約は終了する。

4　ＡＢ間の契約で期間が２年と定められた場合において、期間満了時にＡが更新を拒絶するためには、Ａが期間満了の１年前から６カ月前までの間に更新しない旨を通知する必要があるが、その通知に正当事由があるときでも、契約が更新されることがある。

【問　13】　建物の区分所有等に関する法律に関する次の記述のうち、誤っているものはどれか。

1　集会の招集通知は、規約に別段の定めがない限り、会日より少なくとも１週間前に、会議の目的たる事項を示して、各区分所有者に発しなければならない。

2　区分所有者が、管理者に対して集会の招集を請求したにもかかわらず、１週間以内にその請求の日から３週間以内の日を会日とする集会の招集の通知が発せられなかった場合、その請求をした区分所有者は、集会を招集することができる。

3　集会の招集通知をする場合、会議の目的たる事項が規約の設定、変更又は廃止に関するものであるときは、その議案の要領をも通知しなければならない。

4　専有部分が数人の共有に属するときは、集会の招集通知は、共有者が定めた議決権を行使すべき者（その者がないときは、共有者の１人）にすれば足りる。

【問　14】　不動産登記の申請に関する次の記述のうち、不動産登記法の規定によれば、誤っているものはどれか。

1　土地の共有者であり持分の過半数を有する共有者である登記名義人は、当該土地に関する共有物分割禁止の定めに係る権利の変更の登記の申請を単独で申請することができる。

2　所有権の登記名義人が氏名を変更した場合、当該所有権の登記名義人は、登記名義人の氏名の変更の登記を単独で申請することができる。

3　土地収用法の規定により土地の上にある建物の所有権を取得した者は、当該建物の所有権の保存の登記を単独で申請することができる。

4　所有権の登記の抹消は、所有権の移転の登記がない場合に限り、現在の所有権の登記名義人が単独で申請することできる。

【問　15】　都市計画法に関する次の記述のうち、正しいものはどれか。

1　準都市計画区域については、火災の危険を防除するために、都市計画に防火地域及び準防火地域を定めることができる。

2　特定用途制限地域は、市街化調整区域を除く用途地域が定められていない土地の区域内において、当該地域の特性に応じて合理的な土地利用が行われるよう、制限すべき特定の建築物等の用途の概要を定める地域である。

3　特定街区は、用途地域内の一定の地区における当該地区の特性にふさわしい土地利用の増進、環境の保護等の特別の目的の実現を図るため当該用途地域の指定を補完して定める街区である。

4　特例容積率適用地区は、建築基準法に規定する建築物の延べ面積の敷地面積に対する割合（容積率）の限度からみて未利用となっている建築物の容積の活用を促進して土地の高度利用を図るため定める地区であり、近隣商業地域及び商業地域内にのみ定めることができる。

- 8 -

【問 16】 次のアからウまでの記述のうち、都市計画法による開発許可を受ける必要のないものを組み合わせたものはどれか。

ア 区域区分が定められていない都市計画区域内における建築物の建築を行わない青空駐車場の用に供する目的で行う 3,000 ㎡の土地の区画形質の変更

イ 市街化調整区域内における動物園の建設の用に供する目的で行う 9,000 ㎡の土地の区画形質の変更

ウ 都市計画区域及び準都市計画区域外の区域内における民間事業者の行う住宅団地の建設の用に供する目的で行う 7,000 ㎡の土地の区画形質の変更

1 ア、イ
2 ア、ウ
3 イ、ウ
4 ア、イ、ウ

【問 17】 建築基準法に関する次の記述のうち、正しいものはどれか。

1 高度地区内においては、建築物の高さは、高度地区に関する地方公共団体の条例において定められた内容に適合するものでなければならない。

2 田園住居地域内においては、建築物の高さは、一定の場合を除き、10m又は12mのうち当該地域に関する都市計画において定められた建築物の高さの限度を超えてはならない。

3 延べ面積が 1,000 ㎡を超える耐火建築物は、防火上有効な構造の防火壁又は防火床によって有効に区画し、かつ、各区画の床面積の合計をそれぞれ 1,000 ㎡以内としなければならない。

4 防火地域内の建築物の屋上に設ける広告塔については、その高さが 3 m以下であれば、その主要部分を不燃材料で造り、又は覆う必要はない。

【問 18】 建築基準法（以下この問において「法」という。）に関する次の記述のうち、正しいものはどれか。

1 近隣商業地域内において映画館を建築する場合は、客席の部分の床面積の合計が200㎡未満となるようにしなければならない。

2 第一種住居地域及び第二種住居地域内の建築物についても、法第56条第1項第3号の規定による北側斜線制限の適用がある。

3 木造3階建て、延べ面積500㎡、高さ13mの一戸建て住宅について大規模の模様替をする場合は、建築確認を受ける必要はない。

4 特定街区内の建築物については、法第56条第1項第1号の規定による道路斜線制限、法第56条第1項第2号の規定による隣地斜線制限及び法第56条第1項第3号の規定による隣地北側斜線制限はすべて適用されない。

【問 19】 国土利用計画法第23条の届出（以下この問において「事後届出」という。）に関する次の記述のうち、正しいものはどれか。ただし、地方自治法に基づく指定都市の特例については考慮しないものとする。

1 届出対象となる土地について売買の予約契約を締結した後、当該予約完結権を対価を得て第三者に譲渡した場合、事後届出が必要となる。

2 市街化区域に所在する面積2,000㎡の土地の所有権を贈与契約により取得した場合、事後届出が必要となる。

3 事後届出を行うに当たっては、市町村の長を経由しないで、直接都道府県知事に届け出なければならない。

4 事後届出においては土地の利用目的について審査が行われるので、当該届出書には、土地売買等の契約に係る土地に関する権利の移転又は設定の対価の額を記載する必要はない。

【問　20】　農地法（以下この問において「法」という。）に関する次の記述のうち、誤っているものはどれか。

1　耕作の目的に供するため、農地について使用貸借による権利を設定する場合には、その土地が市街化区域内にあるか否かを問わず、原則として法第3条第1項の許可を受ける必要がある。

2　採草放牧地の所有者がその土地に500㎡の農業用施設を建設する場合、法第4条第1項の許可を受ける必要はない。

3　雑種地を開墾し耕作している土地でも、登記簿上の地目が雑種地である場合は、法の適用を受ける農地に当たらない。

4　法上必要な許可を受けることなく、農地を工場用地に転用するために地上権を設定した場合は、その地上権の設定は効力を生じない。

【問　21】　宅地造成等規制法に規定する宅地造成工事規制区域（以下この問において「規制区域」という。）に関する次の記述のうち、誤っているものはどれか。なお、この問において「都道府県知事」とは、地方自治法に基づく指定都市、中核市及び施行時特例市にあってはその長をいうものとする。

1　規制区域内の宅地の所有者は、当該規制区域の指定前に行われた宅地造成であっても、当該宅地造成に伴う災害が生じないよう、その宅地を常時安全な状態に維持するように努めなければならない。

2　規制区域内において行われる宅地造成に関する工事について、宅地造成等規制法に違反して必要な許可を受けずに当該工事をした造成主は、懲役又は罰金の刑に処せられることがある。

3　造成宅地防災区域は、規制区域内の土地で宅地造成に伴う災害で相当数の居住者に危害を生ずるものの発生のおそれが大きい一団の造成宅地について指定されるものであり、都道府県知事によって指定される。

4　宅地を宅地以外の土地にするための盛土であって、当該盛土の面積が600㎡である土地の形質の変更は、宅地造成に該当しない。

【問 22】 土地区画整理法に関する次の記述のうち、誤っているものはどれか。

1 土地区画整理組合は、賦課金を滞納する者がある場合においては、督促状を発して督促し、その者がその督促状において指定した期限までに納付しないときは、市町村長に対し、その徴収を申請することができる。

2 土地区画整理組合は、施行地区内の宅地につき未登記の所有権以外の申告しなければならない権利であってその申告がないものについては、その申告がない限り、これを存しないものとみなして換地処分をすることができる。

3 土地区画整理事業の施行により建築物が移転された結果、その建築物の利用が増し、又は妨げられるに至ったため、従前の賃貸借料が不相当となった場合においては、当事者は、契約の条件にかかわらず、将来に向かって賃貸借料の増減を請求することができる。

4 土地区画整理組合が施行する土地区画整理事業の施行により公共施設が設置された場合においては、その公共施設は、換地処分に係る公告があった日の翌日において、原則として当該組合がこれを管理する。

【問 23】 印紙税に関する次の記述のうち、正しいものはどれか。

1 国とA社とが共同で土地の売買契約書（記載金額5,000万円）を2通作成し、双方で各1通保存する場合、A社が保存するものには、印紙税が課税される。

2 「評価額8,000万円の土地と評価額7,500万円の土地を交換し、差額500万円を現金で支払う」旨を記載した土地交換契約書は、記載金額8,000万円の不動産の譲渡に関する契約書として、印紙税が課税される。

3 不動産の売買当事者と仲介業者との間で作成する、仲介業者に対する手数料の金額等を定める旨を記載した契約書には、印紙税が課税される。

4 「月額賃料15万円、契約期間2年間、権利金120万円、保証金120万円とする。なお、保証金については、契約終了時に賃借人に全額返還されるものとする」旨を記載した土地の賃貸借契約書については、記載金額240万円の土地の賃借権の設定に関する契約書として、印紙税が課税される。

【問　24】　固定資産税に関する次の記述のうち、正しいものはどれか。

1　質権者は、その土地についての使用収益の実質を有していることから、登記簿にその質権が登記されている場合には、固定資産税が課される。

2　家屋に対して課する固定資産税の納税者が、その納付すべき当該年度の固定資産税に係る家屋について家屋課税台帳等に登録された価格と当該家屋が所在する市町村内の他の家屋の価格とを比較することができるよう、当該納税者は、家屋価格等縦覧帳簿をいつでも縦覧することができる。

3　年の途中において、土地の売買があった場合には、当該土地に対して課税される固定資産税は、売主と買主でその所有の月数に応じて月割りで納付しなければならない。

4　家屋について賃借権を有する者は、固定資産課税台帳のうち家屋の敷地である土地について記載された部分は閲覧することができない。

【問　25】　不動産の鑑定評価に関する次の記述のうち、不動産鑑定評価基準によれば誤っているものはどれか。

1　不動産の価格を求める手法には、原価法、取引事例比較法及び収益還元法があるが、鑑定評価の手法の適用に当たっては、複数の鑑定評価の手法を適用すべきであり、対象不動産の種類、所在地の実情、資料の信頼性等により複数の鑑定評価の手法の適用が困難な場合においても、その考え方をできるだけ参酌するように努めるべきである。

2　不動産の鑑定評価を行うに当たっては、価格形成要因が常に変動の過程にあることを認識して、各要因間の相互因果関係を動的に把握すべきである。

3　収益還元法は、対象不動産が将来生み出すであろうと期待される収益の現在価値の総和を求める手法であり、総費用を控除する前の総収益を還元利回りで還元して対象不動産の収益価格を求めるものである。

4　不動産の価格は、価格形成要因の変動についての市場参加者による予測によって左右され、これを予測の原則という。

【問　26】　宅地建物取引業者Aが、宅地の売却の依頼を受け、Bと専任媒介契約（専属専任媒介契約ではないものとする。）を締結した場合に関する次の記述のうち、宅地建物取引業法の規定によれば、誤っているものはいくつあるか。

ア　媒介契約の有効期間は3か月を超えることができないが、Bの申出により更新した場合は、有効期間を更新の時から6か月とすることができる。

イ　Aは、休業日数を含めて専任媒介契約の締結の日から7日以内に所定の事項を指定流通機構に登録しなければならない。

ウ　当該宅地の売買契約が成立したときは、Aは、遅滞なく、登録番号、取引価格及び売買契約の成立した年月日を指定流通機構に通知しなければならない。

エ　「Aは、Bに対し業務の処理状況を、2日に1回以上、電子メールで報告する。」旨の特約をしたとき、当該特約は無効である。

1　一つ
2　二つ
3　三つ
4　四つ

【問　27】　宅地建物取引業者が、1棟の建物に属する区分所有建物の売買の媒介をする場合の宅地建物取引業法第35条の規定に基づく重要事項の説明に関する次の記述のうち、誤っているものはどれか。なお、説明を受ける者は宅地建物取引業者ではないものとする。

1　台所、浴室、便所その他の当該建物の設備の整備の状況を説明しなければならない。

2　飲用水、電気及びガスの供給並びに排水のための施設が整備されていない場合においては、その整備の見通し及びその整備についての特別の負担に関する事項を説明しなければならない。

3　建物の区分所有等に関する法律に規定する専有部分の用途その他の利用の制限に関する規約の定め（案を含む。）があるときは、その内容を説明しなければならない。

4　当該建物が種類又は品質に関して契約の内容に適合しない場合におけるその不適合を担保すべき責任の履行に関し保証保険契約の締結その他の措置で国土交通省令・内閣府令で定めるものを講ずるかどうか、及びその措置を講ずる場合におけるその措置の概要を説明しなければならない。

【問　28】　宅地建物取引業者Ａが、自ら売主として、宅地建物取引業者でないＢと中古建物の売買契約を締結し、又はしようとしている場合に関する次の記述のうち、宅地建物取引業法の規定によれば、正しいものはどれか。

1　「契約不適合責任によって、Ｂが追完請求をすることができるのは、当該契約不適合がこの契約及び取引上の社会通念に照らしてＡの責めに帰することができる事由によるものである場合に限る。」旨のＡＢ間の特約は、有効である。

2　Ａは、当該建物がＣの所有である場合、宅地建物取引業法第41条の2の規定による手付金等の保全措置を講じたときは、Ｂと売買契約を締結することができる。

3　ＡがＢから申込証拠金を受領する場合、当該申込証拠金が代金に充当されないときは、Ａは、宅地建物取引業法第41条の2の規定による手付金等の保全措置を講じる必要はない。

4　ＡＢ間の契約が割賦販売契約である場合において、当初設定していた支払期日から30日経過してもＢが賦払金の支払をしなかったとき、Ａは、賦払金の支払の遅滞を理由として当該契約を直ちに解除することができる。

【問　29】　宅地建物取引士Ａが甲県知事の宅地建物取引士資格登録（以下「登録」という。）を受け、宅地建物取引業者Ｂに勤務している場合に関する次の記述のうち、宅地建物取引業法の規定によれば、正しいものはどれか。

1　宅地建物取引士資格登録簿には、Ａの氏名、生年月日、本籍（日本の国籍を有しない者にあっては、その者の有する国籍）、性別、試験の合格年月日及び合格証書番号が登載され、住所は登載されない。

2　Ａが、新たにＢの本店における専任の宅地建物取引士となった場合、Ａは、遅滞なく、変更の登録を申請しなければならない。

3　満17歳のＡは、Ｂの事務所の成年者である専任の宅地建物取引士とみなされることはない。

4　Ａが、宅地建物取引士証の亡失によりその再交付を受けた後において、亡失した宅地建物取引士証を発見したときは、速やかに、発見した宅地建物取引士証をその交付を受けた都道府県知事に返納しなければならない。

【問　30】　宅地建物取引業法（以下この問において「法」という。）第35条に規定する重要事項の説明及び書面の交付に関する次の記述のうち、正しいものはいくつあるか。なお、説明の相手方は、特に断りがない限り、宅地建物取引業者ではないものとする。

ア　宅地の売買の媒介の場合、当該宅地が土砂災害警戒区域等における土砂災害防止対策の推進に関する法律第7条第1項により指定された土砂災害警戒区域内にあるときはその旨を説明しなければならないが、建物の貸借の媒介の場合は、当該建物について、当該説明をする必要はない。

イ　目的物が既存の住宅の場合、売買の媒介か貸借の媒介かにかかわりなく、法第34条の2第1項第4号に規定する建物状況調査を実施しているかどうか、及びこれを実施している場合におけるその結果の概要を説明しなければならない。

ウ　建物の売買の媒介の場合、買主が天災その他不可抗力による損害を負担する旨の定めをしたときは、その内容について説明が必要である。

エ　重要事項の説明の相手方が宅地建物取引業者である場合、当該相手方の承諾を得なくとも、書面の交付に代えて、当該書面に記載すべき事項を電磁的方法であって国土交通省令で定めるものにより提供することができる。

1　一つ
2　二つ
3　三つ
4　なし

- 16 -

2023年版 出る順宅建士 当たる！ 直前予想模試 第3回 問題

【問　31】　宅地建物取引業法に規定する罰則に関する次の記述のうち、正しいものはどれか。

1　宅地建物取引業者が業務に関し展示会を実施する場合、これらの催しを実施する場所に従業者名簿を備え付けなかったときは、罰金刑に処せられることがある。

2　宅地建物取引業者は、従たる事務所に国土交通省令で定める標識を掲示しなかったとしても、罰金刑に処せられることはない。

3　宅地建物取引士が、宅地建物取引業法第37条に規定する書面を交付する際に、取引の関係者から請求があったにもかかわらず、宅地建物取引士証を提示しなかったときは、過料に処せられることがある。

4　宅地建物取引士が、宅地建物取引業法第35条に規定する重要事項について説明をする際に、取引の関係者から請求がなかったので、宅地建物取引士証を提示しなかったときは、過料に処せられることがある。

【問　32】　宅地建物取引業法の免許(以下「免許」という。)に関する次の記述のうち、正しいものはどれか。

1　Aが、甲市から代理を依頼され、甲市の代理人として不特定多数の者に一団の宅地の分譲を反復継続して行う場合、Aは免許を必要としない。

2　Bが、不特定多数の者から反復継続して50区画の宅地を買い取った上で、不特定多数の者に反復継続して賃貸しようとする場合、Bは免許を必要としない。

3　Cが、その所有する用途地域内の農地を20区画の宅地に転用し、その分譲を多数の公益法人に対してのみ行おうとする場合、Cは、免許を必要としない。

4　Dが、その所有する用途地域内の土地で、登記簿上の地目は畑であるが、駐車場の用に供せられている土地を不特定多数の者に反復継続して売却する場合、Dは、免許を必要とする。

【問　33】　甲県知事の免許を受けた宅地建物取引業者Ａが、乙県内において、業務に関し展示会を実施し、その場所において宅地又は建物の売買契約を締結することとした場合、宅地建物取引業法の規定によれば、次の記述のうち正しいものはいくつあるか。

ア　Ａは、当該場所で業務に従事する従業者に、その従業者であることを証する証明書を携帯させなければ、その者を業務に従事させてはならない。

イ　Ａは、当該場所に、国土交通大臣が定めた報酬の額を掲示する必要はない。

ウ　Ａは、当該場所の所在地、業務内容、業務を行う期間及び専任の宅地建物取引士の氏名を、乙県知事には届け出なければならないが、甲県知事には届け出る必要はない。

1　一つ
2　二つ
3　三つ
4　なし

【問　34】　宅地建物取引業者Ａが、自ら売主として、宅地建物取引業者Ｂに甲地を販売する場合に関する次の記述のうち、宅地建物取引業法（以下この問において「法」という。）の規定に違反しないものはどれか。

1　Ａは、Ｂに対して、手付の分割払いを認める旨を申し入れて契約の締結を誘引した。

2　Ａは、造成工事完了前の甲地について都市計画法第29条の許可の申請中に、Ｂの承諾を得た上で、Ｂと甲地の売買契約を締結した。

3　Ａは、Ｂが甲地について熟知していたので、宅地建物取引士でない従業者をして、法第35条に規定する重要事項を記載した書面を交付し、その説明はしなかった。

4　Ａは、Ｂが宅地建物取引士をして法第37条に規定する契約を証する書面に記名していたため、宅地建物取引士をして記名させなかった。

【問　35】　宅地建物取引業者が宅地建物取引業法第34条の2の規定に基づき作成して媒介契約を締結したときに交付する書面に関する記述のうち、正しいものはいくつあるか。なお、電磁的方法による提供は考慮しないものとする。

ア　宅地建物取引業者は、当該書面に宅地建物取引士をして記名押印させ、依頼者に交付しなければならない。

イ　媒介に係る物件が既存の建物である場合、当該書面に記載すべき建物状況調査を実施する者のあっせんに関する事項について、建物状況調査を実施する者は、建築士法第2条第1項に規定する建築士であって国土交通大臣が定める講習を修了した者でなければならない。

ウ　宅地建物取引業者は、当該書面に記載すべき宅地又は建物の価額について意見を述べるときは、不動産鑑定士に評価を依頼して、その根拠を明らかにしなければならない。

エ　宅地建物取引業者は、当該書面に宅地又は建物の指定流通機構への登録に関する事項について記載しなければならず、当該指定流通機構は、国土交通省令で定めるところにより、国土交通大臣が指定するものでなければならない。

1　一つ
2　二つ
3　三つ
4　四つ

【問　36】　宅地建物取引業の免許（以下この問において「免許」という。）に関する次の記述のうち、正しいものの組合せはどれか。

ア　宅地建物取引業の営業に関し成年者と同一の行為能力を有する未成年者Aの法定代理人Bが刑法第204条（傷害）の罪を犯し、罰金刑に処せられた場合、その執行を終えてから5年を経過するまでは、Aは免許を受けることができない。

イ　Cが、甲県に本店を、乙県に支店を設置して宅地建物取引業を営もうとする場合、Cは、甲県知事及び乙県知事に対し、直接免許の申請をしなければならない。

ウ　D社が、業務停止処分に該当し、情状が特に重いとして免許取消処分を受けた場合、その免許取消処分の聴聞の期日及び場所の公示日の30日前まで政令で定める使用人であったEは、免許を受けることができる。

エ　Fが3年前に刑法第208条（暴行）の罪を犯し、科料に処せられていた場合、Fは、免許を受けることができる。

1　ア、イ
2　イ、ウ
3　ウ、エ
4　ア、エ

【問　37】　宅地建物取引業者Aがその業務に関して行う広告に関する次の記述のうち、正しいものはいくつあるか。

ア　Aが、建築工事完了後10年を経過している建物について新築住宅であると表示しても、当該表示に関する誤認等に基づく被害が発生しなければ、宅地建物取引業法の規定に違反することはない。

イ　Aは、宅地建物取引業法第65条第2項の規定による業務の全部の停止処分を受けている期間中は、その販売に関する広告を行うことができない。

ウ　Aが、実際に分譲する意思のない物件を分譲すると広告した場合、100万円以下の罰金刑に処せられることがある。

エ　Aが、宅地の所有者Bの代理人として当該宅地を売却しようとする場合であっても、Bからの特別の依頼があれば、「売主A」と表示してもよい。

1　一つ
2　二つ
3　三つ
4　四つ

【問　38】　宅地建物取引業者（消費税課税事業者）が受け取ることのできる報酬の上限額に関する次の記述のうち、宅地建物取引業法の規定によれば、正しいものはどれか。なお、本問において、売買にかかる代金の額及び現地調査等の費用には消費税等相当額を含まないものとする。

1　代金 300 万円の建物の売買について、買主から媒介を依頼され、現地調査等の費用が通常の売買の媒介に比べ 4 万円多く要する場合、その旨を買主に対し説明した上で、買主から受け取ることができる報酬の上限額は 198,000 円である。

2　代金 500 万円の建物の売買について、売主から媒介を依頼され、現地調査等の費用が通常の売買の媒介に比べ 10 万円多く要する場合、その旨を売主に対し説明した上で、売主から受け取ることができる報酬の上限額は 341,000 円である。

3　代金 300 万円の建物の売買について、売主から媒介を依頼され、現地調査等の費用が通常の売買の媒介に比べ 10 万円多く要する場合、その旨を売主に対し説明した上で、売主から受け取ることができる報酬の上限額は 275,000 円である。

4　代金 160 万円の建物の売買について、売主から媒介を依頼され、現地調査等の費用が通常の売買の媒介に比べ 10 万円多く要する場合、その旨を売主に対し説明した上で、売主から受け取ることができる報酬の上限額は 198,000 円である。

【問　39】　甲県内に本店と乙県内に支店 a 及び b を設置して宅地建物取引業を営んでいる宅地建物取引業者Ａの営業保証金に関する次の記述のうち、宅地建物取引業法の規定によれば、正しいものはどれか。

1　国土交通大臣は、免許をした日から 1 月以内にＡが営業保証金を供託した旨の届出をしないときは、速やかに、Ａに対し、その届出をすべき旨の催告をしなければならない。

2　Ａと宅地建物取引業に関し取引をしたＢ（宅地建物取引業者でない者）は、1,500万円を限度として、Ａの供託した営業保証金の還付を請求することができる。

3　Ａは、営業保証金の変換のため新たに供託したときは、新たに供託をした日から2 週間以内に、その旨を、国土交通大臣に届け出なければならない。

4　金銭のみで営業保証金を供託しているＡが、a を本店としたことにより、最寄りの供託所が変更となった場合、遅滞なく、費用を予納して、営業保証金を供託している供託所に対し、a の最寄りの供託所への営業保証金の保管替えを請求しなければならない。

【問　40】　宅地建物取引業保証協会（以下この問において「保証協会」という。）に関する次の記述のうち、宅地建物取引業法の規定によれば、正しいものはどれか。

1　保証協会は、保証協会に加入しようとする者から弁済業務保証金分担金の納付を受けたときは、その日から2週間以内に、その納付を受けた額に相当する額の弁済業務保証金を供託しなければならない。

2　保証協会の社員との宅地建物取引業に関する取引により生じた債権を有する者（宅地建物取引業者ではない）は、当該社員が納付した弁済業務保証金分担金の額に相当する額の範囲内で、弁済を受ける権利を有する。

3　宅地建物取引業者は、必要に応じ、1又は2以上の保証協会の社員となることができる。

4　保証協会は、新たに社員が加入し、又は社員がその地位を失ったときは、直ちに、その旨を当該社員である宅地建物取引業者が免許を受けた国土交通大臣又は都道府県知事に報告しなければならない。

【問　41】　宅地建物取引業者Aによる投資用マンションの販売の勧誘に関する次の記述のうち、宅地建物取引業法の規定に違反するものはいくつあるか。

ア　Aは、勧誘に際し、宅地建物取引士ではないAの従業者をして相手方に対し、当該マンションの将来の環境及び交通等の利便の状況について説明させた。

イ　Aの従業者は、相手方に事前の連絡をしないまま自宅を訪問し、その際、勧誘に先立って、Aの商号及び自己の氏名、契約締結の勧誘が目的である旨を告げた上で勧誘を行った。

ウ　Aはその従業者をして勧誘を行わせたが、相手方が明確に買う意思がない旨を表明したので、別の従業者をして、再度同じ相手方に勧誘が目的である旨を告げた上で勧誘を行わせた。

1　一つ
2　二つ
3　三つ
4　なし

【問　42】　宅地建物取引業者が自ら売主として建物の売買を行う場合に関する次の記述のうち、宅地建物取引業法（以下この問において「法」いう。）第37条の規定に違反しないものはどれか。なお、電磁的方法による提供は考慮しないものとする。

1　当事者の債務不履行を理由とする損害賠償の額について、その予定額を定めなかったので、法第37条に規定する書面（以下この問において「書面」という。）に記載をしなかった。

2　代金について、分割払いとする定めをしたが、賦払金の額及び支払時期について、書面に記載をしなかった。

3　当該建物が既存の住宅である場合に、当該建物の構造耐力上主要な部分等の状況について当事者双方が確認した事項はなかったので、その事項を書面に記載をしなかった。

4　当該建物が新築住宅である場合に、当該建物が種類又は品質に関して契約の内容に適合しない場合におけるその不適合を担保すべき責任の履行に関して講ずべき保証保険契約の締結その他の措置についての定めがあったが、その措置を書面に記載をしなかった。

【問　43】　宅地建物取引業者Ａが、自ら売主として、宅地建物取引業者でないＢと中古建物の売買契約（代金5,000万円）を締結した場合に関する次の記述のうち、宅地建物取引業法の規定によれば、正しいものはどれか。

1　当該物件についてＢへの所有権移転の登記がされた場合であっても、Ａは、Ｂに当該物件の引渡しを完了していなければ、宅地建物取引業法第41条の2の規定による手付金等の保全措置を講じることなく手付金として1,000万円を受領することができない。

2　ＡはＢから手付金として500万円受領したときは、「債務不履行による契約解除に伴う損害賠償の予定額を1,000万円とする」旨の特約を定めることができない。

3　ＡＢ間の売買契約において、契約の成立を証するものとして手付金を交付した場合であっても、Ａが履行に着手していなければ、Ｂは、手付金を放棄して契約の解除をすることができる。

4　Ｂは、手付によって当該売買契約を解除する場合、その解除の意思表示を相手に発すれば足りるので、郵送による解除通知であれば、Ｂが解除する旨の書面を発し、当該書面が宛先不明で戻ってきたとしても解除されたことになる。

【問　44】　宅地建物取引業者Aが自ら売主として締結した宅地の売買契約について、買主が、宅地建物取引業法第37条の2の規定に基づき売買契約を解除する場合に関する次の記述のうち、正しいものはどれか。

1　宅地建物取引業者でないBは、Aの事務所で買受けの申込みをし、Bとの売買契約をテント張りの現地案内所で締結した場合、売買契約を解除することができない。

2　宅地建物取引業者でないCは、A主催の旅行先の温泉旅館で買受けの申込みをして売買契約を締結するに際し、解除権を放棄する旨の特約をしたときは、売買契約を解除することができない。

3　宅地建物取引業者であるDが、現地に案内され、即座に購入を決め、近くの喫茶店で買受けを申し込み、契約を締結したものの、その翌日、Aに対して解約通知を書面で発送したとき、売買契約はその発送時に解除されたことになる。

4　宅地建物取引業者でないEは、テント張りの案内所で買受けを申し込み、売買契約を締結した場合であっても、所有権の移転登記を受け、かつ、代金の全部を支払ったときは、甲地の引渡しを受けていなかったとしても売買契約を解除することができない。

【問　45】　次の記述のうち、特定住宅瑕疵担保責任の履行の確保等に関する法律の規定によれば、正しいものはどれか。

1　住宅販売瑕疵担保責任保険契約は、特定住宅販売瑕疵担保責任による損害を填補するための保険金額が1,000万円以上であることが、保険契約の要件の一つとされている。

2　住宅販売瑕疵担保保証金の供託をしている宅地建物取引業者は、自ら売主となる新築住宅の買主に対して、当該新築住宅の売買契約の締結後遅滞なく、その住宅販売瑕疵担保保証金の供託をしている供託所の所在地等の事項について、これらの事項を記載した書面を交付し、又は当該書面の交付に代えて、政令で定めるところにより、買主の承諾を得て、当該書面に記載すべき事項を電磁的方法により提供して説明しなければならない。

3　宅地建物取引業者は、毎年、基準日から3週間を経過する日までの間において、当該基準日前10年間に自ら売主となる売買契約に基づき買主に引き渡した新築住宅について、住宅販売瑕疵担保保証金の供託をしていなければならない。

4　住宅販売瑕疵担保保証金の供託は、宅地建物取引業者の主たる事務所の最寄りの供託所に金銭をもってしなければならない。

【問　46】　独立行政法人住宅金融支援機構(以下この問において「機構」という。)に関する次の記述のうち、誤っているものはどれか。

1　機構は、一般金融機関による融資が困難な災害関連等の分野の融資を除き、原則として、個人への住宅建設購入資金の融資はせず、また、保険に関する業務についてはこれを行わない。

2　機構は、一定の業務に必要な費用に充てるため、主務大臣の認可を受けて、長期借入金をし、又は住宅金融支援機構債券を発行することができる。

3　機構は、高齢者向け登録住宅（賃貸住宅であるものに限る。）とすることを主たる目的とする人の居住の用に供したことのある住宅の購入に必要な資金の貸付けを行う。

4　主務大臣は、災害の発生、経済事情の急激な変動等が生じた場合において、国民の居住の安定確保を図るために金融上の支援を緊急に行う必要があると認めるときは、機構に対し、融資業務に関し必要な措置をとることを求めることができる。

【問　47】　宅地建物取引業者が行う広告に関する次の記述のうち、不当景品類及び不当表示防止法（不動産の表示に関する公正競争規約を含む。）の規定によれば、誤っているものはどれか。

1　物件の名称として地名等を用いる場合、当該物件から直線距離で50メートル以内に所在する街道その他の道路の名称を用いることができる。

2　自動車による所要時間について、有料道路の通行を含まない場合、新聞折込チラシで道路距離を明らかにした上で、走行に通常要する時間を表示すれば、不当表示となるおそれはない。

3　住宅の価格については、取引する全ての住戸の価格を表示することを要するが、新築分譲住宅の価格については、パンフレット等の媒体を除き1戸当たりの最低価格、最高価格及び最多価格帯並びにその価格帯に属する住宅の戸数のみで表示することができる。

4　都市計画法第7条に規定する市街化調整区域に所在する土地については、単に「市街化調整区域。」と明示すれば、不当表示となるおそれはない。

- 25 -

【問　48】　次の記述のうち、正しいものはどれか。

1　令和5年地価公示（令和5年3月公表）によれば、令和4年1月以降の1年間の地方圏平均での商業地は、地方四市では上昇率が拡大したものの、地方四市を除くその他の地域では3年連続の下落となった。

2　建築着工統計調査報告（令和4年計。令和5年1月公表）によれば、令和4年の新設住宅着工戸数は、分譲住宅が2年連続で減少し、そのうちマンションの着工戸数は3年ぶりの減少となった。

3　「指定流通機構の活用状況について（2022年分）」（令和5年1月公表。公益財団法人不動産流通推進センター）によれば、令和4年の指定流通機構の新規登録件数は、売り物件と賃貸物件の新規登録件数の合計が約424万件であり、昨年の増加から再びの減少となった。

4　年次別法人企業統計調査（令和3年度。令和4年9月公表）によれば、令和3年度における不動産業の経常利益は約6兆580億円となっており、2年連続で減少している。

【問　49】　土地に関する次の記述のうち、最も不適当なものはどれか。

1　台地は、水はけが良く、地盤が安定していることが多いが、台地の縁辺部は、集中豪雨の際、崖崩れによる被害を受けることが多い。

2　地表が平坦で、近くの海や湖、河川の水面との高低差が小さく、古い集落や街道がない土地は軟弱地盤であることが多い。

3　建物や構造物の不同沈下は、一般に盛土部よりも切土部で生じやすい。

4　段丘とは、海岸や河岸に沿って階段状になっている地形をいい、水はけが良く、地盤が安定していることが多い。

【問　50】　建築物の構造及び建築材料に関する次の記述のうち、最も不適当なものはどれか。

1　同一の建築物の基礎として、支持杭と摩擦杭を併用することは避けるべきである。

2　免震構造は、建物のブレースに取り付けたダンパー（緩衝装置）により、地震時の揺れを吸収して耐震性能を向上させるものである。

3　プレキャストコンクリート構造は、建設現場での作業や外部足場などの仮設資材を大幅に削減することができる。

4　木材の辺材は、心材に比べて腐朽しやすいという性質がある。

第 3 回　問題

2023年版
出る順宅建士 当たる！直前予想模試
第4回　問題

1　この表紙（色紙）を残したまま問題冊子を取り外してください。
2　解答用紙（マークシート）は第1回問題の冊子の前にとじてあります。
　切り取ってご使用ください。

「問題冊子」の取り外し方

①この色紙を残し、「問題冊子」だけをつかんでください。
②「問題冊子」をしっかりとつかんだまま手前に引っ張って、取り外してください。

「問題冊子」

※色紙と「問題冊子」は、のりで接着されていますので、丁寧に取り外してください。なお、取り外しの際の破損等による返品・交換には応じられませんのでご注意ください。

LEC東京リーガルマインド

2023 年版

出る順宅建士 当たる！直前予想模試

令 和 5 年 度
問　　　　題

第 4 回

合格基準点　34点

次の注意事項をよく読んでから、始めてください。

（注意事項）

1　問　　題

問題は、1 ページから 28 ページまでの 50 問です。

試験開始の合図と同時に、ページ数を確認してください。

落丁や乱丁があった場合は、直ちに試験監督員に申し出てください。

2　解　　答

解答は、解答用紙の「記入上の注意」に従って記入してください。

正解は、各問題とも一つだけです。

二つ以上の解答をしたもの及び判読が困難なものは、正解としません。

3　適用法令

問題の中の法令に関する部分は、令和 5 年 4 月 1 日現在施行されている

規定に基づいて出題されています。

【問　1】　債権譲渡に関する次の1から4までの記述のうち、民法の規定及び下記判決文によれば、正しいものはどれか。

（判決文）

　債権譲渡契約にあっては、譲渡の目的とされる債権がその発生原因や譲渡に係る額等をもって特定される必要があることはいうまでもなく、将来の一定期間内に発生し、又は弁済期が到来すべき幾つかの債権を譲渡の目的とする場合には、適宜の方法により右期間の始期と終期を明確にするなどして譲渡の目的とされる債権が特定されるべきである。（中略）将来発生すべき債権を目的とする債権譲渡契約にあっては、（中略）右契約の締結時において右債権発生の可能性が低かったことは、右契約の効力を当然に左右するものではないと解するのが相当である。もっとも、（中略）他の債権者に不当な不利益を与えるものであると見られるなどの特段の事情の認められる場合には、右契約は公序良俗に反するなどとして、その効力の全部又は一部が否定されることがあるものというべきである。

1　将来発生すべき債権を目的とする債権譲渡契約は、それほど遠い将来のものではないものを目的とする限りにおいて有効とすべきものと解するのが相当である。
2　将来発生すべき債権を譲渡する契約は、一切許されない。
3　債権譲渡契約にあっては、譲渡の目的とされる債権がその発生原因や譲渡にかかる額等をもって特定される必要がある。
4　将来発生すべき債権を目的とする債権譲渡契約が、公序良俗に反するとして、その全部又は一部が無効となることはない。

【問　2】　Aが、自己所有の甲土地をBに売却した場合に関する次の記述のうち、民法及び不動産登記法の規定並びに判例によれば正しいものはどれか。

1　Aが甲土地をBに売却する前に、Cが、甲土地に抵当権を設定して登記を得ていた場合、Bは、その後所有権移転登記を行えば、Cの抵当権に対抗することができる。

2　Aが甲土地をDに対しても売却していた場合、B及びDがいずれも所有権移転登記を得ていないときであっても、B及びDは、甲土地を不法占拠しているEに対して甲土地の明渡しを請求することができる。

3　Aが甲土地をBに売却したところ、Fが強迫によりBの登記申請行為を妨害したうえでAから甲土地を買い受け、その旨の所有権移転登記を行った場合において、さらに、FがGに対して甲土地を売却し登記を行ったとき、Bは、登記がなくても常にGに対して甲土地の所有権を対抗することができる。

4　Bが甲土地について所有権移転登記を行ったが、Aは、Bへの売却はBの詐欺によるものとして売買契約を取り消した。その後、Aと甲土地の売買契約を締結したHは、所有権移転登記を得なければ、Bに甲土地の所有権を対抗することができない。

【問　3】　ＡがＢから代理権を与えられて行う土地の売買契約に関する次の記述のうち、民法の規定によれば、正しいものはいくつあるか。

ア　Ａが被保佐人である場合、Ａは被保佐人であることを理由に当該売買契約を取り消すことができる。

イ　Ａは、Ｂが所有する土地につき、Ｂの代理人としてＡ自らを買主とする売買契約を締結することは、一切できない。

ウ　Ａが、ＣにだまされてＣと土地の売買契約を締結した場合、原則として、Ａが当該契約を取り消すことができる。

エ　ＢからＤが所有する土地をＤから購入することを委託されたＡが、ＤにだまされてＤと当該土地の売買契約を締結した。この場合、Ｂは、当該詐欺の事実を知っていたとしても、Ａがだまされたことを理由として、当該契約を取り消すことができる。

1　一つ
2　二つ
3　三つ
4　なし

【問　4】　占有に関する次の記述のうち、民法の規定によれば、誤っているものはどれか。

1　質権者は、質権設定者に、自己に代わって質物の占有をさせることができない。

2　10年間、所有の意思をもって、平穏に、かつ、公然と他人の物を占有した者は、その占有の開始の時に、善意であり、かつ、過失がなかったときは、その所有権を取得する。

3　占有者の承継人は、その選択に従い、自己の占有のみを主張し、又は自己の占有に前の占有者の占有を併せて主張することができる。

4　抵当権者は、善良な管理者の注意をもって、抵当権の目的となった不動産を占有しなければならない。

【問　5】　Aが、自己のBに対する債権を担保するため、B所有の更地である甲土地につき抵当権の設定を受け、その登記を経由した場合に関する次の記述のうち、民法の規定によれば、正しいものはどれか。

1　Aの抵当権設定登記後、甲土地について所有権を取得したCがAに対して抵当権消滅請求をした場合、AがCから抵当権消滅請求の書面の送付を受けた後2カ月以内に抵当権を実行して競売の申立てをしないときは、Aは、Cが提供した代価又は指定した金額を承諾したものとみなされる。

2　Aの抵当権設定登記後、Bから甲土地を賃借したDは、抵当権の登記をしている抵当権者のすべてが、その賃借権に対抗力を与えることに同意し、かつ、その同意の登記があるときは、賃借権の登記がなくても、その同意をした抵当権者に賃借権を対抗することができる。

3　Aの抵当権設定登記後、EがBから甲土地を賃借し、甲土地上に建物を築造した場合、Aは、甲土地と共に一括してEの建物を競売することはできない。

4　Aの抵当権設定登記後、Bが甲土地をFに賃貸した場合、Aによる競売手続の開始前より甲土地の使用収益をしているFは、競売による買受けの時から6カ月を経過するまで、甲土地を買受人に引き渡す必要はない。

【問　6】　AとBとが共同で、Cから土地を購入し、その代金債務2,000万円を連帯して負担する契約を締結した場合で、AとBの共有持分及び代金債務の負担部分は平等とする旨の約定があるときに関する次の記述のうち、民法の規定によれば、正しいものはどれか。

1　CがAに対して代金債務の全額を免除したときは、Bも代金債務の全額を免れる。

2　Aが債務を承認した場合、Cの代金債権の消滅時効は、Bについても更新される。

3　AがCから1,000万円の請求を受けた場合、Aは、Cに対して、Bに500万円を請求するよう求めることができる。

4　AがCを単独で相続した場合、Aは、Bに対して、Bの負担部分である1,000万円について求償することができる。

【問　7】　Ａ所有の甲土地が、ＡからＢ、ＢからＣへと売り渡された後、ＡＢ間の売買契約を、Ａが民法第95条の規定に基づき錯誤を理由に取り消した場合（以下「ケース①」という。）と、Ａ所有の土地が、ＡからＢ、ＢからＣへと売り渡された後、ＡＢ間の売買契約を、Ａが民法第94条の規定に基づき虚偽の意思表示を理由に無効の主張をした場合（以下「ケース②」という。）に関する次の記述のうち、民法の規定及び判例によれば、誤っているものはどれか。

1　Ｃが、ＡＢ間の契約の事情を過失なく知らずにＢから甲土地を買い受けた場合、ケース①の場合でもケース②の場合でも、ＡはＣに当該取消し又は契約の無効を対抗することができない。

2　Ｃが、ＡＢ間の契約の事情を過失によって知らずにＢから甲土地を買い受けたが、当該過失が重大なものではない場合、ケース①ではＡはＣに当該取消しを対抗することができるが、ケース②ではＡはＣに当該契約の無効を対抗することができない。

3　Ｃが、ＡＢ間の契約の事情を重大な過失によって知らずにＢから甲土地を買い受けた場合、ケース①ではＡはＣに当該取消しを対抗することができないが、ケース②ではＡはＣに当該契約の無効を対抗することができる。

4　Ｃが、ＡＢ間の契約の事情を知りつつＢから甲土地を買い受けた場合、ケース①の場合でもケース②の場合でも、ＡはＣに対し当該取消し又は契約の無効を対抗することができる。

【問　8】　A所有の甲土地は、他の土地に囲まれて公道に通じない土地であり、A
は、自己が所有していない他の土地を通らなければ、公道に出ることができない。こ
の場合に関する次の記述のうち、民法の規定及び判例によれば、誤っているものはど
れか。

1　Aが甲土地をBに譲渡した場合、Bは、甲土地につき所有権移転登記を経由しな
　　ければ、甲土地を囲んでいる乙土地の所有者Cに対して、乙土地の通行権を主張す
　　ることができない。

2　甲土地が、A及びCの共有地の分割によって公道に通じない土地となって生じた
　　場合には、Aは、Cが所有する当該共有地の分割後の残余地である乙土地のみを通
　　行することができ、Aは、Cに対して乙土地を通行することによって生じる損害に
　　つき償金を支払う必要はない。

3　甲土地が、A及びDの共有地の分割によって公道に通じない土地となって生じた
　　場合において、その後、AがEから甲土地に隣接する丙土地を取得し、丙土地を通
　　って公道に出ることができるようになった場合、Aは、Dが共有地の分割によって
　　取得した残余地である丁土地の通行権を主張することができない。

4　Fが、自己所有の土地を甲土地と戊土地に分筆して、その一部である甲土地をA
　　に売却したことにより、甲土地が公道に通じない土地になった場合において、Fが、
　　甲土地の譲渡後、その残余地である戊土地をGに売却したとき、Aは戊土地の通行
　　権をGに主張することができる。

【問　9】　Aが妻Bと子C、D、E、弟Fを残して死亡した場合に関する次の記述
のうち、民法の規定及び判例によれば、正しいものはどれか。

1　Aが自筆証書によって遺言をする場合、その遺言書に添付する目録を含め、Aが、
　　その全文を自書しなければならない。

2　Aの生前、Cが家庭裁判所の許可を受けて遺留分を放棄していた場合においても、
　　Cは、相続人となることができる。

3　Aが遺産をDに遺贈していた場合、その遺贈は、B、C、E及びFの遺留分を侵
　　害した部分についても効力を生じるが、B、C、E及びFは、遺留分を保全するの
　　に必要な限度で、遺贈による遺留分侵害額の請求をすることができる。

4　Aが、遺産の一部である土地を第三者Gに遺贈し、それがBの遺留分を侵害して
　　いた場合、Bは、訴えによらなければ、Gに対して、遺留分侵害額の請求をするこ
　　とができない。

【問　10】　民法第715条第1項は、「ある事業のために他人を使用する者は、被用者がその事業の執行について第三者に加えた損害を賠償する責任を負う。ただし、使用者が被用者の選任及びその事業の監督について相当の注意をしたとき、又は相当の注意をしても損害が生ずべきであったときは、この限りでない。」と定めている。これに関する次の記述のうち、民法の規定及び判例によれば、誤っているものはどれか。

1　被用者が負う不法行為に基づく損害賠償債務は、被害者が催告した時から、遅滞に陥る。

2　被用者が、使用者の事業の執行につき、被害者に損害を生じさせた場合において、被害者が被用者に対して損害賠償を請求したときであっても、被害者は、使用者に対して、損害賠償の請求をすることができる。

3　使用者が被害者に対して損害を賠償したときは、使用者は、被用者に対して、信義則上相当と認められる限度において、その求償をすることができる。

4　被害者が被用者に対して売買契約に基づく代金支払債務を負っている場合、被害者は、不法行為に基づく損害賠償債権を自働債権として、被用者に対する金銭債務と相殺することができる。

【問 11】 AがBからB所有の甲土地を賃借して甲土地上に乙建物を建築して所有する場合に関する次の記述のうち、民法及び借地借家法の規定並びに判例によれば、正しいものはどれか。

1 Aが乙建物につき登記を備えている場合に、登記上の所在の地番が、甲土地の地番の表示と相違しているときは、当該相違が建物の同一性を否定するほどではない軽微なものであったとしても、Aは、常に、Bから甲土地を買い受けたCに対して借地権を対抗することができない。

2 乙建物を専ら事業用とする場合、AB間の契約により借地権の存続期間を10年以上50年未満とし、契約の更新がなく、期間満了により契約が終了するものとする借地権を設定することができるが、この借地権の設定契約は、公正証書によってしなければならない。

3 借地権の当初の存続期間が満了し借地契約を更新する場合において、当事者間でその期間を更新の日から30年と定めたときは、その定めは効力を生じず、更新後の存続期間は更新の日から20年となる。

4 AB間の契約により借地権の存続期間を35年と定める場合、その存続期間満了時に借地権を消滅させるため、AがBに対して乙建物を相当価格で譲渡する旨の特約をすることができるが、特約により借地権が消滅した後は、Aが乙建物の使用を継続できる場合はない。

【問 12】 賃貸人Aと賃借人Bとの間の居住用建物の賃貸借契約に関する次の記述のうち、民法及び借地借家法の規定並びに判例によれば、正しいものはどれか。

1 Bが家賃の減額請求をしたが、家賃の減額幅についてAB間に協議が調わず裁判になった場合、その請求にかかる一定額の減額を正当とする裁判が確定した時点以降分の家賃が減額される。

2 賃貸借契約期間中にBがCに対して賃借権を譲渡した場合で、Aがこの賃借権譲渡を承諾したとき、敷金に関する権利義務は当然にCに承継される。

3 Aは、Bの賃貸借契約終了時までの未払賃料については、敷金から控除でき、契約終了後明渡しまでの期間の賃料相当損害額についても、敷金から控除することができる。

4 AB間の賃貸借契約が一時使用目的の賃貸借契約であって、賃貸借契約の期間を定めた場合には、Bが賃貸借契約を期間内に解約することができる旨の特約を定めていなくとも、Bは賃貸借契約を中途解約することができる。

【問　13】　建物の区分所有等に関する法律に関する次の記述のうち、誤っているものはどれか。

1　管理者は、規約により原告又は被告となったときは、遅滞なく、区分所有者にその旨を通知しなければならない。

2　管理者は、規約に特別の定めがあるときは、共用部分を所有することができる。

3　管理者は、共用部分等を保存し、集会の決議を実行し、規約で定めた行為をする権利を有し、義務を負う。

4　管理者は、その職務に関し区分所有者を代理するので、当該管理者の代理権に制限を加えることはできない。

【問　14】　一棟の建物を区分した建物（以下この問において「区分建物」という。）についての登記に関する次の記述のうち、不動産登記法の規定によれば、誤っているものはどれか。

1　区分建物の表題登記の申請は、その一棟の建物に属する他の区分建物の表題登記の申請と併せてしなければならない。

2　区分建物が規約による共用部分である旨の登記は、その登記をする建物の表題部所有者又は所有権の登記名義人が申請することができる。

3　登記官は、表示に関する登記のうち、区分建物に関する敷地権について表題部に最初に登記をするときは、当該敷地権の目的である土地の登記記録について、職権で、当該登記記録中の所有権、地上権その他の権利が敷地権である旨の登記をしなければならない。

4　共用部分である旨の登記がある区分建物について、共用部分である旨を定めた規約が廃止された場合には、当該区分建物の所有者は、当該規約の廃止の日から6月以内に、当該建物の表題登記を申請しなければならない。

【問 15】 都市計画法に関する次の記述のうち、正しいものはどれか。

1 特別用途地区は、用途地域が定められていない土地の区域内において、その良好な環境の形成又は保持のため、制限すべき特定の建築物等の用途の概要を定める地域である。

2 第一種住居地域は、住居の環境を保護するため定める地域であり、所定の条件を満たせば、当該地域内において、高層住居誘導地区に関する都市計画を定めることができる。

3 地区計画は、一体としてそれぞれの区域の特性にふさわしい態様を備えた良好な環境の各街区を整備し、開発し、及び保全するための計画であり、用途地域が定められていない土地の区域において定めることはできない。

4 都市施設は、都市計画区域内の整備、開発及び保全のために必要とされる一定の施設であり、都市計画区域外においては、定めることができない。

【問 16】 都市計画法に関する次の記述のうち、正しいものはどれか。なお、この問において「都道府県知事」とは、地方自治法に基づく指定都市、中核市及び施行時特例市にあってはその長をいうものとする。

1 準都市計画区域内において、3,000 ㎡の農産物の加工に必要な建築物の建築の用に供する目的で行う開発行為は、都道府県知事の許可を受ける必要はない。

2 市街化区域内において都道府県が設置する高等学校の用に供する施設である建築物の建築の用に供する目的で行う開発行為で、その規模が 10,000 ㎡であるものについては、あらかじめ都道府県知事にその旨を届け出れば、開発許可を受けることなくすることができる。

3 都道府県知事は、用途地域が定められている土地の区域における開発行為について開発許可をする場合においては、建築物の建築面積の敷地面積に対する割合（建蔽率）に関する制限を定めることができる。

4 開発許可を受けた開発区域内の土地において用途地域等が定められていないときは、工事完了の公告があった後は、都道府県知事の許可を受けなければ、建築物の用途を変更して当該開発許可に係る予定の建築物以外の建築物としてはならない。

【問　17】　建築物の建築面積の敷地面積に対する割合（以下この問において「建蔽率」という。）に関する次の記述のうち、建築基準法の規定によれば、誤っているものはどれか。

1　都市計画区域又は準都市計画区域における用途地域の指定のない区域内の建築物については、建蔽率に係る制限は適用されない。

2　建築物の敷地が都市計画により定められた建蔽率の限度が異なる地域にまたがる場合、当該建築物の建蔽率は、それぞれの地域内の建築物の建蔽率の限度にその敷地の当該各部分の面積の敷地面積に対する割合を乗じて得たものの合計以下でなければならない。

3　公園内にある建築物で特定行政庁が安全上、防火上及び衛生上支障がないと認めて許可したものについては、建蔽率に係る制限は適用されない。

4　都市計画により建蔽率が10分の8と定められた地域で、かつ、防火地域内にある耐火建築物については、建蔽率に係る制限は適用されない。

【問　18】　建築基準法に関する次の記述のうち、誤っているものはどれか。

1　住宅の居室、学校の教室、病院の病室又は寄宿舎の寝室で地階に設けるものは、壁及び床の防湿の措置その他の事項について衛生上必要な技術的基準に適合するものとしなければならない。

2　便所には、採光及び換気のため直接外気に接する窓を設けなければならないが、水洗便所で、これに代わる設備をした場合においては、必ずしも設ける必要はない。

3　石綿以外の物質で居室内において衛生上の支障を生ずるおそれがあるものとして政令で定める物質としては、クロルピリホス、ホルムアルデヒドがある。

4　一室の居室で天井の高さが異なる部分がある場合、室の床面から天井の一番低い部分までの高さが2.1m以上でなければならない。

【問　19】　農地に関する次の記述のうち、農地法（以下この問において「法」という。）の規定によれば、正しいものはどれか。

1　遺産の分割により農地の所有権を取得する場合、法第３条第１項の許可を受けなければならない。

2　農地の所有権を取得する場合、取得者が国又は都道府県であれば、法第３条第１項又は第５条第１項の許可は常に不要である。

3　農業者が、自己の所有する市街化調整区域内の農地を転用して、そこに自らが居住する住宅を建築する場合、法第４条第１項の許可を受ける必要はない。

4　市街化区域内に所在する５ヘクタールの農地を宅地に転用するため取得する場合、あらかじめ農業委員会に届け出れば、法第５条第１項の許可を受ける必要はない。

【問　20】　宅地造成等規制法に規定する宅地造成工事規制区域（以下この問において「規制区域」という。）に関する次の記述のうち、正しいものはどれか。なお、この問において「都道府県知事」とは、地方自治法に基づく指定都市、中核市及び施行時特例市にあってはその長をいうものとする。

1　規制区域内における宅地造成に関する工事について許可を受けた者は、当該許可に係る工事を完了した場合においては、その工事が一定の技術的基準に適合しているかどうかについて、都道府県知事の検査を受けなければならない。

2　規制区域の指定の際、当該規制区域内において行われている宅地造成に関する工事の造成主は、その指定があった日から 14 日以内に、都道府県知事に届け出なければならない。

3　規制区域内において都市計画法第 29 条第１項又は第２項の許可を受けて行われる当該許可の内容に適合した宅地造成に関する工事を行う場合であっても、造成主は、当該工事に着手する前に、宅地造成等規制法上の都道府県知事の許可を受けなければならない。

4　規制区域内の宅地において行われる盛土で、当該宅地に高さ 1.5mの崖を生じるが、その面積が 500 ㎡以下であるときは、都道府県知事の許可を受ける必要はない。

【問　21】　土地区画整理法に関する次の記述のうち、正しいものはどれか。

1　土地区画整理事業は、市街化区域内の土地についてのみ行われる。

2　換地計画において換地を定める場合においては、換地及び従前の宅地の位置、地積、土質、水利、利用状況、環境等が照応するように定めなければならない。

3　仮換地が指定された場合において、仮換地について使用又は収益を開始することができる日が仮換地の指定の効力発生の日と別に定められたときは、従前の宅地の所有者は、仮換地の指定の効力発生の日からその別に定められた日まで、従前の宅地を使用し、又は収益することができる。

4　仮換地が指定されても、土地区画整理事業の施行地区内の従前の宅地を売買により取得した者は、その仮換地を使用することができない。

【問　22】　次の記述のうち、正しいものはどれか。

1　自然公園法によれば、国定公園の特別地域内において、工作物の新築を行おうとする者は、原則として都道府県知事の許可を受けなければならない。

2　文化財保護法によれば、史跡名勝天然記念物の保存に影響を及ぼす行為をしようとする者は、原則として都道府県知事等の許可を受けなければならない。

3　国土利用計画法によれば、都市計画法第5条の2に規定する準都市計画区域内に所在する一団の土地である甲土地（面積3,500㎡）と乙土地（面積1,500㎡）を順次購入する契約を締結した者は、原則として契約を締結した日から起算して2週間以内に市町村の長を経由して、都道府県知事にそれぞれ事後届出を行わなければならない。

4　港湾法によれば、港湾区域内において、港湾の開発に著しく支障を与えるおそれのある一定の行為をしようとする者は、原則として都道府県知事の許可を受けなければならない。

【問　23】　直系尊属から住宅取得等資金の贈与を受けた場合の贈与税の非課税措置（以下この問において「非課税措置」という。）、及び、住宅取得等資金の贈与を受けた場合の相続時精算課税の特例（以下この問において「相続時精算課税」という。）に関する次の記述のうち、誤っているものはどれか。

1　贈与者が住宅取得等資金の贈与をした年の1月1日において60歳未満の場合でも、この非課税措置の適用を受けることができる。

2　住宅取得等資金の受贈者は、住宅取得等資金の贈与を受けた日の属する年の1月1日において18歳以上であって、当該年分の合計所得金額が2,000万円以下である場合、この非課税措置の適用を受けることができる。

3　直系尊属から住宅用の家屋の贈与を受けた場合でも、この非課税措置の適用を受けることができる。

4　相続時精算課税を選択した場合、贈与により取得した財産に係るその年分の贈与税については、2,500万円控除後の金額に一律20%の税率で贈与税が課される。

【問　24】　地方税に関する次の記述のうち、正しいものはどれか。

1　面積が200㎡以下の住宅用地に対して課する固定資産税の課税標準は、価格の2分の1の額とする特例措置が講じられている。

2　固定資産税に係る徴収金について滞納者が督促を受け、その督促状を発した日から起算して10日を経過した日までに、その督促に係る固定資産税の徴収金について完納しないときは、市町村の徴税吏員は、滞納者の財産を差し押さえなければならない。

3　不動産取得税の課税標準は、不動産を取得した時における不動産の価格であることから、住宅を購入した場合には、当該住宅の購入価格が課税標準となる。

4　一定の新築住宅を取得した場合には、不動産取得税に係る課税標準が1,200万円控除される特例措置が講じられているが、この特例は、法人が取得した場合には適用されない。

【問　25】　地価公示法に関する次の記述のうち、誤っているものはどれか。

1　不動産鑑定士は、公示区域内の土地の鑑定評価を行う場合に当該土地の正常な価格を求めるときは、対象土地の価格とこれに類似する利用価値を有すると認められる標準地の公示価格との間に均衡を保たせなければならない。

2　土地鑑定委員会の委員は、標準地の選定を行うために調査を行う必要があるときは、その必要の限度において、他人の占有する土地に立ち入ることができる。

3　土地収用法によって土地を収用することができる事業を行う者は、公示区域内の土地を当該事業の用に供するため取得する場合において、当該土地の取得価格を定めるときは、公示価格を指標とするよう努めなければならない。

4　標準地の正常な価格とは、土地について、自由な取引が行われるとした場合におけるその取引において通常成立すると認められる価格をいい、当該土地に関して地上権その他当該土地の使用又は収益を制限する権利が存する場合には、これらの権利が存しないものとして通常成立すると認められる価格をいう。

【問　26】　宅地建物取引業者が、その媒介により居住用の既存マンション（区分所有建物）の一室の貸借の契約を成立させた場合において、宅地建物取引業法第37条の規定に基づく契約内容を記載した書面に必ず記載すべき事項は、次のうちどれか。

1　当該マンションの上に存する登記された権利の種類及び内容並びに登記名義人又は登記簿の表題部に記録された所有者の氏名（法人にあっては、その名称）

2　借賃以外の金銭の授受に関する定めがあるときは、その額並びに当該金銭の授受の時期及び目的

3　当該マンションに係る租税その他の公課の負担に関する定めがあるときは、その内容

4　当該マンションの構造耐力上主要な部分等の状況について当事者の双方が確認した事項

【問　27】　宅地建物取引業者Ａ（消費税課税事業者）が甲の依頼を受け、宅地建物取引業者Ｂ（消費税課税事業者）が乙の依頼を受けて、契約を成立させ、報酬を受領した場合に関する次の記述のうち、宅地建物取引業法の規定に違反しないものはいくつあるか。

ア　Ａは甲から媒介依頼を、Ｂは乙から媒介依頼を受けて、ＡＢが共同して甲乙間に、甲所有の建物5,000万円（消費税等相当額を含まない。）の売買契約を成立させ、Ａは甲から180万円、Ｂは乙から180万円の報酬を受領した。

イ　Ａは甲から媒介依頼を、Ｂは乙から媒介依頼を受けて、ＡＢが共同して甲乙間に、甲所有の建物5,000万円（消費税等相当額を含まない。）の売買契約を成立させた場合で、Ａ、Ｂ、甲及び乙の話し合いによりＡは甲から報酬を受領しないこととしたので、Ｂが乙から343万2,000円の報酬を受領した。

ウ　Ａは甲から代理依頼を、Ｂは乙から代理依頼を受けて、ＡＢが共同して甲乙間に、甲所有の建物5,000万円（消費税等相当額を含まない。）の売買契約を成立させ、Ａは甲から343万2,000円、Ｂは乙から343万2,000円の報酬を受領した。

1　一つ
2　二つ
3　三つ
4　なし

【問　28】　宅地建物取引業者Ａが行う業務に関する次の記述のうち、宅地建物取引業法の規定によれば、正しいものはどれか。

1　ＡがＢからＢ所有の宅地の売却の依頼を受け、Ｂと専属専任媒介契約を締結した場合、Ａは、Ｂの承諾を得れば、指定流通機構に当該宅地を登録することを省略することができる。

2　ＡがＣからＣ所有の宅地の売却の依頼を受け、Ｃと専属専任媒介契約を締結した場合、媒介契約の有効期間を3月と定めると、当該媒介契約の有効期間は2月とされる。

3　ＡがＤからＤ所有の宅地の売却の依頼を受け、Ｄと一般媒介契約（専任媒介契約でない媒介契約）を締結した場合、当該媒介契約に係る業務の処理状況の報告を1月につき1回とする旨の特約をすることができる。

4　ＡがＥからＥ所有の宅地の貸借の媒介の依頼を受け、Ｅと専属専任媒介契約を締結した場合、媒介契約の有効期間を6月と定めると、当該媒介契約の有効期間は3月とされる。

【問　29】　宅地建物取引業の免許（以下この問において「免許」という。）に関する次の記述のうち、正しいものはいくつあるか。

ア　建設業者が、建物の建設工事を請け負うことを前提に、当該建物の敷地に供せられる土地の売買を反復継続してあっせんする場合は、免許を受ける必要はない。

イ　社会福祉法人が、高齢者の居住の安定確保に関する法律に規定するサービス付き高齢者向け住宅の貸借の媒介を反復継続して営む場合は、免許を必要としない。

ウ　賃貸住宅の管理業者が、貸借の媒介を反復継続して営もうとする場合は、貸主から管理業務とあわせて入居者募集の依頼を受けるとしても、免許を受けなければならない。

エ　信託業法第3条の免許を受けた信託会社が宅地建物取引業を営もうとする場合には、国土交通大臣の免許を受けなければならない。

1　一つ
2　二つ
3　三つ
4　なし

【問　30】　宅地建物取引士資格登録（以下この問において「登録」という。）又は宅地建物取引士に関する次の記述のうち、宅地建物取引業法の規定によれば、誤っているものの組合せはどれか。

ア　宅地建物取引士Aが役員となっているB社が宅地建物取引業の免許を受けたにもかかわらず、営業保証金を供託した旨の届出をせず免許が取り消されたときは、Aはその登録を消除される。

イ　宅地建物取引士Cが役員となっているD社が、不正の手段により宅地建物取引業の免許を受けたとして、その免許を取り消されたとき、Cはその登録を消除される。

ウ　宅地建物取引士Eが無免許営業等の禁止に関する宅地建物取引業法に違反して宅地建物取引業を営み、懲役1年、執行猶予3年及び罰金10万円の刑に処せられ、登録を消除されたとき、執行猶予期間が満了すれば、その翌日から登録を受けることができる。

1　ア、イ
2　イ、ウ
3　ア、ウ
4　ア、イ、ウ

【問　31】　宅地建物取引業者Aが、自ら売主として宅地建物取引業者でない買主Bとの間で宅地の売買契約を締結する場合における次の記述のうち、宅地建物取引業法の規定によれば、正しいものはどれか。

1　Aは、競売開始決定がなされた自己の所有に属しない宅地について、裁判所による競売の公告がなされた後、入札前に、Bと当該宅地の売買契約を締結することができる。

2　「手付放棄による契約の解除は、契約締結後2週間日以内に限る。」旨の特約を定めた場合、契約締結後2週間を経過したときでも、Aが契約の履行に着手していなければ、Bは、手付を放棄して契約の解除をすることができる。

3　BがAに対して契約不適合責任追及するための通知期間を当該宅地の引渡しの日から3年間とする特約は、無効である。

4　Aは、Bとの間で宅地の割賦販売の契約（代金3,000万円）を締結し、当該宅地を引き渡した。この場合において、Aは、Bから1,000万円の賦払金の支払を受けるまでに、当該宅地に係る所有権の移転登記をしなければならない。

【問 32】 次の記述のうち、宅地建物取引業法の規定によれば、正しいものはいく
つあるか。

ア 宅地建物取引業者は、その業務に関してなすべき宅地又は建物の引渡しを不当に
　遅延したとしても、罰金の刑に処せられることはない。

イ 宅地建物取引業者は、正当な理由の有無を問わず、その業務上取り扱ったことに
　ついて知り得た秘密を他に漏らしてはならない。

ウ 宅地建物取引業者が、不当に高額の報酬を要求した場合でも、現実にその額の報
　酬を受領しなければ、罰金の刑に処せられることはない。

1　一つ
2　二つ
3　三つ
4　なし

【問 33】 宅地建物取引業者Aは、自ら売主となって、買主Bと1億円の建物の売
買契約を締結した。この場合に関する次の記述のうち、宅地建物取引業法の規定によ
れば、誤っているものはどれか。なお、この問において「保全措置」とは、宅地建物
取引業法第41条及び第41条の2に規定する手付金等の保全措置をいう。

1　Aが、宅地建物取引業者でないBと、建築工事完了後の建物について売買契約を
　締結した場合、Aが保全措置を講じないときには、Bは、約定で定めていた手付金
　2,000万円について全額の支払を拒むことができる。

2　Aが、宅地建物取引業者であるCと、建築工事完了前の建物について売買契約を
　締結した場合、Aは、保全措置を講じることなく、Cから手付金として2,500万円
　を受領することができる。

3　Aが、宅地建物取引業者でないDと、建築工事完了後の建物について売買契約を
　締結した場合、Aは、保全措置を講じれば、中間金として5,000万円を受領するこ
　とができる。

4　Aが、宅地建物取引業者でないEと、建築工事完了前の建物について売買契約を
　締結した場合、Aは、保全措置を講じれば、手付金として2,500万円を受領するこ
　とができる。

- 19 -

【問 34】 次の記述のうち、宅地建物取引業法（以下この問において「法」という。）第37条の規定により交付すべき書面（以下この問において「37条書面」という。）に関する次の記述のうち、正しいものはどれか。なお、電磁的方法による提供は考慮しないものとする。

1 居住用建物の賃貸借契約において、宅地建物取引業者Aが貸主から代理の依頼を受け、宅地建物取引業者Bが借主から媒介の依頼を受けた場合、Bが37条書面を作成したとき、Bは、借主及びAに37条書面を交付すればよい。

2 貸主である宅地建物取引業者Cが、宅地建物取引業者Dの媒介により借主と事業用建物の賃貸借契約を締結するに当たって、Dが作成・交付した37条書面に法第37条違反があった。この場合、Dのみが監督処分及び罰則の対象となる。

3 37条書面は、宅地又は建物の取引に係る契約書とは本来別個のものであるので、必ず取引の契約書とは別に当該書面を作成し、交付しなければならない。

4 建物の売買の媒介において、宅地建物取引業者Eは、あらかじめ売主から承諾を得れば、売主への37条書面の交付を省略することができる。

【問 35】 甲県に本店、乙県に支店3か所を設置して宅地建物取引業を営んでいる宅地建物取引業者Aが宅地建物取引業保証協会（以下この問において「保証協会」という。）に加入しようとし、又は加入した場合に関する次の記述のうち、正しいものはどれか。

1 Aは、保証協会に加入しようとする場合、加入しようとする日の前日までに、政令で定める額の弁済業務保証金分担金を当該保証協会に納付しなければならない。

2 保証協会は、Aから弁済業務保証金分担金の納付を受けたときは、その日から1週間以内に、2,500万円の弁済業務保証金を、Aの主たる事務所の最寄りの供託所に供託しなければならない。

3 Aは、保証協会から還付充当金を納付すべき旨の通知を受けた場合、その通知を受けた日から2週間以内に、その通知された額の還付充当金を当該保証協会に納付しなければ、社員の地位を失う。

4 Aは、保証協会の社員の地位を失ったときは、宅地建物取引業に関する取引により生じた債権に関し弁済業務保証金の還付の権利を有する者に対し、6月を下らない一定期間内に保証協会の認証を受けるため申し出るべき旨を公告しなければならない。

【問　36】　宅地建物取引業者Ａが行う業務に関する次の記述のうち、宅地建物取引業法の規定に違反するものはいくつあるか。

ア　Ａは、自ら売主として、マンションの売買の契約を締結するに際し、手付金について、当初提示した金額を減額したうえで分割払いとすることにより、買主に対し売買契約の締結を誘引し、その契約を締結させた。

イ　Ａは、マンションの売買の媒介を行うに際し、媒介報酬について、買主の要望を受けて分割受領に応じることにより、契約の締結を誘引し、その契約を締結させた。

ウ　Ａは、マンションの周辺の将来における交通の整備の見通し等について確認を受けた際、「確定はしていないが、当該マンションから徒歩１分のところにバスが運行するという新聞報道がある」と当該新聞記事を示しながら説明した。

エ　Ａは、マンションの売買の媒介に際し重要事項の説明の前に、宅地建物取引士ではないＡの従業者をして媒介の相手方（宅地建物取引業者ではない）に対し、当該マンションからの利用できる保育施設の状況について説明させた。

1　一つ

2　二つ

3　三つ

4　なし

【問　37】　次の記述のうち、宅地建物取引業法の規定によれば、正しいものはいくつあるか。

ア　宅地建物取引業者は、その事務所ごとに、従業者名簿を備えなければならず、当該名簿については最終の記載をした日から10年間保存しなければならない。

イ　宅地建物取引業者は、その事務所ごとに、その業務に関する帳簿を備えなければならず、帳簿の閉鎖後５年間（当該宅地建物取引業者が自ら売主となる新築住宅に係るものにあっては10年間）当該帳簿を保存しなければならない。

ウ　宅地建物取引業者は、その業務に従事する者であっても、非常勤の役員や一時的に事務の補助のために雇用した者については、従業者名簿に記載する必要がない。

1　一つ

2　二つ

3　三つ

4　なし

【問　38】　甲県内に本店を設置し、国土交通大臣の免許を受けている宅地建物取引業者A社に関する次の記述のうち、宅地建物取引業法の規定によれば、正しいものはどれか。

1　A社の取締役であるBが、3年前に宅地建物取引業法の規定に違反したことを理由として罰金刑を受けていたことが判明した場合、国土交通大臣は、A社の免許を取り消さなければならない。

2　A社が合併により消滅した場合、A社を代表する役員であった者が、合併による消滅があった日から1週間以内に、その旨を甲県知事を経由して国土交通大臣に届け出なければならない。

3　A社の取締役の住所について変更があった場合、A社は、30日以内に、その旨を甲県知事を経由して国土交通大臣に届け出なければならない。

4　A社が解散を命ずる裁判により解散した場合、A社を代表する役員であった者が、解散の日から30日以内に、その旨を甲県知事を経由して国土交通大臣に届け出なければならない。

【問　39】　宅地建物取引業者が建物の賃貸借契約の媒介に際して行う宅地建物取引業法第35条の規定に基づく重要事項の説明に関する次の記述のうち、誤っているものはどれか。なお、当該建物を借りようとする者は宅地建物取引業者ではないものとする。

1　宅地建物取引業者は、当該賃貸借契約が借地借家法第38条第1項の規定に基づく定期建物賃貸借である場合は、その旨を説明しなければならない。

2　宅地建物取引業者は、当該建物が津波防災地域づくりに関する法律第53条第1項により指定された津波災害警戒区域内にあるときは、その旨を説明しなければならない。

3　宅地建物取引業者は、当該建物が既存の住宅であって、建物状況調査を実施している場合は、当該調査の結果報告書の保存の状況について説明しなければならない。

4　宅地建物取引業者は、敷金その他契約終了時において精算することとされている金銭の精算に関する事項を説明しなければならない。

【問 40】 宅地建物取引業者が、自ら売主として、宅地建物取引業者でない者と宅地又は建物の売買契約を締結した場合の宅地建物取引業法第 37 条の 2 の規定に基づく売買契約の解除（いわゆるクーリング・オフ）について、売主である宅地建物取引業者が買主に告げるときに交付すべき書面に記載しなければならない事項でないものはどれか。

1 クーリング・オフに関し書面で告げられた日から起算して 8 日を経過する日までの間は、宅地又は建物の引渡しを受け、又は、その代金の全部を支払った場合を除き、書面により買受けの申込みの撤回又は売買契約の解除を行うことができること
2 買受けの申込みの撤回又は売買契約の解除があったときは、宅地建物取引業者は、その買受けの申込みの撤回又は売買契約の解除に伴う損害賠償又は違約金の支払を請求することができないこと
3 買受けの申込みの撤回又は売買契約の解除は、買受けの申込みの撤回又は売買契約の解除を行う旨を記載した書面を発した時に、その効力を生ずること
4 買受けの申込みの撤回又は売買契約の解除があった場合において、その買受けの申込み又は売買契約の締結に際し手付金その他の金銭が支払われているときは、宅地建物取引業者は、遅滞なく、その全額を返還すること

【問 41】 個人である宅地建物取引業者Ａ（国土交通大臣免許）の営業保証金に関する次の記述のうち、宅地建物取引業法の規定によれば、誤っているものはどれか。なお、還付を受ける者は、宅地建物取引業者ではないものとする。

1 Ａに対して給与の不払いを理由とする債権を有する元従業者Ｂは、その請求権につき、Ａが供託している営業保証金から還付を受けることができない。
2 Ａは、事業の開始後、新たに事務所を設置した場合、当該事務所につき営業保証金を供託し、国土交通大臣に届け出た後でなければ、当該事務所で事業を開始してはならない。
3 Ａが、甲県に主たる事務所、乙県に従たる事務所（事務所数 1）を設けて事業を行うことについて免許を受けた場合、1,000 万円の営業保証金を供託し、その旨を国土交通大臣に届け出ただけでは、主たる事務所において事業を開始することができない。
4 Ａが、宅地建物取引業法の規定に違反し、罰金の刑に処せられたことを理由として免許を取り消されたとき、Ａは、供託した営業保証金を取り戻すことができない。

【問　42】　宅地建物取引業者Ａ社が、宅地建物取引業者である売主Ｂ社を代理し、宅地建物取引業者でない買主Ｃとの間で締結した建物の売買契約について、宅地建物取引業法第35条に規定する重要事項の説明を行う場合に関する次の記述のうち、同条の規定に違反するものはいくつあるか。なお、本問において、「書面」とは重要事項を記載した書面、「電磁的方法による提供」とは、書面に記載すべき事項を電磁的方法であって宅地建物取引士の記名に代わる措置を講ずるものとして国土交通省令で定めるものによる提供をいう。また、「ＩＴを活用した重要事項説明」とは、テレビ会議等を用い、双方向で音声を聞き取り、映像が視認できる状況で行う重要事項の説明をいい、音声や映像の状況が説明の開始前に確認されているものとする。

ア　ＣがＡ社に対して、自宅においてＩＴを活用した重要事項説明を受けたいとの申し出をしたことから、Ａ社は事前にＣの承諾を得て電磁的方法によって提供し、Ａ社の宅地建物取引士がＡ社の事務所からＩＴを活用した重要事項説明を行った。

イ　Ａ社は、その事務所に来社したＣにあらかじめ書面を交付し、自己の自宅において勤務していたＡ社の宅地建物取引士が、その自宅からＩＴを活用した重要事項説明を行った。

ウ　Ｂ社の事務所に来社したＣに対して、Ａ社はあらかじめ書面を交付したうえで、Ａ社の宅地建物取引士が、Ａ社の事務所からＩＴを活用した重要事項説明を行った。

エ　Ａ社の事務所に来社したＣに対して、Ａ社の宅地建物取引士が重要事項説明を行ったが、書面にはＡ社の宅地建物取引士の記名のみがあり、Ｂ社の宅地建物取引士の記名はなかった。

1　一つ
2　二つ
3　三つ
4　四つ

【問　43】　Aが甲県知事の宅地建物取引士資格登録（以下「登録」という。）を受け、宅地建物取引士証の交付を受けようとし、又は受けている場合に関する次の記述のうち、宅地建物取引業法の規定によれば、正しいものはどれか。

1　Aが宅地建物取引士証の交付を受けようとする場合、原則として、甲県知事が国土交通省令の定めるところにより指定する講習で交付の申請前6月以内に行われるものを受講しなければならない。

2　Aは、宅地建物取引士証を汚損したことを理由として新たな宅地建物取引士証の再交付を受けた場合は、直ちに汚損した宅地建物取引士証を返納しなければならない。

3　Aが乙県知事から事務禁止の処分を受けたときは、速やかに、宅地建物取引士証を乙県知事に提出しなければならない。

4　Aの宅地建物取引士証は、登録が消除された場合に限り、その効力を失う。

【問　44】　宅地建物取引業者Aが行う広告に関する次の記述のうち、宅地建物取引業法の規定に違反しないものはどれか。

1　Aは、実際の道のりでは4kmあるが、直線距離では駅まで1km程度である物件につき、「駅まで1kmの好立地」と広告に表示した。

2　Aは、インターネットのホームページで行う表示であったので、環境、交通その他の利便について、著しく事実に相違する表示をした。

3　Aは、スケルトン・インフィル方式のマンションについて、「具体的な間取りが定められた場合、建築基準法第6条第1項後段の規定に基づく建築確認（変更の確認）を受けることが必要となることもあります」と広告に表示した。

4　Aは、広告に係る宅地又は建物の規模、形質について、実際のものよりも著しく優良であると人を誤認させるような表示をしたが、直ちに当該広告を回収する等の措置をとった。

【問　45】　特定住宅瑕疵担保責任の履行の確保等に関する法律に基づく住宅販売瑕疵担保保証金の供託又は住宅販売瑕疵担保責任保険契約の締結（以下この問において「資力確保措置」という。）に関する次の記述のうち、特定住宅瑕疵担保責任の履行の確保等に関する法律及び住宅の品質確保の促進等に関する法律の規定によれば、正しいものはどれか。

1　宅地建物取引業者は、自ら売主として新築住宅を販売する場合だけではなく、新築住宅の売買の媒介又は代理をする場合も、資力確保措置を講ずる義務を負う。

2　宅地建物取引業者は、基準日ごとに、当該基準日に係る資力確保措置の状況について、基準日から2週間以内に、その免許を受けた国土交通大臣又は都道府県知事に届け出なければならない。

3　宅地建物取引業者は、資力確保措置としての住宅販売瑕疵担保保証金について、主たる事務所の最寄りの供託所に金銭で供託しなければならない。

4　資力確保措置の対象となる新築住宅とは、新たに建設された住宅で、まだ人の居住の用に供したことがなく、かつ建設工事の完了の日から起算して1年を経過しないものをいう。

【問　46】　独立行政法人住宅金融支援機構(以下この問において「機構」という。)に関する次の記述のうち、誤っているものはどれか。

1　機構は、住宅の建設又は購入に必要な資金の貸付けに係る主務省令で定める金融機関の貸付債権の譲受けを行うが、住宅融資保険法による保険は行わない。

2　証券化支援事業（買取型）における民間金融機関の住宅ローン金利は、金融機関によって異なる場合がある。

3　借入金の元金の返済を債務者本人の死亡時に一括して行う高齢者向け返済特例制度は、高齢者に対して直接貸し付ける場合と異なり、証券化支援事業（買取型）における民間金融機関の住宅ローンについては設けてられていない。

4　機構は、子どもを育成する家庭に適した良好な居住性能及び居住環境を有する賃貸住宅の建設に必要な資金の貸付けを行うが、当該賃貸住宅の改良に必要な資金の貸付けを行うこともできる。

【問　47】　宅地建物取引業者が行う広告に関する次の記述のうち、不当景品類及び不当表示防止法（不動産の表示に関する公正競争規約を含む。）の規定によれば、誤っているものはどれか。

1　道路法第18条第1項の規定により道路区域が決定され、又は都市計画法第20条第1項の告示が行われた都市計画施設の区域に係る土地については、その旨を明示しなければならない。

2　土地の全部又は一部が高圧電線路下にあるときは、その旨及びそのおおむねの面積を表示しなければならず、建物その他の工作物の建築が禁止されているときは、併せてその旨も明示しなければならない。

3　土地が擁壁によっておおわれないがけの上又はがけの下にあるときは、その旨を明示しなければならない。

4　宅地建物取引業者が行う広告における表示には、ポスターや看板による表示があるが、看板による表示にはデジタルサイネージによる表示は含まれない。

【問　48】　次の記述のうち、正しいものはどれか。

1　令和5年地価公示（令和5年3月公表）によれば、令和4年1月以降の1年間の住宅地の地価は、地方圏平均では、2年連続の下落となった。

2　建築着工統計調査報告（令和4年計。令和5年1月公表）によれば、令和4年の新設住宅着工戸数は、総戸数は約86.0万戸であり2年連続の増加となったが、そのうち持家は約25.3万戸であり、昨年の増加から再びの減少となった。

3　年次別法人企業統計調査（令和3年度。令和4年9月公表）によれば、令和3年度における不動産業の売上高は約48.6兆円で、3年連続の減少となった。

4　令和5年地価公示（令和5年3月公表）によれば、令和4年1月以降の1年間の工業地の地価は、地方圏平均では下落を継続しているが、全国平均、三大都市圏平均では上昇を継続している。

【問　49】　土地に関する次の記述のうち、最も不適当なものはどれか。

1　丘陵地や台地斜面の宅地造成を行う際には、降水の地表流出量の増加や河川の氾濫を防ぐために、山林などの植生や表層土を除去することが必要である。

2　地形図で見ると、等高線が山頂に向かって高い方に弧を描いている部分は谷で、山頂から見て等高線が張り出している部分は尾根である。

3　自然堤防に囲まれた後背低地は、地盤が軟弱で地震に弱く、また、集中豪雨等により土地が冠水することが多く、宅地に適さない土地である。

4　湿潤な土地、出水のおそれの多い土地又はごみその他これに類する物で埋め立てられた土地に建築物を建築する場合においては、盛土、地盤の改良その他衛生上又は安全上必要な措置を講じなければならない。

【問　50】　建築物の構造及び建築材料に関する次の記述のうち、最も不適当なものはどれか。

1　鉄骨造の構造耐力上主要な部分である柱の脚部は、原則として基礎にアンカーボルトで緊結しなければならない。

2　鉄骨造は、比較的自重が軽く、鋼材の靱性があるので、大空間建築や高層建築の骨組みに適している。また、鋼材は火熱に強く鉄骨骨組を耐火材料で被覆するまでもなく鉄骨造は耐火構造となる。

3　鉄筋コンクリート造における柱の帯筋や梁のあばら筋は、地震力に対するせん断補強として必要であり、柱主筋の座屈を防止する効果もある。

4　鉄筋コンクリート造の耐力壁の厚さは、12cm 以上としなければならない。

- 28 -

第4回　問題

第1回 解答・解説

第1回　解答一覧

番号	正解	自己採点	出題項目	番号	正解	自己採点	出題項目
問 1	4		意思表示	問 26	2		媒介・代理契約
問 2	3		制限行為能力者	問 27	3		免許（免許の効力）
問 3	1		時効	問 28	2		宅地建物取引業の意味
問 4	1		代理	問 29	4		自ら売主制限
問 5	4		物権変動	問 30	4		監督・罰則
問 6	1		相続	問 31	1		宅地建物取引士 （宅地建物取引士証）
問 7	2		債務不履行・解除 （手付解除）	問 32	4		重要事項の説明
問 8	2		契約不適合責任	問 33	2		営業保証金
問 9	3		債務不履行・解除	問 34	2		宅建業法総合
問 10	2		抵当権	問 35	3		宅地建物取引士
問 11	3		借地借家法（借地）	問 36	3		自ら売主制限
問 12	4		借地借家法（借家）	問 37	4		自ら売主制限 （クーリング・オフ）
問 13	3		建物区分所有法	問 38	3		弁済業務保証金
問 14	1		不動産登記法	問 39	3		報酬額の制限
問 15	1		都市計画法 （都市計画の内容）	問 40	1		３５条書面・３７条書面
問 16	3		都市計画法 （開発行為の規制等）	問 41	2		宅建業法総合
問 17	2		建築基準法総合	問 42	1		広告等に関する規制
問 18	2		建築基準法（建築確認）	問 43	4		重要事項の説明
問 19	4		国土利用計画法	問 44	2		免許
問 20	2		農地法	問 45	4		自ら売主制限 （住宅瑕疵担保履行法）
問 21	3		その他法令上の制限 （宅地造成等規制法）	問 46	2		住宅金融支援機構法
問 22	1		土地区画整理法	問 47	4		不当景品類 及び不当表示防止法
問 23	3		登録免許税	問 48	4		不動産の需給・統計
問 24	4		固定資産税	問 49	1		土地
問 25	3		不動産鑑定評価基準	問 50	1		建物

 意思表示

予想正解率　85％以上

1　誤・・・・・・・・・・・・・・・・・・・・・・・・・・・・　**重要度　★★**

　詐欺による意思表示は、取り消すことができる（民法96条１項）。詐欺を理由とする取消しは、善意・無過失の第三者には対抗することができないが（民法96条３項）、**詐欺をした相手方に対しては、第三者が善意無過失であっても、取り消すことができる**。よって、本肢は誤り。

　【講師からのアドバイス】事例問題の場合、設定状況を図示したうえで、「誰が」「誰に対して」「何を主張しているのか」を慎重に読み取ろう。状況の把握に勘違いがあれば、どんなに正確な知識を持っていても間違えてしまうので注意しよう。

2　誤・・・・・・・・・・・・・・・・・・・・・・・・・・・・　**重要度　★★★**

　第三者の強迫による意思表示は、相手方が善意・無過失であっても、取り消すことができる（民法96条２項反対解釈）。したがって、Aは、Bが善意無過失であっても、売買契約を取り消すことができる。よって、本肢は誤り。

　【講師からのアドバイス】強迫を理由とする取消しは、善意無過失の第三者に対しても対抗することができる。詐欺の場合とは異なるので確認しよう。

3　誤・・・・・・・・・・・・・・・・・・・・・・・・・・・・　**重要度　★★★**

　法律行為の目的及び取引上の社会通念に照らして重要なものに錯誤があり、表意者に重大な過失がないときは、原則として、表意者がその意思表示を取り消すことができる（民法95条１項、３項柱書）。したがって、**重大ではない過失（軽過失）があっても錯誤に基づく取消しは認められる**ので、過失なく知らなかった場合（善意無過失）に限るとする本肢は誤り。

4　正・・・・・・・・・・・・・・・・・・・・・・・・・・・・　**重要度　★★**

　相手方と通じてした虚偽の意思表示は、無効であるが、虚偽表示による無効は、善意の第三者に対抗することができない（民法94条１項、２項）。そして、**第三者が善意であれば、その第三者から譲り受けた転得者が悪意であっても、その転得者に対して、無効を主張することはできない**（判例）。したがって、Aは、Cが善意であれば、Eが悪意であっても、Eに対して無効を主張することができない。よって、本肢は正しく、本問の正解肢となる。

　【実力UP情報】悪意の第三者から譲り受けた善意の転得者に対しても、虚偽表示の無効を主張することができない。

≪出る順宅建士合格テキスト①　第１章　意思表示≫

 制限行為能力者

予想正解率　60％

1　誤‥‥‥‥‥‥‥‥‥‥‥‥‥‥　重要度　★★

　意思能力を有しない者の意思表示は、無効である（民法3条の2）。したがって、Aが行った売買は無効であり、取り消すことはできない。よって、本肢は誤り。

　【講師からのアドバイス】「取消し」は、取り消せばさかのぼって無効となるが、取り消さなければ無効とはならない。無効と取消しは、まったく異なる制度として規定されているので、「取り消せば無効となるのだから、無効と取消しは似たようなもの。」等と考えずに、明確に区別してほしい。

2　誤‥‥‥‥‥‥‥‥‥‥‥‥‥‥　重要度　★

　未成年者が法律行為をするには、その法定代理人の同意を得なければならないが、単に権利を得、又は義務を免れるべき行為については、法定代理人の同意は不要である（民法5条1項）。未成年者が何ら負担のない贈与を受けることは、単に権利を得るだけであるから、法定代理人の同意は不要である。したがって、Aの法定代理人は、Aが受けた贈与を取り消すことができない。よって、本肢は誤り。

　【実力ＵＰ情報】法定代理人が処分を許した財産の処分、法定代理人が営業を許可した場合の営業についても、未成年者の法定代理人の同意は不要である。

3　正‥‥‥‥‥‥‥‥‥‥‥‥‥‥　重要度　★★

　成年被後見人が行った財産上の法律行為は、日用品の購入その他日常生活に関する行為を除き、成年後見人の同意を得ていたとしても、取り消すことができる（民法9条）。したがって、Aの成年後見人は、Aが行った売買を取り消すことができる。よって、本肢は正しく、本問の正解肢となる。

　【講師からのアドバイス】成年後見人には同意権が認められていない。したがって、本肢のように「成年後見人の同意を得て……」という表現があっても、正誤判断には影響しないので、無視して読み取るようにしよう。

4　誤‥‥‥‥‥‥‥‥‥‥‥‥‥‥　重要度　★★

　被保佐人が保佐人の同意を得ないで行った期間が3年を超えない建物の賃貸借については、保佐人の同意は不要であり、被保佐人は単独ですることができる（民法13条1項9号、602条3号）。したがって、Aの保佐人は、その賃貸借契約を取り消すことができない。よって、本肢は誤り。

【講師からのアドバイス】「超えない」という表現は「以下」と同じ意味と考えよう。そして、「以下」は「ちょうどを含んで」という意味なので、3年ちょうどの契約は単独ですることができることになる。

《出る順宅建士合格テキスト① 第2章 制限行為能力者》

第3問 時効 　正解 ① 　重要度 C

予想正解率 40%未満

1 正 ・・・・・・・・・・・・・・・・・・・・・・・ **重要度 ★★**

時効は、当事者（消滅時効にあっては、保証人、物上保証人、第三取得者その他権利の消滅について正当な利益を有する者を含む。）が**援用しなければ、裁判所がこれによって裁判をすることができない**（民法145条）。本肢では、債務者Bの債権者Cに対する金銭債務について、Bが消滅時効を援用しなくとも、物上保証人Aが消滅時効を援用すれば、裁判所はこれによって裁判をすることができる。よって、本肢は正しく、本問の正解肢となる。

【講師からのアドバイス】「時効の援用」とは、債権者に対して時効が成立したことを主張することを意味する。したがって、援用をしないと債権は消滅したことにならないので、時効期間が経過しても、債権者から請求を受けることになる。

2 誤 ・・・・・・・・・・・・・・・・・・・・・・・ **重要度 ★★**

裁判上の請求をした場合において、その事由が終了するまでの間は、時効は、完成しない。そして、確定判決又は確定判決と同一の効力を有するものによって権利が確定することなくその事由が終了したときは、その終了した時から6カ月を経過するまでの間は、時効は、完成しない。（民法147条1項柱書かっこ書）。したがって、**訴えが却下されたり、訴えの取下げをした場合にも、6カ月を経過するまでの間、消滅時効の完成猶予の効力は生じる**。よって、本肢は誤り。

3 誤 ・・・・・・・・・・・・・・・・・・・・・・・ **重要度 ★★**

物上保証人が債権者に対して被担保債権の承認をした場合でも、被担保債権の消滅時効の更新は生じない（民法152条1項、判例）。したがって、Aが承認しても、BのCに対する金銭債務の消滅時効は更新しない。よって、本肢は誤り。

4 誤 ・・・・・・・・・・・・・・・・・・・・・・・ **重要度 ★**

時効更新の効力を生ずる債務の承認をするには、相手方の権利についての処分につき行為能力や権限を必要としない。したがって、**被保佐人が保佐人の同意を得ずに債務を承認した場合でも、時効は更新する**（民法152条2項、判例）。よって、本肢は誤り。

《出る順宅建士合格テキスト① 第3章 時効》

第4問　代理

正解 ① 重要度 A

予想正解率　85％以上

1　誤 ・・・・・・・・・・・・・・・・・ 重要度 ★★★

　強迫による意思表示は、取り消すことができる（民法96条1項）。そして、代理の場合、実際に契約をするのは、代理人であるから、強迫があったかどうかは、原則として、**代理人を基準として判断される**（民法101条1項）。ただし、代理人が強迫された場合でも、その契約を取り消すことができるのは、代理行為の効果が帰属する本人である（民法99条1項、120条2項）。したがって、本人Bは、契約を取り消すことができる。よって、本肢は誤りであり、本問の正解肢となる。

> 【解法の視点】代理の場合、債務を負うのは代理人ではなく本人である。したがって、その債務を負うのか負わないのかは本人に判断させるべきとイメージすればよい。

2　正 ・・・・・・・・・・・・・・・・・ 重要度 ★★

　無権代理行為は、原則として、本人に対して効力を生じないが、**本人の追認があれば、本人に効力を生じる**（民法113条1項）。そして、追認は、契約の相手方及び無権代理人の**いずれに対して行ってもよい**（民法113条2項参照）。したがって、Bは、直接Cに対して追認することができる。よって、本肢は正しい。

3　正 ・・・・・・・・・・・・・・・・・ 重要度 ★★★

　代理人がその代理権の範囲を越える行為をすれば、その行為は、原則として、無権代理となり、本人に効力は生じない。しかし、もともと一定の代理権を持っている代理人がその権限外の行為をし、**相手方がその代理人に代理権があると信じることについて正当な理由があるとき（善意無過失）**には、その代理人の行為は有効となる（表見代理：民法110条）。したがって、BがAに賃貸借契約を締結する代理権しか与えていなかった場合でも、Cが善意無過失であれば、売買契約は有効である。よって、本肢は正しい。

4　正 ・・・・・・・・・・・・・・・・・ 重要度 ★★★

　代理権の消滅した後の代理人の行為は、原則として、無権代理行為となる。しかし、その場合でも、**相手方が代理人に以前と同様に代理権があるものと善意無過失で信頼したときには、その代理人の行為は、有効となる**（表見代理：民法112条1項）。したがって、Aの代理権が消滅した場合でも、Cが善意無過失であれば、契約は有効である。よって、本肢は正しい。

≪出る順宅建士合格テキスト① 第4章 代理≫

予想正解率　75％

1　誤・・・・・・・・・・・・・・・・・・・・・・・・・・・・・・　重要度　★★★

　取得時効による不動産の所有権の取得について、**時効完成後**に当該不動産を譲り受けた第三者に対しては、**登記がなければ**、時効による所有権の取得を**対抗することができない**（民法177条、判例）。よって、本肢は誤り。

　【実力ＵＰ情報】時効取得者は、時効完成前の第三者に対しては、登記がなくても、対抗することができる。

2　誤・・・・・・・・・・・・・・・・・・・・・・・・・・・・・・　重要度　★★★

　契約を解除した者は、**登記をしなければ**、契約の解除後に不動産を取得した第三者に対して、所有権を**対抗することができない**（民法177条、判例）。Ｃは解除後の第三者であり、Ｃが登記を備えている以上、ＡはＣに対抗することができない。よって、本肢は誤り。

　【実力ＵＰ情報】解除前の第三者の場合も、第三者の善意悪意は問わず、その第三者が登記を備えていれば保護される。

3　誤・・・・・・・・・・・・・・・・・・・・・・・・・・・・・・　重要度　★★★

　借地上に**登記ある建物を有する土地賃借人**に対しては、土地の譲受人は、所有権の**登記がなければ**、**賃貸人としての地位を主張することができない**（民法177条、605条の３第３項、判例）。よって、本肢は誤り。

4　正・・・・・・・・・・・・・・・・・・・・・・・・・・・・・・　重要度　★★★

　不動産の所有権の取得は、登記をしなければ、第三者に対抗することができない（民法177条）。ここにいう「第三者」とは、当事者又はその包括承継人以外の者で、登記がないことを主張するについて正当の利益を有する者をいう（判例）。したがって、**無権利者Ａや無権利者からの譲受人Ｂは「第三者」に含まれない**ため、Ｃは所有者であることをＢに対して主張することができる。よって、本肢は正しく、本問の正解肢となる。

≪出る順宅建士合格テキスト①　第10章　物権変動≫
≪出る順宅建士合格テキスト①　第16章　賃貸借≫

予想正解率　75%

1　正 ・・・・・・・・・・・・・・・・・・・・・・・・・・・・・・・・・　重要度　★★★

　被相続人の**配偶者は、常に相続人となる**（民法890条）。また、被相続人に**子がいる場合、子が相続人となり、直系尊属、兄弟姉妹は相続人とならない**（民法887条１項、889条１項）。したがって、本肢の場合は配偶者Ｂ、Ｂとの間の子Ｃ、Ｄ、Ｅが相続人となり、父Ｆ、姉Ｇ、Ｃの子Ｈ（孫）は相続人とならない。そして、相続人が数人あるときは、**限定承認は、相続人の全員が共同してのみ**これをすることができる（民法923条）。したがって、限定承認をするときは、Ｂ、Ｃ、Ｄ及びＥの全員が共同してしなければならない。よって、本肢は正しく、本問の正解肢となる。

> 【解法の視点】限定承認は、共同相続人の全員が共同してのみすることができるが、本肢の場合、相続人が全員挙げられているかを確認しよう。

2　誤 ・・・・・・・・・・・・・・・・・・・・・・・・・・・・・・・・・　重要度　★★

　詐欺又は強迫によって被相続人に相続に関する遺言をさせた者は、相続の欠格者となり、相続人となることができない（民法891条４号）。しかし、**相続の欠格は代襲相続の原因となるから、相続欠格により相続権を失った者の子が、これを代襲して相続人となる**（民法887条２項）。したがって、Ｃは相続欠格により相続人とならないが、その子Ｈは、Ｃを代襲して相続人となる。よって、本肢は誤り。

> 【実力ＵＰ情報】代襲相続の原因となるのは、相続開始以前の死亡、相続欠格、推定相続人の廃除の３つである。

3　誤 ・・・・・・・・・・・・・・・・・・・・・・・・・・・・・・・・・　重要度　★★★

　肢１で述べたように、被相続人の配偶者は常に相続人となる（民法890条）。また、**相続放棄の場合、代襲相続は生じない**（民法887条２項）。そして、子がすべて相続放棄をした結果、被相続人に**子がいない場合は、直系尊属が相続人となり**、直系尊属が相続人となる限り、兄弟姉妹が相続人となることはない（民法889条１項）。したがって、本肢の場合、相続人は、配偶者Ｂと父Ｆであり、姉Ｇは相続人とならない。よって、本肢は誤り。

4　誤 ・・・・・・・・・・・・・・・・・・・・・・・・・・・・・・・・・　重要度　★★

　肢３で述べたように、被相続人の子Ｃ、Ｄ及びＥが相続放棄をしたときは、直系尊属である父Ｆが相続人となる（民法887条２項、889条１項１号）。そして、相続人は、**自己のために相続開始があったことを知った時から３カ月以内に単純承認もしくは限定承認又は相続の放棄をしなければならない**（民法915条１項）。したがって、Ｆは、相続開始の時からではなく、相続開始を知った時から３カ月以内に単純承認もしくは限定承認又は相続の放棄をしなければならない。よって、本肢は誤り。

《出る順宅建士合格テキスト①　第９章　相続》

 手付解除

予想正解率　75%

1　正‥‥‥‥‥‥‥‥‥‥‥‥‥　重要度　★★

　判決文は、「本条本項（民法557条1項）にいう履行の着手とは、客観的に**外部から認識し得る**ような形で**履行行為の一部**をなし又は履行の提供をするために欠くことのできない**前提行為**をした場合を指す」とする。よって、本肢は正しい。

2　誤‥‥‥‥‥‥‥‥‥‥‥‥‥　重要度　★★

　買主が売主に手付を交付したときは、買主はその手付を放棄し、**売主はその倍額を現実に提供**して、契約の解除をすることができる（民法557条1項、判例）。よって、本肢は誤りであり、本問の正解肢となる。

　【解法の視点】買主は手付を放棄することで売買契約を解除することができる。見方を変えれば売主は手付金を取りはぐれる可能性はない。この状況と公平を図るため、売主からの手付解除に対しては現実の提供を要求するのである。

3　正‥‥‥‥‥‥‥‥‥‥‥‥‥　重要度　★★

　判決文は、当事者の一方が履行に着手したにもかかわらず相手から契約が解除されれば、履行に着手した当事者は不測の損害を蒙ることとなることから、このような**不測の損害を防止するために、民法557条1項の規定が設けられた**ものとしている。よって、本肢は正しい。

4　正‥‥‥‥‥‥‥‥‥‥‥‥‥　重要度　★★★

　民法557条1項は、「買主が売主に手付を交付したときは、買主はその手付を放棄し、売主はその倍額を現実に提供して、契約の解除をすることができる。ただし、その相手方が契約の履行に着手した後は、この限りでない。」と定めている。したがって、当事者の一方が**自ら履行に着手したとしても、相手方が履行に着手するまでは、手付解除することができる**。よって、本肢は正しい。

　【講師からのアドバイス】本肢のテーマである「自らが履行に着手した場合に手付解除をすることができるか否か」は頻出テーマである。あくまで「相手方が着手しているか否か」によって可否が決まるのであって、自らが着手していることで可否は決まらないことを確認しよう。

《出る順宅建士合格テキスト①　第5章　債務不履行・解除》

 契約不適合責任

1　誤‥‥‥‥‥‥‥‥‥‥‥‥‥‥‥重要度　★★★

　契約不適合責任に基づく追完請求は、引き渡された目的物が種類、品質又は数量に関して契約の内容に適合しないものであるときに認められ、**売主の帰責性は要求されない**（民法562条1項参照）。したがって、売主の責めに帰すべき事由によらない契約不適合であっても、売主は責任を負うので、Aは、Bに対して契約不適合責任に基づく追完請求をすることができる。よって、本肢は誤り。

2　正‥‥‥‥‥‥‥‥‥‥‥‥‥‥‥重要度　★★★

　引き渡された目的物が種類、品質又は数量に関して契約の内容に適合しない場合、**契約をした目的を達することができるときであっても、損害賠償の請求をすることはできる**（民法564条、415条1項）。よって、本肢は正しく、本問の正解肢となる。

3　誤‥‥‥‥‥‥‥‥‥‥‥‥‥‥‥重要度　★★★

　契約不適合責任に基づく契約の解除は、**その契約不適合が買主の責めに帰すべき事由により生じた場合には認められない**（民法564条、543条）。したがって、契約不適合がAの責めに帰すべき事由により生じた場合、Aは、Bに対して契約不適合責任に基づく契約の解除をすることはできない。よって、本肢は誤り。

4　誤‥‥‥‥‥‥‥‥‥‥‥‥‥‥‥重要度　★★★

　原則として、売主が種類又は品質に関して契約の内容に適合しない目的物を買主に引き渡した場合において、買主がその不適合を**「知った時から1年以内」**にその旨を**売主に通知しないときは、買主は契約不適合責任を追及することができない**（民法566条本文）。「引渡しの日から2年以内」ではない。よって、本肢は誤り。

≪出る順宅建士合格テキスト①　第8章　契約不適合責任≫

 債務不履行・解除

予想正解率　75％

1　誤‥‥‥‥‥‥‥‥‥‥‥‥‥‥‥重要度　★★

　当事者の一方がその債務を履行しない場合において、相手方が相当の期間を定めてその履行の催告をし、その期間内に履行がないときは、相手方は、契約の解除をすることができる。ただし、その期間を経過した時における債務の不履行がその契約及び取引上の社会通念に照らして**軽微であるときは、この限りでない**（民法541条）。したがって、Bの不履行が軽微であるときはAは解除することができない。よって、本肢は誤り。

【講師からのアドバイス】何をもって不履行が軽微といえるかについての明確な基準は規定されていない。ケースバイケースで判断されると考えればよい。

2 誤 ･･････････････････････････ 重要度 ★★

債務者が遅滞に陥った場合は、債権者が相当な期間を定めずに催告したときでも、催告の時から**客観的にみて相当な期間**を経過してなお債務者が債務を履行しなければ、債権者は契約を**解除**することができる（民法541条、判例）。したがって、本肢のAの催告は有効であり、また、Aは、改めて催告をしなくても解除することができる場合がある。よって、本肢は誤り。

【実力ＵＰ情報】本肢のように相当な期間を定めなかった場合のほか、不相当な期間を定めた催告でも催告としては有効である。

3 正 ･･････････････････････････ 重要度 ★

債務者がその債務の全部の**履行を拒絶する意思を明確に表示**したとき、債権者は、**直ちに契約の解除**をすることができる（民法542条1項2号）。したがって、Aは、催告期間の満了を待たずに、直ちに契約を解除することができる。よって、本肢は正しく、本問の正解肢となる。

4 誤 ･･････････････････････････ 重要度 ★★★

契約を解除したときでも、損害賠償請求をすることができる（民法545条4項）。したがって、Bに債務不履行があったことを理由としてAが契約を解除したときであっても、Aは、損害賠償の請求をすることができる。よって、本肢は誤り。

≪出る順宅建士合格テキスト① 第5章 債務不履行・解除≫

第10問 抵当権 正解 2 重要度 A

予想正解率 75％

1 誤 ･･････････････････････････ 重要度 ★★★

土地に設定した抵当権の効力は、その土地上の**建物には及ばない**（民法370条本文）。よって、本肢は誤り。

【講師からのアドバイス】土地と建物は別個独立の不動産と単純に考えよう。

2 正 ･･････････････････････････ 重要度 ★★★

抵当権は、抵当権の目的物の滅失などに伴って抵当権設定者が受け取るべき金銭にも及ぶ（物上代位、民法372条、304条）。ただし、物上代位をするためには、抵当権者は、**金銭が抵当権設定者に支払われる前に、差押え**をしなければならない（民法372条、304条1項）。したがって、Bは、Aが損害賠償金を受領する前に、差押えをしなければ、AがCから受領する損害賠償金から優先弁済を受けることができない。よって、本肢は正しく、本問の正解肢となる。

3　誤 ・・・・・・・・・・・・・・・・・・・・・・・・・・・・・・・　重要度　★★

抵当権は目的物が他人に譲渡されても**消滅しない**。したがって、AがDに土地を譲渡してもBの抵当権は消滅せず、Dは、Bの**抵当権が設定されている土地を購入した**ことになる。そして、**先に抵当権の設定の登記がなされているので**、BはDに対して抵当権を対抗できる。よって、本肢は誤り。

> 【解法の視点】本肢のDは、いわゆる「第三取得者」である。第三取得者は、抵当権の問題だけでなく、時効の援用権者等の様々な場面で登場するので、しっかり理解しておこう。

4　誤 ・・・・・・・・・・・・・・・・・・・・・・・・・・・・・・・　重要度　★★

抵当権の設定登記後の賃貸借は、原則として、抵当権者に対抗することができない。例外的に、抵当権設定登記後の賃貸借であっても、それが**登記されたものであり、かつ、総抵当権者の同意とその旨の登記がある場合には対抗できる**（民法387条1項）。本肢はこの場合に該当しない。よって、本肢は誤り。

≪出る順宅建士合格テキスト①　第12章　抵当権≫

 　借地借家法（借地）　　

予想正解率　85％以上

1　誤 ・・・・・・・・・・・・・・・・・・・・・・・・・・・・・・・　重要度　★★★

借地上の建物を賃貸する場合、**借地権設定者の承諾は不要である**（民法612条、判例）。借地権設定者から借りているものは土地であり、借地権者が貸しているのは建物であるので、土地の転貸にあたらないからである。よって、本肢は誤り。

2　誤 ・・・・・・・・・・・・・・・・・・・・・・・・・・・・・・・　重要度　★★

借地権者が借地上の建物を第三者に譲渡しようとする場合において、借地権設定者に不利となるおそれがないにもかかわらず、借地権設定者がその賃借権の譲渡を承諾しないときは、**借地権者は、借地権設定者の承諾に代わる許可を与えるように、裁判所に申し立てることができる**（借地借家法19条1項）。したがって、裁判所に申し立てることができるのは、AであってDではない。よって、本肢は誤り。

3　正 ・・・・・・・・・・・・・・・・・・・・・・・・・・・・・・・　重要度　★★★

借地権の対抗要件である借地上の建物登記は、**借地権者本人の名義でなければならない**（判例）。したがって、Aの配偶者名義の所有権保存登記は借地権の対抗要件にあたらず、Aは、Eに対して借地権を対抗することができない。よって、本肢は正しく、本問の正解肢となる。

4　誤 ・・・・・・・・・・・・・・・・・・・・・・・・・・・・・・・　重要度　★★

借地上に**借地権者が登記されている建物を所有している場合**において、建物の滅失

があっても、借地権者が、一定の事項を**土地の上の見やすい場所に掲示**するときは、**借地権者は借地権を第三者に対抗することができる**（明認方法、借地借家法10条2項本文）。つまり、**明認方法による対抗力が認められるのは、借地上の建物が登記されていた場合に限られる**。したがって、Aは、甲地上の乙建物の登記をしていなかったので、たとえ掲示をしていても借地権をFに対抗することができない。よって、本肢は誤り。

> 【実力ＵＰ情報】一定の事項とは、①その建物を特定するために必要な事項、②その滅失があった日及び③建物を新たに築造する旨を指す。

≪出る順宅建士合格テキスト① 第18章 借地借家法②≫

 借地借家法（借家） 正解 **4** 重要度 **A**

予想正解率　85％以上

1　正・・・・・・・・・・・・・・・・・・・・・・・　重要度　★★★

建物賃貸借契約において、**造作買取請求権を認めない旨の特約は、有効である**（借地借家法37条、33条1項）。よって、本肢は正しい。

2　正・・・・・・・・・・・・・・・・・・・・・・・　重要度　★★

「建物を取り壊すこととなる時に賃貸借が終了する。」旨の特約がある建物賃貸借契約（**取壊し予定の建物の賃貸借契約**）は、建物を取り壊すべき事由を記載した**書面又は電磁的記録によってすればよく、公正証書でなくてもよい**（借地借家法39条2項、3項）。よって、本肢は正しい。

> 【実力ＵＰ情報】借地借家法上、借地権の設定を目的とする契約について「公正証書」を用いなければ有効とならないのは、「事業用定期借地権」を締結する場合だけである。

3　正・・・・・・・・・・・・・・・・・・・・・・・　重要度　★★★

建物の賃貸借において、経済事情の変動により賃料が不相当になったときは、契約の条件にかかわらず、当事者は将来に向かって建物の**賃料の増減を請求することができる**（借地借家法32条1項）。この点、定期建物賃貸借において、**賃料の改定に係る特約がある場合には、当事者に借賃増減請求権が認められない**（借地借家法38条7項）が、本肢では、賃料の改定についての特約がないのでこれを考慮する必要はない。よって、本肢は正しい。

4　誤・・・・・・・・・・・・・・・・・・・・・・・　重要度　★★

建物賃貸借の存続期間が満了するにあたり、満了の1年前から6カ月前までの間に、賃貸人が賃借人に対して更新しない旨の通知をした場合、その通知に**正当事由が認められる**のであれば、**賃貸人は賃貸借契約の更新を拒絶することができる**（借

地借家法26条1項、28条）。ここで、正当事由の有無の判断は、賃貸人が賃借人に対して提供する財産上の給付の申出（立退料など）も一要素として考慮される（借地借家法28条）。しかし、あくまで一つの要素に過ぎないのであって、**高額の立退料を払えば正当事由があると認められ、他の事情の有無を問わず更新拒絶ができるわけではない**。したがって、本肢のような特約は、借地借家法の規定よりも賃借人に不利なものであるから、無効となる（借地借家法30条）。よって、本肢は誤りであり、本問の正解肢となる。

> 【実力ＵＰ情報】正当事由の有無は、①賃貸人及び賃借人（転借人を含む）が建物の使用を必要とする事情のほか、②賃貸借に関する従前の経過、③建物の利用状況・現況、④賃貸人が建物明渡しの条件として（又は建物明渡しと引換えに）賃借人に対して財産上の給付（立退料の支払い等）をする旨の申出をした場合におけるその申出を総合的に考慮して判断される。この視点は借地・借家共通である。

≪出る順宅建士合格テキスト①　第17章　借地借家法①≫

第13問　建物区分所有法　正解❸　重要度Ｃ

予想正解率　40％未満

1　正　　　　　　　　　　　　　　重要度　★

　区分所有者は、規約に別段の定めがない限り、その持分に応じ、管理費を負担する（区分所有法19条）。したがって、管理費は、各区分所有者が、その持分に応じて負担することを原則とする。この負担割合は、合理的限度を超えない範囲内で規約に別段の定めをすることにより、持分と異なる割合に定めることもできる。よって、本肢は正しい。

2　正　　　　　　　　　　　　　　重要度　★★

　管理者又は管理組合法人が、その職務又は業務を行うにつき区分所有者に対して有する債権（管理費支払請求権等）は、債務者たる区分所有者の特定承継人（売買・贈与などにより権利を承継した者や、強制競売や担保権の実行としての競売により買い受けた者）に対しても行うことができる（区分所有法8条、7条1項）。よって、本肢は正しい。

> 【実力ＵＰ情報】管理費を滞納したまま専有部分を第三者に譲渡した区分所有者も、滞納した管理費の支払義務を免れない。

3　誤　　　　　　　　　　　　　　重要度　★

　集会の決議において、「区分所有者全員の承諾」があるときは、書面又は電磁的方法による決議をすることができる（区分所有法45条1項本文）。区分所有者及び議決権の各過半数の承諾では足りない。よって、本肢は誤りであり、本問の正解肢となる。

4 正 ・・・・・・・・・・・・・・・・・・・・・・・・ 重要度 ★

区分所有者が管理費を支払わない場合、管理費支払請求権は先取特権により担保され、管理者又は管理組合法人は滞納者の区分所有権及び建物に備え付けた動産の上に先取特権を有する（区分所有法7条1項）。よって、本肢は正しい。

≪出る順宅建士合格テキスト① 第15章 建物区分所有法≫

第14問 不動産登記法　正解 1　重要度 B

予想正解率　50%

1 誤 ・・・・・・・・・・・・・・・・・・・・・・・・ 重要度 ★★

仮登記の申請は、仮登記義務者の承諾があるとき、及び、仮登記を命ずる処分があるときは、仮登記権利者が単独で申請することができる（不登法107条1項）。したがって、**仮登記を命ずる処分があれば、仮登記義務者の承諾がなくても、仮登記権利者が単独ですることができる**。よって、本肢は誤りであり、本問の正解肢となる。

2 正 ・・・・・・・・・・・・・・・・・・・・・・・・ 重要度 ★★

仮登記の申請も、原則として仮登記権利者と仮登記義務者の共同申請による（共同申請主義、不登法60条）。しかし、**仮登記の申請は、仮登記義務者の承諾があるときは、仮登記権利者が単独ですることができる**（不登法107条1項）。よって、本肢は正しい。

3 正 ・・・・・・・・・・・・・・・・・・・・・・・・ 重要度 ★★

所有権に関する仮登記に基づく本登記は、登記上の利害関係を有する第三者がある場合には、**当該第三者の承諾がなければ、申請することができない**（不登法109条1項）。よって、本肢は正しい。

> **【実力UP情報】**本肢の場合における「登記上の利害関係を有する第三者」には、たとえば、不動産が二重譲渡された場合における、第一譲受人がその不動産について仮登記を備えた後に出現した第二譲受人等が挙げられる。

4 正 ・・・・・・・・・・・・・・・・・・・・・・・・ 重要度 ★★

仮登記に基づいて本登記をした場合は、当該本登記の順位は、当該**仮登記の順位による**（不登法106条、順位保全効）。したがって、所有権の仮登記を備えた者は、その後同一の不動産について所有権を取得した第三者が出現したときでも、仮登記を本登記に改めれば、当該不動産の所有権を当該第三者に対抗することができる。よって、本肢は正しい。

≪出る順宅建士合格テキスト① 第11章 不動産登記法≫

 都市計画の内容

予想正解率　60％

1　正‥‥‥‥‥‥‥‥‥‥‥‥‥‥‥　重要度　★★

　田園住居地域内の農地の区域内において、土地の形質の変更、建築物の建築その他工作物の建設又は土石その他の政令で定める物件の堆積を行おうとする者は、原則として市町村長の許可を受けなければならない（都計法52条1項本文）。よって、本肢は正しく、本問の正解肢となる。

【講師からのアドバイス】試験対策上、田園住居地域に関する規制は、第二種低層住居専用地域に対する規制とほぼ同様と捉えてよい。しかし、本肢のような田園住居地域特有の規制もあるので注意してほしい。

2　誤‥‥‥‥‥‥‥‥‥‥‥‥‥‥‥　重要度　★★★

　地区計画は、①用途地域が定められている土地の区域、及び、②用途地域が定められていない一定の土地の区域において定めることができる（都計法12条の5第1項）。市街化区域は、少なくとも用途地域を定める（都計法13条1項7号）ので、市街化区域であれば①に該当することになるが、地区計画は、②においても定めることができるので、市街化区域内のみに定められることにはならない。よって、本肢は誤り。

【講師からのアドバイス】②の「一定の土地の区域」には、たとえば「住宅市街地の開発その他建築物もしくはその敷地の整備に関する事業が行われる、又は行われた土地の区域（都計法12条の5第1項2号イ）」が該当するが、このような具体的内容は細かい知識なので気にする必要はない。

3　誤‥‥‥‥‥‥‥‥‥‥‥‥‥‥‥　重要度　★★★

　市街化調整区域については、原則として用途地域を定めない（都計法13条1項7号）。したがって、都市計画区域内のすべての区域に、用途地域を定めるわけではない。よって、本肢は誤り。

4　誤‥‥‥‥‥‥‥‥‥‥‥‥‥‥‥　重要度　★★★

　都道府県は、都市計画区域外の区域のうち、一定の区域を、準都市計画区域として指定することができる（都計法5条の2第1項）。準都市計画区域は、都市計画区域内に指定されるものではない。よって、本肢は誤り。

【講師からのアドバイス】たとえば「準優勝」は「優勝はしていない」という意味を含む表現である。このように、「準」という表現には、否定の意味が含まれている。同様の発想から、「準都市計画区域は都市計画区域ではないので、都市計画区域内に指定されることはない。」と発想しよう。

≪出る順宅建士合格テキスト③　第1章　都市計画法（都市計画の内容等）≫

 開発行為の規制等

予想正解率　85％以上

1　**開発許可を受ける必要はない**・・・・・・**重要度　★★★**

　市街化区域内において、**土地区画整理事業の施行として行う開発行為**については、**開発許可は不要**である（都計法29条1項4号）。よって、本肢の場合、開発許可を受ける必要はない。

2　**開発許可を受ける必要はない**・・・・・・**重要度　★★★**

　市街化調整区域、区域区分が定められていない都市計画区域（いわゆる「非線引き都市計画区域」）又は**準都市計画区域**内において行う開発行為で、**農業、林業もしくは漁業を営む者の居住の用に供する建築物の建築の用に供する目的で行うもの**については、**開発許可は不要**である（都計法29条1項2号）。よって、準都市計画区域内において行う開発行為で、農業者の居住用住宅の建築の用に供する目的で行う本肢の場合、開発許可を受ける必要はない。

> 【実力ＵＰ情報】農林漁業用建築物を建築するための開発行為については、市街化区域内であれば、その規模が1,000㎡以上の場合に必要となる。

3　**開発許可を受ける必要がある**・・・・・・**重要度　★★**

　遊園地はその規模が**10,000㎡以上**であれば、**第2種特定工作物**に該当する（都計法4条11項、施行令1条2項1号）。また、**区域区分の定めのない都市計画区域**内において行う場合、その規模が**3,000㎡以上**のときに開発許可が必要となる（都計法29条1項但書1号、施行令19条1項）。よって、区域区分の定めのない都市計画区域内において行う開発行為で、規模が10,000㎡の遊園地の建設の用に供する目的で行う本肢の場合、開発許可が必要となり、本問の正解肢となる。

4　**開発許可を受ける必要がない**・・・・・・**重要度　★★★**

　市街化調整区域内において、**非常災害のため必要な応急措置**として行うものについては、**開発許可は不要**である（都計法29条1項10号）。よって、本肢では開発許可を受ける必要がない。

> 【実力ＵＰ情報】非常災害のため必要な応急措置として行う開発行為については、市街化調整区域内のみならず、市街化区域内、非線引き都市計画区域内、準都市計画区域内、都市計画区域又は準都市計画区域外の区域内においても、開発許可は不要である。

≪出る順宅建士合格テキスト③　第1章　都市計画法（開発行為の規制等）≫

 建築基準法総合

予想正解率　75%

1　正　　　　　　　　　　　　　　　重要度　★

地方公共団体は、条例で、津波、高潮、出水等による危険の著しい区域を災害危険区域として指定することができる（建基法39条1項）。そして、当該区域内における住居の用に供する建築物の建築の禁止その他建築物の建築に関する制限で災害防止上必要なものは、条例で定めることができる（建基法39条2項）。よって、本肢は正しい。

2　誤　　　　　　　　　　　　　　　重要度　★★★

容積率の算定の基礎となる延べ面積には、共同住宅・老人ホーム等の共用の廊下又は階段の用に供する部分の床面積は、算入しない（建基法52条6項）。延べ面積の3分の1を限度として算入しないのではない。よって、本肢は誤りであり、本問の正解肢となる。

【実力ＵＰ情報】建築物の「地階」で住宅又は老人ホーム等の用途に供する部分については、床面積の合計の「3分の1」を限度として、容積率の算定の基礎となる延べ面積に算入しない。

3　正　　　　　　　　　　　　　　　重要度　★★★

日影規制（日影による中高層の建築物の高さの制限）は、住居系用途地域、近隣商業地域、準工業地域、都市計画区域及び準都市計画区域内の用途地域無指定区域のうち、地方公共団体の条例で指定される（建基法56条の2第1項、別表第四）。商業地域、工業地域及び工業専用地域においては、日影規制の対象区域として指定することができない。よって、本肢は正しい。

【講師からのアドバイス】高さ制限においては、①適用のある地域、②対象となる建築物の規模、を中心に覚えておこう。

4　正　　　　　　　　　　　　　　　重要度　★★

文化財保護法の規定によって、国宝、重要文化財等に指定され、又は仮指定された建築物については、建築基準法の規定は適用されない（建基法3条1項1号）。よって、本肢は正しい。

≪出る順宅建士合格テキスト③　第2章　建築基準法≫

第18問　建築確認　正解❷　重要度Ａ

予想正解率　60％

1　正・・・・・・・・・・・・・・・・・・・・・・・・・・・・・**重要度　★★★**

　都市計画区域内、準都市計画区域内、準景観地区内における**新築**は、建物の種類・規模を問わず、**建築確認が必要である**（建基法6条1項4号）。よって、本肢は正しい。

2　誤・・・・・・・・・・・・・・・・・・・・・・・・・・・・・**重要度　★★★**

　大規模な修繕の場合に建築確認が必要となるのは、特殊建築物で延べ面積が200㎡を超えるもの、木造の建築物で階数が3以上又は延べ面積が500㎡、高さが13m、もしくは軒の高さが9mを超えるもの、木造以外の建築物で階数が2以上又は延べ面積が200㎡を超えるものである（建基法6条1項）。本肢の建築物はこのどれにも該当しない。したがって、本肢の場合は建築確認が不要である。よって、本肢は誤りであり、本問の正解肢となる。

　【実力ＵＰ情報】特殊建築物とは、劇場、映画館、病院、診療所、ホテル、旅館、下宿、共同住宅、公会堂、集会場、飲食店、学校、百貨店、展示場、倉庫、自動車車庫などをいう。一戸建て住宅や事務所は特殊建築物に該当しない。

3　正・・・・・・・・・・・・・・・・・・・・・・・・・・・・・**重要度　★★★**

　都市計画区域及び準都市計画区域内における**改築**は、改築に係る部分の床面積の合計が**10㎡を超える**場合、建築確認が必要である（建基法6条1項、2項）。したがって、本肢の場合は確認が必要である。よって、本肢は正しい。

　【実力ＵＰ情報】防火・準防火地域内であれば、増築・改築・移転について、その部分の規模にかかわらず、建築確認が必要となるが、本問では他の地域地区の指定による影響はないとの指定があることから、防火地域・準防火地域について考慮する必要はない。

4　正・・・・・・・・・・・・・・・・・・・・・・・・・・・・・**重要度　★★★**

　旅館等の**特殊建築物に用途変更**する場合で、その用途に供する部分の床面積の合計が**200㎡を超える**ときには、建築確認が必要である（建基法87条1項、6条1項1号）。したがって、本肢の場合は確認が必要である。よって、本肢は正しい。

　【実力ＵＰ情報】たとえば、ホテルを旅館に用途変更をする場合のように、類似の用途間での用途変更であれば建築確認は不要となる。

≪出る順宅建士合格テキスト③　第2章　建築基準法（建築確認）≫

　国土利用計画法　

予想正解率　75％

1　誤 ･･････････････････････････　重要度　★★★

　一定面積以上の一団の土地に関する権利を、対価を得て移転・設定する契約を締結した場合には、事後届出をする必要がある（国土法23条１項）。**相続は、「対価を得て移転・設定する契約」に該当せず、事後届出は不要である。**よって、本肢は誤り。

> 【講師からのアドバイス】まず、届出が必要な「売買等の契約」にあたるか検討し、次に届出が必要な面積かどうかを検討しよう。

2　誤 ･･････････････････････････　重要度　★★

　事後届出の対象となる「土地売買等の契約」は、土地に関する所有権・地上権・賃借権（又はこれらの権利の取得を目的とする権利）の移転又は設定をする契約である（国土法23条１項、14条１項、施行令５条）。そして、**譲渡担保契約は、土地に関する所有権を移転する契約であるから、「土地売買等の契約」に該当し、事後届出が必要**である。また、**市街化調整区域内**においては、5,000㎡以上の一団の土地について売買契約等を締結した場合、原則として**事後届出が必要である**（国土法23条１項、２項１号ロ）。よって、本肢は誤り。

3　誤 ･･････････････････････････　重要度　★★★

　市街化区域内においては、2,000㎡以上の一団の土地について売買契約等を締結した場合、原則として**事後届出が必要である**（国土法23条１項、２項１号イ）。事後届出の場合、一団の土地であるか否かは、**権利取得者（買主等）を基準に判断される**（国土法23条２項１号かっこ書）。したがって、本肢の場合、3,500㎡の土地を取得したＧは事後届出を行う必要があるが、1,500㎡の土地を取得したＦは事後届出を行う必要はない（国土法23条２項１号イ）。よって、本肢は誤り。

> 【解法の視点】事後届出の場合、届出義務者も「権利取得者」のみである。届出が必要となる「面積要件」に該当しなければ、契約の内容にかかわらず、届出不要と判断できる。

4　正 ･･････････････････････････　重要度　★★★

　都道府県知事は、事後届出に係る土地の利用目的について必要な変更をすべきことを勧告することができ、当該勧告を受けた者がその**勧告に従わないとき**は、**その旨及びその勧告の内容を公表することができる**（国土法24条１項、26条）。よって、本肢は正しく、本問の正解肢となる。

> 【実力ＵＰ情報】勧告を受けた者が、その勧告に従わない場合でも、契約は有効であり、罰則が適用されることはない。

≪出る順宅建士合格テキスト③　第３章　国土利用計画法≫

　農地法　

予想正解率　60%

1　誤‥‥‥‥‥‥‥‥‥‥‥‥‥‥‥**重要度　★★★**

　農地を取得して宅地に転用することは、**転用目的権利移動**にあたり、原則として、**農地法５条の許可が必要**である。しかし、**市街化区域内**においては、あらかじめ農業委員会に届け出れば、農地法５条の許可は、**不要**となる（農地法５条１項但書６号）。したがって、都道府県知事（「指定市町村」の区域内にあっては、指定市町村の長）に届け出るわけではない。よって、本肢は誤り。

> **【解法の視点】**「農地法」＋「市街化区域」＋「４条・５条」＝「原則として、農業委員会に届出」という知識は出題頻度が非常に高いので確実に習得する必要がある。

2　正‥‥‥‥‥‥‥‥‥‥‥‥‥‥‥**重要度　★★★**

　農地法上の許可が必要とされるにもかかわらず、**許可を受けないで売買契約等をしたときは、その行為は効力を生じない**（農地法５条３項、３条６項）。よって、本肢は正しく、本問の正解肢となる。

> **【実力ＵＰ情報】**３年以下の懲役又は300万円以下の罰金に処せられることもある（農地法64条１号）。

3　誤‥‥‥‥‥‥‥‥‥‥‥‥‥‥‥**重要度　★★★**

　農地を農地以外のものに**転用**する者は、原則として、**都道府県知事**（「指定市町村」の区域内にあっては、指定市町村の長）の農地法４条の**許可**を受けなければならない（農地法４条１項）。ただし、農地を一定の農業用施設に供するため転用する場合は、**２アール**（200㎡）**未満**に限り、農地法４条の許可を受ける必要はない（農地法４条１項但書８号、規則29条１号）。常に許可が不要となるわけではない。よって、本肢は誤り。

> **【講師からのアドバイス】**「以上・以下」は、ちょうどを含む。「超える・未満」はちょうどを含まない。

4　誤‥‥‥‥‥‥‥‥‥‥‥‥‥‥‥**重要度　★★**

　農地について所有権等の権利の設定又は移転があった場合でも、それが**相続や遺産分割**に基づくときは、**例外的に農地法３条の許可は不要**となる（農地法３条１項但書12号）。しかし、**相続人以外の者**に対する**特定遺贈は農地法３条の許可が必要**である（農地法３条１項但書16号、規則15条５号）。本肢は、前半は正しいが、後半が誤りである。よって、本肢は誤り。なお、相続によって農地を取得した相続人は、遅滞なく、農業委員会にその旨を届け出なければならない（農地法３条の３）。

> **【実力ＵＰ情報】**特定遺贈とは、特定の具体的な財産的利益（土地、建物など）の遺贈をいう。

《出る順宅建士合格テキスト③　第４章　農地法》

 宅地造成等規制法

予想正解率　85％以上

1　正　　　　　　　　　　　　　重要度　★★★

　宅地造成工事規制区域内において行われる**宅地造成に関する工事**については、原則として、**造成主**は、当該工事に着手する前に**都道府県知事の許可**を受けなければならない（宅造法8条1項本文）。そして、**宅地**において行われる**切土**であって、当該切土をした土地の部分に高さが**2ｍを超える**崖を生ずることとなるものは、宅地造成に関する工事にあたる（宅造法2条2号、施行令3条1号）。したがって、2.5ｍの崖を生じるときは、原則として、あらかじめ都道府県知事の許可を受けなければならない。よって、本肢は正しい。

> 【解法の視点】宅地造成工事として都道府県知事の許可が必要となる規模は、①切土部分に高さが2ｍを超える崖を生ずることとなる切土、②盛土部分に高さが1ｍを超える崖を生ずることとなる盛土、③切土と盛土とを同時にする場合であって、盛土をした土地の部分に高さが1ｍ以下の崖を生じ、かつ、当該切土及び盛土をした土地の部分に高さが2ｍを超える崖を生ずることとなるもの、④①～③に該当しない切土又は盛土であって、面積が500㎡を超えるものをいう（宅造法2条2号、施行令3条）。

2　正　　　　　　　　　　　　　重要度　★★★

　宅地において行われる**盛土**であって、当該盛土を行う面積が**500㎡を超える**ものは、宅地造成に関する工事にあたる（宅造法2条2号、施行令3条4号）。したがって、盛土を行う面積が600㎡のときには、原則として、あらかじめ都道府県知事の許可を受けなければならない（宅造法8条1項本文）。よって、本肢は正しい。

3　誤　　　　　　　　　　　　　重要度　★★★

　宅地造成とは、**宅地以外の土地を宅地にするため又は宅地において行う土地の形質の変更**で一定の規模を超えるものをいうが、宅地を宅地以外の土地にするために行うものは除かれている（宅造法2条2号かっこ書）。したがって、**宅地を宅地以外の土地にするための土地の形質の変更**は、宅地造成に該当せず、都道府県知事の許可を受ける必要はない。よって、本肢は誤りであり、本問の正解肢となる。

4　正　　　　　　　　　　　　　重要度　★★

　宅地造成工事規制区域内の**宅地の所有者**は、宅地造成に伴う**災害**が生じないよう、その**宅地を常時安全な状態に維持する**ように**努めなければならない**（宅造法16条1項）。区域内の所有者に対して努力義務が要求されており、所有者と造成主が同一人物であることは要求されていない。よって、本肢は正しい。

《出る順宅建士合格テキスト③　第6章　宅地造成等規制法》

第22問　土地区画整理法　正解 1　重要度 A

予想正解率　85％以上

1　誤　重要度　★★★

土地区画整理事業の施行地区内において、各認可等の**公告があった日後**、換地処分の公告がある日までの間に、当該事業の施行の障害となるおそれのある**土地の形質の変更、建築物の新築等**の行為を国土交通大臣以外の者が施行する場合には、都道府県知事（**市の区域内において個人施行者、組合もしくは区画整理会社が施行**し、又は**市が3条4項の規定により施行する土地区画整理事業にあっては、当該市の長**）の許可を受けなければならない（区画法76条1項）。本肢は**土地区画整理組合の施行**であるので、**都道府県知事等の許可**を受けなければならない。よって、本肢は誤りであり、本問の正解肢となる。

2　正　重要度　★★★

換地計画において定められた保留地は、**換地処分の公告があった日の翌日**において、**施行者が取得**する（区画法104条11項）。本肢では、施行者である土地区画整理組合が保留地を取得する。よって、本肢は正しい。

> 【実力UP情報】換地処分の公告があった日の「翌日」に取得する点も覚えておこう。

3　正　重要度　★★

施行者は、換地処分の公告があった場合において、施行地区内の土地及び建物について土地区画整理事業の施行により変動があったときは、**遅滞なく**、その**変動に係る登記を申請**し、又は**嘱託**しなければならない（区画法107条2項）。本肢では、施行者である土地区画整理組合が、変動に係る登記を申請しなければならない。よって、本肢は正しい。

> 【実力UP情報】施行者は、換地処分の公告があった場合においては、直ちに、その旨を換地計画に係る区域を管轄する登記所に通知しなければならない。

4　正　重要度　★★★

仮換地の指定により使用収益することができる者のなくなった**従前の宅地**は、当該指定により当該宅地を**使用収益することができる者のなくなった時**から、**換地処分の公告がある日までは、施行者がこれを管理**する（区画法100条の2）。本肢では、施行者である土地区画整理組合が従前の宅地を管理する。よって、本肢は正しい。

≪出る順宅建士合格テキスト③　第5章　土地区画整理法≫

第23問　登録免許税　正解 3　重要度 B

予想正解率　60%

1　正　　重要度 ★★★

　所有権の移転登記に係る登録免許税の税率の軽減措置の適用を受けることができる住宅用家屋は、個人の住宅の用に供される家屋で、**床面積の合計が50㎡以上**であることが必要である（租特法73条、施行令42条1項1号、41条）。よって、本肢は正しい。

2　正　　重要度 ★★

　登録免許税の税率の軽減措置の適用を受けるためには、適用対象となる住宅用家屋の**取得後1年以内に所有権の移転登記**を受ける必要がある（租特法73条）。よって、本肢は正しい。

3　誤　　重要度 ★★

　住宅用家屋の所有権の移転登記に係る登録免許税の税率の軽減措置の適用を受けるためには、**売買又は競落**により住宅用家屋を取得することが必要である（租特法73条、施行令42条3項）。したがって、贈与や交換により取得した場合には、適用されない。よって、本肢は誤りであり、本問の正解肢となる。

【解法の視点】住宅用家屋の所有権の移転登記に係る特例が適用されるのは、所有権移転の原因が売買、競落に限られる。

4　正　　重要度 ★★

　住宅用家屋の所有権の移転登記に係る登録免許税の税率の軽減措置は、**以前にこの適用を受けたことがある者**が新たに取得した住宅用家屋に係る所有権の移転の登記についても**適用される**（租特法73条、施行令42条、規則25条の2）。よって、本肢は正しい。

≪出る順宅建士合格テキスト③　税・価格　第5章　登録免許税≫

第24問　固定資産税　正解 4　重要度 A

予想正解率　60%

1　正　　重要度 ★★

　固定資産税の免税点は、市町村が条例で別に定める場合を除き、**土地については30万円、家屋については20万円**である（地方税法351条）。よって、本肢は正しい。

2 正　重要度 ★★

　土地又は家屋に対して課する**固定資産税の課税標準**は、地目の変換、家屋の改築等特別の事情、市町村の廃置分合又は境界変更がない等の場合においては、**基準年度以後3年度間据え置かれる**（地方税法349条）。よって、本肢は正しい。

3 正　重要度 ★★

　固定資産税の納税者は、固定資産課税台帳に登録された価格について不服がある場合においては、**固定資産評価審査委員会に審査の申出**をすることができる（地方税法432条1項本文）。よって、本肢は正しい。

> 【実力UP情報】固定資産課税台帳に登録された事項のすべてが固定資産評価審査委員会による審査の対象となるわけではない。

4 誤　重要度 ★★★

　所定の要件を満たす住宅については、新たに課されることとなった年度から3年度分（所定の中高層耐火建築物にあっては5年度分）、120㎡までの居住部分について、その固定資産税額の2分の1が減額される（地方税法附則15条の6第1項、施行令附則12条3項、4項）。6分の1となるのではない。よって、本肢は誤りであり、本問の正解肢となる。

> 【講師からのアドバイス】この特例の床面積要件は、50㎡以上280㎡以下であるので、280㎡ちょうどは適用の対象となる。また、本肢で使われている「6分の1」という数値は、いわゆる小規模住宅用地の課税標準の特例で使われる数値である。数字の対応は機械的な単純知識なのでがんばって覚えよう。

≪出る順宅建士合格テキスト③　税・価格　第2章　固定資産税≫

 **第25問　不動産鑑定評価基準**　 正解 ③　重要度 B

予想正解率　60％

1 正　重要度 ★★★

　不動産の鑑定評価における各手法の適用にあたって必要とされる取引事例等は、鑑定評価の各手法に即応し、適切にして合理的な計画に基づき、豊富に秩序正しく収集し、選択すべきであり、例えば、**投機的取引**と認められる事例は**用いることができない**（不動産鑑定評価基準総論7章1節Ⅰ2）。よって、本肢は正しい。

2 正　重要度 ★

　取引事例比較法においては、時点修正が可能であるなどの要件をすべて満たした取引事例について、近隣地域又は同一需給圏内の類似地域に存する不動産に係るもののうちから選択するものとするが、**必要やむを得ない場合においては、近隣地域の周辺**

の地域に存する不動産に係るもののうちから選択する（不動産鑑定評価基準総論7章1節Ⅲ2（1））。よって、本肢は正しい。

3　誤‥‥‥‥‥‥‥‥‥‥‥‥‥‥　重要度　★★★

不動産の鑑定評価によって求める価格は、**基本的には正常価格**である（不動産鑑定評価基準総論5章3節Ⅰ）。**特殊価格**は、「文化財等の一般的に**市場性を有しない**不動産について、その利用現況等を前提とした不動産の経済価値を適正に表示する価格」をいう（不動産鑑定評価基準総論5章3節Ⅰ4）が、**正常価格、限定価格及び特定価格**は「**市場性を有する不動産について**」求める価格を指す（不動産鑑定評価基準総論5章3節Ⅰ1、2、3）。よって、本肢は誤りであり、本問の正解肢となる。

4　正‥‥‥‥‥‥‥‥‥‥‥‥‥‥　重要度　★★

不動産の価格は、その**不動産の効用が最高度に発揮される可能性に最も富む使用**を前提として把握される価格を標準として形成される。これを**最有効使用の原則**という（不動産鑑定評価基準総論4章Ⅳ）。よって、本肢は正しい。

≪出る順宅建士合格テキスト③　税・価格　第8章　不動産鑑定評価基準≫

第26問　媒介・代理契約　正解❷　重要度Ⓐ

予想正解率　75%

ア　誤‥‥‥‥‥‥‥‥‥‥‥‥‥‥　重要度　★★★

宅建業者が依頼者に交付する34条の2書面には、一定の定められた事項を記載しなければならない（業法34条の2第1項）。しかし、**この事項には、都市計画法、建築基準法その他の法令に基づく制限に関する事項は含まれない**。よって、本肢は誤り。

　【実力ＵＰ情報】都市計画法、建築基準法その他の法令に基づく制限は、重要事項説明書（35条書面）の記載事項である。

イ　誤‥‥‥‥‥‥‥‥‥‥‥‥‥‥　重要度　★★★

宅建業者が依頼者に交付する34条の2書面には、報酬に関する事項を記載しなければならない（業法34条の2第1項7号）。よって、本肢は誤り。

　【実力ＵＰ情報】具体的には「国土交通省告示に定める限度額の範囲で、協議の上、定めます。」等と記載する。

ウ　正‥‥‥‥‥‥‥‥‥‥‥‥‥‥　重要度　★★★

専属専任媒介契約にあっては、**依頼者が宅建業者の探索した相手方以外の者と売買又は交換の契約を締結したときの措置**を34条の2書面に記載しなければならない（業法34条の2第1項8号、規則15条の9第2号）。よって、本肢は正しい。

【解法の視点】専属専任媒介契約は、依頼者が売買又は交換の媒介を依頼した宅建業者が探索した相手方以外の者と売買又は交換の契約を締結することを禁止する特約を含む専任媒介契約である。

以上より、誤っているものはア、イの二つであり、2が本問の正解肢となる。
≪出る順宅建士合格テキスト② 第8章 媒介・代理契約≫

第27問 免許の効力　正解 3　重要度 A

予想正解率　75%

1　正　　　　　　　　　　　重要度　★

宅建業者は、**免許証の記載事項に変更を生じたときは、その免許証を添え、変更の届出と併せて、その免許を受けた国土交通大臣又は都道府県知事に免許証の書換え交付を申請しなければならない**（業法9条、規則4条の2第1項）。よって、本肢は正しい。

2　正　　　　　　　　　　　重要度　★★★

免許の有効期間が満了したとき、免許が効力を失ったとき、免許を取り消されたとき等は、当該宅建業者であった者又はその一般承継人は、**当該宅建業者が締結した契約に基づく取引を結了する目的の範囲内においては、なお宅建業者とみなされる**（業法76条）。したがって、Aの一般承継人である相続人はAが締結した契約に基づく取引を結了する目的の範囲内においては、宅建業者とみなされる。よって、本肢は正しい。

3　誤　　　　　　　　　　　重要度　★★★

案内所を設置しても、免許換えは不要である。よって、本肢は誤りであり、本問の正解肢となる。免許換えとは、たとえば、都道府県知事の免許を受けた宅建業者が、2以上の都道府県の区域内に事務所を有することとなったときに、国土交通大臣に対する免許の申請のことをいう。国土交通大臣に免許換えの申請を行う場合、主たる事務所を管轄する都道府県知事を経由して行う（免許換え、業法7条1項3号、3条1項、4条1項、78条の3第1項）。

【解法テクニック】免許換えは、免許権者が変わる場合に必要となる手続きである。

4　正　　　　　　　　　　　重要度　★★★

宅建業者は、一定の事項について変更があった場合においては、30日以内に、その旨をその免許を受けた国土交通大臣又は都道府県知事に届け出なければならない（変更の届出、業法9条）。そして、**変更の届出の対象事項には、役員や政令で定める使用人（支店の代表者）の氏名が含まれる**（業法8条2項4号、施行令2条の2、1条

の2第1号)。よって、本肢は正しい。

【実力UP情報】役員・政令で定める使用人の「住所」は変更の届出の対象ではない。

≪出る順宅建士合格テキスト② 第3章 免許≫

第28問 宅地建物取引業の意味 正解 ❷ 重要度 A

予想正解率 75%

「宅地」とは、①現在、建物が建っている土地、②建物を建てる目的で取引する土地、③都市計画法8条1項1号の**用途地域内の土地**で、現在、道路・公園・河川・水路・広場の用に供せられているもの以外のものを意味する（業法2条1号、施行令1条、解釈・運用の考え方）。

ア あたらない・・・・・・・・・・・・・・・・・・・・ 重要度 ★★★

宅建業法上の宅地に該当するか否かは、**登記簿上の地目とは関係なく判断される**。そして、用途地域外の土地で、山林として利用する目的で取引されるものは、上記①～③のいずれにも該当しない。よって、本肢は宅地にあたらない。

イ あたる・・・・・・・・・・・・・・・・・・・・・・・ 重要度 ★★★

上記①で指摘した通り、現在、**建物が建っている土地は宅地にあたる**。この建物には限定はなく、農作物の**倉庫も建物**である。よって、本肢は宅地にあたる。

ウ あたらない・・・・・・・・・・・・・・・・・・・・ 重要度 ★★

上記③で指摘した通り、都市計画法の用途地域内の土地であれば、原則として宅地にあたる。しかし、用途地域内の土地であっても、**現在、公園の用に供せられている**ものであれば宅地に該当しない。よって、本肢は宅地にあたらない。

以上より、宅地にあたらないものはア、ウであり、2が本問の正解肢となる。
≪出る順宅建士合格テキスト② 第1章 宅地建物取引業の意味≫

第29問 自ら売主制限 正解 ❹ 重要度 A

予想正解率 75%

1 無効・・・・・・・・・・・・・・・・・・・・・・・・・ 重要度 ★★★

宅建業者が自ら売主となる場合、相手方が契約の履行に着手するまでは、買主は手付を放棄して、当該宅建業者は倍額を現実に提供して契約の解除をすることができる。

この規定に反する特約で**買主に不利なものは無効となる**（業法39条2項、3項）。本肢の場合、本来であれば手付金の倍額である1,000万円を現実に提供しなければならないAが、手付額である500万円を現実に提供するだけで手付解除できるとなっているのであるから、Bに不利な特約である。よって、本肢の特約は無効となる。

> **【解法の視点】**自ら売主のケースの場合、当事者間でいかなる合意をしようとも、手付は解約手付としての性質を有する。

2　無効・・・・・・・・・・・・・・・・・・・・・・・・・　重要度　★★★

　宅建業者が自ら売主となる場合、契約不適合責任に関し、権利行使するための通知期間について**目的物の引渡しの日から2年以上となる特約をする場合を除き、民法の規定より買主に不利となる特約をしてはならない**（業法40条1項）。**買主に不利な特約は、無効となる**（業法40条2項）。本問の場合、宅地の引渡しは契約の締結時から6カ月後であることから、本肢の特約によれば、**通知期間は引渡しの日から1年6カ月の間にすぎず、Bに不利な特約である**。よって、本肢の特約は無効となる。

3　無効・・・・・・・・・・・・・・・・・・・・・・・・・　重要度　★★★

　肢2で述べたように、宅建業者が自ら売主となる場合、目的物の契約不適合責任に関し、民法の規定より買主に不利な特約は無効となる（業法40条1項、2項）。そして、**民法上、売買の目的物に契約不適合がある場合、買主は、損害賠償の請求ができるのみならず、契約の解除もすることができる**（民法564条、415条、541条、542条）。したがって、契約の解除をすることができないとする本肢の特約は、Bに不利な特約である。よって、本肢の特約は無効となる。

4　有効・・・・・・・・・・・・・・・・・・・・・・・・・　重要度　★★★

　宅建業者が自ら売主となる場合、当事者の債務不履行を理由とする契約の解除に伴う**損害賠償額を予定し、又は違約金を定めるときは、これらを合算した額が代金の額の10分の2を超えることとなる定めをしてはならない**（業法38条1項）。本肢の特約は、損害賠償の予定額と違約金の額を合算した額が1,000万円ちょうどであり、売買代金の10分の2である1,000万円を超えていない。よって、本肢の特約は有効であり、本問の正解肢となる。

≪出る順宅建士合格テキスト②　第13章　自ら売主制限≫

第**30**問	監督・罰則	正解**4**	重要度**B**

予想正解率　75%

1　誤・・・・・・・・・・・・・・・・・・・・・・・・・　重要度　★

　法人の代表者、使用人その他の従業者が、その法人の業務に関し、宅建業法79条又は79条の2の規定に違反したときは、代表者等に対して3年以下の懲役もしくは300

万円以下の罰金に処し、又はこれを併科し、その**法人に対して1億円以下の罰金刑を科する**（業法79条4号、84条1号）。1億円以下の罰金刑が科せられるのは、あくまで法人としてのＡであり、個人としての代表者ではない。よって、本肢は誤り。

> 【講師からのアドバイス】「個人に対して1億円の罰金刑はないだろう。」程度の認識でよい。

2　誤・・・・・・・・・・・・・・・・・・・・　重要度　★★

業務の停止処分は、**1年以内**の期間を定めて行うことができる（業法65条4項）。したがって、2年間の業務停止の処分を行うことはできない。よって、本肢は誤り。なお、甲県知事が業務停止処分をすることができる点は正しい。

3　誤・・・・・・・・・・・・・・・・・・・・　重要度　★★★

免許の取消しは、**免許権者のみ**が行うことができる（業法66条）。したがって、本肢の場合、Ａの免許を取り消すことができるのは、免許権者である国土交通大臣のみであり、甲県知事が免許を取り消すことはできない。よって、本肢は誤り。

> 【実力ＵＰ情報】「宅建業法第3条の2第1項の規定により付された条件」とは、免許に付された条件のことである。

4　正・・・・・・・・・・・・・・・・・・・・　重要度　★★★

業務停止の処分は、**免許権者**と**宅建業者が当該対象行為を行った都道府県の知事**のみ行うことができる（業法65条2項、4項）。したがって、本肢の場合、甲県知事は、Ａに対し、業務停止の処分を行うことができない。よって、本肢は正しく、本問の正解肢となる。

> 【解法の視点】本肢の場合、業務停止処分ができるのは、国土交通大臣と乙県知事である。

≪出る順宅建士合格テキスト② 第15章 監督・罰則≫

 第31問 宅地建物取引士証

　　　　　　　　　　　　　　　　　　　　　予想正解率　85％以上

1　誤・・・・・・・・・・・・・・・・・・・・　重要度　★★★

宅地建物取引士証の交付を受けた後6カ月以内に受講しなければならない講習は存在しない。また、登録の効力は、その消除を受けない限り、一生有効である。よって、本肢は誤りであり、本問の正解肢となる。なお、宅地建物取引士証の交付を受けようとする者は、登録をしている都道府県知事が指定する講習で、交付の申請前6カ月以内に行われるもの（法定講習）を受講することが原則である（業法22条の2第2項）。

【実力UP情報】宅建業に関する2年以上の実務経験を有していない者が、登録を受けようとする前に受講するのは「登録実務講習」である。

2　正　　　　　　　　　　　　　　　重要度　★★★

宅地建物取引士は、事務の禁止の処分を受けたときは、速やかに宅地建物取引士証をその交付を受けた都道府県知事に提出しなければならない（業法22条の2第7項）。よって、本肢は正しい。

【講師からのアドバイス】「処分をした知事」という引っ掛けに注意しよう。

3　正　　　　　　　　　　　　　　　重要度　★★★

宅地建物取引士が、勤務先の宅建業者を変更した場合、勤務先の宅建業者の商号・名称・免許証番号に変更が生じることになるので、**変更の登録の申請が必要**となる。しかし、**宅地建物取引士証の書換え交付の申請は不要**である（業法20条、18条2項、規則14条の2の2第1項5号、14条の13第1項）。よって、本肢は正しい。

【実力UP情報】宅地建物取引士証の書換え交付の申請が必要となるのは、「氏名」・「住所」の変更についてのみである。

4　正　　　　　　　　　　　　　　　重要度　★★

宅地建物取引士証の書換え交付は、当該宅地建物取引士が現に有する宅地建物取引士証と引換えに新たな宅地建物取引士証を交付して行う。ただし、**住所のみの変更の場合にあっては、当該宅地建物取引士が現に有する宅地建物取引士証の裏面に変更した後の住所を記載することをもってこれに代えることができる**（規則14条の13第3項）。よって、本肢は正しい。

≪出る順宅建士合格テキスト②　第5章　宅地建物取引士≫

第32問　重要事項の説明　正解 4　重要度 A

予想正解率　85％以上

1　違反する　　　　　　　　　　　　重要度　★★★

工事完了前の建物の売買において、当該建物の**工事完了時における形状、構造、主要構造部、内装及び外装の構造又は仕上げならびに設備の設置及び構造**は、重要事項として説明しなければならない（業法35条1項5号、規則16条）。したがって、外装だけでなく内装についても説明する必要がある。よって、本肢は宅建業法に違反する。

2　違反する　　　　　　　　　　　　重要度　★★★

マンションの売買において、その**専有部分の用途その他の利用の制限に関する規約の定め（その案を含む。）**があるときは、その内容は重要事項として説明しなければ

ならない（業法35条１項６号、規則16条の２第３号）。よって、本肢は宅建業法に違反する。

> 【解法の視点】専有部分の用途その他の利用の制限に関する規約の定めの具体例として、「専ら住宅として使用する。」、「ペットの飼育を禁止する。」などがあげられる。

3　違反する　　　　　　　　　　　重要度　★★★

マンションの売買において、マンションの建物又はその敷地の一部を特定の者にのみ使用を許す旨の規約の定め（その案を含む。）があるときは、その内容は重要事項として説明しなければならない（業法35条１項６号、規則16条の２第４号）。よって、本肢は宅建業法に違反する。

4　違反しない　　　　　　　　　　重要度　★★

マンションの売買において、維持修繕の実施状況が記録されているときは、その内容を説明しなければならない（業法35条１項６号、規則16条の２第９号）。しかし、維持修繕の実施状況が記録されていなければ説明する必要はなく、また調査義務までは課せられていない。よって、本肢は宅建業法に違反せず、本問の正解肢となる。

≪出る順宅建士合格テキスト②　第10章　重要事項の説明≫

第33問　営業保証金　正解 ②　重要度 Ａ

予想正解率　85％以上

1　誤　　　　　　　　　　　　　　重要度　★★★

宅建業者は、営業保証金を供託したときは、その供託物受入れの記載のある供託書の写しを添付して、その旨を免許権者に届け出なければならず、**この届出をした後でなければ、事業を開始してはならない**（業法25条４項、５項）。したがって、本肢の場合、甲県知事ではなく、**免許権者である国土交通大臣に届け出る必要がある**。よって、本肢は誤り。

> 【実力ＵＰ情報】「供託」＋「届出」が揃わなければ、すべての事務所において事業を開始することができない。

2　正　　　　　　　　　　　　　　重要度　★★★

営業保証金につき還付の権利を有する者に対し、６月を下らない一定期間内に申し出るべき旨を公告し、その期間内にその申出がなかった場合でなければ、**原則として、営業保証金の取戻しをすることができない**（業法30条２項）。よって、本肢は正しく、本問の正解肢となる。

3　誤　　　　　　　　　　　　　　重要度　★★★

宅建業者は、その主たる事務所を移転したためその最寄りの供託所が変更した場合において、有価証券のみ又は金銭と有価証券をもって営業保証金を供託しているときは、遅滞なく、営業保証金を移転後の主たる事務所の最寄りの供託所に新たに供託しなければならず、**移転前の主たる事務所の最寄りの供託所から営業保証金を取り戻すのは、その後である**（業法29条１項、30条１項、２項）。よって、本肢は誤り。

> 【実力ＵＰ情報】金銭のみで供託しているときは、保管替えを請求しなければならない。

４　誤 ‥‥‥‥‥‥‥‥‥‥‥‥‥‥‥‥ 重要度 ★★★

　営業保証金を有価証券によって供託するときは、**国債証券についてはその額面金額**を、**地方債証券又は政府が保証した債券についてはその額面金額の100分の90**を、**それ以外の債券についてはその額面金額の100分の80**を有価証券の価額としなければならない（業法25条３項、規則15条１項）。よって、「国債証券についてはその額面金額の100分の90、地方債証券又はそれ以外の債権についてはその額面金額の100分の80」とする本肢は誤り。

≪出る順宅建士合格テキスト②　第６章　営業保証金≫

第34問　宅建業法総合　

予想正解率　60％

ア　違反しない ‥‥‥‥‥‥‥‥‥‥‥ 重要度 ★★★

　宅建業者は、完成物件について自ら売主となる売買契約においては、原則として、保全措置を講じなければ手付金等を受領することができない（業法41条の２）。この**保全措置の義務は、自ら売主となる宅建業者に課せられているものであり、媒介業者には、その義務はない**。したがって、Ａは、保全措置を講じなくても宅建業法の規定に違反しない。

イ　違反する ‥‥‥‥‥‥‥‥‥‥‥‥ 重要度 ★★★

　宅建業者は、相手方等に対し、手付について貸付けその他信用の供与をして契約の締結を誘引してはならない（業法47条３号）。そして、**手付金の立替払いも、手付について信用を供与することにあたる**。よって、本肢は宅建業法の規定に違反する。

ウ　違反する ‥‥‥‥‥‥‥‥‥‥‥‥ 重要度 ★★★

　宅建業者は、売買等の契約成立後、遅滞なく、契約に関する一定の事項を記載した書面（37条書面）を、契約の両当事者に交付しなければならない（業法37条）。この**37条書面の交付義務の規定は、相手方が宅建業者であっても適用される**（業法78条２項参照）。よって、Ｂに対して37条書面を交付しなかった本肢は宅建業法の規定に違反する。

以上より、宅建業法の規定に違反するものはイ、ウの二つであり、2が本問の正解肢となる。

≪出る順宅建士合格テキスト② 第11章 37条書面≫
≪出る順宅建士合格テキスト② 第12章 その他の業務上の規制≫
≪出る順宅建士合格テキスト② 第13章 自ら売主制限≫

 宅地建物取引士

予想正解率　85％以上

1　誤‥‥‥‥‥‥‥‥‥‥‥‥‥‥　重要度　★★

　都道府県知事は、不正の手段によって試験を受けた者に対して、合格の決定を取り消すことができる（業法17条1項）。合格の決定を取り消された場合、登録は不正の手段により登録を受けたときに該当し、都道府県知事は、その者の登録を消除しなければならない（業法68条の2第2項2号）。したがって、合格後登録を受けていたときであっても、その登録は消除される。よって、本肢は誤り。

【実力ＵＰ情報】不正の手段で合格した後に登録を受けることは、不正の手段により登録を受けることに該当する。

2　誤‥‥‥‥‥‥‥‥‥‥‥‥‥‥　重要度　★★

　宅建業法に違反して罰金の刑に処せられ、その刑の執行を終わった日から5年を経過しない者は、登録を受けることはできない（業法18条1項7号）。しかし、試験を受けることは禁止されていない。よって、本肢は誤り。

3　正‥‥‥‥‥‥‥‥‥‥‥‥‥‥　重要度　★★

　試験に合格した者が登録を受けるためには、①宅地建物の取引に関し2年以上の実務の経験を有するか、又は②国土交通大臣がその実務の経験を有する者と同等以上の能力を有すると認めるか、のいずれかの条件を充たす必要がある（業法18条1項本文、規則13条の15、13条の16）。よって、本肢は正しく、本問の正解肢となる。

【実力ＵＰ情報】②は、いわゆる登録実務講習の修了等である。

4　誤‥‥‥‥‥‥‥‥‥‥‥‥‥‥　重要度　★★★

　宅地建物取引士としてすべき事務の禁止の処分を受け、当該事務の禁止の期間中に登録の消除を申請して消除された者は、当該事務の禁止の期間が満了しなければ、再度登録を受けることができない（業法18条1項11号）。したがって、事務禁止期間が満了すれば、満了した日から5年経過しなくても再度登録を受けることができる。よって、本肢は誤り。

≪出る順宅建士合格テキスト② 第5章 宅地建物取引士≫

 自ら売主制限   正解 ③   重要度 A

予想正解率　85％以上

1　誤‥‥‥‥‥‥‥‥‥‥‥‥‥‥　**重要度　★★★**

　宅建業者が自ら売主となる宅地又は建物の売買契約において、当事者の債務不履行を理由とする契約の解除に伴う損害賠償の額を予定し、又は違約金を定めるときは、これらを合算した額が、代金の額の10分の2を超えることとなる定めをしてはならない（業法38条1項）。本肢においては、**損害賠償の予定額が代金の額の10分の2にあたる600万円を超えている**ので、本肢の特約はすることができない。よって、本肢は誤り。

2　誤‥‥‥‥‥‥‥‥‥‥‥‥‥‥　**重要度　★★★**

　宅建業者が自ら売主となる宅地又は建物の売買契約において、当事者の債務の不履行を理由とする契約の解除に伴う損害賠償の額を予定し、又は違約金を定めるときは、これらを合算した額が代金の額の10分の2を超えることとなる定めをしてはならない（業法38条1項）。しかし、**買主が宅建業者の場合は、この規制は適用がない**（業法78条2項）。よって、本肢は誤り。

3　正‥‥‥‥‥‥‥‥‥‥‥‥‥‥　**重要度　★★★**

　宅建業者が自ら売主となる宅地又は建物の売買契約において、**損害賠償の予定額を定めなかった場合は実際に生じた損害額を請求できる**ので、代金の額の10分の2を超える損害賠償請求をすることもできる（民法416条）。買主が宅建業者であるか否かは関係ない。よって、本肢は正しく、本問の正解肢となる。

4　誤‥‥‥‥‥‥‥‥‥‥‥‥‥‥　**重要度　★★★**

　宅建業者が自ら売主となる宅地又は建物の売買契約において、損害賠償の額を予定し、又は違約金を定めるときは、これらを合算した額が代金の額の10分の2を超えることとなる定めをしてはならない（業法38条1項）。この規定に反する特約は、代金の額の10分の2を**超える部分について無効**となる（業法38条2項）。**特約がすべて無効となるわけではない**。よって、本肢は誤り。

≪出る順宅建士合格テキスト②　第13章　自ら売主制限≫

 クーリング・オフ　正解 ④  重要度 A

予想正解率　85％以上

1　誤‥‥‥‥‥‥‥‥‥‥‥‥‥　重要度　★★★

　宅建業者が自ら売主となる宅地又は建物の売買契約について、当該宅建業者の事務所等以外の場所において、買受けの申込みをして売買契約を締結した買主は、クーリング・オフをすることができる（業法37条の２第１項）。したがって、**事務所で買受けの申込みをして契約を締結した場合は、８日の経過の有無を問わずクーリング・オフをすることができない**。よって、本肢は誤り。

2　誤‥‥‥‥‥‥‥‥‥‥‥‥‥　重要度　★★★

　クーリング・オフは書面によって行う必要がある（業法37条の２第１項）。そして、**その効力は、申込者等が書面を発した時に生ずる**（業法37条の２第２項）。到達した時ではない。よって、本肢は誤り。

3　誤‥‥‥‥‥‥‥‥‥‥‥‥‥　重要度　★★★

　事務所等において買受けの申込みをし、事務所等以外の場所において売買契約を締結した場合、買主はクーリング・オフをすることができない（業法37条の２第１項）。よって、本肢は誤り。

　【解法の視点】買受けの申込み場所と契約の締結場所が異なる場合は、買受けの申込み場所でクーリング・オフの可否を判断する。したがって、申込みの場所が「事務所等」であれば、契約締結の場所を見るまでもなく、クーリング・オフをすることはできないと判断できる。

4　正‥‥‥‥‥‥‥‥‥‥‥‥‥　重要度　★★★

　自ら売主である宅建業者から代理又は媒介の依頼を受けた他の宅建業者の事務所等で、当該宅地建物の買受けの申込みをして売買契約を締結した買主は、クーリング・オフをすることができない（業法37条の２第１項、規則16条の５第１号ハ）。よって、本肢は正しく、本問の正解肢となる。

≪出る順宅建士合格テキスト②　第13章　自ら売主制限≫

第38問　弁済業務保証金　正解③　重要度A

予想正解率　85％以上

1　誤‥‥‥‥‥‥‥‥‥‥‥‥‥　重要度　★★★

　保証協会の社員と宅建業に関して取引をした者（宅建業者に該当する者は除く。）は、宅建業に関する取引により生じた債権に関し、当該保証協会が供託した弁済業務保証金について、弁済を受ける権利を有する。そして、**ここにいう「取引」には、保証協会の社員が社員となる前にしたものも含まれる**（業法64条の８第１項）。よって、本肢は誤り。

【講師からのアドバイス】「取引」とは、自ら売買・交換、代理して売買・交換・貸借、媒介して売買・交換・貸借のことである。

2　誤　　　　　　　　　　　　　　　　　　重要度　★★★

弁済業務保証金から弁済を受けることができる額は、当該社員が**社員でないとしたならばその者が供託すべき営業保証金の額に相当する額の範囲内**である（業法64条の8第1項、25条2項、施行令2条の4）。したがって、本問の場合であれば、主たる事務所1つの相当額である1,000万円が上限となる。よって、本肢は誤り。

【解法の視点】要するに、還付の限度額は営業保証金の場合と同じということである。

3　正　　　　　　　　　　　　　　　　　　重要度　★★★

肢1で指摘したように、ここにいう「取引」とは、「宅建業に関する取引」のことである。したがって、宅建業に関する取引をしたことにならない広告業者Cは、**弁済業務保証金から弁済を受ける権利を有しない**ので、弁済業務保証金から弁済を受けることができない。よって、本肢は正しく、本問の正解肢となる。

4　誤　　　　　　　　　　　　　　　　　　重要度　★★★

肢3で指摘したように、Cは、弁済業務保証金から弁済を受ける権利を有しない（業法64条の8第1項）。よって、本肢は誤り。

≪出る順宅建士合格テキスト②　第7章　弁済業務保証金≫

第39問　報酬額の制限　　

予想正解率　75％

1　誤　　　　　　　　　　　　　　　　　　重要度　★★★

宅建業者が、宅地又は建物の貸借の媒介・代理に関して依頼者の**双方から受けとることができる報酬額の合計は、借賃の1.1カ月分（消費税等相当額含む。）が限度**となる（業法46条、告示第4、5）。したがって、Aは貸主から、Bは借主からそれぞれ借賃の1.1カ月分の報酬額を受領することはできない。よって、本肢は誤り。

2　誤　　　　　　　　　　　　　　　　　　重要度　★★★

宅建業者が、宅地又は建物の貸借の媒介に関して依頼者の**双方から受けとることができる報酬額の合計は、借賃の1.1カ月分（消費税等相当額含む。）が限度**となる（業法46条、告示第4）。よって、本肢は誤り。

3　正　　　　　　　　　　　　　　　　　　重要度　★★★

居住用建物以外（店舗用建物等）の貸借で権利金の授受があるものの媒介・代理の場合、権利金の額を売買代金の額とみなして報酬の額の限度を求めることができる

（告示第６、第２）。権利金による場合の依頼者の一方から受領できる報酬額の上限は（800万円×３％＋６万円）×1.1＝33万円となる。本肢では、１カ月分の借賃による報酬よりも**権利金による報酬の上限額のほうが高くなっている**。そのため、Aは、依頼者の双方からそれぞれ33万円を受け取ることができる。よって、本肢は正しく、本問の正解肢となる。

4　誤・・・・・・・・・・・・・・・・・・・・・・・・・**重要度　★★★**

宅建業者が、宅地又は建物の貸借の媒介に関して依頼者の**双方から受けとることができる報酬額の合計は、借賃の1.1カ月分**（消費税等相当額含む。）**が限度**となる。居住用建物であろうが店舗用建物であろうが同様である（業法46条、告示第４）。したがって、Aは貸主から、Bは借主からそれぞれ借賃の1.1カ月分の報酬額を受領することはできない。よって、本肢は誤り。

≪出る順宅建士合格テキスト②　第14章　報酬額の制限≫

第40問　35条・37条書面　正解 ① 重要度 A

予想正解率　85％以上

1　誤・・・・・・・・・・・・・・・・・・・・・・・・・**重要度　★★★**

登記された権利に関する事項は、35条書面の記載事項であるが、**37条書面の記載事項ではない**（業法35条１項１号、37条１項参照）。したがって、37条書面に当該登記について記載する必要はない。よって、本肢は誤りであり、本問の正解肢となる。

2　正・・・・・・・・・・・・・・・・・・・・・・・・・**重要度　★★★**

宅建業者は、37条書面を作成したときには、宅地建物取引士をして、当該書面に記名させなければならない（業法37条３項）。これは**相手方が宅建業者であったとしても省略できない**。よって、本肢は正しい。

3　正・・・・・・・・・・・・・・・・・・・・・・・・・**重要度　★★★**

契約の解除に関する事項は**35条書面の記載事項**であり、また、**37条書面の任意的記載事項**である（業法35条１項８号、37条１項７号、２項１号）。したがって、35条書面には、契約の解除に関する事項を記載しなければならないが、37条書面には、契約の解除に関する事項について特に定めをしていないので記載する必要はない。よって、本肢は正しい。

4　正・・・・・・・・・・・・・・・・・・・・・・・・・**重要度　★★**

35条書面及び37条書面のいずれも、宅地建物取引士が記名しなければならないが、**同一の宅地建物取引士が行うことは要求されていない**（業法35条５項、37条３項）。したがって、必ずしも同じ宅地建物取引士である必要はない。よって、本肢は正しい。

≪出る順宅建士合格テキスト②　第10章　重要事項の説明≫

≪出る順宅建士合格テキスト②　第11章　37条書面≫

 宅建業法総合　正解 ❷　重要度 A

予想正解率　85％以上

1　誤‥‥‥‥‥‥‥‥‥‥‥‥‥‥　重要度　★★★

　保証協会の社員である宅建業者は、新たに事務所を設置したときは、**その日から2週間以内**に、弁済業務保証金分担金を保証協会に納付しなければならない（業法64条の9第2項）。よって、「設置の日までに」とする本肢は誤り。

2　正‥‥‥‥‥‥‥‥‥‥‥‥‥‥　重要度　★★★

　支店において事業を営む場合、その**支店には、5点セット**（①標識の掲示、②報酬額の掲示、③業務に関する帳簿の備付け、④従業者名簿の備付け、⑤成年者である専任の宅地建物取引士の設置）が義務づけられている。したがって、**支店も事務所であるから、本店同様の標識を掲げなければならない**（業法50条1項、規則19条2項、規則別記様式9号）。よって、本肢は正しく、本問の正解肢となる。

3　誤‥‥‥‥‥‥‥‥‥‥‥‥‥‥　重要度　★★★

　宅建業者は、その事務所の名称・所在地に変更があった場合、30日以内に、その旨を免許を受けた**国土交通大臣又は都道府県知事**に届け出なければならない（変更の届出、業法9条、8条2項5号）。事務所を設置した**後、30日以内**に、その旨を届け出なければならないのであって、30日前までではない。よって、本肢は誤り。

【実力UP情報】免許換えが必要な場合には変更の届出は不要である。

4　誤‥‥‥‥‥‥‥‥‥‥‥‥‥‥　重要度　★★★

　甲県知事の免許を取得しているAが、乙県内に支店を新設した場合、複数の都道府県内に事務所を有することになるから、**国土交通大臣の免許を受けなければならない**（免許換え、業法7条1項3号）。よって、本肢は誤り。

≪出る順宅建士合格テキスト②　第2章　事務所の設置≫
≪出る順宅建士合格テキスト②　第3章　免許≫
≪出る順宅建士合格テキスト②　第7章　弁済業務保証金≫

 広告等に関する規制　正解 ❶　重要度 A

予想正解率　85％以上

ア　誤　　　　　　　　　　　　　　重要度　★★★

　宅建業者は、その広告において、①所在、規模、形質、②現在又は将来の利用の制限、③現在又は将来の環境・交通その他の利便、④代金・借賃等の額、支払方法、⑤代金・交換差金に関する金銭の貸借のあっせんについて、**著しく事実に相違する表示**をし、又は実際のものよりも**著しく優良であり、もしくは有利であると人を誤認させるような表示をしてはならない**（業法32条）。したがって、**交通の利便についても事実に相違する広告を行うことができない**。よって、本肢は誤り。

> 【講師からのアドバイス】細かい内容を丁寧に覚える必要はない。「重要な内容の嘘やごまかしは許されないのだな。」と把握しておけば十分である。

イ　正　　　　　　　　　　　　　　重要度　★★★

　宅建業者は、宅地の造成又は建物の建築に関する**工事の完了前においては、当該工事に関し必要とされる許可・確認等の処分があった後**でなければ、当該工事に係る宅地又は建物の売買その他の業務に関する**広告をしてはならない**（業法33条）。これは取引に関する広告の禁止事項であって、貸借の媒介広告であるからといって許されるわけではない。よって、本肢は正しい。

> 【解法の視点】工事完了前の物件において、許可・確認前であっても可能なものは、貸借の契約である。広告は、売買、交換、貸借の代理・媒介のいずれの場合もすることができない。

ウ　誤　　　　　　　　　　　　　　重要度　★★★

　宅建業者は、その業務に関して広告をするときは、当該広告に係る宅地又は建物の所在、規模、形質等について、**著しく事実に相違する表示**をし、又は**実際のものよりも著しく優良であり、もしくは有利であると人を誤認させるような表示をしてはならない**（業法32条）。したがって、実在しないことが客観的に明らかである物件の広告をすることもできない。よって、本肢は誤り。

> 【解法の視点】「実在しないことが客観的に明らか」ということは、誰の目から見ても嘘ということである。素直に「許されない」と捉えよう。

　以上より、正しいものはイの一つであり、１が本問の正解肢となる。
　　　　　　　　　　　≪出る順宅建士合格テキスト②　第9章　広告等に関する規制≫

第43問　重要事項の説明　正解4　重要度A

予想正解率　85％以上

　建物の貸借契約に際し、「法令に基づく制限の内容」として重要事項の説明が義務付けられているのは、**新住宅市街地開発法**32条１項、**新都市基盤整備法**51条１項、**流通業務市街地の整備に関する法律**38条１項に基づく制限の３種類のみである（業法35条１項２号、施行令３条３項）。

1　**必要がある**・・・・・・・・・・・・・・・・・・・・・　**重要度　★**
　上記のとおり説明の必要がある。

2　**必要がある**・・・・・・・・・・・・・・・・・・・・・　**重要度　★**
　上記のとおり説明の必要がある。

3　**必要がある**・・・・・・・・・・・・・・・・・・・・・　**重要度　★**
　上記のとおり説明の必要がある。

4　**必要がない**・・・・・・・・・・・・・・・・・・・・・　**重要度　★★★**
　建築物の建築面積の敷地面積に対する割合に関する制限とは「建蔽率に関する制限」のことである。建物の貸借の場合、建蔽率に関する制限は説明事項となっていない。よって、本肢は説明する必要がなく、本問の正解肢となる。

【実力ＵＰ情報】建物の貸借においては、他の建築基準法上の規制（用途制限、斜線制限等）も説明する必要はない。

≪出る順宅建士合格テキスト②　第10章　重要事項の説明≫

第44問　免許の基準

予想正解率　85％以上

1　**誤**・・・・・・・・・・・・・・・・・・・・・・・・・・　**重要度　★★★**
　法人でその役員のうちに免許欠格事由に該当する者がいる場合、その法人は、免許を受けることができない（業法５条１項12号）。そして、**禁錮以上の刑に処せられた**場合、免許欠格事由に該当する（業法５条１項５号）。この場合、**判決に執行猶予がついていても、その猶予期間が満了しなければ、免許を受けることはできない**。よって、本肢は誤り。

2　**正**・・・・・・・・・・・・・・・・・・・・・・・・・・　**重要度　★★★**
　肢１で述べたように、法人でその役員のうちに免許欠格事由に該当する者がいる場合、その法人は、免許を受けることができない（業法５条１項12号）。そして、一定の罪を犯し**罰金刑に処せられた**場合、免許欠格事由に該当する（業法５条１項６号）。

威力業務妨害罪は、この一定の罪には含まれない。したがって、役員が免許欠格事由に該当しない以上、B社は免許を受けることができる。よって、本肢は正しく、本問の正解肢となる。

> 【解法の視点】罰金刑であっても免許欠格となるのは、①宅建業法違反、②暴力団員による不当な行為の防止等に関する法律違反、③傷害罪、④現場助勢罪、⑤暴行罪、⑥凶器準備集合罪、⑦脅迫罪、⑧背任罪、⑨暴力行為等処罰に関する法律の罪となる。

3　誤・・・・・・・・・・・・・・・・・・・・・・・**重要度　★★★**

　法人でその役員のうちに免許欠格事由に該当する者がいる場合、その法人は、免許を受けることができない（業法5条1項12号）。そして、禁錮以上の刑に処せられた場合又は一定の罪を犯し罰金刑に処せられた場合、免許欠格事由に該当する（業法5条1項5号、6号）。しかし、**拘留の刑に処せられた場合は含まれない**（業法5条1項参照）。したがって、役員が免許欠格事由に該当しない以上、C社は免許を受けることができる。よって、本肢は誤り。

> 【解法の視点】刑罰であっても、「拘留」、「科料」、は欠格事由にはならない。また、行政罰である「過料」も欠格事由にはならない。

4　誤・・・・・・・・・・・・・・・・・・・・・・・**重要度　★★★**

　法人でその**政令で定める使用人**のうちに**免許欠格事由に該当する者がいる場合、その法人は、免許を受けることができない**（業法5条1項12号）。そして、禁錮以上の刑に処せられ、刑の執行が終わり5年経過しない場合、免許欠格事由に該当する（業法5条1項5号）。したがって、D社は免許を受けることができない。よって、本肢は誤り。

≪出る順宅建士合格テキスト②　第3章　免許≫

予想正解率　85％以上

1　誤・・・・・・・・・・・・・・・・・・・・・・・**重要度　★★★**

　住宅販売瑕疵担保責任保険契約の有効期間は、買主が宅建業者から新築住宅の**引渡しを受けた時から10年以上の期間**にわたって有効であることが必要とされている（住宅瑕疵担保履行法2条7項4号）。買主の承諾があっても、保険契約に係る保険期間を5年間に短縮することはできない。よって、本肢は誤り。

2　誤・・・・・・・・・・・・・・・・・・・・・・・**重要度　★★★**

　宅建業者は、毎年、基準日から3週間を経過する日までの間において、当該基準日

前10年間に自ら売主となる売買契約に基づき買主に引き渡した新築住宅について、当該買主に対する住宅販売瑕疵担保保証金の供託、又は住宅販売瑕疵担保責任保険契約への加入のいずれかの資力確保措置を講ずる義務を負う(住宅瑕疵担保履行法11条1項、2項)。しかし、**買主が宅建業者の場合は除かれる**(住宅瑕疵担保履行法2条7項2号ロかっこ書)。よって、本肢は誤り。

3　誤・・・・・・・・・・・・・・・・・・・・・・・　重要度　★★★

新築住宅を引き渡した宅建業者は、基準日に係る資力確保措置の状況の届出をしなければ、当該**基準日の翌日から起算して50日を経過した日以後**においては、新たに自ら売主となる新築住宅の売買契約を締結してはならない(住宅瑕疵担保履行法13条)。「基準日から3週間」ではない。よって、本肢は誤り。

4　正・・・・・・・・・・・・・・・・・・・・・・・　重要度　★

一度、**住宅販売瑕疵担保責任保険契約**が宅建業者と住宅瑕疵担保責任保険法人との間で**締結されたならば**、国土交通大臣の承認を受けた場合を除いて、**保険契約の変更や解除はできない**(住宅瑕疵担保履行法2条7項5号)。よって、本肢は正しく、本問の正解肢となる。

≪出る順宅建士合格テキスト②　第13章　自ら売主制限≫

 住宅金融支援機構法

予想正解率　75%

1　正・・・・・・・・・・・・・・・・・・・・・・・　重要度　★★

機構の主要業務は、一般金融機関の**長期・固定金利の住宅ローンの供給を支援する証券化支援事業**を行うことである(機構法4条)。その目的達成のため、機構は、住宅の建設又は購入に必要な資金の貸付けに係る主務省令で定める**金融機関の貸付債権の譲受け**を行うとともに(機構法13条1項1号)、この貸付債権で、一定のものを**担保**とする債券その他主務省令で定める**有価証券**に係る**債務の保証**を行う(機構法13条1項2号)。よって、本肢は正しい。

2　誤・・・・・・・・・・・・・・・・・・・・・・・　重要度　★★

機構は、証券化支援事業(買取型)において、一定の**金融機関**に対して、譲り受けた**貸付債権に係る元利金の回収**その他回収に関する**業務を委託**することができる(機構法13条1項1号、16条1項1号、施行令7条1項1号イ)。よって、本肢は誤りであり、本問の正解肢となる。

> 【実力UP情報】機構は、一定の金融機関や地方公共団体等に対し、政令で定める業務を委託することができるが、資金の調達又は良質な住宅の設計等に関する情報の提供、相談その他の援助については委託できない。

3　正‥‥‥‥‥‥‥‥‥‥‥‥‥‥　重要度　★★

　機構は、住宅の建設等をしようとする者又は住宅の建設等に関する事業を行う者に対し、**必要な資金の調達又は良質な住宅の設計もしくは建設等に関する情報の提供、相談その他の援助を行う**（機構法13条1項4号）。よって、本肢は正しい。

4　正‥‥‥‥‥‥‥‥‥‥‥‥‥‥　重要度　★★

　機構は、**高齢者の家庭**に適した良好な居住性能及び居住環境を有する住宅とすることを主たる目的とする**住宅の改良**（高齢者が自ら居住する住宅について行うものに限る。）に必要な資金の**貸付け**を業務として行っている（機構法13条1項9号）。よって、本肢は正しい。

≪出る順宅建士合格テキスト③　免除科目　第1章　住宅金融支援機構法≫

 不当景品類及び不当表示防止法　　

予想正解率　60%

1　正‥‥‥‥‥‥‥‥‥‥‥‥‥‥　重要度　★★

　内閣総理大臣は、一般消費者による自主的かつ合理的な選択を確保するための必要があると認めるときは、景品類の価額の最高額を制限することができる（景表法4条）。**懸賞の方法によらないで提供する景品類にあっては、取引価額の10分の1又は100万円のいずれか低い価額の範囲であれば、景品類の提供ができる**（景品規約3条1項2号）。よって、本肢は正しい。

2　正‥‥‥‥‥‥‥‥‥‥‥‥‥‥　重要度　★

　電車、バス等の交通機関の所要時間については、起点及び着点とする**駅等又はバスの停留所の名称を明示しなければならない**。そして、**物件から最寄駅等までのバスを利用する場合であって、物件の最寄りの停留所から最寄駅等までのバスの所要時間を表示するときは、停留所の名称を省略することができる**（表示規約15条3号、規則9条4号ア）。よって、本肢は正しい。

3　正‥‥‥‥‥‥‥‥‥‥‥‥‥‥　重要度　★

　住宅ローン（銀行その他の金融機関が行う物件の購入資金及びこれらの購入に付帯して必要とされる費用に係る金銭の貸借）については、**借入金の利率及び利息を徴する方式**（固定金利型、変動金利型等の種別）**又は返済例**（借入金、返済期間、利率等の返済例に係る前提条件を併記する。また、ボーナス併用払のときは、1カ月当たりの返済額の表示に続けて、ボーナス時に加算される返済額を明示する。）を明示して表示しなければならない（表示規約15条12号、規則9条44号）。しかし、**融資限度額については、明示して表示する必要はない**。よって、本肢は正しい。

【実力ＵＰ情報】「提携ローン又は紹介ローンの別」についても明示して表示する必要はない。

4 誤................................. 重要度 ★★

不動産の価格について、「買得」、「格安」、「激安」等、著しく安いという印象を与える用語は使用してはならないのが原則である。ただし、例外的に、表示内容を裏付ける合理的な根拠を示す資料を現に有している場合であり、かつ、表示内容の根拠となる事実を併せて表示する場合には使用することができる（表示規約18条2項2号）。よって、本肢は誤りであり、本問の正解肢となる。
≪出る順宅建士合格テキスト③　免除科目　第3章　不当景品類及び不当表示防止法≫

第48問　不動産の需給・統計　正解 4　重要度 B

予想正解率　50%

1 誤................................. 重要度 ★★★

令和5年地価公示（令和5年3月公表）によれば、令和4年1月以降の1年間の**住宅地**の地価は、**全国平均**では、**2年連続の上昇**となった。よって、本肢は誤り。

2 誤................................. 重要度 ★★★

建築着工統計調査報告（令和4年計。令和5年1月公表）によれば、令和4年の新設住宅着工戸数は、**持家が減少**したものの、**貸家、分譲住宅が増加**したため、全体として前年より0.4％増となり、**総戸数では2年連続の増加**となった。よって、本肢は誤り。

3 誤................................. 重要度 ★

「指定流通機構の活用状況について（2022年分）」（令和5年1月公表。公益財団法人不動産流通推進センター）によれば、令和4年の新規登録件数の合計は、4,235,628件（前年比10.2％減）となり、売り物件は1,180,149件（前年比11.7％減）、賃貸物件は3,055,479件（前年比9.6％減）となっており、**売り物件よりも賃貸物件の方が新規登録件数は多い**。よって、本肢は誤り。

4 正................................. 重要度 ★★

建築着工統計調査報告（令和4年計。令和5年1月公表）によれば、令和4年の**新設住宅着工床面積は、約6,901万㎡となり、前年より2.3％減少し、昨年の増加から再びの減少**となった。よって、本肢は正しく、本問の正解肢となる。
≪出る順宅建士合格テキスト③　免除科目　第2章　不動産の需給・統計≫

第49問　土地　正解 1　重要度 B

予想正解率　75%

1　最も不適当・・・・・・・・・・・・・・・・・・・・・　重要度　★★

　　扇状地は、傾斜のゆるい半円錐形状の地形を形成し、その微高地は砂礫質（されき
しつ）で、土木構造物の基礎等として十分な支持力を有しており、宅地として適当で
あることが多い。よって、本肢は最も不適当であり、本問の正解肢となる。

　【講師からのアドバイス】「土地」の分野については、過去問の焼き回し問題が多く出題され
　ているので、過去問をしっかりと解いておこう。

2　適当・・・・・・・・・・・・・・・・・・・・・・・・　重要度　★★

　　地すべり地は、過去に地すべりを起こした痕跡を残していることが多く、地すべり
地形と呼ばれる特有の地形を呈しており、等高線は乱れていることが多い。よって、
本肢は適当である。

3　適当・・・・・・・・・・・・・・・・・・・・・・・・　重要度　★★

　　干拓地は、海面や湖面の一部を堤防で囲み、中の水を排除した土地で、埋立地は、
海面や湖面の一部を土砂で埋め立てた土地であり、双方とも人工的に造成された土地
であるため、一般には住宅地として好ましい土地とはいえない。特に干拓地は、海面
以下の場合が多く地盤も軟弱であり、住宅地としては不適格である。**埋立地は、一般
に海面に対して数メートルの比高をもち、干拓地よりは安全**である。よって、本肢は
適当である。

4　適当・・・・・・・・・・・・・・・・・・・・・・・・　重要度　★★

　　地図の上で、等高線が**密な部分**は地形の傾斜が急であり、**疎の部分**は地形の**傾斜が
緩やか**である。そして、宅地を選定するにあたっては、**地形図や空中写真を用いる**こ
とにより、**土石流や洪水流の危険度をある程度判別**することができる。よって、本肢
は適当である。

≪出る順宅建士合格テキスト③　免除科目　第4章　土地≫

第**50**問　　　　　建物　　　　　　正解**❶**　重要度**Ⓒ**

予想正解率　50%

1　最も不適当・・・・・・・・・・・・・・・・・・・・・　重要度　★★

　　コンクリートを生成する場合、一般に、**水セメント比が大きくなるほどワーカビリ
ティーと経済性は高まる**が、乾燥収縮による亀裂が生じやすくなり、**耐久性は低下す
る**。よって、本肢は最も不適当であり、本問の正解肢となる。

　【実力ＵＰ情報】「水セメント比」とは、水とセメントの比率であり、水の重さをセメントの

46
ＬＥＣ東京リーガルマインド 2023年版 出る順宅建士 当たる！ 直前予想模試　第1回　解説

重さで割って算出する。「ワーカビリティー」とは、コンクリートを流し込むための作業のしやすさのことを指す。

2　適当‥‥‥‥‥‥‥‥‥‥‥‥‥‥‥‥‥　**重要度　★★**

　　鉄筋コンクリート造に使用するコンクリートの**骨材、水及び混和材料**は、鉄筋をさびさせ、又はコンクリートの凝結及び硬化を妨げるような**酸、塩、有機物又は泥土を含んではならない**（建基法施行令72条1号)。よって、本肢は適当である。

3　適当‥‥‥‥‥‥‥‥‥‥‥‥‥‥‥‥‥　**重要度　★★**

　　鉄筋コンクリート造建築物の**構造耐力上主要な部分**である柱の**主筋は、4本以上**とし、**帯筋と緊結**しなければならない（建基法施行令77条1号、2号)。よって、本肢は適当である。

4　適当‥‥‥‥‥‥‥‥‥‥‥‥‥‥‥‥‥　**重要度　★★**

　　鉄筋コンクリート造においては、**骨組の形式はラーメン構造**が一般的に用いられる。よって、本肢は適当である。

【実力ＵＰ情報】ラーメン構造とは、柱と梁を剛に接合することによって一体化した構造のことをいう。ラーメンとはドイツ語で「枠」のことである。

≪出る順宅建士合格テキスト③　免除科目　第5章　建物≫

第2回　解答・解説

第2回　解答一覧

番号	正解	自己採点	出題項目	番号	正解	自己採点	出題項目
問 1	2		意思表示	問 26	2		宅地建物取引士
問 2	1		制限行為能力者	問 27	3		営業保証金
問 3	3		代理	問 28	1		免許（免許の基準）
問 4	3		債務不履行・解除 （手付解除）	問 29	1		37条書面
問 5	2		不法行為	問 30	3		媒介・代理契約
問 6	2		弁済	問 31	2		自ら売主制限 （クーリング・オフ）
問 7	1		契約不適合責任	問 32	4		自ら売主制限 （契約不適合責任についての特約の制限）
問 8	1		抵当権	問 33	4		宅建業法総合
問 9	4		委任	問 34	1		重要事項の説明
問 10	2		相続	問 35	2		監督・罰則
問 11	4		借地借家法（借地）	問 36	4		自ら売主制限 （手付金等の保全措置）
問 12	3		借地借家法（借家）	問 37	3		広告等に関する規制
問 13	4		建物区分所有法	問 38	4		宅地建物取引業の意味
問 14	4		不動産登記法	問 39	1		37条書面
問 15	3		都市計画法 （都市計画の内容）	問 40	3		報酬額の制限
問 16	1		都市計画法 （開発行為の規制等）	問 41	4		自ら売主制限 （自己の所有でない物件の契約制限）
問 17	2		建築基準法総合	問 42	1		事務所以外の場所の規制
問 18	3		建築基準法総合	問 43	4		弁済業務保証金
問 19	4		農地法	問 44	3		重要事項の説明
問 20	2		その他法令上の制限 （宅地造成等規制法）	問 45	3		自ら売主制限 （住宅瑕疵担保履行法）
問 21	4		土地区画整理法	問 46	3		住宅金融支援機構法
問 22	1		国土利用計画法	問 47	3		不当景品類 及び不当表示防止法
問 23	3		所得税（譲渡所得）	問 48	1		不動産の需給・統計
問 24	1		不動産取得税	問 49	3		土地
問 25	2		地価公示法	問 50	2		建物

第1問　意思表示　正解 2　重要度 A

予想正解率　85％以上

1　正　　　　　　　　　　　　　重要度　★★★

ＡＢ間の売買は虚偽表示である。そして、虚偽表示による契約は**無効であるが、この無効は、善意の第三者には対抗することができない**（民法94条1項、2項）。一方、第三者が**悪意の場合は無効を対抗することができる**。この点、本肢のＣは悪意の第三者であるから、Ａは、Ｃに対して抵当権設定行為の無効を主張することができる。よって、本肢は正しい。

> 【講師からのアドバイス】本肢のような出題の場合、ＣはＢからの買主として設定されることが多いが、抵当権の設定でも同じである。虚偽表示に基づく契約の当事者であるＡとＢ以外の者を第三者というと大きく捉えよう。

2　誤　　　　　　　　　　　　　重要度　★★★

虚偽表示による無効を対抗することができない**第三者は、善意であれば足り、無過失であることを要しない**（民法94条2項、判例）。したがって、Ｄに過失があっても、善意である限り、Ａは、Ｄに対して虚偽表示による無効を対抗することはできず、その所有権を主張することはできない。よって、本肢は誤りであり、本問の正解肢となる。

> 【実力ＵＰ情報】「善意の第三者」として保護されるためには、登記を備える必要もない。

3　正　　　　　　　　　　　　　重要度　★★★

虚偽表示による無効を対抗できない善意の第三者には、Ｅのような直接の第三者に限られず、直接の**第三者からの取得者（いわゆる「転得者」）も含まれる**（民法94条2項、判例）。したがって、転得者Ｆは善意であるから、Ａは、Ｆに対して虚偽表示の無効を対抗することはできず、Ｆは土地の所有権を主張することができる。よって、本肢は正しい。

> 【実力ＵＰ情報】本肢とは逆に、Ｆが悪意であっても、Ｅが善意であれば、同様にＡはＦに対して無効を対抗することができない。

4　正　　　　　　　　　　　　　重要度　★

ＡＢ間の売買は無効であるので、Ａは、Ｂに対して所有権移転登記抹消登記請求をすることができる（民法94条1項）。また、**Ａの債権者Ｇは、自己の債権を保全するため、債務者Ａに属する権利を行使することができる**（債権者代位権、民法423条）。したがって、Ｇは、Ａの所有権移転登記抹消登記請求権を代位行使することができる。よって、本肢は正しい。

【講師からのアドバイス】細かい知識である。大雑把に「代わって行使することができる場合もある。」ことだけを知っておけば十分である。

≪出る順宅建士合格テキスト① 第1章 意思表示≫

 制限行為能力者

予想正解率 75％

1 　正‥‥‥‥‥‥‥‥‥‥‥‥　重要度　★★

　制限行為能力者が、行為能力者であることを信じさせるため**詐術を用いたとき**は、その行為を**取り消すことができない**（民法21条）。そして、法定代理人の同意がないにもかかわらず同意があるものと信じさせた場合も、**詐術を用いたことにあたる**（判例）。よって、本肢は正しく、本問の正解肢となる。

【解法の視点】制限行為能力者であっても、積極的に相手方をだましたのであるから、取り消すことができなくなってもやむを得ないのである。

2 　誤‥‥‥‥‥‥‥‥‥‥‥‥　重要度　★

　未成年者の相手方は、その法定代理人に対して、1カ月以上の期間を定めて、その期間内に未成年者が単独でした行為を追認するか否かを催告することができ、この期間内に**法定代理人が確答を発しない場合は、その行為を追認したものとみなされる**（民法20条1項、2項）。よって、本肢は誤り。

3 　誤‥‥‥‥‥‥‥‥‥‥‥‥　重要度　★★★

　未成年者が法定代理人の同意を得ないでした行為は、取り消すことができる（民法5条1項、2項）。**取り消された行為は、初めから無効であったものとみなされる**（民法121条）。そして、**制限行為能力者による取消しの場合、第三者保護規定はない**（民法95条4項、96条3項参照）。その結果、**当該未成年者は、未成年者であることを理由とする取消しを第三者に対抗することができる**。したがって、Aは、Dに対して、当該不動産の引渡しを請求することができる。よって、本肢は誤り。

4 　誤‥‥‥‥‥‥‥‥‥‥‥‥　重要度　★★

　未成年者が不動産の売買契約などを締結した場合、未成年者本人やその法定代理人は契約を取り消すことができるが、**相手方は取り消すことができない**（民法120条1項）。このことは、相手方が未成年者であることを知らなかった場合でも、同様である。よって、本肢は誤り。

≪出る順宅建士合格テキスト① 第2章 制限行為能力者≫

予想正解率　85％以上

1　誤‥‥‥‥‥‥‥‥‥‥‥‥　重要度　★★

　本人が無権代理行為を追認したときは、原則として、**契約の時にさかのぼってその効力を生ずる**（民法116条本文）。そして、有効になされた代理行為の効力は、本人に対して直接生ずる（民法99条１項）。したがって、追認により契約の時にさかのぼってＡＣ間に売買契約の効力が帰属することになるから、**甲土地の所有権は、Ａから直接Ｃに移転するのであって、ＢからＣへ移転するのではない**。よって、本肢は誤り。

2　誤‥‥‥‥‥‥‥‥‥‥‥‥　重要度　★★★

　無権代理人が本人を相続した場合、本人自ら法律行為をしたのと同様な法律上の地位を生じたものと考えることが相当であることから、無権代理人が本人としての資格に基づいて無権代理行為の追認を拒絶することは**許されない**（判例）。したがって、Ｂは、無権代理行為の追認を拒絶することができない。よって、本肢は誤り。

【解法の視点】本人を相続した無権代理人は、自分で無権代理行為をした以上、これに反して追認を拒絶することは信義則上許されない。

3　正‥‥‥‥‥‥‥‥‥‥‥‥　重要度　★★★

　本人が無権代理人を相続した場合、本人としての資格に基づいて被相続人の無権代理行為の追認を拒絶しても、何ら信義に反するところはないから、**本人は、追認を拒絶することができる**（判例）。したがって、Ａは、無権代理行為の追認を拒絶することができる。よって、本肢は正しく、本問の正解肢となる。

【実力ＵＰ情報】無権代理人を相続した本人が追認を拒絶したときであっても、相手方が善意無過失であれば、本人は無権代理人としての責任を免れない。

4　誤‥‥‥‥‥‥‥‥‥‥‥‥　重要度　★★★

　相手方が無権代理人に代理権ありと善意無過失で信じた場合、本人の追認がないときは、**相手方は、無権代理人に対して、履行又は損害賠償の請求をすることができる**（民法117条）。したがって、ＣがＢに代理権があると善意無過失で信じた場合、本人Ａの追認がなければ、相手方Ｃは、無権代理人Ｂに対し損害賠償請求をすることができるのであって、無断で無権代理行為を行われてしまった本人Ａに損害賠償請求ができるものではない。よって、本肢は誤り。

≪出る順宅建士合格テキスト①　第４章　代理≫

| 第4問 | 手付解除 | 正解 ③ | 重要度 A |

予想正解率　85％以上

1　誤・・・・・・・・・・・・・・・・・・・・・・・・・・重要度　★★★

　違約金は、賠償額の予定と推定される（民法420条3項）。そして、実際の損害額が予定した損害賠償額よりも少ない場合は、信義則（民法1条2項）等を理由に**裁判所はこれを減額することができる**（判例）。しかし、実際の損害額が予定した損害賠償額よりも多い場合においては、裁判所はこれを増額することはできない。したがって、Aは、実際の損害額が違約金よりも多いことを立証しても、違約金の増額を求めることはできない。よって、本肢は誤り。

2　誤・・・・・・・・・・・・・・・・・・・・・・・・・・重要度　★★

　売主Bの有する債権は**金銭債権**である。そして、金銭債権の場合、債権者は、**損害の発生を証明する必要がない**（民法419条2項）。したがって、Bは、損害の証明をする必要がない。よって、本肢は誤り。

3　正・・・・・・・・・・・・・・・・・・・・・・・・・・重要度　★★★

　手付を交付した者は手付を放棄して、手付を受けた者は手付の倍額を現実に提供して、いずれも契約を解除することができる（民法557条1項本文、判例）。ただし、**相手方が契約の履行に着手した後には手付解除することができない**（民法557条1項但書、判例）。したがって、本肢のAは契約を解除することができる。もっとも、手付解除は、相手方の債務不履行を理由とするものではないから、**損害賠償の請求はすることができない**（民法557条2項）。よって、本肢は正しく、本問の正解肢となる。

4　誤・・・・・・・・・・・・・・・・・・・・・・・・・・重要度　★★

　手付を交付した場合でも、契約の当事者は相手方の**債務不履行を理由**として契約を**解除**することができる。併せて**損害賠償の請求**をすることができるが、その額は損害賠償額の予定としての手付でない限り、**手付の額とは無関係**である。よって、損害賠償の額を手付と同額とする本肢は誤り。

≪出る順宅建士合格テキスト① 　第5章　債務不履行・解除≫

| 第5問 | 不法行為 | 正解 ② | 重要度 B |

予想正解率　60％

1　誤・・・・・・・・・・・・・・・・・・・・・・・・・・重要度　★★

　判決文は、安全配慮義務を怠ったために生じた損害については、「不法行為の成立を主張する者が……瑕疵の存在を知りながら、これを前提として当該建物を買い受け

ていたなど**特段の事情のない限り**」損害賠償責任を負うとしている。つまり、例外的に損害賠償責任を負わない場合もあるということである。よって、「常に」責任を負うとする本肢は誤り。

2　正 ･････････････････････ <u>重要度　★★</u>

判決文は、「建物の建築に携わる**設計者、施工者及び工事監理者**……は、建物の建築に当たり、契約関係にない居住者等に対する関係でも、当該建物に建物としての基本的な安全性が欠けることがないように配慮すべき**注意義務を負う**」としている。よって、本肢は正しく、本問の正解肢となる。

3　誤 ･････････････････････ <u>重要度　★</u>

注文者が破産手続開始の決定を受けたときは、**請負人**は、契約の解除をすることができる。ただし、**仕事を完成した後**は、この限りでない（民法642条）。よって、本肢は誤り。

> 【講師からのアドバイス】本肢は判決文には記載のない民法の知識である。いわゆる判決文問題には、このような選択肢も出題されるので「判決文のどこかに書いてあるはず。」という思い込みをしないように注意しよう。

4　誤 ･････････････････････ <u>重要度　★★</u>

判決文は、「建物の建築に携わる**設計者、施工者及び工事監理者**……は、建物の建築に当たり、契約関係にない居住者等に対する関係でも、当該建物に建物としての基本的な安全性が欠けることがないように**配慮すべき注意義務を負う**」としている。したがって、設計・施工者等もこのような注意義務を負う。よって、本肢は誤り。

≪出る順宅建士合格テキスト①　第19章　不法行為、第20章　請負≫

第 ⑥ 問　　弁済　　正解 ❷　重要度 Ⓑ

予想正解率　85％以上

1　誤 ･････････････････････ <u>重要度　★</u>

債務者が１個又は数個の債務について元本のほか利息、費用を払うべき場合に、給付が債務の全部を消滅させるのに不足しているときは、特段の合意がある場合を除き、**費用、利息、元本の順に充当される**（民法489条１項）。したがって、本肢の場合、まず利息に充当される。よって、本肢は誤り。

2　正 ･････････････････････ <u>重要度　★★★</u>

受領権者（債権者及び受領権限を付与された者）以外の者に対してした弁済は、原則として無効である。しかし、**受取証書の持参人**など、受領権者以外の者であって取引上の社会通念に照らして受領権者としての外観を有するものに対して**善意無**

55

LEC東京リーガルマインド 2023年版 出る順宅建士 当たる！ 直前予想模試 第２回 解説

過失でした弁済は、有効とされる（民法478条）。したがって、Aの弁済が有効となることはある。よって、本肢は正しく、本問の正解肢となる。

3　誤・・・・・・・・・・・・・・・・・・・・・・・・・・・・　重要度　★★★

　弁済をするについて**正当な利益を有する者でない第三者は、債務者の意思に反して弁済をすることができない**（民法474条2項本文）。この「正当な利益を有する者」とは、法律上の利害関係を有する者をいい、債務者の弟というだけでは、正当な利益を有する者とはいえないので、DはAの意思に反して弁済をすることはできない。ただし、この場合であっても、**債務者の意思に反することを債権者が知らなかったときは有効な弁済となる**（民法474条2項但書）。したがって、Aの意思に反することをBが知っていた本肢の場合は、原則どおり弁済は無効であり、債務は消滅しない。よって、本肢は誤り。

【実力UP情報】「正当な利益を有する」第三者とは、たとえば、物上保証人、抵当不動産の第三取得者である。

4　誤・・・・・・・・・・・・・・・・・・・・・・・・・・・・　重要度　★

　連帯保証人のように、弁済をするについて**正当な利益を有する者は、弁済によって当然に債権者に代位する**（法定代位、民法499条）。そして、この場合は法律上当然に代位するのであるから、対抗要件となる通知又は承諾は不要である（民法500条かっこ書）。対抗要件となる通知又は承諾が必要となるのは任意代位の場合である（民法500条）。よって、本肢は誤り。

【実力UP情報】任意代位とは、単なる友人のように、弁済をするについて正当な利益を有しない者が弁済により代位することを指す。

≪出る順宅建士合格テキスト①　第7章　弁済≫

　契約不適合責任　　

予想正解率　60%

1　誤・・・・・・・・・・・・・・・・・・・・・・・・・・・・　重要度　★★

　売買の目的物に存した**抵当権の実行により、買主がその所有権を失った場合**、売主が買主に権利の全部を移転しない場合にあたり、債務不履行の一般原則が適用される。したがって、買主は、契約の解除、損害賠償請求をすることができる。そして、この権利の行使については、1年以内に通知しなければならないという**期間制限はない**（民法415条1項、542条1項1号、566条）。よって、本肢は誤りであり、本問の正解肢となる。

【解法の視点】買主が、その不適合を知った時から1年以内にその旨を売主に通知しないと、売

主に対し、履行の追完の請求、代金の減額の請求、損害賠償の請求及び契約の解除をすることができなくなるのは、「種類」又は「品質」に関して契約の内容に適合しない場合である。

2　正　　　　　　　　　　　　重要度　★★★

契約不適合責任の追及については、**買主の善意や悪意は問われない**（民法565条、562条、563条、564条、415条、541条、542条）。したがって、契約不適合があることについて過失によって知らなかったとしても、買主は、契約不適合責任を追及することができる。よって、本肢は正しい。

3　正　　　　　　　　　　　　重要度　★★

売買の目的物の一部が他人に属するため契約の内容に適合しないものであるときは、買主は、売主に対し、履行の追完を請求することができる（民法562条1項）。さらに、買主が相当の期間を定めて履行の**追完の催告**をし、その期間内に**履行の追完がないとき**は、買主は、その不適合の程度に応じて**代金の減額を請求**することができる（民法563条1項）。ただし、**履行の追完が不能**であるときは、この催告をすることなく、**直ちに代金の減額を請求**することができる（民法563条2項1号）。よって、本肢は正しい。

4　正　　　　　　　　　　　　重要度　★★

売買の目的物の**全部が他人に属する**ため、その権利を買主に移転できない場合、買主は、帰責性のある売主に対し**損害賠償請求をすることができる**（民法415条1項）この場合、**買主の善意悪意は影響しない**。よって、本肢は正しい。

≪出る順宅建士合格テキスト①　第8章　契約不適合責任≫

 抵当権

予想正解率　40％未満

1　誤　　　　　　　　　　　　重要度　★

抵当権者が抵当権を実行しようとするときでも、**第三取得者に対して抵当権消滅請求の機会を与えるため、抵当権を実行する旨の通知をする必要はない**。よって、本肢は誤りであり、本問の正解肢となる。

2　正　　　　　　　　　　　　重要度　★★

抵当不動産の第三取得者は、抵当権の実行としての競売による**差押えの効力が発生する前に**、抵当権消滅請求をしなければならない（民法382条）。したがって、Dは、差押えの効力が発生した後は、抵当権消滅請求をすることができない。よって、本肢は正しい。

3　正　　　　　　　　　　　　重要度　★★

抵当不動産の第三取得者は、競売における買受人となることができる（民法390条）。よって、本肢は正しい。

> 【実力ＵＰ情報】債務者Ｃは競売における買受人となることはできない。

4　正　　　　　　　　　　　　　重要度　★★★

抵当権者は、抵当権の実行により、元本についてはその全額、利息については満期となった**最後の２年分**について、優先して弁済を受ける権利を有する（民法375条１項本文）。よって、本肢は正しい。

> 【実力ＵＰ情報】後順位抵当権者その他利害関係人がいない場合は、最後の２年分を超える利息についても、抵当権を行使することができる。

≪出る順宅建士合格テキスト①　第12章　抵当権≫

予想正解率　75％

本問のように、法律行為（たとえば、「契約の締結」）以外の事務を委託した場合を準委任という。準委任については委任に関する規定が準用されるので、通常の委任と同じように考えればよい（民法656条）。そして、受任者は、特約がなければ、委任者に対して報酬を請求することができないが、特約を結ぶことによって報酬を請求することができる。つまり、**委任契約は、無償を原則とするが、特約によって有償とすることができる**ということである（民法648条１項）。

1　誤　　　　　　　　　　　　　重要度　★★★

受任者は、委任の本旨に従い、**「善良な管理者の注意」**をもって、委任事務を処理する義務を負う（民法644条）。この点に関し、**有償と無償とで差異はない**。よって、ケース②の場合は「自己の財産におけると同一の注意」で足りるとする本肢は誤り。

> 【講師からのアドバイス】「善良な管理者の注意」と「自己の財産におけると同一の注意」の具体的な相違を気にする必要はない。「"自己の財産におけると同一の注意"よりも高度な注意が要求されるのが"善良な管理者の注意"。」とイメージすれば十分である。

2　誤　　　　　　　　　　　　　重要度　★★

委任契約は、委任者Ａ又は受任者Ｂの**いずれが死亡しても終了する**（民法653条１号）。この点に関し、**有償と無償とで差異はない**。よって、ケース②の場合は終了しないことを原則とするとする本肢は誤り。

> 【実力ＵＰ情報】死亡の他、委任者又は受任者が破産手続開始の決定を受けたときと受任者

が後見開始の審判を受けたときにも委任契約は終了する（民法653条2号、3号）。

3　誤‥‥‥‥‥‥‥‥‥‥‥‥‥‥‥‥**重要度　★★**

　委任契約の各当事者（委任者及び受任者）は、いつでも、解除をすることができる（民法651条1項）。ただし、**相手方に不利な時期に委任を解除したときは**、原則として、相手方の**損害を賠償しなければならない**（民法651条2項本文1号）。この点に関し、**有償と無償とで差異はない**。よって、ケース②の場合は損害を賠償する必要はないとする本肢は誤り。

> **【実力ＵＰ情報】**相手方に不利な時期に委任を解除した場合であっても、やむを得ない事由があったときは、相手方の損害を賠償する必要はない（民法651条2項但書）。

4　正‥‥‥‥‥‥‥‥‥‥‥‥‥‥‥‥**重要度　★★★**

　肢3で述べた通り、**委任契約の各当事者（委任者及び受任者）は、いつでも、解除をすることができる**（民法651条1項）。この点に関し、**有償と無償とで差異はない**。よって、本肢は正しく、本問の正解肢となる。

> **【講師からのアドバイス】**肢3で出題したように、解除の結果、相手方に損失が生じた場合はその損害を賠償しなければならないときもあるが、このことは解除ができるか否かとは次元が異なる。混乱しないようにしてほしい。

≪出る順宅建士合格テキスト①　第21章　委任≫

第10問　相続　正解②　重要度Ｃ

予想正解率　40％未満

1　誤‥‥‥‥‥‥‥‥‥‥‥‥‥‥‥‥**重要度　★★**

　廃除の効果は相対的で他の者に及ばないから、**廃除された者の子は代襲相続をすることができる**（民法887条2項）。したがって、廃除されたＣの子Ｆは、代襲相続することができる。よって、本肢は誤り。

> **【実力ＵＰ情報】**代襲相続の原因は、相続開始以前の死亡、相続欠格、廃除によって、その相続権を失った場合である。

2　正‥‥‥‥‥‥‥‥‥‥‥‥‥‥‥‥**重要度　★**

　相続開始から遺産分割までの間に遺産である不動産から生ずる賃料債権は、遺産とは別個の財産であり、**各共同相続人がその相続分に応じて分割単独債権として確定的に取得する**（判例）。したがって、当該賃料債権については、共同相続人Ｂ・Ｃ・Ｄ・Ｅがその相続分に応じて分割債権として取得する。よって、本肢は正しく、本問の正解肢となる。

LEC東京リーガルマインド 2023年版 出る順宅建士 当たる！ 直前予想模試　第2回　解説

3 誤 　　　　　　　　　　　　　重要度 ★

被保険者死亡の場合の保険金受取人が「被保険者死亡の場合はその相続人」と指定されたときは、特段の事情のない限り、被保険者死亡の時における相続人を受取人として特に指定したいわゆる「他人のための保険契約」となる。この場合には、当該保険金請求権は、**保険契約の効力発生と同時に、その指定された相続人の固有財産**となり、被保険者の遺産から離脱する（民法896条、判例）。したがって、Aの死亡保険金は、Bの固有の財産となり、相続財産に含まれない。よって、本肢は誤り。

4 誤 　　　　　　　　　　　　　重要度 ★★

被相続人の配偶者は、被相続人の財産に属した建物に**相続開始の時に居住**していた場合において、**遺産の分割**によって配偶者居住権を取得するものとされたとき、又は配偶者居住権が**遺贈の目的**とされたときは、その居住していた建物の全部について**配偶者居住権を取得**する。ただし、被相続人が相続開始の時に居住建物を配偶者以外の者と共有していた場合は、配偶者居住権を取得することはできない（民法1028条1項）。本肢の場合、友人Hと共有関係にあるので、遺産分割によっても配偶者居住権を取得することはできない。よって、本肢は誤り。

≪出る順宅建士合格テキスト① 第9章 相続≫

 借地借家法（借地）

予想正解率　85％以上

1 誤 　　　　　　　　　　　　　重要度 ★★★

借地権は、その登記がなくても、**借地上に借地権者名義の登記ある建物を所有**すれば、**第三者に対抗することができる**（借地借家法10条1項）。本肢では、借地権者Aは、甲土地上に乙建物を建築し、乙建物についてA名義の所有権の保存の登記をしているので、Cに対して甲土地の借地権を対抗することができる。この場合、乙建物を第三者Dに使用させていてもかまわない。よって、本肢は誤り。

> 【実力ＵＰ情報】借地権者名義の登記でなければならないので、借地権者の親族等の名義では対抗できないが、借地権者名義の登記であれば表題部の登記でも対抗することができる（判例）。

2 誤 　　　　　　　　　　　　　重要度 ★★★

肢1で述べたように、借地上に借地権者名義の登記ある建物を所有すれば、借地権を第三者に対抗することができるが、**借地上の建物登記は、借地権者本人の名義でなければならない**（判例）。乙建物につき借地権者Aの配偶者E名義の所有権の保存の登記があっても、Aは、甲土地の借地権を第三者Cに対抗することができない。よって、本肢は誤り。

3　誤　　　　　　　　　　　　　重要度　★

　肢1で述べたように、借地上に借地権者名義の登記ある建物を所有すれば、借地権を第三者に対抗することができるが、**一筆の土地を賃借している場合で、その土地の上に賃借人が数棟の建物を所有するときは、そのうち一棟について登記があれば、一筆の土地全体について借地権を対抗することができる**（借地借家法10条1項参照、判例）。本肢では、Aは乙建物についてA名義の所有権の保存の登記をしているので、Cに対して甲土地の借地権を対抗することができる。よって、本肢は誤り。

4　正　　　　　　　　　　　　　重要度　★★★

　第三者が賃借権の目的である土地の上の建物を競売により取得した場合において、その第三者が賃借権を取得しても借地権設定者に不利となるおそれがないにもかかわらず、借地権設定者がその賃借権の譲渡を承諾しないときは、「第三者」は裁判所に対し、建物の代金を支払った後2カ月以内に限り、借地権設定者の承諾に代わる許可をするよう裁判所に申し立てることができる（借地借家法20条1項、3項）。よって、本肢は正しく、本問の正解肢となる。

> 【実力UP情報】本肢のような「競売」ではなく、借地権者が第三者に「譲渡」しようとする場合、たとえば「売却」しようとする場合であれば、「借地権者の申立て」となる。

≪出る順宅建士合格テキスト①　第18章　借地借家法②≫

第12問　借地借家法（借家）　正解 3　重要度 A

予想正解率　60%

1　正　　　　　　　　　　　　　重要度　★★

　賃借人は①賃貸人の同意を得て建物に備え付けた造作、あるいは、②賃貸人から買い受けた造作については、賃貸借契約終了時に、賃貸人に時価で買取りを請求することができる（造作買取請求権、借地借家法33条）。したがって、**賃貸人の同意を得ずに建物に備え付けた造作については、特約のない限り、賃貸人に買取りを請求することはできない**。よって、本肢は正しい。

> 【実力UP情報】「造作（ぞうさく）」とは、畳やエアコンなどのことを指す。

2　正　　　　　　　　　　　　　重要度　★★★

　建物賃貸借契約において、**賃借人に造作買取請求権を認めない旨の特約は、有効である**（借地借家法37条、33条1項）。したがって、本肢では、AB間の特約は有効である。よって、本肢は正しい。

3　誤　　　　　　　　　　　　　重要度　★★

　居住用建物の賃借人が相続人なしに死亡した場合、その当時婚姻又は縁組の届出を

していないが、建物の賃借人と事実上夫婦又は養親子と同様の関係にあった同居者（以下、「内縁の妻等」という。）は、建物の賃借人の権利義務を承継する（借地借家法36条1項）。したがって、**相続人が存在する場合には、内縁の妻等は居住用建物の賃借人の地位を承継しない**。本肢では、Bに母Dがおり、Dは法定相続人であるから、Cは、Bの賃借権を承継しない。よって、本肢は誤りであり、本問の正解肢となる。

4　正　　　　　　　　　　　　　　　重要度　★★★

賃貸借契約において、賃貸人が交替した場合（民法605条の2第1項、2項後段）、**敷金関係は新賃貸人に承継される**（民法605条の2第4項）。よって、本肢は正しい。

> 【実力ＵＰ情報】賃借人が交替した場合には、敷金関係は当然に承継されるわけではない（民法622条の2第1項2号参照）。

≪出る順宅建士合格テキスト①　第17章　借地借家法①≫

第13問　建物区分所有法　正解 ❹　重要度 Ｂ

予想正解率　85％以上

1　正　　　　　　　　　　　　　　　重要度　★★

集会の招集の通知は、**区分所有者が管理者に対して通知を受けるべき場所を通知したときはその場所に**、これを通知しなかったときは**区分所有者の所有する専有部分が所在する場所にあててすれば足りる**（区分所有法35条3項前段）。よって、本肢は正しい。

> 【解法の視点】「通知を受けるべき場所を通知したとき」とは、たとえば、「長期の出張に出るので、通知は出張先の住所にしてくれ。」と管理者に頼んでおいたような場合である。自分にとって想像しやすい状況をイメージすればよい。

2　正　　　　　　　　　　　　　　　重要度　★★

建物の価格の2分の1を超える部分が滅失（大規模滅失）したときは、集会において、**区分所有者及び議決権の各4分の3以上の多数で、滅失した共用部分を復旧する旨の決議を行うことができる**（区分所有法61条5項）。よって、本肢は正しい。

3　正　　　　　　　　　　　　　　　重要度　★★

規約は、管理者が保管しなければならないが、**管理者がないときは、建物を使用している区分所有者又はその代理人で規約又は集会の決議で定めるものが保管しなければならない**（区分所有法33条1項）。よって、本肢は正しい。

> 【実力ＵＰ情報】区分所有法上、管理者の選任は義務ではない。したがって、「管理者がないとき」とは、これから管理者を選任しようとしている場合もあれば、そもそも管理者を選任

しない場合もある。

4　誤・・・・・・・・・・・・・・・・・・・・・・・・・・・重要度　★★★

建替え決議をするには、集会において、**区分所有者及び議決権の各5分の4以上の賛成**が必要であり（区分所有法62条1項）、この定数について規約で別段の定めができる旨の規定はない。よって、本肢は誤りであり、本問の正解肢となる。

【解法の視点】「建替えのような重大事項について、法定の定数の下限を引き下げることはできないのではないか？」とイメージできればよい。

≪出る順宅建士合格テキスト①　第15章　建物区分所有法≫

第14問　不動産登記法　正解 ４　重要度 C

予想正解率　40％未満

1　正・・・・・・・・・・・・・・・・・・・・・・・・・・・重要度　★★

新築した建物又は区分建物以外の表題登記がない建物の**所有権を取得した者**は、その所有権の取得の日から**1カ月以内**に、表題登記を申請しなければならない（不登法47条1項）。よって、本肢は正しい。

【実力UP情報】表題登記とは、表示に関する登記のうち、当該不動産について表題部に最初にされる登記のことをいう。

2　正・・・・・・・・・・・・・・・・・・・・・・・・・・・重要度　★

建物の種類、構造及び床面積等建物の登記記録の**表題部に記録されている表示に関する登記事項について変更**があったときは、表題部所有者又は所有権の登記名義人は、当該変更があった日から**1カ月以内**に、表題部の**変更の登記を申請しなければならない**（不登法51条1項、44条1項3号）。したがって、既存の建物が増築された場合、1カ月以内に、表題部の変更の登記を申請しなければならない。よって、本肢は正しい。

3　正・・・・・・・・・・・・・・・・・・・・・・・・・・・重要度　★

表題登記がない建物と所有権の登記がある建物が合体して一個の建物としたときは、合体前の表題登記がない建物の所有者又は所有権の登記がある建物の所有権の登記名義人は、建物の合体の日から**1カ月以内**に、**合体後の建物についての表題登記及び合体前の建物についての建物の表題部の登記の抹消**（合体による登記等）を申請しなければならない（不登法49条1項2号）。よって、本肢は正しい。

4　誤・・・・・・・・・・・・・・・・・・・・・・・・・・・重要度　★

更正の登記は、表題部所有者又は所有権の登記名義人に限り申請することができる

が、申請義務はない（不登法53条1項）。また、登記事項が当初から現況と一致していない場合、その旨登記官が通知するという規定はない。よって、本肢は誤りであり、本問の正解肢となる。

≪出る順宅建士合格テキスト①　第11章　不動産登記法≫

第15問　都市計画の内容　正解 ③　重要度 B

予想正解率　60%

1　正　　　　　　　　　　　　　重要度　★★

都道府県は、準都市計画区域を指定しようとするときは、あらかじめ、関係市町村及び都道府県都市計画審議会の意見を聴かなければならない（都計法5条の2第2項）。よって、本肢は正しい。

2　正　　　　　　　　　　　　　重要度　★★

都道府県又は市町村は、都市計画を決定しようとするときは、あらかじめ、その旨を公告し、当該都市計画の案を、当該都市計画を決定しようとする理由を記載した書面を添えて、当該公告の日から2週間公衆の縦覧に供しなければならない（都計法17条1項）。よって、本肢は正しい。

3　誤　　　　　　　　　　　　　重要度　★

一定の土地の区域における地区計画については、劇場、店舗、飲食店等の大規模な建築物の整備による商業その他の業務の利便の増進を図るため、一体的かつ総合的な市街地の開発整備を実施すべき区域である、開発整備促進区を定めることができる（都計法12条の5第4項）。これは、第二種住居地域、準住居地域、工業地域が定められている土地の区域又は用途地域が定められていない土地の区域（市街化調整区域を除く。）において定めることができる（都計法12条の5第4項4号）のであって、商業地域に定めることはできない。よって、本肢は誤りであり、本問の正解肢となる。

【実力UP情報】開発整備促進区を定めることにより、第二種住居地域、準住居地域、工業地域、用途地域無指定区域（市街化調整区域を除く）について規制が緩和され、大規模集客施設が設置できるようになった。

4　正　　　　　　　　　　　　　重要度　★★★

市街化区域は、すでに市街地を形成している区域及びおおむね10年以内に優先的かつ計画的に市街化を図るべき区域であり（都計法7条2項）、市街化調整区域は、市街化を抑制すべき区域である（都計法7条3項）。よって、本肢は正しい。

≪出る順宅建士合格テキスト③　第1章　都市計画法（都市計画の内容）≫

 開発行為の規制等

予想正解率　60％

1　誤・・・・・・・・・・・・・・・・・・・・・・・・　重要度　★★★

　　開発許可を受けた開発区域内において、開発行為に関する工事の完了の公告があるまでの間は、建築物を建築し、又は特定工作物を建設してはならない。ただし、①当該開発行為に関する工事用の仮設建築物又は特定工作物を建築し、又は建設するとき、②都道府県知事が支障がないと認めたとき、③当該開発区域内に土地所有権を有する者のうち、当該開発行為に関して同意をしていない者がその権利の行使として建築物を建築又は特定工作物を建設するときはこの限りでない（都計法37条）。よって、本肢は誤りであり、本問の正解肢となる。

2　正・・・・・・・・・・・・・・・・・・・・・・・・　重要度　★

　　排水施設の構造及び能力の基準については、自己居住用・自己の業務用・その他の区分を問わず、すべての開発行為に適用される（都計法33条1項3号）。よって、本肢は正しい。

3　正・・・・・・・・・・・・・・・・・・・・・・・・　重要度　★★★

　　開発許可を受けた者は、開発行為に関する工事を廃止したときは、遅滞なく、国土交通省令で定めるところにより、その旨を都道府県知事に届け出なければならない（都計法38条）。よって、本肢は正しい。

　【実力ＵＰ情報】一定の「軽微な変更」をした場合も、遅滞なく、その旨を都道府県知事に届け出なければならない。

4　正・・・・・・・・・・・・・・・・・・・・・・・・　重要度　★★

　　開発許可の不許可の処分等に関して不服のある者は、開発審査会に対して審査請求をすることができる（都計法50条1項）。よって、本肢は正しい。

　【実力ＵＰ情報】審査請求を経ることなく、裁判所に処分取消しの訴えを提起することもできる。

≪出る順宅建士合格テキスト③　第1章　都市計画法（開発行為の規制等）≫

第17問　建築基準法総合　正解 ② 重要度 Ⓑ

予想正解率　75％

1　誤・・・・・・・・・・・・・・・・・・・・・・・・　重要度　★★★

地盤面下に設ける建築物は、道路に突き出して建築することができる（建基法44条1項但書1号）。これは用途地域を問わない。よって、本肢は誤り。

【実力ＵＰ情報】原則として、建築物や擁壁は道路に突き出して建築することはできない（建基法44条1項本文）。地下商店街や地下駐車場等のように地盤面下（＝地下）に設けるものであれば、道路の通行の妨げになることはないので、例外的に建築することが認められている。

2　正 重要度　★

第二種低層住居専用地域における容積率は、10分の5、10分の6、10分の8、10分の10、10分の15、10分の20のうち当該地域に関する都市計画において定められた数値が、その最高限度となる（建基法52条1項1号）。したがって、第二種低層住居専用地域における容積率として都市計画で定められる値は、10分の20以下である。よって、本肢は正しく、本問の正解肢となる。

3　誤 重要度　★★★

第二種低層住居専用地域内においては、日影規制の適用の有無にかかわらず、隣地斜線制限は適用されない（建基法56条1項2号）。よって、本肢は誤り。

【実力ＵＰ情報】第一種・第二種低層住居専用地域及び田園住居地域においては、都市計画で10m又は12mの絶対的高さ制限が定められているので（建基法55条1項）、隣地斜線制限の適用はない（建基法56条1項2号）。

4　誤 重要度　★★

都市計画において建築物の敷地面積の最低限度を定める場合においては、その最低限度は、200㎡を超えてはならない（建基法53条の2第2項）。よって、本肢は誤り。

≪出る順宅建士合格テキスト③　第2章　建築基準法≫

第18問　建築基準法総合　正解❸　重要度Ⓐ

予想正解率　60％

1　誤 重要度　★★★

街区の角にある敷地で特定行政庁が指定するものの内にある建築物にあっては、建蔽率（建築物の建築面積の敷地面積に対する割合）は用途地域ごとに定められた数値に10分の1を加えた数値まで緩和される（建基法53条3項2号）。これに対して、容積率（建築物の延べ面積の敷地面積に対する割合）の制限には、本肢のような緩和規定はない（建基法52条参照）。よって、本肢は誤り。

【講師からのアドバイス】建蔽率、容積率の違いに注意しよう。

2　誤・・・・・・・・・・・・・・・・・・・・・・・・　**重要度　★★**

　建築協定区域内の土地の所有者等は、特定行政庁から認可を受けた**建築協定を廃止**しようとする場合においては、その**過半数の合意**をもってその旨を定め、これを特定行政庁に申請してその認可を受けなければならない（建基法76条１項）。これに対して、**建築協定を変更**しようとする場合においては、土地所有者等の**全員の合意**が必要である（建基法74条２項、70条３項）。よって、本肢は誤り。

3　正・・・・・・・・・・・・・・・・・・・・・・・・・・・・　**重要度　★★**

　防災上の通路や避難経路を十分に確保するため、**特殊建築物、３階以上の建築物、敷地が袋路状道路にのみ接する延べ面積が150㎡を超える建築物**（一戸建ての住宅を除く。）などの一定の建築物については、**地方公共団体は、条例で接道義務を加重（付加）することができる**（建基法43条３項）。よって、本肢は正しく、本問の正解肢となる。

> **【実力ＵＰ情報】**敷地が幅員４ｍ以上の道（道路に該当するものを除き、避難及び通行の安全上必要な国土交通省令で定める基準に適合するものに限る。）に２ｍ以上接する建築物のうち、利用者が少数である建築物で、特定行政庁が交通上、安全上、防火上及び衛生上支障がないと認めるものは、接道義務がない（建基法43条２項１号）。

4　誤・・・・・・・・・・・・・・・・・・・・・・・・・・・・　**重要度　★★★**

　近隣商業地域においては、**料理店を建築することはできない**（建基法48条９項、別表第二）。料理店（風営法関連）を建築することができるのは、商業地域・準工業地域内においてのみである。これには面積の大小は関係ない。そして、**田園住居地域**においては、農業の利便増進に必要な物品販売店舗・飲食店（農産物直売所、農家レストラン等、**２階以下、かつ500㎡以内**）を建築する**ことができる**（建基法48条８項、別表第二）。よって、本肢は誤り。

> **【講師からのアドバイス】**「料理店」とは、客の接待をして、客に遊興又は飲食をさせる営業を行う場所をいい、料理店はキャバレーと同様の風俗営業施設に分類される。「飲食店」とは異なるので、安易に同一視しないよう注意が必要である。

≪出る順宅建士合格テキスト③　第２章　建築基準法≫

| 第**19**問 | 農地法 | 正解**4** | 重要度**A** |

予想正解率　75%

1　誤・・・・・・・・・・・・・・・・・・・・・・・・・・・・　**重要度　★★★**

　市街化区域内の農地は、４条許可を得なくとも**農業委員会への届出**により農地を転用することができる（農地法４条１項但書７号）。このような例外的な特則は市街化調整区域内の農地にはない。よって、本肢は誤り。

【講師からのアドバイス】市街化区域内か否かで結論が変わるので読み落としのないように注意してほしい。

2 誤 ･･････････････････････････････････ 重要度 ★★★

抵当権は、使用及び収益を目的とする権利ではないので、**農地に抵当権を設定する場合、農地法3条・5条の許可を受ける必要はない**。そもそも農地法の許可が不要なのであるから、市街化区域内の特則も検討する必要はなく、届出も不要である。よって、本肢は誤り。

3 誤 ･･････････････････････････････････ 重要度 ★★★

農地法3条許可について、市街化区域内の特則はない（農地法3条参照）。したがって、農地を**耕作**のために借り入れる場合、**農地法3条の許可が必要**となる。よって、本肢は誤り。

4 正 ･･････････････････････････････････ 重要度 ★★★

競売により農地を取得することは、農地の**権利移動**（農地法3条1項）又は農地の転用のための権利移動（農地法5条1項）にあたる。取得が競売によるものであっても許可を不要とする規定はない。よって、本肢は正しく、本問の正解肢となる。

≪出る順宅建士合格テキスト③　第4章　農地法≫

 宅地造成等規制法　

予想正解率　85%以上

1 誤 ･･････････････････････････････････ 重要度 ★★★

宅地造成工事規制区域内において、宅地以外の土地を宅地に転用した者は、宅地造成に関する工事の許可を受けた場合又は軽微な変更に関する届出をした者を除き、その**転用した日から14日以内**に、その旨を**都道府県知事に届け出**なければならない（宅造法15条3項）。21日以内ではない。よって、本肢は誤り。

【講師からのアドバイス】「許可」が必要な行為と、「届出」が必要な行為について整理しておこう。

2 正 ･･････････････････････････････････ 重要度 ★★

都道府県知事は、宅地造成工事規制区域内における宅地の所有者、管理者又は占有者に対して、当該宅地又は当該宅地において行われている**工事の状況について報告を求めることができる**（宅造法19条）。よって、本肢は正しく、本問の正解肢となる。

3 誤 ･･････････････････････････････････ 重要度 ★★

宅地造成工事規制区域内において許可を受けた宅地造成工事が完了した場合にお

いて、都道府県知事の検査を受けなければならないのは、**請負人ではなく、造成主である**（宅造法13条1項、8条1項本文）。よって、本肢は誤り。

> 【実力ＵＰ情報】造成主とは、宅地造成に関する工事の請負契約の注文者又は請負契約によらないで自らその工事をする者をいう。

4 誤・・・・・・・・・・・・・・・・・重要度 ★★

都道府県知事は、宅地造成に伴う災害で相当数の居住者に危害を生ずるものの発生のおそれが大きい一団の造成宅地（**宅地造成工事規制区域内の土地を除く**）の区域であって、一定の基準に該当するものを、**造成宅地防災区域**として**指定することができる**（宅造法20条1項）。そして、造成された盛土の高さが5ｍ未満でも、盛土をした土地の面積が3,000㎡以上であり、かつ、盛土をしたことにより、当該盛土をした土地の地下水位が盛土をする前の地盤面の高さを超え、盛土の内部に浸入しているものは、造成宅地防災区域として指定できる（施行令19条1項1号イ）。よって、本肢は誤り。

≪出る順宅建士合格テキスト③ 第6章 その他の法令上の制限（宅地造成等規制法）≫

第21問 土地区画整理法　正解 ４ 重要度 Ｂ

予想正解率　50％

1 正・・・・・・・・・・・・・・・・・重要度 ★

施行者は、定款等及び事業計画、**換地計画に関する図書**その他一定の簿書を主たる事務所に備え付けておかなければならない（区画法84条1項）。そして、利害関係者からこれらの簿書の閲覧の請求があった場合においては、施行者は、正当な理由がない限り、これを拒んではならない（区画法84条2項）。よって、本肢は正しい。

2 正・・・・・・・・・・・・・・・・・重要度 ★

個人施行者以外の施行者は、換地計画を定めようとする場合においては、その**換地計画を２週間公衆の縦覧**に供しなければならない（区画法88条2項）。よって、本肢は正しい。

> 【講師からのアドバイス】個人施行の場合には、このような規定はない。

3 正・・・・・・・・・・・・・・・・・重要度 ★★★

土地区画整理組合は、その事業に要する経費に充てるため、賦課金として**参加組合員以外の組合員**に対して金銭を賦課徴収することができる（区画法40条1項）。よって、本肢は正しい。

> 【実力ＵＰ情報】参加組合員とは、独立行政法人都市再生機構、地方住宅供給公社等であっ

て、組合が都市計画事業として施行する土地区画整理事業に参加することを希望し、定款で定められたものをいう（区画法25条の2）。

4 誤 重要度 ★★★

個人、組合、区画整理会社が施行する土地区画整理事業の換地計画においては、当該事業の施行の費用に充てるため、又は規準、規約、定款で定める目的のため、一定の土地を換地として定めないで、その土地を**保留地として定めることができる**（区画法96条1項、3条1項～3項）。よって、本肢は誤りであり、本問の正解肢となる。

【講師からのアドバイス】保留地について、国、地方公共団体、機構等施行の場合は、事業の施行の費用に充てる以外の目的で定めることはできず、また、一定の価額の土地に限られている。公的施行と民間施行の違いを確認しておこう。

≪出る順宅建士合格テキスト③　第5章　土地区画整理法≫

第22問　国土利用計画法

予想正解率　75%

1 正 重要度 ★★

区域区分が定められていない都市計画区域内に所在する5,000㎡以上の土地を売買により取得した者は、事後届出をしなければならない（国土法23条1項、2項1号ロ）。もっとも、事後届出が必要となる土地売買等の契約を締結したにもかかわらず、買主等の権利取得者が**事後届出を行わなかった場合**、罰則の適用はあるが、**当該契約の効力には影響を及ぼさない**（国土法47条1号参照）。よって、本肢は正しく、本問の正解肢となる。

【実力UP情報】届出をしなかった場合、6カ月以下の懲役又は100万円以下の罰金に処せられることがある。

2 誤 重要度 ★★★

事後届出において、共有地の**持分を譲渡**する場合の面積要件の判定は、共有地全体の面積に当該譲渡に係る**持分の割合**を乗じたものを基準とする。したがって、Bのみがその持分を売却する場合の面積要件の判定は、5,000㎡×1／2＝2,500㎡を基準として行うことになる。そうすると、2,000㎡以上の場合に届出が必要となる市街化区域内の土地を取引している本肢の場合、**届出をする必要がある**（国土法23条2項1号イ）。しかし、この場合、事後届出をするのは、**売主Bではなく権利取得者である買主Dである**（国土法23条1項）。よって、本肢は誤り。

【講師からのアドバイス】事後届出に関する事例問題の場合、必ず「誰が権利取得者か」を確認し、早とちりをしないように注意しよう。

3　誤 ･････････････････････････ 重要度 ★★★

交換は、土地に関する権利を対価を得て移転する契約にあたるから、それぞれの土地が届出対象面積以上であれば**それぞれの土地について事後届出が必要**である。**市街化区域内の土地は2,000㎡以上**が届出対象面積であり、**市街化調整区域内の土地は5,000㎡以上**が届出対象面積であるから、本肢の場合、いずれの取引についても事後届出を要する（国土法23条1項、2項）。したがって、EもFも事後届出をしなければならない。よって、本肢は誤り。

4　誤 ･････････････････････････ 重要度 ★★

事後届出においては、届出書に権利の移転等の対価の**額**や土地の**利用目的**等を記載しなければならない（国土法23条1項）。そして、土地の利用**目的**については都道府県知事から**勧告を受けることがある**が、対価の額については**勧告を受けることはない**（国土法24条1項）。したがって、本肢は、前半は正しいが、後半が誤りとなる。よって、本肢は誤り。

> 【講師からのアドバイス】「届出が必要か不要か（本肢の前半部分）」というテーマと「勧告があるかないか（本肢の後半部分）」というテーマを混同しないように注意しよう。

≪出る順宅建士合格テキスト③　第3章　国土利用計画法≫

第23問　所得税（譲渡所得）　正解 ３　重要度 B

予想正解率　50%

1　正 ･････････････････････････ 重要度 ★

前年に居住用財産の買換え等の場合の**譲渡損失の損益通算及び繰越控除**の適用を受けているときであっても、**住宅ローン控除の適用を受けることができる**（租特法41条22項、41条の5第7項）。よって、本肢は正しい。

> 【解法の視点】「居住用財産の買換え等の場合の譲渡損失の損益通算・繰越控除」との併用適用は認められる。

2　正 ･････････････････････････ 重要度 ★

令和5年中に居住の用に供した場合において、**住宅借入金等の年末残高の0.7%相当額の税額控除**の適用を受けることができるのは、居住の用に供した日の属する年以後**13年間**に限られる（租特法41条1項、4項3号）。よって、本肢は正しい。

> 【実力UP情報】民間の金融機関からの借入金だけでなく、独立行政法人住宅金融支援機構など公的資金からの借入金も適用対象となる点や家屋の床面積が40㎡以上であるという点は必須知識である。

3 誤‥‥‥‥‥‥‥‥‥‥‥‥‥‥ 重要度 ★★

前年に「居住用財産の譲渡所得の特別控除」（3,000万円特別控除）の適用を受けているときは、**住宅ローン控除の適用**を受けることが**できない**（租特法41条22項、35条1項）。よって、本肢は誤りであり、本問の正解肢となる。

【実力ＵＰ情報】居住年又は当該居住年の前年もしくは前々年に、「3,000万円控除」・「居住用財産の軽減税率」・「買換え特例」などとの併用適用は認められない。

4 正‥‥‥‥‥‥‥‥‥‥‥‥‥‥ 重要度 ★

合計所得金額が2,000万円を超える年については、その年分の所得税について**住宅ローン控除の適用**を受けることは**できない**（租特法41条1項）。よって、本肢は正しい。

【実力ＵＰ情報】住宅ローンの年末残高の限度額は3,000万円である。なお、長期優良住宅（200年住宅）は5,000万円である。

≪出る順宅建士合格テキスト③　税・価格　第3章　所得税（譲渡所得）≫

第24問　不動産取得税　正解 ❶　重要度 A

予想正解率　60%

1 正‥‥‥‥‥‥‥‥‥‥‥‥‥‥ 重要度 ★

信託の効力が生じた時から引き続き委託者のみが信託財産の元本の受益者である場合、信託により**受託者から元本の受益者に信託財産を移す場合**の不動産の取得に対しては、**不動産取得税を課することができない**（地方税法73条の7第4号イ）。よって、本肢は正しく、本問の正解肢となる。

2 誤‥‥‥‥‥‥‥‥‥‥‥‥‥‥ 重要度 ★★★

住宅又は土地の取得に係る不動産取得税の標準税率は**100分の3（3％）**である（地方税法73条の15、附則11条の2第1項）。よって、本肢は誤り。

【実力ＵＰ情報】住宅以外の家屋の取得が行われた場合における不動産取得税の標準税率は、100分の4（4％）である。

3 誤‥‥‥‥‥‥‥‥‥‥‥‥‥‥ 重要度 ★★★

宅地を取得した場合には、当該取得に係る不動産取得税の課税標準は、当該土地の価格の**2分の1**とされる（地方税法附則11条の5第1項）。しかし、**家屋については、このような特例はない**。よって、本肢は誤り。

4 誤‥‥‥‥‥‥‥‥‥‥‥‥‥‥ 重要度 ★★★

一定の**新築住宅**の取得に対して課する**不動産取得税の課税標準**の算定については、1戸につき1,200万円を価格から**控除**するものとされる（地方税法73条の14第1項）。この一定の新築住宅とは、原則として、**床面積が50㎡以上240㎡以下**のものをいう（地方税法施行令37条の16第1号）。よって、本肢は誤り。

　　　　　　　　《出る順宅建士合格テキスト③　税・価格　第1章　不動産取得税》

第25問　地価公示法　　

予想正解率　50％

1　正　　　　　　　　　　　　　　　重要度　★★

　標準地は、**土地鑑定委員会**が、国土交通省令で定めるところにより、自然的及び社会的条件からみて類似の利用価値を有すると認められる地域において、**土地の利用状況、環境等が通常と認められる一団の土地**について選定するものとする（地価公示法3条）。よって、本肢は正しい。

2　誤　　　　　　　　　　　　　　　重要度　★★★

　正常な価格とは、土地について自由な取引が行われるとした場合に、通常成立すると認められる価格をいう（地価公示法2条2項）。この標準地の正常な価格は、**土地鑑定委員会**が、各標準地について2人以上の不動産鑑定士の鑑定評価を求め、その結果を**審査**し、必要な調整を行って**判定**する（地価公示法2条1項）。不動産鑑定士が正常な価格を判定するのではない。よって、本肢は誤りであり、本問の正解肢となる。なお、当該土地に**地上権**が存する場合には、その権利が**存しない**ものとして通常成立すると認められる価格をいうとする点は正しい（地価公示法2条2項）。

3　正　　　　　　　　　　　　　　　重要度　★

　土地鑑定委員会は、標準地の単位面積当たりの正常な価格を判定したときは、すみやかに、①標準地の所在の郡、市、区、町村及び字ならびに地番、②標準地の単位面積当たりの価格及び価格判定の基準日、③**標準地の地積及び形状**、④**標準地及びその周辺の土地の利用の現況**、⑤その他国土交通省令で定める事項を官報で公示しなければならない（地価公示法6条）。よって、本肢は正しい。

4　正　　　　　　　　　　　　　　　重要度　★★

　公示区域とは、都市計画法に規定する**都市計画区域**その他の**土地取引が相当程度見込まれる**ものとして国土交通省令で定める区域（国土利用計画法12条1項の規定により指定された規制区域を除く。）をいう（地価公示法2条1項、施行規則1条1項）。よって、本肢は正しい。

　　　　　　　　《出る順宅建士合格テキスト③　税・価格　税・価格　第7章　地価公示法》

第26問　宅地建物取引士　正解 ❷　重要度 A

予想正解率　60％

1　誤　重要度 ★★

心身の故障により宅地建物取引士の事務を適正に行うことができない者は、**登録を受けることができない**（業法18条1項12号）。成年被後見人又は被保佐人であっても、これに該当しない場合は登録を受けることができる。したがって、**成年被後見人又は被保佐人であることを直接の理由として「登録を受けることができない」と断定する**ことはできない。よって、本肢は誤り。

【実力ＵＰ情報】心身の故障により宅地建物取引士の事務を適正に行うことができない者は、登録を受けることができないが、成年被後見人、被保佐人も、これらに該当しなければ登録は可能である。

2　正　重要度 ★★★

登録の移転の申請とともに宅地建物取引士証の交付の申請があったときは、移転後の都道府県知事は、前の宅地建物取引士証の有効期間が経過するまでの期間を有効期間とする宅地建物取引士証を交付しなければならない（業法22条の2第5項）。よって、本肢は正しく、本問の正解肢となる。

【解法の視点】従前の宅地建物取引士証の「残りの期間」という意味である。新規に5年の有効期間となるわけではない。

3　誤　重要度 ★★★

宅地建物取引士は、重要事項の説明をするときは、説明の相手方に対し、宅地建物取引士証を提示しなければならない（業法35条4項）。そして、この規定に違反した場合、**10万円以下の過料に処せられることがある**（業法86条）。よって、本肢は誤り。

【実力ＵＰ情報】取引の関係者から請求があったときも、宅地建物取引士証を提示しなければならないが、これに違反しても罰則はない。

4　誤　重要度 ★★

宅地建物取引士は、登録が消除されたとき、又は宅地建物取引士証が効力を失ったときに、また、宅地建物取引士証の亡失によりその再交付を受けた後において、亡失した宅地建物取引士証を発見したときには、速やかに、当該宅地建物取引士証をその交付を受けた都道府県知事に返納しなければならない（業法22条の2第6項、規則14条の15第5項）。これに対し、**宅地建物取引士証を使用する予定がなくなったからといって、返納する必要はない**。よって、本肢は誤り。

≪出る順宅建士合格テキスト②　第5章　宅地建物取引士≫

 営業保証金

予想正解率　85％以上

1　誤・・・・・・・・・・・・・・・・・・・・・・・・・・・・　重要度　★★★

宅建業者は、主たる事務所につき1,000万円、その他の事務所につき事務所ごとに500万円の割合による金額の合計額を主たる事務所の最寄りの供託所に供託しなければならない（業法25条1項、2項、施行令2条の4）。支店bの最寄りの供託所に供託するのではない。よって、本肢は誤り。

> 【実力UP情報】営業保証金は、一括して主たる事務所の最寄りの供託所に供託する。したがって、「それぞれの最寄りの供託所」という表現も誤りとなる。

2　誤・・・・・・・・・・・・・・・・・・・・・・・・・・・・　重要度　★★

事務所を新設しても、同時に他の事務所を廃止したことで、事務所数に変動がない場合には、新たに営業保証金を供託する必要はない（業法25条2項参照）。供託すべき営業保証金の額は同じだからである。よって、本肢は誤り。

3　正・・・・・・・・・・・・・・・・・・・・・・・・・・・・　重要度　★★★

宅建業に関する取引をした者（宅建業者に該当するものを除く）は、その取引により生じた債権に関し、宅建業者が供託した営業保証金の範囲内で還付請求をすることができる（業法27条1項）。したがって、Aと取引を行った者は、**その支店bにおける取引により生じた債権であっても**、1,500万円（主たる事務所につき1,000万円、従たる事務所が1つであるから500万円の合計）を限度として、Aの供託した営業保証金の還付を請求することができる。よって、本肢は正しく、本問の正解肢となる。

4　誤・・・・・・・・・・・・・・・・・・・・・・・・・・・・　重要度　★★★

宅建業者が、**事務所の一部を廃止した場合**において、営業保証金の額が政令で定める額を超えるときは、その超過額について、当該営業保証金につき還付の権利を有する者に対し、6カ月を下らない一定期間内に申し出るべき旨を**公告し、その期間内にその申出がなかった場合でなければ、営業保証金を取り戻すことができない**（業法30条1項、2項）。よって、本肢は誤り。

> 【実力UP情報】事務所の一部廃止の場合、弁済業務保証金の取戻しの場合であれば公告は不要である。違いに注意しよう。

≪出る順宅建士合格テキスト②　第6章　営業保証金≫

第28問　免許の基準　正解 ① 重要度 A

予想正解率　75%

ア　できない ・・・・・・・・・・・・・・・・・・　重要度 ★★★

暴行罪を犯し、罰金の刑に処せられ、その刑の執行を終わり、又は執行を受けることがなくなった日から5年を経過しない者は、免許を受けることができない（業法5条1項6号）。よって、刑の執行を終えてから3年を経過しているにすぎないAは、免許を受けることができない。

イ　できる ・・・・・・・・・・・・・・・・・・　重要度 ★★★

禁錮以上の刑に処せられても、執行猶予期間が満了すると、直ちに免許を受けることができる。よって、Bは、免許を受けることができる。

ウ　できる ・・・・・・・・・・・・・・・・・・　重要度 ★★

控訴・上告中の場合、免許を受けることができる。よって、Cは、免許を受けることができる。

【解法の視点】控訴・上告中ということは有罪が確定していない状況ということである。

エ　できる ・・・・・・・・・・・・・・・・・・　重要度 ★★★

破産手続開始の決定を受けた者であっても、**復権を得ると直ちに免許を受けることができる**（業法5条1項1号）。よって、Dは、免許を受けることができる。

以上より、免許を受けることができないものはアの一つであり、1が本問の正解肢となる。

≪出る順宅建士合格テキスト②　第3章　免許≫

第29問　37条書面　正解 ① 重要度 A

予想正解率　65%

ア　記載する必要はない ・・・・・・・・　重要度 ★★★

代金及び交換差金以外の金銭の授受に関しては、その定めがあるときは、その額ならびに当該金銭の授受の時期及び目的を37条書面に記載しなければならない（業法37条1項6号）。よって、本肢は、その定めの有無を問わず当該書面に記載しなければならない事項ではない。

イ　記載する必要はない ・・・・・・・・　重要度 ★★★

当該宅地もしくは建物が種類もしくは品質に関して契約の内容に適合しない場合におけるその**不適合を担保すべき責任**又は**当該責任の履行に関して講ずべき保証保険契約の締結その他の措置の内容**は、その定めがあるときは、37条書面に記載しなければならない（業法37条1項11号）。よって、本肢は、その定めの有無を問わず当該書面に記載しなければならない事項ではない。

ウ 記載する必要はない ・・・・・・・・・・・・ 重要度 ★★★

損害賠償額の予定又は違約金に関しては、その定めがあるときは、その内容を37条書面に記載しなければならない（業法37条1項8号）。よって、本肢は、その定めの有無を問わず当該書面に記載しなければならない事項ではない。

エ 記載しなければならない ・・・・・・・・・ 重要度 ★★★

代金の支払の時期及び方法は、その定めの有無を問わず37条書面に記載しなければならない（業法37条1項3号）。よって、本肢は、その定めの有無を問わず当該書面に記載しなければならない事項である。

> 【実力UP情報】定めがなくとも記載しなければならない事項には、①金額（「売買代金」、「交換差金」、「借賃」）、②支払方法、③時期（「支払の時期」、「移転登記の申請の時期（貸借は除く）」、「引渡しの時期」）、④当該建物が既存の建物であるときは、建物の構造耐力上主要な部分等の状況について当事者の双方が確認した事項（貸借は除く）がある。

以上より、必ず記載しなければならないのはエの一つであり、1が本問の正解肢となる。

≪出る順宅建士合格テキスト② 第11章 37条書面≫

 媒介・代理契約

予想正解率 85％以上

1 誤 ・・・・・・・・・・・・・・・・・・・・・・・・ 重要度 ★★★

専属専任媒介契約の有効期間は、**3月**を超えることができず、これより長い期間を定めたときは、その期間は**3月**となる（業法34条の2第3項）。「6月」ではない。よって、本肢は誤り。

> 【解法の視点】媒介・代理契約の問題においては、専任媒介契約における契約期間（最長）、業務報告の頻度、指定流通機構への登録義務及び登録期間について、数字をふまえて、しっかり覚えておこう。

2 誤 ・・・・・・・・・・・・・・・・・・・・・・・・ 重要度 ★★★

専属専任媒介契約を締結した宅建業者は、依頼者に対し、1週間に1回以上当該媒

介契約に係る**業務の処理状況を報告しなければならない**（業法34条の2第9項）。本肢の「10日ごとに」とする特約は、**依頼者に不利な特約であり、無効となる**（業法34条の2第10項）。よって、「10日ごとに業務の処理状況の報告をすれば足りる」とする本肢は誤り。

> 【実力ＵＰ情報】専属ではない専任媒介契約であれば2週間に1回以上の報告義務がある。

3　正　　　　　　　　　　　　　　　　重要度　★★★

専属専任媒介契約においては、**依頼者が媒介業者が探索した相手方以外の者と売買又は交換の契約を締結したときの措置を媒介契約書面に記載しなければならない**（業法34条の2第1項8号、規則15条の9第2号）。よって、本肢は正しく、本問の正解肢となる。

4　誤　　　　　　　　　　　　　　　　重要度　★★★

宅建業者は、価額に対して意見を述べるときは、その根拠を明らかにしなければならない（業法34条の2第2項）。しかし、その方法には特段の制約がなく、**書面による必要はない**。よって、本肢は誤り。

≪出る順宅建士合格テキスト②　第8章　媒介・代理契約≫

第31問　クーリング・オフ　

予想正解率　85％以上

1　誤　　　　　　　　　　　　　　　　重要度　★★

申込者等が、当該宅地建物の**引渡しを受け、かつ、その代金の全部を支払ったとき**は、クーリング・オフをすることができない（業法37条の2第1項2号）。この場合、書面で告げられた日から8日経過しているか否かは影響しない。よって、本肢は誤り。

2　正　　　　　　　　　　　　　　　　重要度　★★★

「事務所等」以外の場所で買受けの申込みをし、又は売買契約を締結した場合には、買主は、クーリング・オフをすることができる（業法37条の2第1項）。そして、これに反する**特約で買主に不利な特約は無効となる**（業法37条の2第1項、4項）。本肢の特約は、喫茶店で売買契約を締結しているにもかかわらず、買主Ｂの解除を一切認めないものであり、買主Ｂに不利な特約として無効である。よって、本肢は正しく、本問の正解肢となる。

3　誤　　　　　　　　　　　　　　　　重要度　★★★

宅建業者が一団の宅地建物の分譲を案内所を設置して行う場合にあっては、その宅地建物取引士を置くべき案内所で当該宅地建物の売買契約を締結した買主は、クーリング・オフすることができない。ただし、この案内所は、土地に定着する建物内に設

けられるものに限る（業法37条の2第1項、規則16条の5第1号ロ）。したがって、**テント張りの現地案内所で契約を締結した場合は、クーリング・オフをすることができる**。よって、本肢は誤り。

4　誤 ･････････････････････････ 重要度　★★★

他の宅建業者に対し、宅地又は建物の売却について代理又は媒介の依頼をした場合、**代理又は媒介の依頼を受けた他の宅建業者の事務所で売買契約を締結した買主はクーリング・オフをすることができない**（業法37条の2第1項、規則16条の5第1号ハ）。よって、本肢は誤り。

≪出る順宅建士合格テキスト②　第13章　自ら売主制限≫

第32問　契約不適合責任についての特約の制限　

予想正解率　75％

ア　違反しない ･････････････････ 重要度　★★★

宅建業者は、自ら売主となる宅地又は建物の売買契約において、その目的物の**契約不適合責任に関し、民法に規定するものより買主に不利となる特約をしてはならない**（業法40条1項）。しかし、**買主が宅建業者の場合は、この規制は適用がない**（業法78条2項）。よって、本肢は宅建業法の規定に違反しない。

イ　違反しない ･････････････････ 重要度　★★★

宅建業者は、自ら売主となる宅地又は建物の売買契約において、その目的物の契約不適合責任に関し、民法に規定するものより買主に不利となる特約をしてはならないが、**例外として**、引き渡された目的物が契約内容に不適合である旨の通知をすべき期間について、**目的物の引渡しの日から2年以上となる特約をすることができる**（業法40条1項）。よって、本肢は宅建業法の規定に違反しない。

ウ　違反しない ･････････････････ 重要度　★★★

宅建業者は、自ら売主となる宅地又は建物の売買契約において、その目的物の契約不適合責任に関し、民法に規定するものより買主に不利となる特約をしてはならないが（業法40条1項）、契約内容に不適合である旨を**通知すべき期間について特約を定めないことにしても、宅建業法に違反しない**。よって、本肢は宅建業法の規定に違反しない。

エ　違反しない ･････････････････ 重要度　★★★

宅建業者は、自ら売主となる宅地又は建物の売買契約において、その目的物の契約不適合責任に関し、民法に規定するものより買主に不利となる特約をしてはならないが（業法40条1項）、**民法上は、損害賠償請求については、売主の責に帰すべき事由がある場合に限っているので**（民法415条参照）、**民法より不利とはいえず**、宅建業法

に違反しない。よって、本肢は宅建業法の規定に違反しない。

以上より、違反するものは一つもなく、4が本問の正解肢となる。
≪出る順宅建士合格テキスト② 第13章 自ら売主制限≫

第33問 宅建業法総合　正解 4　重要度 A

予想正解率　60％

1　誤・・・・・・・・・・・・・・・・・・・・・・・・　重要度　★★★

宅建業者は、事務所ごとに置かれる専任の宅地建物取引士の氏名について変更があった場合、30日以内に、その旨をその免許権者に届け出なければならない（業法9条、8条2項6号）。したがって、Bは変更の届出が必要である。一方、Aは、勤務先の宅建業者の商号・名称等が変わるわけではないので、**変更の登録の申請は不要である**（業法18条2項参照）。よって、本肢は誤り。

2　誤・・・・・・・・・・・・・・・・・・・・・・・・　重要度　★★★

宅地建物取引士の本籍に変更があった場合、宅地建物取引士は、**変更の登録を申請しなければならない**（業法20条、18条2項、規則14条の2の2第1項1号）。しかし、宅建業者は、専任の宅地建物取引士の**本籍に変更があっても、変更の届出をする必要はない**。したがって、Bは、変更の届出をする必要がない。よって、本肢は誤り。

3　誤・・・・・・・・・・・・・・・・・・・・・・・・　重要度　★★★

変更の届出が必要となるのは、専任の宅地建物取引士の氏名に変更があった場合である（業法9条、8条2項6号）。また、登録の移転は任意である（業法19条の2）。したがって、Bは、変更の届出をする必要があるが、Aは、登録の移転を申請することができるだけである。よって、本肢は誤り。なお、Aは、従事する宅建業者が変わるので、変更の登録を申請しなければならない。

4　正・・・・・・・・・・・・・・・・・・・・・・・・　重要度　★★★

都道府県知事の免許を受けた者が2以上の都道府県の区域内に事務所を有することとなったときは、主たる事務所の所在地を管轄する都道府県知事を経由して、**国土交通大臣に免許換えの申請をしなければならない**（業法7条1項3号、3条1項、78条の3第1項）。また、**勤務先の宅建業者が免許換えをすると免許証番号がかわるので、宅地建物取引士は、遅滞なく、変更の登録を申請しなければならない**（業法20条、18条2項、規則14条の2の2第1項5号）。よって、本肢は正しく、本問の正解肢となる。

> 【講師からのアドバイス】免許換えが生じない事務所の移転等であれば、宅建業者は変更の届出をしなければならないが、宅地建物取引士は変更の登録は不要である。

≪出る順宅建士合格テキスト② 第3章 免許≫
≪出る順宅建士合格テキスト② 第5章 宅地建物取引士≫

 重要事項の説明

予想正解率 85％以上

1 正・・・・・・・・・・・・・・・・・・・・・・・・・ 重要度 ★

廃棄物の処理及び清掃に関する法律15条の19の規定に基づき指定された**指定区域内**において**土地の形質の変更**をしようとする者は、一定の場合を除き、環境省令で定めるところにより、当該土地の形質の変更の種類、場所、施行方法及び着手予定日その他環境省令で定める事項を都道府県**知事に届け出**なければならない旨を説明しなければならない（業法35条1項2号、施行令3条1項55号）。よって、本肢は正しく、本問の正解肢となる。

【解法の視点】目にしたことのない法令上の規制に関しては、ほかの肢との兼ね合いもあるが、おおよそ「重要事項の説明対象」と判断しよう。

2 誤・・・・・・・・・・・・・・・・・・・・・・・・・ 重要度 ★★★

建物の売買の媒介を行う場合、当該建物について、**石綿の使用の有無の調査の結果が記録されているときは、その内容を説明しなければならない**（業法35条1項14号、規則16条の4の3第4号）。調査結果の記録がないときは、説明する必要がない。また、石綿使用の有無の調査結果の記録の存在の**有無が分からないときに、宅建業者が石綿の使用の有無の調査を自ら実施する必要はない**（解釈・運用の考え方）。よって、本肢は誤り。

3 誤・・・・・・・・・・・・・・・・・・・・・・・・・ 重要度 ★★★

水防法施行規則の規定により当該建物が所在する市町村の長が提供する図面（水害ハザードマップ）に当該建物の位置が表示されているときは、当該図面における当該建物の所在地を説明しなければならない（業法35条1項14号、規則16条の4の3第3号の2）。説明の際には当該図面を提示の上、当該建物の概ねの位置を示すことにより行う必要がある（解釈・運用の考え方）。当該**図面が存在していることを説明するだけでは足りない**。よって、本肢は誤り。

4 誤・・・・・・・・・・・・・・・・・・・・・・・・・ 重要度 ★★

マンションの建物の計画的な維持修繕のための費用、通常の管理費用その他の、マンションの所有者が負担しなければならない費用を特定の者にのみ**減免する旨の規約**（案を含む。）の**定めがあるときは、その内容が重要事項の説明事項となる**（業法35条1項6号、規則16条の2第5号）。したがって、宅建業者は、**買主が当該減免対象者であるか否かにかかわらず、その内容を説明しなければならない**。よって、本肢

は誤り。

≪出る順宅建士合格テキスト② 第10章 重要事項の説明≫

 監督・罰則

予想正解率　85％以上

1　誤‥‥‥‥‥‥‥‥‥‥‥‥‥‥‥‥　重要度　★★

　国土交通大臣又は都道府県知事は、その免許を受けた**宅建業者が業務に関し他の法令に違反し、宅建業者として不適当であると認められるとき、必要な指示をすることができる**（業法65条1項3号）。よって、本肢は誤り。

2　正‥‥‥‥‥‥‥‥‥‥‥‥‥‥‥‥　重要度　★★★

　国土交通大臣又は都道府県知事は、その免許を受けた宅建業者が、**専任の宅地建物取引士の設置義務に抵触し、2週間以内に必要な措置を執らなければ、当該宅建業者に対し、1年以内の期間を定めて、その業務の全部又は一部の停止を命ずることができる**（業法65条2項2号、31条の3第1項、3項）。よって、本肢は正しく、本問の正解肢となる。

　【解法の視点】宅地建物取引士とは、宅建士試験に「合格」し、都道府県知事の「登録」を受け、「宅地建物取引士証」の交付を受けた者をいうので、宅地建物取引士証が失効しているのであれば「宅地建物取引士」ではないことになる。

3　誤‥‥‥‥‥‥‥‥‥‥‥‥‥‥‥‥　重要度　★★

　宅地建物取引士が事務禁止の処分を受けた場合、宅建業者の責に帰すべき事由があるときは、**宅建業者が業務停止処分を受けることがあり**（業法65条2項1号の2、1項4号、68条2項）、その場合、**情状が特に重いときは、当該宅建業者は免許取消処分を受ける**（66条1項9号、65条2項）。したがって、その宅地建物取引士が役員又は政令で定める使用人であるかどうかに係わらず、当該宅建業者の免許が取り消されることがある。よって、本肢は誤り。

4　誤‥‥‥‥‥‥‥‥‥‥‥‥‥‥‥‥　重要度　★★★

　免許の取消しは、免許をした免許権者のみが行う（業法66条1項）。したがって、本肢の場合、Aの免許権者は甲県知事であり、乙県知事はAの免許を取り消すことができない。よって、本肢は誤り。

≪出る順宅建士合格テキスト② 第15章　監督・罰則≫

 手付金等の保全措置 正解 ❹ 重要度 Ⓐ

予想正解率　75％

ア　誤‥‥‥‥‥‥‥‥‥‥‥‥‥‥　重要度　★★★

　手付金等の保全措置として、指定保管機関による保管を使うことができるのは、工事完了後の宅地又は建物の売買を行う場合に限られる（業法41条の２第１項１号、41条１項）。したがって、本問は建築工事完了前の場合なので、そもそも指定保管機関による保管を手付金等の保全措置とすることができない。よって、本肢は誤り。

イ　誤‥‥‥‥‥‥‥‥‥‥‥‥‥‥　重要度　★★★

　宅建業者が自ら売主となる場合、代金の額の10分の２を超える額の手付を受領することができない（業法39条１項）。したがって、3,000万円は、代金の10分の２である2,000万円を超えているので、Aは、手付金等の保全措置を講じても、手付金として3,000万円を受け取ることができない。よって、本肢は誤り。

ウ　誤‥‥‥‥‥‥‥‥‥‥‥‥‥‥　重要度　★★★

　工事完了前の宅地又は建物の売買を行う場合、受領しようとする手付金等の額が代金の額の100分の５以下であり、かつ、1,000万円以下であるときは、保全措置を講じる必要がない（業法41条１項、施行令３条の５）。しかし、ひとたび保全措置を講じる必要が生じると、既に受領した手付金等があるときは、その額を加えた全額を保全する必要がある。したがって、Aは2,500万円について保全措置を講じなければならない。よって、本肢は誤り。

　以上より、正しいものは一つもなく、4が本問の正解肢となる。

《出る順宅建士合格テキスト②　第13章　自ら売主制限》

第37問　広告等に関する規制　正解 ❸ 重要度 Ⓐ

予想正解率　85％以上

1　誤‥‥‥‥‥‥‥‥‥‥‥‥‥‥　重要度　★★

　宅建業者は、宅地の造成、建物の建築に関する工事の完了前においては、当該工事に関し必要とされる**都市計画法の開発許可、建築基準法の建築確認等の処分があった後**でなければ、当該工事に係る宅地又は建物の売買その他の業務に関する広告をしてはならない（業法33条）。本肢の場合、**開発許可を受ければ広告をすることができる。完了検査を受ける必要まではない**。よって、本肢は誤り。

【解法テクニック】「許可」「確認」があればよい。単純にあてはめよう。

2　誤 重要度 ★★★

　宅地建物の売買、交換又は貸借に関する注文を受けたときは、遅滞なく、その注文をした者に対し取引態様の別を明らかにしなければならない（業法34条2項）。これは**注文者の請求の有無を問わない**。よって、本肢は誤り。

> **【実力UP情報】**宅建業者は、宅地建物の売買、交換又は貸借に関する広告をするときは、取引態様の別を明示しなければならない。

3　正 重要度 ★★★

　宅建業者は、その業務に関して広告をするときは、当該広告に係る宅地又は建物の所在、規模、形質もしくは現在もしくは将来の利用の制限、環境もしくは交通その他の利便について、**著しく事実に相違する等の表示をしてはならず、これに違反したときは、6月以下の懲役又は100万円以下の罰金に処せられることがある**（業法32条、81条）。これは、**現実に誤認等の被害が生じなくても同様**である。よって、本肢は正しく、本問の正解肢となる。

> **【解法テクニック】**「取引態様の明示義務違反」「誇大広告等の禁止違反」「広告開始時期の制限違反」の中で、罰則の適用があるのは「誇大広告等の禁止違反」である。

4　誤 重要度 ★★★

　宅建業者は、工事の完了前においては、当該工事に関し必要とされる都市計画法の開発許可、建築基準法の建築確認等の処分があった後でなければ、当該工事に係る宅地建物の売買その他の業務に関する広告をしてはならない（業法33条）。**建築確認申請中である旨の表示をしても、広告を行うことはできない**。よって、本肢は誤り。

《出る順宅建士合格テキスト②　第9章　広告等に関する規制》

第38問　宅地建物取引業の意味　正解 4　重要度 A

予想正解率　75%

ア　正 重要度 ★★★

　宅地とは、建物の敷地に供せられる土地をいう（業法2条1号）。現に建物の敷地に供されている土地に限らず、**広く建物の敷地に供する目的で取引の対象とされた土地**をいう（解釈・運用の考え方）。よって、本肢は正しい。

イ　正 重要度 ★★★

　学校、病院、官公庁施設等の公共的な施設も建物に当たり、それらの用に供する土地は、宅地に該当する。よって、本肢は正しい。

ウ　正 重要度 ★★★

建物の敷地に供せられている土地は、宅地とされる（業法2条1号）。したがって、都市計画法に規定する用途地域外に存するものであっても、建物である倉庫の敷地に供せられている土地は、宅地とされる。よって、本肢は正しい。

エ 正‥‥‥‥‥‥‥‥‥‥‥‥‥‥‥ 重要度 ★★★

都市計画法の用途地域内の土地は、道路、公園、河川、広場及び水路の用に供せられているもの以外のものが宅地に含まれる（業法2条1号、施行令1条）。したがって、ソーラーパネルを設置する予定の土地であっても、都市計画法の**用途地域内に存するものであれば、宅地に該当する**。よって、本肢は正しい。

以上より、正しいものはア、イ、ウ、エの四つであり、4が本問の正解肢となる。
≪出る順宅建士合格テキスト② 第1章 宅地建物取引業の意味≫

第39問 37条書面 正解1 重要度A

予想正解率 60%

ア 正‥‥‥‥‥‥‥‥‥‥‥‥‥‥‥ 重要度 ★★★

宅建業者は、37条書面に、宅地建物取引士をして記名させなければならない（業法37条3項）。しかし、記名をする**宅地建物取引士は「専任」である必要はない**。よって、本肢は正しい。

【講師からのアドバイス】「契約書面（37条書面）」に関して、誰が誰に交付義務があるか、誰が契約書面に記名するのか等を正確に覚えておこう。

イ 正‥‥‥‥‥‥‥‥‥‥‥‥‥‥‥ 重要度 ★★★

宅建業者は、契約の**両当事者に、37条書面を交付**しなければならない（業法37条2項）。したがって、居住用建物の賃貸借契約においても、関与している複数の宅建業者が37条書面を交付しなければならない。作成が一方の宅建業者による場合であっても、交付については、双方の宅建業者がその義務を負う。よって、本肢は正しい。

ウ 誤‥‥‥‥‥‥‥‥‥‥‥‥‥‥‥ 重要度 ★★★

宅建業者が貸主となり貸借の契約を締結することは、宅建業法上の**取引に該当せず、宅建業にはあたらない**（業法2条2号）。したがって、宅建業法の適用がなく、貸主である宅建業者は、借主に37条書面を交付する必要はない。よって、本肢は誤り。

以上より、誤っているものはウの一つであり、1が本問の正解肢となる。
≪出る順宅建士合格テキスト② 第11章 37条書面≫

 報酬額の制限

予想正解率　75％

ア　違反しない・・・・・・・・・・・・・・・・・・・・・　重要度　★★★

　交換の報酬計算の場合、価額に差があるときは、価額のうち多い方の価額が基準となる（業法46条、報酬告示第２）。本肢では、3,000万円が基準となる。したがって、Aは、(3,000万円×３％＋６万円)×1.1＝105万6,000万円、Bも、(3,000万円×３％＋６万円)×1.1＝105万6,000万円まで受領することができる。よって、本肢は宅建業法の規定に違反しない。

イ　違反する・・・・・・・・・・・・・・・・・・・・・　重要度　★★★

　賃貸借契約の媒介であるから、１カ月分の借賃10万円が受領できる報酬合計額の限度額となる。本問は、ＡＢ２人の宅建業者が関与して、甲乙間の取引を行っているが、複数の宅建業者が関与した場合においても、**その複数の宅建業者が受け取ることのできる報酬の合計額は、「１カ月分の借賃10万円以内」**である。本肢は、A、Bがそれぞれ依頼者から１カ月分の借賃相当である10万円を受領している。よって、本肢は宅建業法の規定に違反する（業法46条、報酬告示第４）。なお、居住用建物賃貸借契約の媒介の場合、当該媒介の依頼を受けるに当たって、当該依頼者の承諾を得ている場合を除き、依頼者の一方から受領できる報酬の限度額は２分の１カ月分までである。

ウ　違反する・・・・・・・・・・・・・・・・・・・・・　重要度　★★★

　報酬の計算の基礎となる代金の額は、本肢の場合、4,500万円である。また、２人以上の宅建業者が関与する場合、その２人以上の宅建業者が受領できる報酬額の合計は、１人の宅建業者に依頼した場合の限度内でなければならない（業法46条、報酬告示第２、３）。したがって、本肢の場合、(4,500万円×３％＋６万円)×２×1.1＝310万2,000円が合計額の上限となる。したがって、Aが282万円を受領すると、Bは141万円を受領できないことになる。よって、本肢は宅建業法の規定に違反する。

　以上より、宅建業法の規定に違反するものは、イ、ウであり、３が本問の正解肢となる。

≪出る順宅建士合格テキスト②　第14章　報酬額の制限≫

 自己の所有でない物件の契約制限

予想正解率　85％以上

１　違反しない・・・・・・・・・・・・・・・・・・・・・　重要度　★★★

　宅建業者が自ら売主となる場合の制限は、買主が宅建業者である宅建業者間の取引

には適用がない（業法78条２項）。したがって、ＡＢ間の売買契約が停止条件付きであるか否かにかかわらず、Ａは、宅建業者であるＣと売買契約をすることができる。よって、本肢は宅建業法の規定に違反しない。

> 【解法の視点】宅建業者自らが売主となる場合に関する制限は、買主が宅建業者ではない場合にのみ適用される。買主も宅建業者である場合には、そもそも適用がない。

２　違反しない・・・・・・・・・・・・・・・・・・・・重要度　★★★

宅建業者は、原則として、自己の所有に属しない宅地又は建物について、自ら売主となる売買契約を締結してはならないが、当該物件を取得する契約（予約を含み、停止条件付きのものを除く）を締結しているときには、例外として売買契約を締結することができる（業法33条の２第１号）。Ａは、Ｂと売買契約を締結している以上、Ｃと停止条件付売買契約を締結することができる。よって、本肢は宅建業法の規定に違反しない。

> 【解法の視点】ＡがＢと当該建物の売買契約を締結している以上、宅建業者でないＣと売買契約をすることができる。Ｃとの間の売買契約が停止条件付か否かは影響しない。

３　違反しない・・・・・・・・・・・・・・・・・・・・重要度　★★★

宅建業者は、原則として、自己の所有に属しない宅地又は建物について、自ら売主となる売買契約を締結してはならないが、当該物件を取得する契約（予約を含み、停止条件付きのものを除く）を締結しているときには、例外として売買契約を締結することができる（業法33条の２第１号）。Ａは、Ｂと売買の予約をしている以上、Ｃと当該建物を売却する契約を締結することができる。よって、本肢は宅建業法の規定に違反しない。

４　違反する・・・・・・・・・・・・・・・・・・・・・重要度　★★★

宅建業者が、自己の所有に属しない宅地又は建物について、当該物件の所有者と停止条件付売買契約を締結しているにすぎないときは、宅建業者でない買主と売買契約を締結することができない（業法33条の２第１号）。したがって、ＡＢ間の売買契約に停止条件が付されているときは、Ａは、Ｃに当該建物を売却する契約を締結することができない。よって、本肢は宅建業法の規定に違反することから、本問の正解肢となる。

> 【実力ＵＰ情報】肢３と異なり、ＡＢ間に停止条件がある場合である。この場合であれば、宅建業者ではない買主と売買契約を締結してはならない。

≪出る順宅建士合格テキスト②　第13章　自ら売主制限≫

 事務所以外の場所の規制

予想正解率　50％

1　正・・・・・・・・・・・・・・・・・・・・・・・・　重要度　★★★

　宅建業者は、一団の宅地建物の分譲をする場合、その宅地又は建物の所在する場所に標識を掲げなければならない（業法50条１項、規則19条１項２号）。マンションの**所在する場所に標識を掲示する必要があるのは、売主であるＡ**であり、代理業者であるＢは行う必要はない。よって、本肢は正しく、本問の正解肢となる。

2　誤・・・・・・・・・・・・・・・・・・・・・・・・　重要度　★★★

　宅建業者は、他の宅建業者が行う一団の宅地建物の分譲の代理・媒介を行う案内所に標識を掲げなければならない（業法50条１項、規則19条１項４号）。そしてこの場合、**標識を掲示する必要があるのは、当該案内所を設置する代理業者Ｂ**であり、自ら売主となる宅建業者Ａは行う必要はない。よって、本肢は誤り。

3　誤・・・・・・・・・・・・・・・・・・・・・・・・　重要度　★★★

　宅建業者は、他の宅建業者が行う一団の宅地建物の分譲の代理・媒介を案内所を設置して行う場合、その案内所が契約の締結又は申込みを受けるものであるときは、その案内所について、免許権者及び案内所の所在地を管轄する都道府県知事に対して、届出をする必要がある（業法50条２項、31条の３第１項、規則15条の５の２第３号）。そしてこの場合、**届出を行う必要があるのは、当該案内所を設置する代理業者Ｂ**であり、自ら売主となる宅建業者Ａは届出をする必要はない。よって、本肢は誤り。

4　誤・・・・・・・・・・・・・・・・・・・・・・・・　重要度　★★

　宅建業者は、他の宅建業者が行う一団の宅地建物の分譲の代理・媒介を案内所を設置して行う場合、その案内所が契約の締結又は申込みを受けるものであるときは、その案内所について、成年者である専任の宅地建物取引士を置かなければならない（業31条の３第１項、規則15条の５の２第３号）。そしてこの場合、**専任の宅地建物取引士を置く必要があるのは、当該案内所を設置する代理業者Ｂ**であり、自ら売主となる宅建業者Ａは置く必要はない。よって、本肢は誤り。

≪出る順宅建士合格テキスト②　第４章　事務所以外の場所の規制≫

第43問　弁済業務保証金　正解❹　重要度Ⓐ

予想正解率　60％

1　誤・・・・・・・・・・・・・・・・・・・・・・・・　重要度　★★★

　弁済業務保証金の**公告や取戻しは「保証協会」が行う**。社員であった宅建業者ではない（業法64条の11第１項、４項）。よって、本肢は誤り。

2　誤・・・・・・・・・・・・・・・・・・・・・・・・　重要度　★★★

弁済を受ける権利を有する者（＝還付を受ける権利を有する者）は、**社員となる前に取引をした者を含む**（業法64条の8第1項）。よって、「除く」とする本肢は誤り。なお、還付の上限額は、その者が社員でないならば供託すべき営業保証金の範囲内である（業法64条の8第1項、25条2項、施行令2条の4）。したがって、本肢の場合、2,500万円が限度となるとする点は正しい。

3　誤　　　　　　　　　　　　　　　　重要度　★

保証協会は、社員である宅建業者との契約により、当該宅建業者が受領した支払金又は預り金等の返済債務を負うこととなった場合、その返還債務を連帯して保証する業務及び手付金等保管事業を行うことが**できる**（業法64条の3第2項）。任意に行うことができるのであって、**義務付けられているわけではない**。よって、本肢は誤り。

4　正　　　　　　　　　　　　　　　　重要度　★★

保証協会は、弁済業務保証金**分担金の納付を受けたときは、その日から1週間以内**に、その納付を受けた額に相当する額の弁済業務保証金を、法務大臣及び国土交通大臣の定める供託所に供託しなければならない（業法64条の7第1項、2項）。よって、本肢は正しく、本問の正解肢となる。

《出る順宅建士合格テキスト②　第7章　弁済業務保証金》

 重要事項の説明

予想正解率　50％

1　違反しない　　　　　　　　　　　　重要度　★★★

建物の貸借においては、**建築基準法**56条1項1号に基づく道路斜線制限は、**説明事項となっていない**（業法35条1項2号、施行令3条3項参照）。よって、本肢は宅建業法の規定に違反しない。

2　違反しない　　　　　　　　　　　　重要度　★

建物の貸借においては、その用途その他の利用に係る制限に関する事項が重要事項の説明対象となっている（業法35条1項14号、規則16条の4の3第10号）。ただし、この対象は、事業用としての利用の禁止等の制限、事業用の業種の制限のほか、ペット飼育の禁止、ピアノ使用の禁止等の利用の制限が該当する。**増改築の禁止、内装工事の禁止等賃借人の権限に本来属しないことによる制限については含まれない**ものとされている（解釈・運用の考え方）。よって、本肢は宅建業法に違反しない。

3　違反する　　　　　　　　　　　　　重要度　★

宅地の貸借の媒介の場合、建築基準法上の制限も説明対象である。宅建業者は、建築基準法39条の規定に基づき、地方公共団体が条例で指定した災害危険区域内における建築物の建築に関する制限で、災害防止上必要なものとして条例で定められている

事項の概要は、重要事項の説明の対象である（業法35条1項2号、施行令3条1項2号、建基法39条2項）。よって、本肢は宅建業法の規定に違反することから、本問の正解肢となる。

4　違反しない・・・・・・・・・・・・・・・・・　重要度　★★

地中に埋設物が存在するか否かは、宅建業法35条の重要事項説明の対象とはなっていない（業法35条参照）。したがって、説明しなくとも宅建業法に違反しない。よって、本肢は宅建業法の規定に違反しない。なお、地中の埋設物が、相手方の判断に重要な影響を及ぼす事項であったとしても、本肢において、報告書を借主に交付していることから、事実の不告知・不実告知には該当しない（業法47条1項）。

≪出る順宅建士合格テキスト②　第10章　重要事項の説明≫

第45問　住宅瑕疵担保履行法　正解❸　重要度Ⓐ

予想正解率　85％以上

1　誤・・・・・・・・・・・・・・・・・・・・・・　重要度　★★★

宅建業者は、自ら売主として、宅建業者ではない者に対して新築住宅を販売する場合には、特定住宅販売瑕疵担保責任の履行を確保するため、住宅販売瑕疵担保保証金の供託、又は、住宅販売瑕疵担保責任保険契約の締結を行う義務を負う（住宅瑕疵担保履行法11条1項、2項、2条7項2号ロかっこ書）。**買主Bは建設業者であり、宅建業者ではないため、資力確保措置を講じる必要がある。**よって、本肢は誤り。

2　誤・・・・・・・・・・・・・・・・・・・・・・　重要度　★★★

自ら売主として新築住宅を宅建業者ではない買主に引き渡した宅建業者は、基準日ごとに、**基準日から3週間以内に、**その住宅に関する資力確保措置の状況について、その免許を受けた国土交通大臣又は都道府県知事に届け出なければならない（住宅瑕疵担保履行法12条1項、規則16条1項）。「契約を締結した日から3週間以内」ではない。よって、本肢は誤り。

3　正・・・・・・・・・・・・・・・・・・・・・・　重要度　★★★

住宅販売瑕疵担保保証金の供託をしている宅建業者は、基準日において当該住宅販売瑕疵担保保証金の額が当該基準日に係る基準額を超えることとなったときは、免許を受けた国土交通大臣又は都道府県知事の**承認を受ければ、その超過額を取り戻すことができる**（住宅瑕疵担保履行法16条、9条1項、2項）。よって、本肢は正しく、本問の正解肢となる。

4　誤・・・・・・・・・・・・・・・・・・・・・・　重要度　★★★

新築住宅を引き渡した宅建業者は、基準日に係る資力確保措置の状況の届出をしなければ、当該**基準日の翌日から起算して50日を経過した日以後においては、**新たに自

ら売主となる新築住宅の売買契約を締結してはならない（住宅瑕疵担保履行法13条）。「基準日から１カ月」ではない。よって、本肢は誤り。

> 【解法の視点】住宅瑕疵担保履行法は、出題される項目が固定化しており、得点しやすい分野である。過去問の出題範囲は、しっかり復習しておこう。

≪出る順宅建士合格テキスト② 第13章 自ら売主制限≫

 住宅金融支援機構法

予想正解率　75％

1　正　　　　　　　　　　　　重要度　★★

機構は、住宅の建設又は購入に必要な資金の貸付けに係る貸付債権の譲受けを行う（証券化支援業務（買取型））。この場合の**貸付債権**には、**住宅の購入に付随する土地もしくは借地権の取得又は当該住宅の改良に必要な資金も含まれる**（機構法13条１項１号、施行令５条１項２号）。よって、本肢は正しい。

2　正　　　　　　　　　　　　重要度　★★

災害を防止し又は軽減するため、住宅の敷地について擁壁の設置等の工事を行う必要がある場合として政令で定める場合の一定の工事は、災害予防関連工事にあたる（機構法２条６項、施行令３条）。機構は、**災害予防関連工事に必要な資金の貸付けを行う**（機構法13条１項６号）。よって、本肢は正しい。

3　誤　　　　　　　　　　　　重要度　★

機構は、主務省令で定める金融機関に対し業務を委託することができるが、住宅の建設、購入、改良もしくは移転（建設等）をしようとする者又は住宅の建設等に関する事業を行う者等に対し、必要な資金の調達又は良質な住宅の設計もしくは建設等に関する**情報の提供、相談その他の援助**を行うことについては、**委託することができない**（機構法16条１項１号、13条１項４号）。よって、本肢は誤りであり、本問の正解肢となる。

4　正　　　　　　　　　　　　重要度　★★

災害により滅失した住宅に代わるべき建築物とは、災害復興建築物のことである（機構法２条２項）。そして、機構は、**災害復興建築物の購入に必要な資金の貸付けを行うが、災害復興建築物の購入に付随する土地又は借地権の取得に必要な資金の貸付けも行う**(機構法13条１項５号、施行令５条２項２号）。よって、本肢は正しい。

≪出る順宅建士合格テキスト③　免除科目　第１章　住宅金融支援機構法≫

第47問 不当景品類及び不当表示防止法

予想正解率 50%

1 誤 ･･････････････････ 重要度 ★★★

傾斜地を含む土地であって、傾斜地の割合が当該土地面積の**おおむね30パーセント以上を占める場合**（**マンション及び別荘地等を除く。**）は、傾斜地を含む旨及び傾斜地の割合又は面積を明示しなければならない（表示規約13条、規則7条9号）。別荘地は除かれる。よって、本肢は誤り。

> 【実力ＵＰ情報】傾斜地の割合が30パーセント以上を占めるか否かにかかわらず、傾斜地を含むことにより、当該土地の有効な利用が著しく阻害される場合（マンションを除く。）は、その旨及び傾斜地の割合又は面積を明示しなければならない。

2 誤 ･･････････････････ 重要度 ★★★

建物の建築経過年数について、**実際のものよりも経過年数が短いと誤認されるおそれのある表示**をしてはならない（表示規約23条1項18号）。したがって、宅建業者は、中古住宅の販売広告において建築経過年数を当該住宅の一部増築を行った年から起算して表示することはできない。よって、本肢は誤り。

3 正 ･･････････････････ 重要度 ★★★

新設予定の駅等又はバスの停留所は、当該路線の**運行主体が公表したものに限り**、その**新設予定時期を明示して表示することができる**（表示規約15条3号、規則9条6号）。よって、本肢は正しく、本問の正解肢となる。

4 誤 ･･････････････････ 重要度 ★★

「**新築**」とは、建築工事完了後**1年未満**であって、**居住の用に供されたことがないもの**をいう（表示規約18条1項1号）。よって、本肢は誤り。

≪出る順宅建士合格テキスト③ 免除科目 第3章 不当景品類及び不当表示防止法≫

第48問 不動産の需給・統計

予想正解率 75%

1 正 ･･････････････････ 重要度 ★★★

令和5年地価公示（令和5年3月公表）によれば、令和4年1月以降の1年間の全国平均での**商業地**の地価は、**2年連続の上昇**となった。よって、本肢は正しく、本問の正解肢となる。

【実力UP情報】三大都市圏の商業地は2年連続の上昇となり、上昇率が拡大した。地方圏の商業地は2年連続で上昇し、上昇率が拡大した。地方圏のうち、地方四市（札幌市・仙台市・広島市・福岡市）の商業地は、10年連続の上昇となり、地方四市を除くその他の地域の商業地は3年ぶりの上昇となった。

2　誤・・・・・・・・・・・・・・・・・・・・　**重要度　★**

年次別法人企業統計調査（令和3年度。令和4年9月公表）によれば、令和3年度における不動産業の売上高経常利益率は12.5％であり、前年度（12.1％）と比べても高く、全産業の売上高経常利益率（5.8％）よりも高くなっている。よって、本肢は誤り。

3　誤・・・・・・・・・・・・・・・・・・・・　**重要度　★**

令和3年度宅地建物取引業法の施行状況調査結果について（令和4年9月公表）によれば、令和3年度末現在での宅地建物取引業者数は約128,597業者となり、**8年連続の増加**となっている。よって、本肢は誤り。

4　誤・・・・・・・・・・・・・・・・・・・・　**重要度　★★★**

建築着工統計調査報告（令和4年計。令和5年1月公表）によれば、令和4年の新設住宅着工戸数は、利用関係別戸数について、分譲住宅のうち**一戸建住宅**は145,992戸（前年比3.5％増、**2年連続の増加**）となっている。よって、本肢は誤り。

【実力UP情報】持家の着工戸数は253,287戸（前年比11.3％減、昨年の増加から再びの減少）、貸家の着工戸数は345,080戸（前年比7.4％増、2年連続の増加）、分譲住宅の着工戸数は255,487戸（前年比4.7％増、2年連続の増加）、このうちマンションの着工戸数は108,198戸（前年比6.8％増、3年ぶりの増加）となった。

≪出る順宅建士合格テキスト③　免除科目　第2章　不動産の需給・統計≫

第49問　土地　正解 3　重要度 B

予想正解率　40％未満

1　適当・・・・・・・・・・・・・・・・・・・・　**重要度　★★**

低地は、国土面積の**約13％**にすぎないが、大都市の大部分がここに立地し、産業や人口が集中するのは、地形が平坦で、表流水や地下水に恵まれていること、海陸の交通の便が良いこと等の利点を持つためである。しかし、わが国の**臨海部の低地**は、**軟弱な地盤**の地域が多く、**地震災害に対して脆弱**であり、また**洪水、高潮等の災害の危険度も高い**ため、住宅地等としての利用には、十分な防災対策が必要な地域である。よって、本肢は適当である。

2　適当・・・・・・・・・・・・・・・・・・・・　**重要度　★★**

崖錐堆積物におおわれた土地は、透水性があり水はけはよいが、**崩壊の危険**があり、切土をすると基盤との境目付近で**地すべり等を起こす**ことが多い。よって、本肢は適当である。

3　最も不適当 ・・・・・・・・・・・・・・・・・・・ 重要度　★★

沿岸部や埋立地、川辺等**地下水位の高い砂層**（比較的粒径のそろった砂地盤）では、地震の影響で**地盤が液状に近い状態**になり、地上の物が沈み込んだり、浮き上がったりする現象が生じ、基礎の支持力が失われて建物が倒壊するなどの被害が生じる場合がある。これを**液状化現象**という。よって、地下水位の低い粘土層で液状化現象が起きやすいとする本肢は最も不適当であり、本問の正解肢となる。

> 【解法の視点】地震による液状化現象は、沿岸部等の地下水位の高い砂層において生じる。

4　適当 ・・・・・・・・・・・・・・・・・・・・・・・・・ 重要度　★★

土石流が発生する危険性が高い場所は、**急勾配の河川流域**で**地盤が不安定な場所**である。多量の不安定な砂礫が堆積していたり、斜面崩壊の危険性が高かったりする急勾配の渓流においては、土石流が発生する危険性が高い。よって、本肢は適当である。

≪出る順宅建士合格テキスト③　免除科目　第4章　土地≫

第50問　建物　正解❷　重要度Ⓒ

予想正解率　50%

1　適当 ・・・・・・・・・・・・・・・・・・・・・・・・・ 重要度　★★

鉄筋コンクリート造につき、コンクリートの凝結及び硬化を促進するための特別の措置を講じない場合、**コンクリート打込み中及び打込み後5日間**は、コンクリートの**温度が2度を下らないようにし**、かつ、乾燥、震動等によってコンクリートの**凝結及び硬化が妨げられないように養生**しなければならない（建基法施行令75条）。よって、本肢は適当である。

2　最も不適当 ・・・・・・・・・・・・・・・・・・・ 重要度　★

鉄骨造の建築物の構造耐力上主要な部分の材料は、**炭素鋼**もしくは**ステンレス鋼**又は**鋳鉄**としなければならない（建基法施行令64条1項）。ステンレス鋼を用いてもよい。よって、本肢は最も不適当であり、本問の正解肢となる。

> 【実力ＵＰ情報】鋳鉄は、圧縮応力又は接触応力以外の応力が存在する部分には、使用してはならない。

3　適当 ・・・・・・・・・・・・・・・・・・・・・・・・・ 重要度　★

木材における丸身とは、木材の側面や木口面の稜線部で樹皮の部分が存在していた

り、材が欠除したりした部分のことをいい、設計時に仮定した断面より小さくなり、また、接合面、釘打ち面として不良となる。よって、本肢は適当である。

4　適当······························　**重要度　★**

　合板とは、木材を薄くむいた単板を互いに**繊維方向を直交させて奇数枚積層接着**したものをいい、軸組構法ならびに**枠組壁工法**において、耐力壁ならびに床・屋根下張り材として**使用**されている。よって、本肢は適当である。

≪出る順宅建士合格テキスト③　免除科目　第5章　建物≫

第3回 解答・解説

第3回　解答一覧

番号	正解	自己採点	出題項目	番号	正解	自己採点	出題項目
問 1	1		物権変動	問 26	3		媒介・代理契約
問 2	3		代理	問 27	1		重要事項の説明
問 3	4		債務不履行・解除	問 28	3		自ら売主制限
問 4	3		保証・連帯債務（連帯保証）	問 29	4		宅地建物取引士
問 5	1		不法行為	問 30	1		重要事項の説明
問 6	4		共有	問 31	4		監督・罰則
問 7	2		不法行為	問 32	4		宅地建物取引業の意味
問 8	3		民法総合	問 33	2		事務所以外の場所の規制
問 9	3		抵当権	問 34	3		宅建業法総合
問 10	4		相続	問 35	2		媒介・代理契約
問 11	4		借地借家法（借地）	問 36	3		免許（免許の基準）
問 12	4		借地借家法（借家）	問 37	2		広告等に関する規制
問 13	2		建物区分所有法	問 38	4		報酬額の制限
問 14	1		不動産登記法	問 39	4		営業保証金
問 15	2		都市計画法（都市計画の内容）	問 40	4		弁済業務保証金
問 16	4		都市計画法（開発行為の規制等）	問 41	1		その他の業務上の規制
問 17	2		建築基準法総合	問 42	1		37条書面
問 18	4		建築基準法総合	問 43	3		自ら売主制限
問 19	1		国土利用計画法	問 44	1		自ら売主制限（クーリング・オフ）
問 20	3		農地法	問 45	3		自ら売主制限（住宅瑕疵担保履行法）
問 21	3		その他法令上の制限（宅地造成等規制法）	問 46	1		住宅金融支援機構法
問 22	4		土地区画整理法	問 47	4		不当景品類及び不当表示防止法
問 23	2		印紙税	問 48	3		不動産の需給・統計
問 24	1		固定資産税	問 49	3		土地
問 25	3		不動産鑑定評価基準	問 50	2		建物

第1問 物権変動 正解 1 重要度 A

予想正解率　60%

1　誤 ‥‥‥‥‥‥‥‥‥‥‥‥　重要度　★★★

　無権利者に対しては、**登記をしていなくても**、所有権を**対抗することができる**（民法177条、判例）。権原のないDは無権利者であり、**無権利者Dから土地を賃借したC**は、建物を建築し、所有権保存登記をしても、やはりAとの関係では**無権利者**である。したがって、Aは、甲土地について未登記であっても、Cに対して甲土地の所有権を対抗することができ、甲土地の明渡し及び建物の収去を請求することができる。よって、本肢は誤りであり、本問の正解肢となる。

> 【講師からのアドバイス】「建物の収去」とは「建物の取壊し」を意味する。この観点から、『建物の収去を認めることはCの不利益が大きすぎるので、建物の収去までは認められないのではないか。』とは考えないでほしい。本肢のような場合、CはDに対して債務不履行等に基づく損害賠償請求をすることができるので、不当な損害を強いられることにはならない。あくまで「CがAの土地所有権を否定することができるのか。」に焦点を絞って考えるようにしよう。

2　正 ‥‥‥‥‥‥‥‥‥‥‥‥　重要度　★★★

　詐欺を理由に意思表示を取り消した者と**取消し後に不動産を取得した第三者**とは、**二重譲渡と同様の対抗関係**に立つ。したがって、意思表示を取り消した者が、**取消し後の第三者に対抗するためには、第三者の善意・悪意にかかわらず、原則として、登記を備えなければならない**（民法177条、判例）。したがって、本肢のAは登記を備えていない以上、甲土地の所有権をFに対抗できない。よって、本肢は正しい。

3　正 ‥‥‥‥‥‥‥‥‥‥‥‥　重要度　★

　不動産の所有者が、当該不動産につき他人名義で登記されていることを知りながら**放置していた**ときは、所有者は、登記名義人が所有権を有しないことを**善意（無過失）の第三者に対抗することができない**（民法94条2項類推適用、判例）。よって、本肢は正しい。

> 【解法の視点】互いに通じてはいないから虚偽表示そのものではないが、虚偽表示と同様に解決すべきという考え方である。

4　正 ‥‥‥‥‥‥‥‥‥‥‥‥　重要度　★★★

　契約が解除されると原状回復義務が生ずるが、この原状回復によって、**登記を備えた解除前の第三者の権利を害することはできない**（民法545条1項但書、判例）。したがって、AがAI間の売買契約を解除した場合、Aは甲土地の所有権を、登記を備えたJに対抗することができない。よって、本肢は正しい。

【実力ＵＰ情報】「解除後の第三者」である場合は、肢２の取消後の第三者と同様に対抗関係に立ち、登記の先後によって決する。

≪出る順宅建士合格テキスト①　第10章　物権変動≫

予想正解率　60％

1　誤・・・・・・・・・・・・・・・・・・・・・・・・・・**重要度　★★★**

　Ｂの行為は、無権代理行為であり、本人の追認がなければ、本人に対して効力を生じない（民法113条1項）。また、相手方が無権代理であることについて善意無過失であるときは、表見代理が成立し、有効となる場合もあるが、本肢のようにＢがＡに無断で委任状を作成した場合には、**本人Ａに何ら帰責性がなく、表見代理のいずれの類型にもあたらないから、Ｃが善意無過失というだけでは、表見代理は成立しない**（民法109条、110条、112条参照）。したがって、本肢の場合は、無権代理の原則どおり、Ａに対して効力を生じない。よって、本肢は誤り。

【解法の視点】表見代理が成立するには、無権代理人に代理権があるような外観がある場合で、そのことについて本人に一定の帰責性があり、相手方が善意無過失であることが必要である。

2　誤・・・・・・・・・・・・・・・・・・・・・・・・・・**重要度　★★★**

　無権代理行為は、**本人が追認しなければ、本人に対して効力を生じない**（民法113条1項）。また、無権代理の場合、**本人に取消権は認められていない**。よって、本肢は誤り。

3　正・・・・・・・・・・・・・・・・・・・・・・・・・・**重要度　★★**

　本人は、無権代理行為を無権代理人、相手方のどちらに対して追認してもよいが、**無権代理人に対して追認した場合は、相手方がその事実を知らなければ、相手方に対して対抗することができない**（民法113条2項但書参照、判例）。その結果、無権代理について善意の相手方は、追認がないものとして、契約を取り消すことができることになる（民法115条）。したがって、善意のＣは、ＡがＢに対して追認した後でも、その事実を知らなければ、契約を取り消すことができる。よって、本肢は正しく、本問の正解肢となる。

4　誤・・・・・・・・・・・・・・・・・・・・・・・・・・**重要度　★**

　無権代理人が行った売買契約について善意無過失の相手方が、無権代理人の責任追及として履行の請求を選択し、**無権代理人がその不動産の所有権を取得するに至ったときは、当該売買契約は無権代理人と相手方との間に成立した**のと同様の効果を生じる（判例）。したがって、本肢の場合、ＢがＡから当該不動産の所有権を取得すれば、Ａの追認がなくても、ＢＣ間に売買契約が成立したのと同様の効果を生じることにな

るので、Cは、不動産を取得することができる。よって、本肢は誤り。

≪出る順宅建士合格テキスト① 第4章 代理≫

 債務不履行・解除

予想正解率 75%

1 誤‥‥‥‥‥‥‥‥‥‥‥‥‥‥ 重要度 ★★★

　本問のように売買代金と登記・引渡しを同時履行とする約定がある場合、**売主・買主は同時履行の抗弁権を有する**（民法533条）。したがって、**買主Bは引渡しがなされなければ売買代金を支払わなくてよい**。よって、本肢は誤り。

> 【実力UP情報】同時履行の抗弁権とは、相手方が債務の履行を提供するまでは、自己の債務の履行を拒むことができる権利のことをいう。

2 誤‥‥‥‥‥‥‥‥‥‥‥‥‥‥ 重要度 ★

　当事者双方の責めに帰することができない事由によって債務を履行することができなくなったときは、債権者は、反対給付の履行を拒むことができる（民法536条1項）。したがって、本肢のように地震によって建物が全壊した場合、買主Bは、**代金の支払を拒絶することができる**。よって、本肢は誤り。

3 誤‥‥‥‥‥‥‥‥‥‥‥‥‥‥ 重要度 ★★★

　違約金は、損害賠償額の予定と推定される（民法420条3項）。そして、損害賠償額の予定をしたときは、裁判所は、原則として**その額を増額することができない**。ただし、予定額が著しく過大であった等の場合、裁判所は、信義則（民法1条2項）や公序良俗違反（民法90条）を理由として予定額を**減額できる場合がある**。よって、本肢は誤り。

4 正‥‥‥‥‥‥‥‥‥‥‥‥‥‥ 重要度 ★★★

　Bは、Aの建物引渡債務の**履行不能を理由とする契約の解除ができる**（民法542条1項1号）。契約の解除がなされれば、**原状回復義務が生じるので**（民法545条1項）代金の返還請求が認められる。また、代金は金銭であるので利息の支払請求も可能である（民法545条2項）。さらに、本肢の履行不能は、債務者Aの帰責事由によって生じているので、Bに損害があれば、**債務不履行に基づく損害賠償請求も可能**である（民法545条4項、415条1項、2項3号）。よって、本肢は正しく、本問の正解肢となる。

> 【実力UP情報】債務者の帰責事由に基づかない場合であっても、債権者は契約の解除をすることはできる。しかし、損害賠償の請求をすることはできない。

≪出る順宅建士合格テキスト① 第5章 債務不履行・解除≫

第4問 連帯保証 正解 ❸ 重要度 A

予想正解率　50%

1　正　　　　　　　　　　　　　重要度　★★★

主たる債務者に対する履行の請求その他の事由による時効の完成猶予及び更新は、保証債務の付従性により、原則として保証人にもその効力が及ぶ（民法457条1項）。したがって、Aの債務の承認は、連帯保証人C及びDに対してもその効力が及び、C及びDの連帯保証債務についても時効更新の効力を生じる。よって、本肢は正しい。

> 【解法の視点】「主たる債務者」に生じた事由は、付従性により（連帯）保証人にも及ぶ。これに対し、「連帯保証人」に生じた事由は、絶対効事由を除いて、主たる債務者には及ばない。問題文からどちらに生じた事由かを見極め、連帯保証人の承認には絶対効が認められていないことと混同しないように注意しよう。

2　正　　　　　　　　　　　　　重要度　★★★

連帯保証人には催告の抗弁権及び検索の抗弁権がない（民法454条、452条、453条）。また、連帯保証人は分別の利益を有しない（民法456条、判例）。その結果、債権者は、主たる債務者と連帯保証人のそれぞれに対して、同時に全額を請求できることになる。よって、本肢は正しい。

3　誤　　　　　　　　　　　　　重要度　★

数人の保証人が連帯保証人である場合において、保証人の一人が負担部分を超えて弁済したときは、その超える部分について他の連帯保証人に対して求償することができる（民法465条1項、判例）。本問では、CD間に特約はないので、負担部分は平等となる。したがって、Cは、負担部分である500万円（＝1,000万円÷2）を超えて弁済しなければ、そもそもDに対して求償することはできない。よって、本肢は誤りであり、本問の正解肢となる。

> 【実力UP情報】テキストで「連帯保証人には負担部分がない」という表現があるが、これは主たる債務者との関係についてである。連帯保証人同士の関係については、原則として平等の割合で負担部分がある。誤解のないように注意して欲しい。

4　正　　　　　　　　　　　　　重要度　★

保証人は、主たる債務者の委託を受けて保証をした場合において、主たる債務者が破産手続開始の決定を受け、かつ、債権者がその破産財団の配当に加入しないときは、主たる債務者に対して、あらかじめ、求償権を行使することができる（民法460条1号）。よって、本肢は正しい。

≪出る順宅建士合格テキスト① 第13章　保証・連帯債務≫

 第5問 不法行為 正解 ①   重要度 C

予想正解率　75％

1　正・・・・・・・・・・・・・・・・・・・・・・・・・・・・・・　重要度　★★★

　判決文は、不法行為に基づく損害賠償債務について、**何らの催告を要することなく不法行為の時から遅延損害金が発生する**としている。よって、本肢は正しく、本問の正解肢となる。

2　誤・・・・・・・・・・・・・・・・・・・・・・・・・・・・・・　重要度　★

　判決文は、民法405条について、利息の支払の延滞に対して特に「**債権者の保護**」を図る趣旨に出たものと解されるとしている。「債務者の保護」を図る趣旨ではない。よって、本肢は誤り。

3　誤・・・・・・・・・・・・・・・・・・・・・・・・・・・・・・　重要度　★

　判決文は、不法行為に基づく損害賠償債務の**遅延損害金**は、民法405条の適用又は類推適用により**元本に組み入れることはできない**としている。よって、本肢は誤り。

4　誤・・・・・・・・・・・・・・・・・・・・・・・・・・・・・・　重要度　★

　判決文は、「不法行為に基づく損害賠償債務は、貸金債務とは異なり、債務者にとって履行すべき債務の額が定かではないことが少なくない……」としている。本肢とは「**不法行為に基づく損害賠償債務**」と「**貸金債務**」が逆である。よって、本肢は誤り。

第6問 共有 正解 ④  重要度 A

予想正解率　85％以上

1　正・・・・・・・・・・・・・・・・・・・・・・・・・・・・・・　重要度　★★★

　各共有者は、それぞれ、**自己の共有持分権を自由に譲渡する**ことができる（民法206条参照）。よって、本肢は正しい。

> 【実力ＵＰ情報】共有物自体の譲渡は、共有者全員の同意がなければすることができない。本肢は持分権であり、各共有者が自由に譲渡することができる。共有物という「物」なのか、持分権という「権利」なのかの違いに注意しよう。

2　正・・・・・・・・・・・・・・・・・・・・・・・・・・・・・・　重要度　★★★

各共有者は、共有物の**保存行為**を**単独**で行うことができる（民法252条5項）。そして、**不法占拠者に対する明渡請求は、保存行為にあたる**（判例）。したがって、Aは、不法占拠者Dに対して、**単独で明渡請求を行うことができる**。よって、本肢は正しい

3　正・・・・・・・・・・・・・・・・・重要度　★★★

各共有者は、共有物の分割をしない旨の特約がない限り、**いつでも共有物の分割を請求する**ことができる（民法256条1項）。したがって、特約がない以上、Aは、いつでも分割の請求をすることができる。よって、本肢は正しい。

> 【実力ＵＰ情報】共有物が建物の場合、現物分割は容易ではない。したがって、価格賠償等、現物分割以外の方法によることが多い。分割が容易か否かということと、分割請求ができるか否かは次元が異なる。混乱しないように注意しよう。

4　誤・・・・・・・・・・・・・・・・・重要度　★★

各共有者は、他の共有者の同意を得なければ、**共有物に変更（その形状又は効用の著しい変更を伴わないものを除く。）を加えることができない**（民法251条1項）。したがって、形状が著しく変更される改築は、A・B・C全員の同意がなければすることができない。よって、本肢は誤りであり、本問の正解肢となる。

> 【講師からのアドバイス】「その形状又は効用の著しい変更を伴わないものを除く変更」は、いわゆる「重大変更」のことであり、共有者全員の同意が必要となる。一方、「その形状又は効用の著しい変更を伴わない変更」は、いわゆる「軽微変更」のことであり、持分価格の過半数の同意ですることができる。慣れが必要な専門用語なので早めに慣れてしまおう。

≪出る順宅建士合格テキスト①　第14章　共有≫

 　不法行為　

予想正解率　75％

1　誤・・・・・・・・・・・・・・・・・重要度　★★

土地の工作物の設置・保存の瑕疵による損害賠償責任は、第一次的に工作物の占有者が負うが、占有者が損害の発生を防止するのに必要な注意をしていたときは免責され、占有者が免責される場合は工作物の所有者が責任を負う（民法717条1項）。すなわち、**占有者が責任を負わない場合に所有者が責任を負う**のであり、両者は連帯の関係とならない。よって、本肢は誤り。

2　正・・・・・・・・・・・・・・・・・重要度　★★

肢1で述べたように、占有者が免責される場合は工作物の所有者が責任を負うことになる。この**所有者の責任は第二次的な責任といえるものの、免責事由のない無過失責任である**（民法717条1項但書）。したがって、Aは、損害の発生を防止するのに必

要な注意をしていたことを証明したときであっても、所有者としてCに対して不法行為責任を負う。よって、本肢は正しく、本問の正解肢となる。

> 【解法の視点】要するに、最終的には所有者が責任を負うということである。単純知識として覚えてしまおう。

3 　誤‥‥‥‥‥‥‥‥‥‥‥‥‥‥‥重要度　★★

肢1で述べたように、**占有者が損害の発生を防止するために必要な注意をしていたときは、占有者は免責される**（民法717条1項但書）。したがって、占有者であるBは、損害の発生を防止するのに必要な注意をしていたことを証明したときは、Cに対して不法行為責任を負わない。よって、本肢は誤り。

4 　誤‥‥‥‥‥‥‥‥‥‥‥‥‥‥‥重要度　★★

肢2で述べたように、**所有者の責任は、免責事由のない無過失責任である**（民法717条1項但書）。したがって、建築工事を請け負ったDの過失によって生じた瑕疵に基づくものであっても、Aは、所有者としてCに対して不法行為責任を負う。よって、本肢は誤り。

> 【実力ＵＰ情報】損害の原因について他にその責任を負う者があるときは、占有者又は所有者は、その者に対して求償権を行使することができる。

≪出る順宅建士合格テキスト①　第19章　不法行為≫

 民法総合

予想正解率　40％未満

1 　正‥‥‥‥‥‥‥‥‥‥‥‥‥‥‥重要度　★

雇用契約において、当事者が**雇用の期間を定めなかったときは、各当事者は、いつでも解約の申入れをすることができる**（民法627条1項本文）。よって、本肢は正しい。

> 【実力ＵＰ情報】この場合、解約の申入れの日から2週間を経過することによって終了する。

2 　正‥‥‥‥‥‥‥‥‥‥‥‥‥‥‥重要度　★★

請負契約において、**請負人が仕事を完成しない間は、注文者は、いつでも損害を賠償して契約の解除をすることができる**（民法641条）。よって、本肢は正しい。

> 【実力ＵＰ情報】請負人にはこのような解除権は認められていない。

3 　誤‥‥‥‥‥‥‥‥‥‥‥‥‥‥‥重要度　★

書面によらない贈与は、履行の終わっていない部分については、**各当事者が解除を
することができる**（民法550条）。受贈者のみならず贈与者も解除をすることができ
る。よって、本肢は誤りであり、本問の正解肢となる。

> 【実力ＵＰ情報】書面によらない贈与であっても、履行の終わった部分については解除する
> ことはできない。

4　正‥‥‥‥‥‥‥‥‥‥‥‥‥‥‥‥‥‥　重要度　★

　使用貸借契約において、借主は、**貸主の承諾がなければ借りた物を他人に使用及び
収益をさせることはできない**（民法594条2項）。もしこれに反した場合には、**貸主は
使用貸借契約を解除する**ことができる（民法594条3項）。よって、本肢は正しい。

> 【実力ＵＰ情報】この解除に催告は不要である。

 抵当権

予想正解率　75％

1　正‥‥‥‥‥‥‥‥‥‥‥‥‥‥‥‥‥‥　重要度　★★★

　法定地上権が成立するためには、**抵当権設定当時に土地上に建物が存在すればよい**。
したがって、建物が存在する限り、その登記がなされていなくても、法定地上権は成
立する（民法388条、判例）。よって、本肢は正しい。

> 【解法の視点】法定地上権が成立するためには、抵当権設定時に、①土地上に建物が存在し、
> ②土地と建物の所有者が同一人であることが必要である。

2　正‥‥‥‥‥‥‥‥‥‥‥‥‥‥‥‥‥‥　重要度　★★★

　法定地上権が成立するためには、**抵当権設定当時に土地上に建物が存在**し、それぞ
れが**同一の所有者に属していればよい**。したがって、その後に土地・建物の一方又は
双方が譲渡され、所有者が異なることとなった場合にも、法定地上権は成立する（民
法388条、判例）。よって、本肢は正しい。

3　誤‥‥‥‥‥‥‥‥‥‥‥‥‥‥‥‥‥‥　重要度　★★★

　法定地上権が成立するためには、**抵当権設定当時に土地と建物が同一の所有者に属
している**ことが必要である。したがって、抵当権設定当時土地と建物の所有者が異な
る以上、その後土地及び建物が同一の所有者に属することになったとしても、法定地
上権は成立しない（民法388条、判例）。よって、本肢は誤りであり、本問の正解肢と
なる。

4　正‥‥‥‥‥‥‥‥‥‥‥‥‥‥‥‥‥‥　重要度　★★

法定地上権が成立するためには、同一の所有者に属する土地・建物が、**抵当権の実行**により、それぞれの**所有者が異なる**ことになればよい。したがって、土地及び建物の双方に抵当権が設定された後、別々の者に競落された場合にも、法定地上権は成立する（民法388条、判例）。よって、本肢は正しい。

≪出る順宅建士合格テキスト① 第12章 抵当権≫

第10問　相続　　正解4　重要度B

予想正解率　50%

1　誤・・・・・・・・・・・・・・・・・・・・・・・・・・・・　重要度　★★

相続開始前における相続の放棄は、**一切認められていない**（民法915条1項）。よって、本肢は誤り。なお、相続の開始前における遺留分の放棄は、家庭裁判所の許可を受けたときに限り、その効力を生ずる（民法1049条1項）。

【実力ＵＰ情報】相続の放棄と遺留分の放棄とは別であるから、遺留分を放棄しても、相続人となることはできる。

2　誤・・・・・・・・・・・・・・・・・・・・・・・・・・・・　重要度　★

遺留分を有する推定相続人が、被相続人に対して虐待をし、もしくはこれに重大な侮辱を加えたとき、又は推定相続人にその他の著しい非行があったときは、被相続人は、その推定相続人の**廃除を家庭裁判所に請求**することができる（民法892条）。この点、**兄弟姉妹は遺留分を有しない**のでこの規定の適用がない（民法1042条1項）。よって、本肢は誤り。

【実力ＵＰ情報】兄弟姉妹に相続をさせたくない場合は、廃除等の手間をかけることなく、遺言によって相続分をゼロと指定すればよい。

3　誤・・・・・・・・・・・・・・・・・・・・・・・・・・・・　重要度　★

相続人が相続の放棄をした後に相続財産を隠匿した場合、その相続人は、原則として単純承認をしたものとみなされる（法定単純承認、民法921条3号本文）。しかし、これには例外があり、**その相続人が相続の放棄をしたことによって相続人となった者が相続の承認をした後は、法定単純承認とみなされない**（民法921条3号但書）。したがって、常に単純承認をしたものとみなされるのではない。よって、本肢は誤り。

【実力ＵＰ情報】この場合、相続を放棄したにもかかわらず相続財産を隠匿した者に対し、相続放棄により相続人となった者が責任を追及することができる。

4　正・・・・・・・・・・・・・・・・・・・・・・・・・・・・　重要度　★★

配偶者居住権の存続期間は、配偶者の終身の間とされる。ただし、遺産の分割の協

議もしくは遺言に別段の定めがあるとき、又は家庭裁判所が遺産の分割の審判において別段の定めをしたときは、その定めるところによる（民法1030条）。よって、本肢は正しく、本問の正解肢となる。

≪出る順宅建士合格テキスト① 第9章 相続≫

第11問 借地借家法（借地） 正解 ❹ 重要度 Ｂ

予想正解率　60％

1　誤　　　　　　　　　　　　重要度　★★★

賃借人は、賃貸人の承諾を得なければ、その賃借権を譲り渡し、又は賃借物を転貸することができない（民法612条1項）。したがって、Bが借地権を譲渡するためには、あらかじめAの承諾を得る必要があるのであって、Cの承諾は必要ではない。よって、本肢は誤り。

2　誤　　　　　　　　　　　　重要度　★

専ら事業の用に供する建物（居住の用に供するものを除く。）の所有を目的とし、存続期間を10年以上30年未満とした**事業用借地権**の場合、**建物買取請求権の規定は適用されない**（借地借家法23条2項）。したがって、BはAに対して乙建物について買取請求権を行使することはできない。よって、本肢は誤り。

3　誤　　　　　　　　　　　　重要度　★★

建物買取請求権が行使された場合、買取請求権者の**建物引渡債務**と借地権設定者の**建物代金支払債務**とは、**同時履行**の関係に立つ（民法533条、判例）。よって、本肢は誤り。

4　正　　　　　　　　　　　　重要度　★★

転借地権が設定され、転借地権者が借地上に建物を所有している場合において、借地権の存続期間が満了したが、契約の更新がないときは、**転借地権者は、借地権設定者に対して、直接、建物買取請求権を行使することができる**（借地借家法13条3項、1項）。よって、本肢は正しく、本問の正解肢となる。

≪出る順宅建士合格テキスト① 第18章 借地借家法②≫

第12問 借地借家法（借家） 正解 ❹ 重要度 Ａ

予想正解率　60％

1　誤　　　　　　　　　　　　重要度　★★

建物の借賃が、①租税その他の負担の増減により、②価格の上昇、低下その他経済事情の変動により、又は③近傍同種の建物の借賃に比較して不相当となったときは、当事者は、将来に向かって、借賃の額の増減を請求することができる（借地借家法32条1項本文）。しかし、**一定の期間借賃を増額しない特約がある場合は、その期間内は増額請求は認められない**（借地借家法32条1項但書）。よって、本肢は誤り。

2 誤‥‥‥‥‥‥‥‥‥‥‥‥‥ 重要度 ★★★

期間の定めがない建物賃貸借の場合において、「**賃貸人**」から解約申入れをするときは、**正当事由が必要**であり、正当事由がある解約申入れがなされたときは、賃貸借契約は、**解約申入れの日から6カ月経過により終了する**（借地借家法28条、27条1項）。よって、本肢は誤り。

> 【実力UP情報】借地借家法上、期間を1年未満とする建物の賃貸借は、原則として、期間の定めがない建物賃貸借とみなされる。

3 誤‥‥‥‥‥‥‥‥‥‥‥‥‥ 重要度 ★★

期間の定めがない建物賃貸借の場合において、「**賃借人**」から解約申入れをするときは、**正当事由は不要**であり、解約申入れがなされたときは、賃貸借契約は、**解約申入れの日から3カ月経過により終了する**（民法617条1項2号）。よって、本肢は誤り。

4 正‥‥‥‥‥‥‥‥‥‥‥‥‥ 重要度 ★★★

期間の定めのある建物賃貸借において、期間満了時に賃貸人が更新を拒絶するためには、**期間満了の1年前から6カ月前までの間に更新しない旨の通知**をする必要があり、この通知がない場合には、契約は更新される（法定更新、借地借家法26条1項）。また、この通知には**正当事由が必要**であり、正当事由がない場合には、契約は更新される（法定更新、借地借家法28条）。しかし、正当事由がある更新拒絶の通知がなされた場合でも、期間満了後に賃借人が**建物の使用を継続**する場合には、**賃貸人が遅滞なく異議を述べなければ、契約は更新される**（法定更新、借地借家法26条2項）。したがって、賃貸人が期間満了の1年前から6カ月前までの間に更新しない旨の正当事由のある通知をした場合でも、契約が更新されることがある。よって、本肢は正しく、本問の正解肢となる。

≪出る順宅建士合格テキスト①　第17章　借地借家法①≫

第13問　建物区分所有法　正解 ❷　重要度 Ⓑ

予想正解率　50％

1 正‥‥‥‥‥‥‥‥‥‥‥‥‥ 重要度 ★★

集会の招集通知は、会日より**少なくとも1週間前**に、会議の目的たる事項を示して、各区分所有者に発しなければならない。ただし、この期間は、規約で伸縮することが

できる（区分所有法35条1項）。よって、本肢は正しい。

2　誤・・・・・・・・・・・・・・・・・・・・・・・**重要度　★★**

区分所有者が、管理者に対して集会の招集を請求したにもかかわらず、**2週間以内にその請求の日から4週間以内の日を会日とする集会の招集の通知が発せられなかった場合**、その請求をした区分所有者は、集会を招集することができる（区分所有法34条4項）。よって、本肢は誤りであり、本問の正解肢となる。

3　正・・・・・・・・・・・・・・・・・・・・・・・**重要度　★★**

集会の招集通知には、**会議の目的たる事項**を示さなければならない（区分所有法35条1項）。また、会議の目的たる事項が規約の設定・変更・廃止の決議事項であるときは、その**議案の要領**をも通知しなければならない（区分所有法35条5項、31条1項）。よって、本肢は正しい。

> 【実力ＵＰ情報】議案の要領をも通知しなければならない一定の決議事項とは、①共用部分の重大変更、②規約の設定・変更・廃止、③大規模滅失の場合の復旧決議、④建替え決議等である。

4　正・・・・・・・・・・・・・・・・・・・・・・・**重要度　★★**

専有部分が数人の共有に属するときは、**集会の招集通知**は、共有者が定めた**議決権を行使すべき者**（その者がないときは、共有者の1人）にすれば足りる（区分所有法35条2項）。よって、本肢は正しい。なお、専有部分が数人の共有に属するときは、共有者は、議決権を行使すべき者1人を定めなければならない（区分所有法40条）。

≪出る順宅建士合格テキスト①　第15章　建物区分所有法≫

第14問　不動産登記法　正解 ①　重要度 B

予想正解率　60％

1　誤・・・・・・・・・・・・・・・・・**重要度　★**

共有物分割禁止の定めに係る権利の変更の登記の申請は、当該権利の共有者である**すべての登記名義人が共同してしなければならない**（不登法65条）。よって、本肢は誤りであり、本問の正解肢となる。

> 【実力ＵＰ情報】共有者全員が登記申請人となるということである。

2　正・・・・・・・・・・・・・・・・・**重要度　★★★**

登記名義人の氏名、名称又は住所の変更又は更正の登記は、権利に関する登記である。権利に関する登記の申請は、原則として、登記権利者及び登記義務者が共同してしなければならない（共同申請主義、不登法60条）。しかし、**登記名義人の氏名、名**

称又は住所の変更又は更正の登記は、例外的に登記名義人が単独で申請することができる（不登法64条1項）。よって、本肢は正しい。

> 【実力ＵＰ情報】共同申請の原則の例外には、本肢のほかに、登記手続を命じる確定判決による登記、相続による登記、所有権保存の登記（肢3）等がある。

3　正　　　　　　　　　　　　　　　　　重要度　★★

所有権の保存の登記は、権利に関する登記である。権利に関する登記の申請は、原則として、登記権利者及び登記義務者が共同してしなければならない（共同申請主義、不登法60条）。しかし、**所有権の保存の登記については、例外的に①表題部所有者又はその相続人その他の一般承継人、②所有権を有することが確定判決によって確認された者、③収用によって所有権を取得した者が、単独で申請することができる**（不登法74条1項）。よって、本肢は正しい。

4　正　　　　　　　　　　　　　　　　　重要度　★

所有権の登記の抹消は、権利に関する登記である。権利に関する登記の申請は、原則として、登記権利者及び登記義務者が共同してしなければならない（共同申請主義、不登法60条）。しかし、**所有権の登記の抹消は、所有権の移転の登記がない場合に限り、例外的に所有権の登記名義人が単独で申請することができる**（不登法77条）。よって、本肢は正しい。

> 【実力ＵＰ情報】所有権の移転の登記がない場合における所有権の登記の抹消とは、所有権保存登記の抹消のことである。

≪出る順宅建士合格テキスト①　第11章　不動産登記法≫

第15問　都市計画の内容　

予想正解率　50％

1　誤　　　　　　　　　　　　　　　　　重要度　★★

準都市計画区域の都市計画で定められる地域地区は、用途地域、特別用途地区、特定用途制限地域、高度地区、景観地区、風致地区、緑地保全地域、伝統的建造物群保存地区であり、この中に**防火地域及び準防火地域は含まれていない**（都市計画法8条2項、1項5号参照）。よって、本肢は誤り。

> 【実力ＵＰ情報】準都市計画区域は、都市計画区域外の区域のうち、相当数の建築物その他の工作物の建築もしくは建設又はこれらの敷地の造成が現に行われ、又は行われると見込まれる区域を含み、かつ、自然的及び社会的条件等を勘案して、そのまま土地利用を整序し、又は環境を保全するための措置を講ずることなく放置すれば、将来における一体の都市としての整備、開発及び保全に支障が生じるおそれがあると認められる一定の区域のことである。

2 正‥‥‥‥‥‥‥‥‥‥‥‥‥‥　重要度　★★

　特定用途制限地域は、用途地域が定められていない土地の区域内（市街化調整区域を除く）において、当該地域の特性に応じて合理的な土地利用が行われるよう、**制限すべき特定の建築物等の用途の概要を定める地域**である（都計法9条15項）。よって、本肢は正しく、本問の正解肢となる。

> 【講師からのアドバイス】特定用途制限地域は、文字通り、「特定」の「用途」を「制限」する地域である。言葉通りにイメージしてしまおう。用途地域が定められていない区域では、基本的に用途を規制することができない。そこで、用途地域が定められていない区域において、あえて特定の用途について規制する必要性がある場合、特定用途制限地域が指定されるのである。

3 誤‥‥‥‥‥‥‥‥‥‥‥‥‥‥　重要度　★★

　特定街区は、市街地の整備改善を図るため街区の整備又は造成が行われる地区について、その街区内における建築物の**容積率、建築物の高さの最高限度、壁面の位置の制限を定める街区**である（都計法9条20項）。よって、本肢は誤り。なお、本肢の説明は、特別用途地区に関するものである。

> 【実力UP情報】特定街区に指定されると、建物の高さ制限や容積率の規制が周囲の一般の地区より緩和され、超高層ビルの建築が可能になる。

4 誤‥‥‥‥‥‥‥‥‥‥‥‥‥‥　重要度　★

　特例容積率適用地区は、第一種・第二種中高層住居専用地域、第一種・第二種住居地域、準住居地域、近隣商業地域、商業地域、準工業地域、工業地域内の適正な配置及び規模の公共施設を備えた土地の区域において定める地区である（都計法9条16項）。**近隣商業地域及び商業地域内にのみ定められるわけではない**。よって、本肢は誤り。

> 【実力UP情報】特例容積率適用地区は、一定の容積率の限度からみて未利用となっている建築物の容積の活用を促進して土地の高度利用を図るため定める地区である。

≪出る順宅建士合格テキスト③　第1章　都市計画法（都市計画の内容）≫

 開発行為の規制等

予想正解率　85％以上

ア 不要‥‥‥‥‥‥‥‥‥‥‥‥‥‥　重要度　★★★

　区域区分が定められていない都市計画区域内において、建築物の建築を目的とする3,000㎡以上の土地の区画形質の変更を行おうとする場合は、開発許可を受けなければならない（都計法29条1項、施行令19条1項）。しかし、建築物の建築を行わない

青空駐車場の用に供する目的で行う土地区画形質の変更は、開発行為ではない（都計法4条12項）。よって、本肢の場合、許可を受ける必要はない。

> 【講師からのアドバイス】「開発行為にあたるか」を先に検討し、開発行為にあたるときに、「許可不要の例外に該当しないか」を検討しよう。そもそも開発行為に該当しないのであれば、例外等の知識を検討するまでもなく、「開発許可は不要」である。

イ 不要 ・・・・・・・・・・・・・・・・・・・・・・・・重要度 ★★★

動物園は1ヘクタール（10,000㎡）以上のものでなければ、第二種特定工作物にはあたらないため、9,000㎡の動物園の建設の用に供する目的で行う土地の区画形質の変更は、開発行為にはあたらない（都計法4条11項、施行令1条2項1号）。よって、本肢の場合、許可を受ける必要はない。

> 【実力UP情報】本肢の「動物園」の他、「野球場」「庭球場」「陸上競技場」「遊園地」「運動・レジャー施設」「幼保連携型認定こども園」等がここでいう第二種特定工作物に該当する。

ウ 不要 ・・・・・・・・・・・・・・・・・・・・・・・・重要度 ★★★

都市計画区域及び準都市計画区域以外の区域内において、建築物の建築を目的とする1ヘクタール（10,000㎡）以上の土地の区画形質の変更を行おうとする場合は、開発許可を受けなければならない（都計法29条2項、施行令22条の2）。よって、本肢の場合、許可を受ける必要はない。

以上より、許可を受ける必要がないものは、ア、イ、ウのすべてであり、4が本問の正解肢となる。

《出る順宅建士合格テキスト③ 第1章 都市計画法（開発行為の規制等）》

第17問 建築基準法総合

予想正解率 60%

1 誤 ・・・・・・・・・・・・・・・・・・・・・・・・重要度 ★

高度地区内においては、建築物の高さは、一定の場合に特定行政庁が許可したものを除き、**高度地区に関する都市計画において定められた内容に適合する**ものでなければならない（建基法58条）。地方公共団体の条例において定められた内容ではない。よって、本肢は誤り。

2 正 ・・・・・・・・・・・・・・・・・・・・・・・・重要度 ★★★

田園住居地域内においては、建築物の高さは、10m又は12mのうち当該地域に関する**都市計画において定められた建築物の高さの限度を超えてはならない**（建基法55条

1項)。よって、本肢は正しく、本問の正解肢となる。

【実力ＵＰ情報】第一種・第二種低層住居専用地域内においても同様である。

3 誤 重要度 ★★★

延べ面積が1,000㎡を超える建築物は、原則として防火上有効な構造の防火壁又は防火床によって有効に区画し、かつ、各区画の床面積の合計をそれぞれ1,000㎡以内としなければならない。もっとも、**耐火建築物又は準耐火建築物はこの限りでない**（建基法26条1号）。よって、本肢は誤り。

【講師からのアドバイス】宅建士試験において、「防火壁」や「防火床」の構造や特徴といった細かい内容が出題されたことはないので気にする必要はない。一方、耐火建築物や準耐火建築物には本肢の規制が適用されないという知識は頻出である。本肢に迷いがあった方は必ず覚えよう。

4 誤 重要度 ★★★

防火地域内にある看板、広告塔、装飾塔その他これらに類する工作物で、建築物の屋上に設けるもの、又は高さが3ｍを超えるものは、その主要な部分を**不燃材料**で造り、又は覆わなければならない（建基法64条）。したがって、建築物の屋上に設ける場合は、高さにかかわらず主要部分を不燃材料で造り、又は覆わなければならない。よって、本肢は誤り。

【講師からのアドバイス】本肢の規制については、「防火地域内に適用される。」という角度よりも、「準防火地域内には適用されない。」という角度からの出題が多い。「準」の一文字を読み落とすと間違えてしまうので気を抜かないようにしよう。

≪出る順宅建士合格テキスト③　第2章　建築基準法≫

第18問　建築基準法総合　正解 ４　重要度 Ａ

予想正解率　75%

1 誤 重要度 ★★★

近隣商業地域内において、客席の部分の**床面積にかかわらず**、映画館を建築することができる（建基法48条9項、別表第二（り）参照）。客席の部分の床面積の合計が200㎡以上の映画館も建築することができる。よって、本肢は誤り。

【実力ＵＰ情報】劇場・映画館のほか、店舗、飲食店、展示場などで、用途に供する部分の床面積の合計が10,000㎡を超えるもの（＝大規模集客施設）を建築できる用途地域は、近隣商業地域・商業地域・準工業地域の3地域に限定されている。

2 誤‥‥‥‥‥‥‥‥‥‥‥‥‥‥‥‥‥ 重要度 ★★★

　北側斜線制限は、第一種・第二種低層住居専用地域、田園住居地域、第一種・第二種中高層住居専用地域（日影規制の対象区域は除く。）に適用され、これ以外の地域には適用されない（建基法56条１項３号）。よって、本肢は誤り。

3 誤‥‥‥‥‥‥‥‥‥‥‥‥‥‥‥‥‥ 重要度 ★★★

　木造の建築物で３以上の階数を有し、又は延べ面積が500㎡、高さが13mもしくは軒の高さが９mを超えるものについて、大規模の修繕、大規模の模様替をしようとする場合には、建築確認を受けなければならない（建基法６条１項２号、６条の２第１項）。本肢の住宅は、木造３階建てであり、大規模の修繕をする場合、建築確認を受ける必要がある。よって、本肢は誤り。

【実力ＵＰ情報】木造以外の建築物で２以上の階数を有し、又は延べ面積が200㎡を超える建築物も、大規模の修繕、大規模の模様替をしようとする場合には、建築確認を受けなければならない。

4 正‥‥‥‥‥‥‥‥‥‥‥‥‥‥‥‥‥ 重要度 ★★

　特定街区内の建築物については、道路斜線制限、隣地斜線制限及び北側斜線制限はすべて適用されない（建基法60条３項）。特定街区は、超高層ビルなどを建てるために指定されることから、都市計画で建築物の高さの最高限度が定められるからである（都計法８条３項２号リ）。よって、本肢は正しく、本問の正解肢となる。

≪出る順宅建士合格テキスト③　第２章　建築基準法≫

第19問　国土利用計画法　

予想正解率　75％

1 正‥‥‥‥‥‥‥‥‥‥‥‥‥‥‥‥‥ 重要度 ★★

　予約完結権を対価を得て第三者に譲渡した場合は、土地に関する権利を、対価を得て移転設定する契約にあたり、事後届出が必要となる（国土法23条１項）。よって、本肢は正しく、本問の正解肢となる。

【講師からのアドバイス】予約完結権の行使は、届出不要である。違いに注意。

2 誤‥‥‥‥‥‥‥‥‥‥‥‥‥‥‥‥‥ 重要度 ★★★

　市街化区域内においては、2,000㎡以上の一団の土地に関する権利を、対価を得て移転設定する契約（予約を含む。）を締結した場合には、権利取得者は、原則として事後届出をしなければならない（国土法23条１項、２項１号イ）。しかし、贈与契約は、ここでいう「対価を得て」にあたらず、届出は不要である。よって、本肢は誤り。

【実力UP情報】「市街化区域内＝2,000㎡以上」「市街化区域を除く都市計画区域内＝5,000㎡以上」「都市計画区域外＝10,000㎡以上」が事後届出の対象となる原則的な面積である。確実に覚えておこう。

3 誤・・・・・・・・・・・・・・・・・・ 重要度 ★

土地売買等の契約を締結した場合、権利取得者は、その契約を締結した日から起算して2週間以内に、一定の事項を、当該土地が所在する市町村の長を経由して、都道府県知事に届け出なければならない（国土法23条1項）。よって、本肢は誤り。

【実力UP情報】大都市の特例により、都道府県知事に関する一定の規定は、指定都市の長に適用があるものとされている（国土法44条）。

4 誤・・・・・・・・・・・・・・・・・・ 重要度 ★★★

事後届出においては、届出書に土地の利用目的だけではなく、権利の移転等の対価の額等を記載しなければならない（国土法23条1項）。よって、本肢は誤り。

【実力UP情報】対価の額については、届出書に記載するが、審査対象となっていないため、勧告を受けることはない。

≪出る順宅建士合格テキスト③　第3章　国土利用計画法≫

第20問　農地法　正解③　重要度A

予想正解率　85％以上

1 正・・・・・・・・・・・・・・・・・・ 重要度 ★★★

耕作に供する目的で、農地について所有権を移転し、又は、賃借権その他の使用・収益を目的とする権利を設定・移転する場合には、原則として、農業委員会の許可を受けなければならない（農地法3条1項本文）。そして、農地法3条の許可には、市街化区域内の特則は設けられておらず、農地が市街化区域内にあっても、原則どおり農地法3条の許可が必要である。よって、本肢は正しい。

【講師からのアドバイス】使用貸借による権利の設定についても、使用・収益を目的とする権利の設定に当たるので、原則として農地法3条の許可が必要である。使用貸借契約は、無償（賃料を支払わない）契約であるが、無償であるからといって農地法の許可が不要となるわけではない。「ただで借りるなら規制を受けないのでは？」等の思い込みをしないように注意して欲しい。

2 正・・・・・・・・・・・・・・・・・・ 重要度 ★★★

農地法4条の許可は、農地を転用して農地以外のものにする場合に必要となる。し

かし、採草放牧地を転用して農地以外のものとしても、農地法4条の許可は必要でない。よって、本肢は正しい。

3　誤‥‥‥‥‥‥‥‥‥‥‥‥‥‥‥‥‥重要度　★★★

農地とは、**耕作の目的に供される土地**をいう（農地法2条1項）。農地であるか否かは**現況で判断**するのであり、登記簿上の地目とは関係ない。よって、本肢は誤りであり、本問の正解肢となる。

4　正‥‥‥‥‥‥‥‥‥‥‥‥‥‥‥‥‥重要度　★★★

農地を農地以外のものにするため、権利移動をする場合には、原則として、農地法5条の許可を受けなければならない。この**農地法上の許可を受けないでした農地についての地上権の設定は、その効力を生じない**（農地法5条1項本文、3項、3条6項）。よって、本肢は正しい。

≪出る順宅建士合格テキスト③　第4章　農地法≫

第21問　宅地造成等規制法　　

予想正解率　75%

1　正‥‥‥‥‥‥‥‥‥‥‥‥‥‥‥‥‥重要度　★★

規制区域内の宅地の**所有者・管理者・占有者**は、宅地造成（規制区域の指定前に行われたものを含む。）に伴う災害が生じないよう、その宅地を**常時安全な状態に維持**するように努めなければならない（宅造法16条1項）。よって、本肢は正しい。

2　正‥‥‥‥‥‥‥‥‥‥‥‥‥‥‥‥‥重要度　★★

規制区域内において、宅地造成等規制法の規定に違反して必要な許可を受けずに宅地造成工事をした造成主は、**6カ月以下**の**懲役**又は**30万円以下**の**罰金**に処せられることがある（宅造法27条3号）。よって、本肢は正しい。

【実力UP情報】宅造法15条の規定による届出が必要な工事について届出をしない場合も、罰則の適用がある。

3　誤‥‥‥‥‥‥‥‥‥‥‥‥‥‥‥‥‥重要度　★★★

都道府県知事は、関係市町村長の意見を聴いて、宅地造成に伴う災害で相当数の居住者その他の者に危害を生ずるものの発生のおそれが大きい一団の造成宅地（宅地造成工事規制区域内の土地を**除く**）の区域を、**造成宅地防災区域**として指定することができる（宅造法20条1項）。よって、本肢は誤りであり、本問の正解肢となる。

【講師からのアドバイス】造成宅地防災区域については、「造成宅地防災区域内にあるときは、その旨を説明しなければならない」という趣旨で、重要事項の説明に関する問題としても出

題されている。法令上の制限分野のみならず、宅建業法分野でも出題されているので、宅建業法の学習時にも注意が必要である。

4　正　　重要度　★★★

宅地造成とは、宅地以外の土地を宅地にするため、又は宅地において行う土地の形質の変更で一定のものをいい、宅地を宅地以外の土地にするために行うものは除かれる（宅造法2条2号）。よって、本肢は正しい。

【解法の視点】切土・盛土の高さや面積を検討する前に、「宅地以外の土地を宅地にする、宅地において行う」という点を検討する。

≪出る順宅建士合格テキスト③　第6章　宅地造成等規制法≫

第22問　土地区画整理法　正解 ❹　重要度 Ⓑ

予想正解率　50％

1　正　　重要度　★

土地区画整理組合は、賦課金、負担金、分担金又は過怠金を滞納する者がある場合においては、督促状を発して督促し、その者がその督促状において指定した期限までに納付しないときは、市町村長に対し、その徴収を申請することができる（区画法41条1項）。よって、本肢は正しい。

2　正　　重要度　★★

個人施行者以外の施行者は、施行地区内の宅地についての未登記の所有権以外の申告しなければならない権利でその申告がないものについては、その申告がない限り、これを存しないものとみなして換地処分をすることができる（区画法85条5項）。よって、本肢は正しい。

3　正　　重要度　★

土地区画整理事業の施行により建築物が移転された結果、その建築物の利用が増し、又は妨げられるに至ったため、従前の賃貸借料が不相当となった場合においては、当事者は、契約の条件にかかわらず、将来に向かって賃貸借料の増減を請求することができる（区画法116条1項）。よって、本肢は正しい。

【実力ＵＰ情報】地上権、永小作権の地代等についても、原則として、本肢と同様の増減請求をすることができる。

4　誤　　重要度　★★★

土地区画整理事業の施行により公共施設が設置された場合においては、その公共施設は、換地処分に係る公告があった日の翌日において、原則として、その公共施設の

所在する市町村の管理に属する（区画法106条１項本文）。よって、本肢は誤りであり、本問の正解肢となる。

> **【実力ＵＰ情報】**管理すべき者について、他の法律又は規準、規約、定款もしくは施行規程に別段の定めがある場合においては、この限りでない。

≪出る順宅建士合格テキスト③　第５章　土地区画整理法≫

第23問　印紙税　正解 ❷　重要度 Ⓐ

予想正解率　75％

1　誤・・・・・・・・・・・・・・・・・・・・・・・・・・・　**重要度　★★★**

　国等と私人が共同して作成した文書については、私人が保存する文書は国等が作成したものとみなされる（印紙税法４条５項）。そして、国が作成した文書には、印紙税は課税されない（印紙税法５条２号）。本肢では、Ａ社が保存する文書は国が作成したものとみなされ、印紙税は課税されない。よって、本肢は誤り。

> **【実力ＵＰ情報】**本肢において、国が保存する文書には印紙税が課税される。

2　正・・・・・・・・・・・・・・・・・・・・・・・・・・・　**重要度　★★★**

　交換契約書において、交換対象物の双方の価額が記載されているときは、いずれか高いほうの金額を記載金額として印紙税が課税される（印紙税法基本通達23条（１）ロ）。したがって、本肢の土地交換契約書は、記載金額8,000万円の不動産の譲渡に関する契約書として、印紙税が課税されることになる。よって、本肢は正しく、本問の正解肢となる。

3　誤・・・・・・・・・・・・・・・・・・・・・・・・・・・　**重要度　★**

　不動産の売買当事者と仲介業者との間で、仲介業者に対する手数料の金額及び支払方法等を定める旨を記載した契約書は、依頼者が仲介業者に事務の処理を委託することを内容とする、委任に関する契約書である。委任に関する契約書は課税文書ではなく、印紙税は課税されない（印紙税法２条、別表第一）。よって、本肢は誤り。

4　誤・・・・・・・・・・・・・・・・・・・・・・・・・・・　**重要度　★★★**

　土地の賃貸借契約書は、課税文書である（印紙税法２条、別表第１第１号の２）。また、賃料は記載金額とはならず、権利金・礼金・更新料等、契約に際して相手方当事者に交付し、後日返還されることが予定されていない金額が記載金額となる（印紙税法基本通達23条（２））。したがって、本肢の場合は賃料と後日返還されることが予定されている保証金は記載金額とならず、権利金120万円が記載金額となって、印紙税が課税される。よって、本肢は誤り。

119

ＬＥＣ東京リーガルマインド　2023年版　出る順宅建士　当たる！　直前予想模試　第３回　解説

【実力ＵＰ情報】建物の賃貸借契約書は課税文書ではなく、印紙税は課税されない（印紙税法２条、別表第一）。

≪出る順宅建士合格テキスト③　税・価格　第４章　印紙税≫

第24問　固定資産税　正解 ❶　重要度 Ｂ

予想正解率　60％

1　正　重要度 ★★★

質権の目的である土地については、その**質権者**に対して**固定資産税が課される**（地方税法343条１項）。よって、本肢は正しく、本問の正解肢となる。

【実力ＵＰ情報】固定資産税は、固定資産の所有者（質権又は100年より永い存続期間の定めのある地上権の目的である土地については、その質権者又は地上権者とする。）に課する。

2　誤　重要度 ★★

市町村長は、**毎年４月１日から、４月20日又は当該年度の最初の納期限の日のいずれか遅い日以後の日までの間**、その指定する場所において、家屋価格等縦覧帳簿又はその写しを当該市町村内に所在する家屋に対して課する固定資産税の納税者の縦覧に供しなければならない（地方税法416条１項）。いつでも縦覧することができるのではない。よって、本肢は誤り。なお、縦覧は、納税者が家屋課税台帳等に登録された価格と他の家屋の価格とを比較することができるようにするためである旨の記述は正しい。

3　誤　重要度 ★★★

固定資産税の**納税義務者**は、原則として、**賦課期日現在の固定資産の所有者**である（地方税法343条１項、２項、359条）。年の途中において土地の売買があった場合、売主と買主でその所有の月数に応じて月割りで納付しなければならないという規定はない。よって、本肢は誤り。

【実力ＵＰ情報】固定資産税の賦課期日は当該年度の初日の属する年の１月１日である（地方税法359条）。なお、固定資産税の納期は、４月、７月、12月及び２月中において、市町村の条例で定めるが、特別の事情がある場合には、これと異なる納期を定めることができる（地方税法362条１項）。

4　誤　重要度 ★★

家屋について賃借権を有する者は、固定資産課税台帳のうち当該権利の目的である**家屋及びその敷地である土地**について記載された部分又はその写しを**閲覧することができる**（地方税法382条の２第１項、地方税法施行令52条の14第３号）。よって、本肢は誤り。

≪出る順宅建士合格テキスト③　税・価格　第2章　固定資産税≫

 **不動産鑑定評価基準** 正解 ③

予想正解率　50%

1　正 ・・・・・・・・・・・・・・・・・・・・・・・・・・・・　重要度　★★★

　鑑定評価の手法の適用に当たっては、鑑定評価の手法を当該案件に即して適切に適用すべきである。この場合、地域分析及び個別分析により把握した対象不動産に係る市場の特性等を適切に反映した**複数の鑑定評価の手法を適用**すべきであり、複数の鑑定評価の手法の適用が困難な場合においても、**その考え方をできるだけ参酌（さんしゃく）するように努めるべきである**（不動産鑑定評価基準総論8章7節）。よって、本肢は正しい。

2　正 ・・・・・・・・・・・・・・・・・・・・・・・・・・・・　重要度　★

　不動産の鑑定評価に当たっては、価格形成要因が常に変動の過程にあることを認識して、**各要因間の相互因果関係を動的に把握すべきである。これを変動の原則**という（不動産鑑定評価基準総論4章Ⅱ）。よって、本肢は正しい。

> 【解法の視点】価格形成要因とは、不動産の効用及び相対的稀少性ならびに不動産に対する有効需要の三者に影響を与える要因をいう。なお、価格形成要因は、一般的要因、地域要因、個別的要因の3つに分けられる。

3　誤 ・・・・・・・・・・・・・・・・・・・・・・・・・・・・　重要度　★★

　収益還元法は、対象不動産が将来生み出すであろうと期待される「純収益」の現在価値の総和を求めることにより、**対象不動産の試算価格（収益価格）を求める手法**である。そして、対象不動産の**純収益**は、一般に1年を単位として、**総収益から総費用を控除して求められる**（不動産鑑定評価基準総論7章1節Ⅳ）。よって、本肢は誤りであり、本問の正解肢となる。

4　正 ・・・・・・・・・・・・・・・・・・・・・・・・・・・・　重要度　★

　不動産の価格は、価格形成要因の変動についての市場参加者による予測によって左右されるが、これを**予測の原則**という（不動産鑑定評価基準総論第4章Ⅺ）。よって、本肢は正しい。

≪出る順宅建士合格テキスト③　税・価格　第8章　不動産鑑定評価基準≫

 **媒介・代理契約**

予想正解率　75%

ア　誤・・・・・・・・・・・・・・・・・・・・・・・　重要度　★★★

専任媒介契約の有効期間は、3カ月を超えることができない。これより長い期間を定めたときは、その期間は3カ月に短縮される。これは、依頼者の申出による更新があった場合でも同様である。したがって、更新後の期間を6カ月とすることはできない（業法34条の2第3項、4項）。よって、本肢は誤り。

【実力ＵＰ情報】専属専任媒介契約の場合も同様である。

イ　誤・・・・・・・・・・・・・・・・・・・・・・・　重要度　★★★

Aは、専任媒介契約の締結の日から7日以内に所定の事項を指定流通機構に登録しなければならないが、その期間の計算については、**休業日数を除く**（業法34条の2第5項、規則15条の10）。よって、本肢は誤り。

ウ　正・・・・・・・・・・・・・・・・・・・・・・・　重要度　★★

専任媒介契約を締結し、指定流通機構に登録をした宅建業者は、登録に係る宅地又は建物の売買又は交換の**契約が成立したときは、遅滞なく、①登録番号、②取引価格、③契約の成立年月日を指定流通機構に通知しなければならない**（業法34条の2第7項、規則15条の13）。よって、本肢は正しい。

【実力ＵＰ情報】売主又は買主の氏名・住所は通知事項になっていない。

エ　誤・・・・・・・・・・・・・・・・・・・・・・・　重要度　★★★

専任媒介契約を締結した宅建業者は、依頼者に対し、**業務の処理状況を2週間に1回以上報告（報告の方法について制限はなく、書面による必要はない。電子メールによることもできる。）しなければならず、これに反する依頼者に不利な特約は、無効となる**（業法34条の2第9項、10項）。本肢の特約は、依頼者に不利ではないので有効である。よって、本肢は誤り。

以上より、誤っているものはア、イ、エの三つであり、3が本問の正解肢となる。
≪出る順宅建士合格テキスト②　第8章　媒介・代理契約≫

　重要事項の説明　正解 ❶　

予想正解率　75%

1　誤・・・・・・・・・・・・・・・・・・・・・・・　重要度　★★★

台所、浴室、便所その他の当該建物の設備の整備の状況は、**建物の売買の場合には説明する必要がない**（業法35条1項14号、規則16条の4の3第7号）。よって、本肢

は誤りであり、本問の正解肢となる。

> 【実力ＵＰ情報】「建物の貸借」の契約の場合には重要事項として説明しなければならない。

2　正　　　　　　　　　　　　　　　　重要度　★★

飲用水、電気及びガスの供給ならびに排水のための施設が整備されていない場合においては、その整備の見通し及びその整備についての**特別の負担に関する事項**は、全ての契約態様で説明しなければならない（業法35条１項４号）。よって、本肢は正しい。

3　正　　　　　　　　　　　　　　　　重要度　★★★

専有部分の用途その他の利用の制限に関する規約の定め（その案を含む。）があるときは、その内容を説明しなければならない（業法35条１項６号、規則16条の２第３号）。よって、本肢は正しい。

4　正　　　　　　　　　　　　　　　　重要度　★★

当該宅地又は建物の**契約不適合責任**の履行に関し**保証保険契約の締結その他の措置で国土交通省令・内閣府令で定めるものを講ずるかどうか、及びその措置を講ずる場合におけるその措置の概要**を説明しなければならない（業法35条１項13号）。よって、本肢は正しい。

≪出る順宅建士合格テキスト②　第10章　重要事項の説明≫

第28問　自ら売主制限　　

予想正解率　75％

1　誤　　　　　　　　　　　　　　　　重要度　★★

契約不適合責任を負う場合、修補等の追完請求は、**売主の責めに帰することができない事由によるものであってもすることができる**（民法562条参照）。すなわち、売主の帰責性は要求されない。本肢の特約は、民法の規定より不利であって、買主に不利な内容であるから、**無効**である（業法40条２項）。よって、本肢は誤り。

2　誤　　　　　　　　　　　　　　　　重要度　★★

宅建業者は、**自己の所有に属しない宅地建物**について、自ら売主となる売買契約（予約を含む。）を締結してはならない。ただし、宅地建物が完成物件の場合、宅建業者が当該宅地建物を取得する契約（予約を含み、その効力の発生が条件に係るものを除く）を締結しているときは、売買契約を締結することができる（業法33条の２第１号）。手付金等の**保全措置を講じたとしても、売買契約を締結することができるわけではない**。よって、本肢は誤り。

3 正　　重要度 ★★★

保全措置の対象となる**手付金等**とは、代金の全部又は一部として授受される金銭及び手付金その他の名義をもって授受される金銭で**代金に充当されるもの**であって、契約締結の日以後、宅地又は建物の引渡し前に支払われるものをいう（業法41条の2第1項、41条1項）。したがって、**代金に充当されないものであれば、保全措置を講じる必要はない**。よって、本肢は正しく、本問の正解肢となる。

4 誤　　重要度 ★★

宅建業者は、自ら売主となる宅地建物の割賦（かっぷ）販売の契約について、賦払金（ふばらいきん）の支払の義務が履行されない場合は、**30日以上の相当の期間を**定めてその支払を**書面で催告し**、その期間内にその義務が履行されないときでなければ、賦払金の支払の遅滞を理由として、契約を解除し、又は支払時期の到来していない賦払金の支払を請求することができない（業法42条1項）。支払期日30日経過したからといって直ちに解除できるわけでない。よって、本肢は誤り。

> 【講師からのアドバイス】割賦販売契約に関する細かい知識である。出題の頻度は低い。この機会に知っておけばよい。

≪出る順宅建士合格テキスト②　第13章　自ら売主制限≫

第29問　宅地建物取引士　正解 ④　重要度 A

予想正解率　75%

1 誤　　重要度 ★★★

宅地建物取引士資格登録簿には、氏名、生年月日、**住所**、**本籍**、宅建業者の業務に従事する者にあっては、宅建業者の商号・名称、免許証番号、性別、試験の合格年月日及び合格証書番号その他の事項を登載する（業法18条2項、規則14条の2の2第1項）。したがって、**住所も登載される**。よって、本肢は誤り。

> 【解法の視点】「氏名」「住所」「本籍」「勤務先宅建業者の商号・名称、免許証番号」に変更があった場合、変更の登録が必要である。宅建業者が備えなければならない従業者名簿には、従業者の住所は記載事項となっていないことと間違えないようにしよう。

2 誤　　重要度 ★★★

登録を受けている者は、①氏名、②住所、③本籍、宅建業者の業務に従事する者にあっては、当該宅建業者の④商号又は名称、⑤免許証番号に変更があったときは、遅滞なく、変更の登録を申請しなければならない（業法20条、18条2項、規則14条の2の2第1項）。しかし、**専任ではない**宅地建物取引士から専任の宅地建物取引士になった場合は、このいずれの場合にも該当せず、**変更の登録を申請する必要はない**。よって、本肢は誤り。

3　誤　　　　　　　　　　　　　　　重要度　★

　宅建業者は、事務所等ごとに、**成年者である**専任の宅地建物取引士を置かなければならない（業法31条の3第1項）。すなわち、事務所等ごとに置かれる専任の宅地建物取引士は成年者でなければならない。また、**宅建業者（法人である場合においては、その役員（業務を執行する社員、取締役、執行役又はこれらに準ずる者をいう。））が**宅地建物取引士であるときは、その者が自ら主として業務に従事する事務所等については、その者は、その事務所等に置かれる**成年者である**専任の宅地建物取引士とみなされる（同条2項）。したがって、未成年者が自ら宅建業者であったり、役員であったりすると、専任の宅地建物取引士とみなされることになる。よって、本肢は誤り。

> 【解法の視点】未成年者でも法定代理人から宅建業の営業の許可を受けていれば、登録における「成年者」の要件を充たす。

4　正　　　　　　　　　　　　　　　重要度　★★

　宅地建物取引士は、宅地建物取引士証の亡失によりその再交付を受けた後において、亡失した宅地建物取引士証を発見したときは、速やかに、**発見した宅地建物取引士証をその交付を受けた都道府県知事に返納しなければならない**（規則14条の15第5項）。よって、本肢は正しく、本問の正解肢となる。

≪出る順宅建士合格テキスト②　第5章　宅地建物取引士≫

第30問　重要事項の説明　

予想正解率　60％

ア　誤　　　　　　　　　　　　　　　重要度　★★★

　宅地の売買のみならず、建物の貸借においても、宅地又は建物が土砂災害警戒区域内にあるときは、その旨を説明しなければならない（業法35条1項14号、規則16条の4の3第2号）。よって、本肢は誤り。

> 【実力ＵＰ情報】宅地造成等規制法の造成宅地防災区域内にあるとき、津波防災地域づくりに関する法律の津波災害警戒区域内にあるときは、建物の貸借の契約であっても説明の必要がある。

イ　正　　　　　　　　　　　　　　　重要度　★★★

　取引の目的物である建物が既存の建物であるときは、**建物状況調査を実施しているかどうか、及びこれを実施している場合におけるその結果の概要を説明しなければならない**（業法35条1項6号の2イ）。よって、本肢は正しい。

ウ　誤　　　　　　　　　　　　　　　重要度　★★★

　天災その他不可抗力による損害の負担に関する定めの内容は、37条書面の記載事項

であるが（業法37条１項10号）、**重要事項の説明事項ではなく、買主に説明する必要はない**。よって、本肢は誤り。

エ　誤‥‥‥‥‥‥‥‥‥‥‥‥‥‥‥‥**重要度 ★★★**

重要事項の説明書面の交付に代えて、**相手方の承諾を得て**、当該書面に記載すべき事項を**電磁的方法により提供**することができる（業法35条８項）。電磁的方法による提供をするには、相手方の承諾が必要である。よって、本肢は誤り。なお、相手方が宅建業者でなくとも、承諾を得れば、**電磁的方法により提供**することができる。

以上より、正しいものはイの一つであり、１が本問の正解肢となる。
≪出る順宅建士合格テキスト② 第10章 重要事項の説明≫

 監督・罰則

予想正解率　75％

１　誤‥‥‥‥‥‥‥‥‥‥‥‥‥‥‥‥**重要度 ★★★**

展示会等の催物会場については、従業者名簿の設置義務はない。したがって、展示会場に従業者名簿を設置しなかったとしても罰則の適用はない（業法48条３項、83条１項３号の２参照）。よって、本肢は誤り。

【講師からのアドバイス】事務所以外の場所にあっては、「従業者名簿」「帳簿」「報酬額」の設置・掲示は必要とされていない。

２　誤‥‥‥‥‥‥‥‥‥‥‥‥‥‥‥‥**重要度 ★★**

宅建業者は、その事務所ごとに国土交通省令で定める標識を掲げなければならず、これに違反した場合、50万円以下の罰金に処せられる（業法50条１項、83条１項２号）。よって、本肢は誤り。

３　誤‥‥‥‥‥‥‥‥‥‥‥‥‥‥‥‥**重要度 ★★**

宅地建物取引士は、取引の関係者から請求があったときは、宅地建物取引士証を提示しなければならない（業法22条の４）。しかし、これに違反したとしても、過料に処せられることはない（業法86条参照）。よって、本肢は誤り。

４　正‥‥‥‥‥‥‥‥‥‥‥‥‥‥‥‥**重要度 ★★**

宅地建物取引士は、重要事項の説明をする際、宅地建物取引士証を提示しなければならず、これに違反した場合、10万円以下の過料に処せられる（業法35条４項、86条）。この提示義務は、取引の関係者からの請求の有無を問わない。よって、本肢は正しく、本問の正解肢となる。

> 【解法の視点】肢3と異なり、本肢の場合には罰則の適用がある。混乱しないように注意しよう。

≪出る順宅建士合格テキスト②　第15章　監督・罰則≫

宅地建物取引業の意味　　正解 4　　重要度 A

予想正解率　60％

1　誤 ･･････････････････････　重要度　★★★

宅地の分譲の代理を業として行う場合は、免許が必要である（業法2条2号）。これは、代理の依頼者が市町村等であっても変わりはない。よって、本肢は誤り。

> 【実力UP情報】国、地方公共団体（都道府県、市町村）、地方住宅供給公社等は、免許不要である。

2　誤 ･･････････････････････　重要度　★★★

不特定多数の者から反復継続して宅地を買い取ることは「宅地建物取引業」に該当し免許が必要である（業法2条2号）。よって、本肢は誤り。なお、自ら貸借するという側面については宅建業の「取引」にあたらないことから免許は不要である。

3　誤 ･･････････････････････　重要度　★★★

用途地域内の土地は、一定の例外の場合を除き、宅地に該当する。また、宅地の分譲を自ら業として行う場合は、免許が必要である（業法2条）。そして、「公益法人に対してのみ」行うというだけでは、特定の者のみを対象とするものとはいえず、「業」にあたる。よって、本肢は誤り。

> 【実力UP情報】一定の例外とは、「現在、公園・広場・道路・水路・河川であるもの」をいう。

4　正 ･･････････････････････　重要度　★★

用途地域内の土地であっても、現在、公園・広場・道路・水路・河川であるものは、宅地ではない（業法2条1号、施行令1条）。この例外の中に「駐車場」はない。したがって、**駐車場は原則どおり「宅地」にあたることから免許が必要となる**。よって、本肢は正しく、本問の正解肢となる。

> 【解法の視点】宅地か否かを判断するにあたり、登記簿上の地目は考慮しない。

≪出る順宅建士合格テキスト②　第1章　宅地建物取引業の意味≫

 事務所以外の場所の規制

予想正解率　75％

ア　正・・・・・・・・・・・・・・・・・・・・・・・・・・重要度　★★★

　宅建業者は、従業者に従業者証明書の携帯をさせなければ、その者を業務に従事させてはならない（業法48条1項）。よって、本肢は正しい。

【解法の視点】従業者に関する一般的な規制である。特に「事務所に限る」等の限定はないことに注意しよう。

イ　正・・・・・・・・・・・・・・・・・・・・・・・・・・重要度　★★★

　宅建業者は、その事務所ごとに、公衆の見やすい場所に、国土交通大臣が定めた報酬の額を掲示しなければならない（業法46条4項）。案内所や展示会はここでいう「事務所」にはあたらないので、報酬額を掲示する必要はない。よって、本肢は正しい。

ウ　誤・・・・・・・・・・・・・・・・・・・・・・・・・・重要度　★★★

　宅建業者が、本問のような展示会を実施して分譲する場合、届出が必要である（業法50条2項、31条の3第1項、規則15条の5の2第4号）。この場合、宅建業者は、業務の開始日の10日前までに、①所在地、②業務内容、③業務を行う期間、④専任の宅地建物取引士の氏名を、免許権者及び業務を行う場所の所在地を管轄する都道府県知事の両方に届け出なければならない（業法50条2項、規則19条3項）。よって、甲県知事に届け出る必要はないとする本肢は誤り。

　以上より、正しいものはア、イの二つであり、2が本問の正解肢となる。
《出る順宅建士合格テキスト② 第4章 事務所以外の場所の規制》

第34問　宅建業法総合　正解3　

予想正解率　75％

1　違反する・・・・・・・・・・・・・・・・・・・・・・重要度　★★★

　宅建業者は、手付について貸付けその他信用の供与をすることにより契約の締結を誘引する行為をしてはならない（業法47条3号）。これは業者間取引でも規制される。よって、本肢は宅建業法に違反する。

【実力UP情報】手付の「貸付」は禁止される。また、「約束手形での受領」「分割払い」「立替え」等も信用の供与に当たり禁止される。

2 違反する　　重要度 ★★★

宅建業者は、宅地の造成又は建物の建築に関する工事の完了前においては、当該工事に関し必要とされる**許可、確認**等があった後でなければ、**自ら当事者**として、もしくは当事者を代理して売買もしくは交換の契約を締結し、又は売買もしくは交換の媒介をしてはならない（業法36条）。もちろん、許可等の申請中もこれらの契約の締結又は媒介をすることができない。これは**業者間取引でも規制される**。よって、本肢は宅建業法の規定に違反する。

【解法の視点】手付について信用供与の禁止（肢１）、許可、確認前の契約締結の禁止（肢２）とも、宅建業者間の取引について適用がある。

3 違反しない　　重要度 ★★★

宅地建物の**買主が宅建業者**である場合は、重要事項説明書の交付（又は電磁的方法による提供）は省略できないが、その**説明を省略することができる**（業法35条1項、6項）。また、重要事項説明書の**交付は、宅地建物取引士がする必要はない**。よって、本肢は宅建業法の規定に違反せず、本問の正解肢となる。

4 違反する　　重要度 ★★★

宅建業者は、交付すべき書面を作成したときは、**宅地建物取引士をして、当該書面に記名**させなければならない（業法37条3項）。取引に関与するときは、**すべての宅建業者が宅地建物取引士をして37条書面に記名**させなければならないので、買主である宅建業者の宅地建物取引士が記名していても、売主である宅建業者の宅地建物取引士の記名が省略できるわけではない。よって、本肢は宅建業法の規定に違反する。

　　　　　　　　≪出る順宅建士合格テキスト②　第9章　広告等に関する規制≫
　　　　　　　　≪出る順宅建士合格テキスト②　第10章　重要事項の説明≫
　　　　　　　　≪出る順宅建士合格テキスト②　第11章　37条書面≫
　　　　　　　　≪出る順宅建士合格テキスト②　第12章　その他の業務上の規制≫

 媒介・代理契約

予想正解率　75％

ア 誤　　重要度 ★★★

宅建業者は、売買・交換の媒介契約を締結したら遅滞なく、媒介契約の内容を記載した書面を作成して記名押印し、依頼者に交付しなければならない（業法34条の2第1項）。しかし、この書面の記名押印や交付を**宅地建物取引士に行わせる必要はない**。よって、本肢は誤り。

イ 正　　重要度 ★★

宅建業者が建物状況調査を実施する者のあっせんを行う場合、建物状況調査を実施

する者は、建築士法2条1項に規定する**建築士であって国土交通大臣が定める講習を修了した者**でなければならない（業法34条の2第1項4号、規則15条の8第1項）。よって、本肢は正しい。

ウ　誤‥‥‥‥‥‥‥‥‥‥‥‥‥‥‥　重要度　★★★

　宅建業者は、当該宅地又は建物を売買すべき価額又はその評価額について意見を述べるときは、その根拠を明らかにしなければならない（業法34条の2第2項）。しかし、その根拠について、**価格査定マニュアルや同種の取引事例等他に合理的な説明がつくものであれば足り、不動産鑑定士に評価を依頼する必要はない**（解釈・運用の考え方）。よって、本肢は誤り。

エ　正‥‥‥‥‥‥‥‥‥‥‥‥‥‥‥　重要度　★

　宅建業者は、指定流通機構への登録に関する事項について記載しなければならず（業法34条の2第1項6号）、当該指定流通機構は国土交通省令で定めるところにより、**国土交通大臣が指定する**（業法34条の2第5項）。よって、本肢は正しい。

　以上より、正しいものはイ、エの二つであり、2が本問の正解肢となる。

《出る順宅建士合格テキスト②　第8章　媒介・代理契約》

第36問　免許の基準　　正解 ③　重要度 A

予想正解率　85％以上

ア　誤‥‥‥‥‥‥‥‥‥‥‥‥‥‥‥　重要度　★★★

　営業に関し成年者と同一の行為能力を有する未成年者については、その法定代理人が一定の免許欠格事由に該当するとしても、免許を受けることができる（業法5条1項11号等参照）。したがって、Aは免許を受けることができる。よって、本肢は誤り。

> 【実力UP情報】営業に関し成年者と同一の行為能力を有しない未成年者でその法定代理人が一定の免許の基準に該当する場合、当該未成年者は免許を受けることができない。

イ　誤‥‥‥‥‥‥‥‥‥‥‥‥‥‥‥　重要度　★★★

　免許を受けようとする者は、2以上の都道府県の区域内に事務所を設置してその事業を営もうとする場合にあっては、**国土交通大臣の免許を受けなければならない**（業法3条1項、4条1項）。国土交通大臣に対する申請は、主たる事務所の所在地を管轄する都道府県知事を経由して行う（78条の3第1項）。よって、本肢は誤り。

ウ　正‥‥‥‥‥‥‥‥‥‥‥‥‥‥‥　重要度　★★★

　業務停止処分に該当し、情状が特に重いとして免許を取り消された者が法人である場合、当該取消しに係る聴聞の期日及び場所の公示の日前60日以内に当該法人の**役員**

であった者で当該取消しの日から5年を経過しない者は、免許を受けることができない（業法5条1項2号）。しかし、**政令で定める使用人**であった者は、免許を受けることができる。よって、本肢は正しい。

エ　正・・・・・・・・・・・・・・・・・・・・・・・　重要度　★

禁錮以上の刑、又は一定の罪を犯したとして罰金の刑に処せられた場合、その刑の執行を終わり、又は執行を受けることがなくなった日から5年を経過しない者は免許を受けることができない（業法5条1項5号、6号）。科料はこの中に含まれていない。したがって、3年前に科料に処せられていたとしても、Fは免許を受けることができる。よって、本肢は正しい。

以上より、正しいものはウ、エであり、3が本問の正解肢となる。
≪出る順宅建士合格テキスト② 第3章 免許≫

 広告等に関する規制

予想正解率　75％

ア　誤・・・・・・・・・・・・・・・・・・・・・・・　重要度　★★★

宅建業者が、物件の所在、規模、形質等に関して著しく事実に相違する表示、又は実際のものよりも著しく優良もしくは有利であると人を誤認させるような表示をすれば、**相手方が実際に誤認する等の被害が生じなくても、宅建業法の規定に違反する**（業法32条）。よって、本肢は誤り。

【実力UP情報】広告において「新築」という表現は、建築工事完了後1年未満であり、かつ居住の用に使用されたことがない場合に使うことができる。

イ　正・・・・・・・・・・・・・・・・・・・・・・・　重要度　★★★

宅地建物の販売のみならず、その販売に関する広告も、業務にあたる。したがって、業務の全部の停止処分の期間中は、販売に関する広告を行うこともできない。よって、本肢は正しい。

ウ　正・・・・・・・・・・・・・・・・・・・・・・・　重要度　★★★

宅建業者は、誇大広告等を行った場合、6カ月以下の懲役もしくは100万円以下の罰金に処せられ、又はこれらを併科される（業法32条、81条1号）。よって、本肢は正しい。

【実力UP情報】「取引態様の明示義務」又は「広告開始時期の制限」に違反しても、罰則の適用はない。

エ　誤 ･････････････････････････ 重要度　★★★

　宅建業者が、売買の代理を自ら売主と表示することは、取引態様の別の明示義務に違反する（業法34条1項）。特別の依頼の有無は影響しない。よって、本肢は誤り。

　以上より、正しいものはイ、ウの二つであり、2が本問の正解肢となる。

≪出る順宅建士合格テキスト②　第9章　広告等に関する規制≫

第38問　報酬額の制限　正解 4　重要度 C

予想正解率　50%

　物件の現地調査費は、原則として、依頼者の特別の依頼がなければ、報酬とは別に受領することはできないが、空家等低廉な宅地又は建物の売買又は交換については特例があり、以下①～③の要件がある場合、以下、④、⑤を上限として、現地調査等の費用を報酬に含めて報酬を受領することができる（業法46条、報酬告示第7、第8、第9）。

① **通常の売買又は交換の媒介・代理と比較して現地調査等の費用を要するもの**であること。
② 売買代金（消費税等を含まない）又は交換に係る価格（消費税等を含まない、多い方の価額）が**400万円以下の宅地又は建物**であること。
③ **売主又は交換を行う者**からの媒介又は代理の**依頼**であること。
④ 報酬額は、通常の媒介の計算により算出した金額と当該現地調査等に要する費用に相当する額を**合計した金額以内**であり、**18万円の1.1倍に相当する金額を超えない**こと。
⑤ 代理の場合、通常の**媒介の計算により算出した金額**と④により算出した金額を合計した**金額以内**であること。

1　誤 ･････････････････････････ 重要度　★

　上記特例の要件は、売主又は交換を行う者からの依頼であること（上記要件③）であり、**買主からの依頼の場合は含まない**。したがって、報酬の上限額は、調査費を除いた計算になり、(300万円×4％＋2万円)×1.1＝15万4,000円となる。よって、本肢は誤り。

2　誤 ･････････････････････････ 重要度　★

　上記特例の要件は、**売買代金（消費税等を含まない）が400万円以下の宅地又は建物であること**（上記要件②）である。したがって、報酬の上限額は、調査費を除いた計算になり、(500万円×3％＋6万円)×1.1＝23万1,000円となる。よって、本肢は誤り。

3　誤‥‥‥‥‥‥‥‥‥‥‥‥‥‥‥‥　重要度　★

　本肢は、上記①～③の要件を満たしているが、通常の媒介の計算により算出した金額と当該現地調査等に要する費用に相当する額を合計すると、**18万円を超える**ので、上限額は、18万円×1.1＝19万8,000円となる（上記④）。よって、本肢は誤り。

4　正‥‥‥‥‥‥‥‥‥‥‥‥‥‥‥‥　重要度　★

　本肢は、上記①～③の要件を満たしているので、(160万円×5％＋10万円（調査費用等の額））×1.1＝19万8,000円となる。よって、本肢は正しく、本問の正解肢となる。

≪出る順宅建士合格テキスト②　第14章　報酬額の制限≫

第39問　営業保証金　　

予想正解率　75％

1　誤‥‥‥‥‥‥‥‥‥‥‥‥‥‥‥‥　重要度　★★★

　国土交通大臣又は都道府県知事（免許権者）は、免許をした日から**3月以内**に宅建業者が営業保証金を供託した旨の届出をしないときは、その届出をすべき旨の**催告**をしなければならない（業法25条6項）。1月以内ではない。よって、本肢は誤り。

> 【講師からのアドバイス】この催告が到達した日から「1月以内」に届出をしないときは、その免許を取り消すことができる。取り違えないように注意しよう。

2　誤‥‥‥‥‥‥‥‥‥‥‥‥‥‥‥‥　重要度　★★★

　宅建業者と宅建業に関する取引をした者（宅建業者に該当する者は除く）は、宅建業者が供託した**営業保証金の範囲内**で債権の弁済を受ける権利を有する（業法27条1項）。本問の場合、Bは、本店につき1,000万円、支店a及びbそれぞれにつき500万円、これらの合計額である**2,000万円を限度として、還付を受けることができる**（業法25条2項、施行令2条の4）。よって、本肢は誤り。

3　誤‥‥‥‥‥‥‥‥‥‥‥‥‥‥‥‥　重要度　★

　宅建業者は、営業保証金の変換のため新たに供託したときは、**遅滞なく**、その旨を、供託書正本の写しを添付して、その**免許権者に届け出なければならない**（規則15条の4の2）。2週間以内ではない。よって、本肢は誤り。

> 【講師からのアドバイス】細かい知識である。気にする必要はない。なお、「営業保証金の変換」とは、たとえば供託していた有価証券を金銭での供託に切り替えるような場合である。

4　正‥‥‥‥‥‥‥‥‥‥‥‥‥‥‥‥　重要度　★★★

　宅建業者は、その主たる事務所を移転したためその最寄りの供託所が変更した場合

において、**金銭のみで営業保証金を供託しているとき**は、遅滞なく、費用を予納して、営業保証金を供託している供託所に対し、移転後の主たる事務所の最寄りの供託所への営業保証金の**保管替えを請求しなければならない**（業法29条1項）。よって、本肢は正しく、本問の正解肢となる。

≪出る順宅建士合格テキスト②　第6章　営業保証金≫

第40問　弁済業務保証金　

予想正解率　85％以上

1　誤・・・・・・・・・・・・・・・・・・・・・・・・・・重要度　★★★

保証協会は、宅地建物取引業保証協会に加入しようとする者から弁済業務保証金分担金の納付を受けたときは、その日から**1週間以内**に、その納付を受けた額に相当する額の弁済業務保証金を供託しなければならない（業法64条の7第1項）。「2週間以内」ではない。よって、本肢は誤り。

2　誤・・・・・・・・・・・・・・・・・・・・・・・・・・重要度　★★★

保証協会の社員と宅建業に関し取引をした者（宅建業者に該当する者を除く。）は、その取引により生じた債権に関し、「**当該社員が社員でないとしたならば供託すべき営業保証金の額を限度として**」、**弁済業務保証金について弁済を受ける権利**を有する（業法64条の8第1項）。当該社員が納付した弁済業務保証金分担金の額に相当する額の範囲内ではない。よって、本肢は誤り。

3　誤・・・・・・・・・・・・・・・・・・・・・・・・・・重要度　★★★

1の保証協会の社員である者は、他の保証協会の社員となることができない（業法64条の4第1項）。すなわち2以上の保証協会の社員となることはできない。よって、本肢は誤り。

【実力ＵＰ情報】宅建業者は、営業保証金の供託・届出をして、その事業を行うこともできるので、保証協会に加入することは宅建業者の任意である。

4　正・・・・・・・・・・・・・・・・・・・・・・・・・・重要度　★

保証協会は、新たに社員が加入し、又は社員がその地位を失ったときは、直ちに、その旨を当該社員である宅建業者が免許を受けた**国土交通大臣又は都道府県知事に報告しなければならない**（業法64条の4第2項）。よって、本肢は正しく、本問の正解肢となる。

≪出る順宅建士合格テキスト②　第7章　弁済業務保証金≫

 その他の業務上の規制　正解 ① 重要度 A

予想正解率　75%

ア　違反しない・・・・・・・・・・・・・・・・・・・・　重要度　★★

　宅地もしくは建物の**将来の環境及び交通等の利便の状況に関する事項は重要事項の説明事項ではないため**（業法35条）、**宅地建物取引士でない従業者が説明することができる**。よって、本肢は宅建業法の規定に違反しない。

イ　違反しない・・・・・・・・・・・・・・・・・・・・　重要度　★★★

　宅建業者は、勧誘に先立って**宅建業者の商号又は名称及び当該勧誘を行う者の氏名ならびに当該契約の締結について勧誘をする目的である旨を告げずに、勧誘を行うことを禁止**されている（業法47条の2第3項、規則16条の11第1号ハ）。本肢は、契約に先立って、宅建業者Ａの商号及び勧誘を行う従業者の氏名、契約締結の勧誘が目的である旨を告げているので宅建業法に違反しない。よって、本肢は宅建業法の規定に違反しない。

ウ　違反する・・・・・・・・・・・・・・・・・・・・・・　重要度　★★

　宅建業者は、**相手方等が当該契約を締結しない旨の意思**（当該勧誘を引き続き受けることを希望しない旨の意思を含む。）**を表示したにもかかわらず、当該勧誘を継続してはならない**（業法47条の2第3項、規則16条の11第1号ニ）。よって、本肢は宅建業法の規定に違反する。

　以上より、違反するものはウの一つであり、1が本問の正解肢となる。
　　　　　　　≪出る順宅建士合格テキスト②　第12章　その他の業務上の規制≫

 37条書面　正解 ① 重要度 A

予想正解率　60%

1　違反しない・・・・・・・・・・・・・・・・・・・・　重要度　★★★

　37条書面には、**損害賠償額の予定又は違約金に関する定めがあるときは、その内容を記載しなければならない**（業法37条1項8号）。したがって、本肢のように**定めがないときは、記載する必要はない**。よって、本肢は宅建業法の規定に違反せず、本問の正解肢となる。

【解法の視点】定めの有無を問わず記載しなければならないものは、「宅地・建物の引渡しの時期」、「代金の額、支払時期、支払方法」、「移転登記の申請時期」、既存建物であるときの「建物の構造耐力上主要な部分等の状況について当事者の双方が確認した事項」である（売買・

交換の場合)。これ以外は、「定めがあるとき」に、必ず記載しなければならない。

2　違反する・・・・・・・・・・・・・・・・・・・・・重要度　★★

　37条書面には、代金の額・支払時期・支払方法について記載しなければならない(業法37条1項3号)。したがって、代金を分割払いにする場合には、代金の額だけでなく、賦払金の額、支払時期についても記載しなければならない。よって、本肢は宅建業法の規定に違反する。

3　違反する・・・・・・・・・・・・・・・・・・・・・重要度　★★★

　建物の売買において、当該建物が既存の建物であるときは、建物の構造耐力上主要な部分等の状況について**当事者の双方が確認した事項を記載**しなければならない(業法37条1項2号の2)。これは、確認した事項がない場合には記載しなくてよいというものではなく、確認した事項がなければその旨を記載しなければならないという趣旨である。よって、本肢は宅建業法の規定に違反する。

　【解法の視点】貸借においては、記載事項ではない。

4　違反する・・・・・・・・・・・・・・・・・・・・・重要度　★★★

　建物の売買において、当該宅地もしくは建物の種類もしくは品質に関して契約の内容に適合しない場合におけるその不適合を担保すべき責任又は当該責任の履行に関して講ずべき保証保険契約の締結その他の措置についての定めがあるときは、その内容を記載しなければならない(業法37条1項11号)。よって、本肢は宅建業法の規定に違反する。

≪出る順宅建士合格テキスト②　第11章　37条書面≫

第43問　自ら売主制限　正解3　重要度A

予想正解率　85％以上

1　誤・・・・・・・・・・・・・・・・・・・・・重要度　★★

　当該宅地又は建物について買主への**所有権移転の登記がされたとき**は、例外として、宅建業者は、手付金等の保全措置を講じなくても、買主から手付金等を受領することができる(業法41条の2第1項但書)。また、**手付金は1,000万円**であり、当該物件の**代金5,000万円の20％**ちょうどであることから、Aは当該手付金を受領することができる(業法39条1項)。よって、本肢は誤り。

　【講師からのアドバイス】登記が備わると、第三者にも対抗することができるようになるからである。

2　誤・・・・・・・・・・・・・・・・・・・・・重要度　★★★

手付と損害賠償額の予定はまったく別個の制度である。したがって、損害賠償額の予定をしたからといって手付金を受領できなくなるわけではない。よって、本肢は誤り。

３　正‥‥‥‥‥‥‥‥‥‥‥‥‥‥　重要度　★★★

　　宅建業者が、自ら売主となる宅地又は建物の売買契約の締結に際して手付を受領したときは、その手付がいかなる性質のものであっても、**相手方が契約の履行に着手するまでは、買主はその手付を放棄して、当該宅建業者はその倍額を現実に提供して、契約の解除をすることができる**（業法39条2項）。よって、本肢は正しく、本問の正解肢となる。

４　誤‥‥‥‥‥‥‥‥‥‥‥‥‥‥　重要度　★

　　手付に基づく解除の意思表示は、一般原則に従い、相手方に**到達しなければ、その効果は生じない**（民法97条1項）。書面を発し、当該書面が宛先不明で戻ってきた場合、原則として、その効力は生じない。よって、本肢は誤り。

　　【講師からのアドバイス】クーリング・オフによる申込みの撤回・解除の効果は、「書面を発した時に、その効力を生じる。」と規定されている。

　　　　　　　　　　　　　　≪出る順宅建士合格テキスト② 第13章 自ら売主制限≫

 クーリング・オフ

予想正解率　85％以上

１　正‥‥‥‥‥‥‥‥‥‥‥‥‥‥　重要度　★★★

　　事務所等において買受けの申込みをし、事務所等以外の場所で売買契約を締結した場合は、クーリング・オフ制度の適用はない（業法37条の2第1項本文かっこ書）。したがって、Ｂは、当該契約を解除することができない。よって、本肢は正しく、本問の正解肢となる。

　　【講師からのアドバイス】申込みの場所と契約を締結した場所が異なる場合、クーリング・オフができるかどうかは、申込みの場所で判断する。契約締結した場所であるテント張り案内所は、クーリング・オフできる場所であるが、本肢は、申込みの場所が「事務所」であるから、クーリング・オフできない。

２　誤‥‥‥‥‥‥‥‥‥‥‥‥‥‥　重要度　★★★

　　本肢のような旅行先の温泉旅館は、クーリング・オフができなくなる「事務所等」には含まれない。したがって、本肢の契約には、クーリング・オフに基づく解除が認められる。また、**クーリング・オフに関する特約で申込者等に不利なものは無効である**（業法37条の2第4項）。したがって、本肢のようなクーリング・オフの規定によ

る解除権を放棄する旨の特約は無効であり、Cは、当該契約を解除することができる。よって、本肢は誤り。

3　誤‥‥‥‥‥‥‥‥‥‥‥‥‥‥‥重要度　★★★

　クーリング・オフの規定は、**買主が宅建業者である場合には適用されない**（業法78条2項）。したがって、宅建業者であるDがAに対してクーリング・オフする旨の書面を発しても、解除の効力は生じない。よって、本肢は誤り。

4　誤‥‥‥‥‥‥‥‥‥‥‥‥‥‥‥重要度　★★★

　事務所等以外の場所で買受けの申込みをし、締結された契約であっても、買主は、**物件の引渡しを受け、かつ、代金の全部を支払った後は解除することができない**（業法37条の2第1項2号）。**登記を受けたかどうかは関係ない**。本肢の場合、Eは、代金の全部を支払ってはいるが、引渡しを受けていないので、解除することができる。よって、解除することができないとする本肢は誤り。

≪出る順宅建士合格テキスト②　第13章　自ら売主制限≫

第45問　住宅瑕疵担保履行法　正解❸　重要度 Ⓑ

予想正解率　60％

1　誤‥‥‥‥‥‥‥‥‥‥‥‥‥‥‥重要度　★★

　住宅販売瑕疵担保責任保険契約の内容として、特定住宅販売瑕疵担保責任による損害を填補するための**保険金額が2,000万円以上**であることが、要件の1つとされている（住宅瑕疵担保履行法2条7項3号）。よって、本肢は誤り。

2　誤‥‥‥‥‥‥‥‥‥‥‥‥‥‥‥重要度　★★

　住宅販売瑕疵担保保証金の供託をしている宅建業者は、自ら売主となる新築住宅の買主に対し、当該新築住宅の**売買契約を締結するまでに**、その住宅販売瑕疵担保保証金の供託をしている供託所の所在地等の事項について、これらの事項を記載した書面を交付し、又は当該書面の交付に代えて、政令で定めるところにより、買主の承諾を得て、当該書面に記載すべき事項を電磁的方法により提供して説明しなければならない（住宅瑕疵担保履行法15条、10条2項）。よって、本肢は誤り。

3　正‥‥‥‥‥‥‥‥‥‥‥‥‥‥‥重要度　★★

　宅建業者は、毎年、基準日から3週間を経過する日までの間において、当該**基準日前10年間に自ら売主となる売買契約に基づき買主に引き渡した新築住宅について、住宅販売瑕疵担保保証金の供託をしていなければならない**（住宅瑕疵担保履行法11条1項）。よって、本肢は正しく、本問の正解肢となる。

【実力ＵＰ情報】住宅瑕疵担保履行法にいう特定住宅瑕疵担保責任は、品確法における瑕疵

担保責任である。品確法では、新築住宅の売主は、引渡し後10年間瑕疵担保責任を負う。

4 誤 重要度 ★★

住宅販売瑕疵担保保証金は、宅建業者の**主たる事務所の最寄りの供託所に供託**しなければならない（住宅瑕疵担保履行法11条6項）。そして、供託は、**金銭に限らず、一定の有価証券ですることも可能**である（住宅瑕疵担保履行法11条5項）。必ずしも金銭でする必要はない。よって、本肢は誤り。

≪出る順宅建士合格テキスト② 第13章 自ら売主制限≫

 住宅金融支援機構法

予想正解率 75%

1 誤 重要度 ★★

機構は、個人融資を原則として行わず、災害関連、都市居住再生等の一般金融機関による融資が困難な分野に限り直接融資業務を行う（機構法13条1項）。したがって、前半の記述は正しい。しかし、**機構は、住宅融資保険法による保険を行う**ので、後半の記述が誤り（機構法13条1項3号）。よって、本肢は誤りであり、本問の正解肢となる。

2 正 重要度 ★★

機構は、一定の業務に必要な費用に充てるため、主務大臣の認可を受けて、**長期借入金**をし、又は**住宅金融支援機構債券**を発行することができる（機構法19条1項）。よって、本肢は正しい。

3 正 重要度 ★★

機構は、高齢者向け賃貸住宅である**登録住宅**（サービス付き高齢者向け住宅）とすることを主たる目的とする人の居住の用に供したことのある住宅の購入に必要な資金の貸付けを行う（機構法13条1項9号）。よって、本肢は正しい。

4 正 重要度 ★★

主務大臣は、災害の発生、経済事情の急激な変動その他の事情が生じた場合において、国民の居住の安定確保を図るために金融上の支援を緊急に行う必要があると認めるときは、**機構に対し、融資業務に関し必要な措置をとることを求めることができる**（機構法15条1項）。よって、本肢は正しい。

【実力UP情報】機構における主務大臣は、国土交通大臣及び財務大臣である。

≪出る順宅建士合格テキスト③ 免除科目 第1章 住宅金融支援機構法≫

第47問 不当景品類及び不当表示防止法

予想正解率 85％以上

1 正 重要度 ★★

物件の名称として**地名**等を用いる場合、当該物件が所在する市区町村内の町もしくは字の名称又は地理上の名称を用いる場合を除き、当該**物件**から直線距離で50メートル以内に所在する街道その他の道路の名称（坂名を含む。）を用いることができる（表示規約19条1項4号）。よって、本肢は正しい。

2 正 重要度 ★★

自動車による所要時間は、道路距離を明示して、走行に通常要する時間を表示することとされている。この場合において、表示された時間が有料道路（橋を含む。）の通行を含む場合のものであるときは、原則として、その旨を明示しなければならない。（表示規約15条4号、規則9条10号）。よって、本肢は正しい。

3 正 重要度 ★★

住宅の価格については、**取引する全ての住戸の価格**を表示すること要する。ただし、**新築分譲住宅**の価格については、**パンフレット等の媒体を除き**1戸当たりの**最低価格**、**最高価格及び最多価格帯**並びにその**価格帯に属する住宅の戸数**のみで表示することができる（表示規約15条11号、規則9条38号、39号）。よって、本肢は正しい。

4 誤 重要度 ★★★

都市計画法7条に規定する**市街化調整区域に所在する土地**については、同法29条の開発許可を受けている場合等を除き、「**市街化調整区域。宅地の造成及び建物の建築はできません。**」と明示しなければならない（表示規約規則7条6号）。よって、本肢は誤りであり、本問の正解肢となる。

> 【実力ＵＰ情報】新聞折込チラシ等及びパンフレット等の場合には16ポイント以上の大きさの文字を用いなければならない。

≪出る順宅建士合格テキスト③　免除科目　第3章　不当景品類及び不当表示防止法≫

第48問 不動産の需給・統計

予想正解率 50％

1 誤 重要度 ★★★

令和5年地価公示（令和5年3月公表）によれば、令和4年1月以降の1年間の地方圏平均での**商業地**は、地方四市では上昇率が拡大し、**地方四市を除くその他の地域**

では3年ぶりの上昇となった。よって、本肢は誤り。

2　誤　重要度 ★★★

建築着工統計調査報告（令和4年計。令和5年1月公表）によれば、**分譲住宅の着工戸数は255,487戸**（前年比4.7％増、2年連続の増加）であった。そして、**マンションの着工戸数は108,198戸**（前年比6.8％増、**3年ぶりの増加**）となった。よって、本肢は誤り。

3　正　重要度 ★

「指定流通機構の活用状況について（2022年分）」（令和5年1月公表。公益財団法人不動産流通推進センター）によれば、令和4年の**新規登録件数の合計は、4,235,628件**（前年比10.2％減）であり、**昨年の増加から再びの減少**となった。よって、本肢は正しく、本問の正解肢となる。

4　誤　重要度 ★★

年次別法人企業統計調査（令和3年度。令和4年9月公表）によれば、令和3年度における**不動産業の経常利益は約6兆580億円**となっており、前年度比13.1％増、**2年連続の増加**であり、減少していない。よって、本肢は誤り。

≪出る順宅建士合格テキスト③　免除科目　第2章　不動産の需給・統計≫

予想正解率　60％

1　適当　重要度 ★★★

台地は、水はけが良く、地盤が安定していることが多いが、台地の縁辺部は、集中豪雨の際、**崖崩れによる被害を受けることが多い**。よって、本肢は適当である。

> 【実力ＵＰ情報】台地とは、周囲の土地よりも高く、台状になっている土地をいう。

2　適当　重要度 ★★

地表が平坦で、近くの海や湖、河川の水面との**高低差が小さく、古い集落や街道がない土地**は、**軟弱地盤であることが多く、宅地には不適当**である。よって、本肢は適当である。

> 【講師からのアドバイス】土地の分野は、宅地についての知識、造成工事と防災について多く出題されている。

3　最も不適当　重要度 ★★

建物や構造物の**不同沈下**は、一般に切土部よりも**盛土部で生じやすい**。よって、本

肢は最も不適当であり、本問の正解肢となる。

4　適当・・・・・・・・・・・・・・・・・・・・・・・・・・　**重要度　★★**

　段丘とは、海岸や河岸に沿って階段状になっている地形をいい、**水はけが良く、地盤が安定している**ことが多い。よって、本肢は適当である。

　　　　　　　　　　　　　≪出る順宅建士合格テキスト③　免除科目　第４章　土地≫

第(50)問　建物　正解❷　重要度Ⓒ

予想正解率　60%

1　適当・・・・・・・・・・・・・・・・・・・・・・・・・・　**重要度　★**

　同一の建築物の基礎としては、不同沈下の原因となるので、**異なる構造方法による基礎を併用してはならない**（建基法施行令38条２項）。支持杭と摩擦杭の併用は避けるべきである。よって、本肢は適当である。

> 【実力ＵＰ情報】建築物の基礎は、建築物に作用する荷重及び外力を安全に地盤に伝え、かつ、地盤の沈下又は変形に対して構造耐力上安全なものとしなければならない。

2　最も不適当・・・・・・・・・・・・・・・・・・・・・　**重要度　★★**

　免震構造は、積層ゴムやすべり機能のある免震装置を設けて地盤から建物に伝わる地震の震動を軽減しようとする構造方式である。本肢の記述は、**制震構造**に関する内容である。よって、本肢は最も不適当であり、本問の正解肢となる。

> 【実力ＵＰ情報】免震構造の建築物の免震層には、積層ゴムやオイルダンパーが使用されることが多い。また、柱、はり、耐震壁などで、建物自体の剛性を高めて地震に対応する構造を耐震構造という。

3　適当・・・・・・・・・・・・・・・・・・・・・・・・・・　**重要度　★**

　プレキャストコンクリート構造は、**工場でコンクリートの外壁や間仕切壁を形成し、現場でそれを組み立てる方法**であり、建設現場での作業や外部足場などの仮設資材を大幅に削減することができる利点がある。よって、本肢は適当である。

4　適当・・・・・・・・・・・・・・・・・・・・・・・・・・　**重要度　★**

　木材の辺材は、**心材に比べて腐朽しやすい**という性質がある。よって、本肢は適当である。

　　　　　　　　　　　　　≪出る順宅建士合格テキスト③　免除科目　第５章　建物≫

第４回　解答・解説

第４回　解答一覧

番号	正解	自己採点	出題項目	番号	正解	自己採点	出題項目
問 1	3		債権譲渡	問 26	2		３７条書面
問 2	2		物権変動	問 27	4		報酬額の制限
問 3	4		代理	問 28	3		媒介・代理契約
問 4	4		民法総合	問 29	1		宅地建物取引業の意味
問 5	1		抵当権	問 30	3		宅地建物取引士
問 6	4		保証・連帯債務（連帯債務）	問 31	2		自ら売主制限
問 7	3		意思表示	問 32	4		その他の業務上の規制
問 8	1		民法―その他の問題点（相隣関係）	問 33	4		自ら売主制限（手付金等の保全措置）
問 9	2		相続	問 34	2		３７条書面
問 10	1		不法行為	問 35	3		弁済業務保証金
問 11	2		借地借家法（借地）	問 36	1		その他の業務上の規制
問 12	3		借地借家法（借家）	問 37	2		宅建業法総合
問 13	4		建物区分所有法	問 38	1		免許（免許の効力）
問 14	4		不動産登記法	問 39	3		重要事項の説明
問 15	2		都市計画法（都市計画の内容）	問 40	1		自ら売主制限（クーリング・オフ）
問 16	4		都市計画法（開発行為の規制等）	問 41	4		営業保証金
問 17	1		建築基準法（建ぺい率・容積率など）	問 42	1		重要事項の説明
問 18	4		建築基準法（単体規定など）	問 43	1		宅地建物取引士
問 19	4		農地法	問 44	3		広告等に関する規制
問 20	1		その他法令上の制限（宅地造成等規制法）	問 45	4		自ら売主制限（住宅瑕疵担保履行法）
問 21	2		土地区画整理法	問 46	1		住宅金融支援機構法
問 22	1		その他法令上の制限	問 47	4		不当景品類及び不当表示防止法
問 23	3		贈与税	問 48	2		不動産の需給・統計
問 24	2		税法総合	問 49	1		土地
問 25	3		地価公示法	問 50	2		建物

第1問　債権譲渡　正解 3　重要度 B

予想正解率　75％

1　誤　………………………………… 重要度 ★★

　判決文は、将来発生すべき債権の譲渡について、「将来の一定期間内に発生」、「期間の始期と終期を明確にする」などの条件を付けているが、その中に「**それほど遠い将来のものではないものを目的とする**」ことを要求していない。よって、このような条件を設定している本肢は誤り。

2　誤　………………………………… 重要度 ★★

　判決文は、「将来の一定期間内に発生」、「期間の始期と終期を明確にする」などの条件を満たすことによって特定されているのであれば、**将来発生すべき債権を目的とする債権譲渡契約を有効としている**。よって、本肢は誤り。

3　正　………………………………… 重要度 ★★

　判決文は、「債権譲渡契約にあっては、譲渡の目的とされる債権がその発生原因や譲渡に係る額等をもって**特定される必要があることはいうまでもなく、…**」とする。よって、本肢は正しく、本問の正解肢となる。

4　誤　………………………………… 重要度 ★★

　判決文は、「債権譲渡契約にあっては、……右契約の締結時において右債権発生の可能性が低かったことは、右契約の効力を当然に左右するものではないと解するのが相当である。もっとも、……右契約は公序良俗に反するなどとして、その効力の全部又は一部が否定されることがあるものというべきである」とする。よって、**公序良俗違反を理由として無効となることもある**ことから、本肢は誤り。

≪出る順宅建士合格テキスト①　第22章　債権譲渡≫

第2問　物権変動　正解 2　重要度 A

予想正解率　60％

1　誤　………………………………… 重要度 ★★★

　不動産に関する所有権の移転、抵当権の設定などの物権変動は登記をしなければ、第三者に対抗することはできない（民法177条）。したがって、**所有権の移転と抵当権の設定は、対抗関係になり**、本肢では、Cが先に抵当権設定登記を得ているから、Cの抵当権がBの所有権に優先する。よって、本肢は誤り。

【実力ＵＰ情報】結局、Ｂは、Ｃの抵当権が設定されている甲土地の所有権を取得することになる。つまり、Ｂは抵当目的物の第三取得者となるということである。仮にＢの所有権移転登記が抵当権設定の登記より先になされている場合、Ｂは、抵当権の設定されていない甲土地の所有権を取得することになる。

2　正・・・・・・・・・・・・・・・・・・・・・・・・・・・・　**重要度　★★★**

　不動産に関する物権変動は、登記がなければ「第三者」に対抗することができない（民法177条）。登記がなければ対抗できない**「第三者」とは、当事者及びその包括承継人以外の者で登記の欠缺を主張する正当な利益を有する者**をいい、**不法占拠者等の無権利者を含まない**（判例）。したがって、Ｂ及びＤは、登記がなくても、Ｅに対して甲土地の明渡しを請求することができる。よって、本肢は正しく、本問の正解肢となる。

3　誤・・・・・・・・・・・・・・・・・・・・・・・・・・・・　**重要度　★★**

　肢２で述べたように、登記がなければ対抗できない「第三者」とは、当事者及びその包括承継人以外の者で登記の欠缺を主張する正当な利益を有する者をいい、背信的悪意者を含まない（判例）。そして、**詐欺、強迫により登記申請行為を妨げた者は背信的悪意者**であるから（不動産登記法５条１項）、Ｂは、Ｆに対しては、登記なくして甲土地の所有権を対抗することができる。しかし、Ｂは、Ｆから甲土地を譲り受けその登記を得たＧに対しては、**Ｇ自身がＢに対する関係で背信的悪意者と評価されない限り、登記なくして甲土地の所有権を対抗することができない**（判例）。よって、本肢は誤り。

4　誤・・・・・・・・・・・・・・・・・・・・・・・・・・・・　**重要度　★★★**

　肢２で述べたように、登記がなければ対抗できない「第三者」とは、当事者及びその包括承継人以外の者で登記の欠缺を主張する正当な利益を有する者をいい、無権利者を含まない（判例）。本肢のＡＢ間の売買契約は詐欺により取り消されているが、**取消しにより契約は初めから無効になる**から（民法121条）、Ｂは無権利者となる。したがって、**真の権利者Ａから所有権を譲り受けたＨは、無権利者Ｂに対して、登記なくして所有権を対抗することができる**。よって、本肢は誤り。

≪出る順宅建士合格テキスト①　第10章　物権変動≫

| 第③問 | 代理 | 正解❹ | 重要度Ⓐ |

予想正解率　60%

ア　誤・・・・・・・・・・・・・・・・・・・・・・・・・・・・　**重要度　★★**

　制限行為能力者が代理人としてした行為は、**行為能力の制限によっては取り消すことができない**（民法102条本文）。したがって、被保佐人であっても有効に代理人になることができ、契約を締結することができるので、代理人が被保佐人であることを理

由として契約を取り消すことはできない。よって、本肢は誤り。

イ　誤・・・・・・・・・・・・・・・・・・・・・・・・・・・・　**重要度　★★★**

　同一の法律行為について当事者の一方が相手方の代理人となること（**自己契約**）は、**原則としてできない**（民法108条1項本文）。しかし、**債務の履行及び本人**があらかじめ**許諾**した場合はすることができる（民法108条1項但書）。よって、「一切できない」とする本肢は誤り。

> **【実力ＵＰ情報】**「双方代理」も同様である。

ウ　誤・・・・・・・・・・・・・・・・・・・・・・・・・・・・　**重要度　★★★**

　詐欺による意思表示は取り消すことができる（民法96条1項）。**代理人がだまされた場合**、代理行為の瑕疵は代理人を基準に判断される（民法101条1項）。一方、代理の効果は本人に生じるので、原則として、**本人が契約を取り消す**ことができる。したがって、本肢の場合、代理人Ａではなく、本人Ｂが契約を取り消すことができることを原則とする。よって、本肢は誤り。

エ　誤・・・・・・・・・・・・・・・・・・・・・・・・・・・・　**重要度　★★★**

　特定の法律行為をすることを委託された代理人がその行為をしたときは、**本人が自ら知っていた事情、又は本人が過失によって知らなかった事情について、代理人が知らなかったことを主張することができない**（民法101条3項）。したがって、本肢の本人Ｂは、代理人Ａがだまされたことを理由として、当該契約を取り消すことはできない。よって、本肢は誤り。

> **【講師からのアドバイス】**たとえば、本肢のように、代理人がだまされていることを本人が知っていたような場合、「詐欺に基づく契約であることを本人である私は知っていたが、代理人が知らなかったのだから、詐欺を理由に取り消す。」とは言わせないということである。具体的状況をイメージすれば納得の結論であろう。

　以上より、正しいものは一つもなく、4が本問の正解肢となる。

≪出る順宅建士合格テキスト①　第4章　代理≫

| 第**④**問 | 民法総合 | 正解**④** | 重要度**Ｂ** |

　　　　　　　　　　　　　　　　　　　　　　　　　　　　予想正解率　50％

1　正・・・・・・・・・・・・・・・・・・・・・・・・・・・・　**重要度　★**

　質権者は、質権設定者に、自己に代わって質物の占有をさせることができない（民法345条）。よって、本肢は正しい。

【実力ＵＰ情報】質権の設定は、債権者にその目的物を引き渡すことによって、その効力が生じる（民法344条）。これは、物権の設定及び移転は、当事者の意思表示のみによって、その効力を生ずる（民法176条）とする意思主義の例外である。

2　正 ‥‥‥‥‥‥‥‥‥‥‥‥‥‥‥‥　重要度　★★★

10年間、所有の意思をもって、平穏に、かつ、公然と他人の物を占有した者は、その占有の開始の時に、善意であり、かつ、過失がなかったときは、その所有権を取得する（民法162条２項）。よって、本肢は正しい。

【実力ＵＰ情報】悪意又は過失があっても20年間、所有の意思をもって、平穏に、かつ、公然と他人の物を占有すれば所有権を取得することができる（民法162条１項）。

3　正 ‥‥‥‥‥‥‥‥‥‥‥‥‥‥‥‥　重要度　★

占有者の承継人は、その選択に従い、**自己の占有のみを主張し、又は自己の占有に前の占有者の占有を併せて主張することができる**（民法187条１項）。よって、本肢は正しい。

【実力ＵＰ情報】前の占有者の占有を併せて主張する場合には、その瑕疵をも承継する（民法187条２項）。時効取得を主張する者が、たとえ自己の占有開始時は善意無過失だとしても、悪意で占有を開始した前の占有者の占有と併せて時効期間を主張する場合は、悪意の占有者として期間を計算することになる。

4　誤 ‥‥‥‥‥‥‥‥‥‥‥‥‥‥‥‥　重要度　★★

抵当権者は、債務者又は第三者が**占有を移転しないで債務の担保に供した不動産**について、他の債権者に先立って自己の債権の弁済を受ける権利を有する（民法369条１項）。したがって、抵当権者が目的物を占有しなければならないとする旨の本肢は誤りであり、本問の正解肢となる。

第5問　抵当権　正解①　重要度Ｂ

予想正解率　40％未満

1　正 ‥‥‥‥‥‥‥‥‥‥‥‥‥‥‥‥　重要度　★

抵当不動産の第三取得者は、抵当権消滅請求をすることができる（民法379条）。この場合、債権者が、消滅請求の書面の送付を受けた後２カ月以内に抵当権の実行としての競売の申立てをしないときは、債権者は**第三取得者が提供した代価又は特に指定した金額を承諾したものとみなされる**（民法384条１号）。よって、本肢は正しく、本問の正解肢となる。

2　誤 ‥‥‥‥‥‥‥‥‥‥‥‥‥‥‥‥　重要度　★★

登記をした賃貸借は、その登記前に登記をした抵当権を有するすべての者が同意をし、かつ、その同意の登記があるときは、その同意をした抵当権者に対抗することができる（民法387条1項）。要するに、抵当権に後れる賃借権が対抗できるのは、①賃借権の登記がある、②登記をした抵当権を有するすべての者が同意する、③その同意の登記があるという3つの要件を備える必要がある。したがって、賃借権の登記がなければ賃借権を対抗することはできない。よって、本肢は誤り。

3　誤‥‥‥‥‥‥‥‥‥‥‥‥‥‥　重要度　★★★

　抵当権設定後抵当地に建物が築造されたときは、建物を築造した者が抵当地の所有者であるか否かにかかわらず、抵当権者は土地と共にその建物を競売することができる（民法389条1項本文）。したがって、Aは、抵当権者Aに対抗できない抵当地である甲土地の賃借人Eが築造した建物であっても、甲土地と共にEの建物を一括競売することができる。よって、本肢は誤り。

> 【実力ＵＰ情報】一括競売をした場合、優先弁済を受けることができるのは、土地の代価についてのみである。

4　誤‥‥‥‥‥‥‥‥‥‥‥‥‥‥　重要度　★★

　抵当権者に対抗することができない賃貸借により抵当権の目的である**建物の使用収益をする者で、競売手続きの開始前より使用収益をする者は、その建物の競売による買受人の買受けの時より6カ月を経過するまでは、その建物を買受人に引き渡す必要はない**（民法395条1項1号）。つまり、明渡しの猶予が認められるのは、**抵当建物の賃貸借の場合であって、抵当地の賃貸借の場合についてはこのような規定はない**。したがって、Fは、競売による買受人に対し、甲土地を引き渡さなければならない。よって、本肢は誤り。

≪出る順宅建士合格テキスト①　第12章　抵当権≫

 連帯債務

予想正解率　75％

1　誤‥‥‥‥‥‥‥‥‥‥‥‥‥‥　重要度　★★★

　連帯債務は、各債務者が独立して債務を負担するものであるから、債務者の1人について生じた事由は、別段の意思表示のない限り、他の債務者に影響を与えないのが原則である（相対効の原則　民法441条）。ただし、例外的に、①履行（弁済）、②相殺、③更改、④混同の4つは他の債務者に**影響を及ぼす**ことが認められている（絶対効　民法438条～440条）。**債務の免除は、これらに含まれない**。よって、本肢は誤り。

> 【解法の視点】この4つは丸暗記しよう。この4つ以外は他の連帯債務者には影響しない。

2　誤・・・・・・・・・・・・・・・・・・・重要度　★★★

連帯債務に関する相対効と絶対効の捉え方は肢1のとおりであり、**債務の承認は、絶対効の中に含まれていない**。よって、本肢は誤り。

3　誤・・・・・・・・・・・・・・・・・・・重要度　★★★

各連帯債務者は、債権者に対して債務の**全部を弁済する義務**を負っている（民法436条）。債権者から債務の履行を請求されたら、これに応じなければならない。よって、本肢は誤り。

4　正・・・・・・・・・・・・・・・・・・・重要度　★

連帯債務者の1人と債権者との間に混同が生じたときは、その債務者は弁済したものとみなされる（民法440条）。**混同とは、債権と債務が同一人に帰属することで、相続がその典型例である**。そして、連帯債務者の1人と債権者との間に混同が生じた場合、他の連帯債務者にもその効力が生じる（絶対効　民法441条本文）。したがって、Aは、2,000万円弁済したことになり、Bに対してその負担部分にあたる1,000万円を求償することができる（民法442条）。よって、本肢は正しく、本問の正解肢となる。

【解法の視点】肢1で述べたように、混同は絶対効である。したがって、混同によって債務は弁済されたことになり、その後は求償の問題となる。

≪出る順宅建士合格テキスト①　第13章　保証・連帯債務≫

 意思表示

予想正解率　60%

錯誤による意思表示は、取り消すことができるが、この取消しは、**善意でかつ過失がない第三者に対抗することができない**（ケース①、民法95条1項、4項）。一方、**虚偽の意思表示は無効であるが、この無効は、善意の第三者に対抗することができない**（ケース②、民法94条）。したがって、ケース①の場合、Cが「悪意」「善意重過失」「善意軽過失」の場合、Aは取消しを対抗することができるが、Cが「善意無過失」の場合、Aは取消しを対抗することはできない。一方、ケース②の場合は、Cが「悪意」の場合、Aは契約の無効を対抗することができるが、Cが「善意重過失」「善意軽過失」「善意無過失」の場合、Aは契約の無効を対抗することができない。

1　正・・・・・・・・・・・・・・・・・・・重要度　★★★

本肢のCは「**善意無過失の第三者**」である。したがって、錯誤に基づく取消しの場合であれ、虚偽表示に基づく無効の主張の場合であれ、Aは、Cに対して、**取消し又は契約の無効を対抗することができない**。したがって、本肢はケース①、ケース②の両方について正しい記述となる。よって、本肢は正しい。

2 正　　重要度 ★★★

本肢のCは「善意軽過失の第三者」である。したがって、錯誤に基づく取消しの場合、AはCに取消しを対抗することができる。また、虚偽表示に基づく無効の主張の場合、AはCに契約の無効を対抗することができない。したがって、本肢はケース①、ケース②の両方について正しい記述となる。よって、本肢は正しい。

3 誤　　重要度 ★★★

本肢のCは「善意重過失の第三者」である。したがって、錯誤に基づく取消しの場合、AはCに取消しを対抗することができる。また、虚偽表示に基づく無効の主張の場合、AはCに契約の無効を対抗することができない。したがって、本肢はケース①、ケース②の両方について誤った記述となる。よって、本肢は誤りであり、本問の正解肢となる。

4 正　　重要度 ★★★

本肢のCは「悪意の第三者」である。したがって、錯誤に基づく取消しの場合であれ、虚偽表示に基づく無効の主張の場合であれ、AはCに取消し又は契約の無効を対抗することができる。したがって、本肢はケース①、ケース②の両方について正しい記述となる。よって、本肢は正しい。

≪出る順宅建士合格テキスト①　第1章　意思表示≫

 第8問　相隣関係　正解 ①　重要度 C

予想正解率　40%未満

1 誤　　重要度 ★

他の土地に囲まれて公道に通じない土地の所有権を取得した者は、**所有権移転登記を経由しなくても**、公道に至るため、公道に通じない当該土地を囲んでいる他の土地を通行することができる（判例）。したがって、Bは、甲土地の所有権移転登記を経由しなくても、乙土地につき通行権を主張することができる。よって、本肢は誤りであり、本問の正解肢となる。

2 正　　重要度 ★

分割によって公道に通じない土地が生じたとき、その土地の所有者は、公道に至るため、他の分割者の所有地のみを通行することができる。そして、この場合は**償金を支払う必要がない**（民法213条1項）。したがって、Aは、Cが所有する分割後の残余地である乙土地のみを通行することができ、Cに償金を支払う必要はない。よって、本肢は正しい。

【解法の視点】「公道に至るための他の土地の通行権」は、①通行の場所及び方法は、通行権を有する者のために必要であり、かつ、通行する他の土地の損害が最も少ないものを選ばな

ければならない。②この場合必要があれば、通路を開設することができる。③通行する他の土地の損害に対して償金を支払わなければならないのが原則である。

3 正······························ **重要度 ★**

分割によって公道に通じない土地が生じたとき、その土地の所有者は、公道に至るため、他の分割者の所有地のみを通行することができる（民法213条１項）。しかし、公道に通じない土地の所有者が別の隣接地を取得し、その**自己の土地を通って公道に出ることができるようになった**場合、他の土地に囲まれて公道に通じない土地ではなくなるので、この**通行権を主張することができない**。したがって、Eから甲土地に隣接する丙土地を取得し、丙土地を通って公道に出ることができるAは、Dに丁土地の通行権を主張することができない。よって、本肢は正しい。

4 正······························ **重要度 ★**

土地の所有者がその土地の一部を譲り渡したことにより公道に通じない土地が生じたときも、肢２の場合と同様に、譲渡された他方の土地のみを**無償で通行することができる**（民法213条２項）。そして、この場合の通行権は、残余地の所有者がこれを第三者に譲渡した場合にも消滅しない（判例）。したがって、Fが、自己の所有する土地を甲土地と戊土地に分割してその一部である甲土地をAに譲渡した後、その残余地である戊土地をGに売却したとき、Aは戊土地を通行することができる。よって、本肢は正しい。

≪出る順宅建士合格テキスト①　第24章　相隣関係≫

第 ⑨ 問 　　　　**相続**　　　　 **正解 ❷** 　**重要度 Ⓑ**

予想正解率　**50%**

1 誤······························ **重要度 ★**

自筆証書によって遺言をするには、遺言者が、その全文、日付及び氏名を自書し、これに印を押さなければならないが、当該自筆証書と一体のものとして相続財産の全部又は一部の目録を添付する場合、その**目録については、自書する必要はない**（民法968条１項、２項）。よって、本肢は誤り。

【**実力ＵＰ情報**】近時の改正点であるが、細かい知識に分類される。「財産目録は自書不要」という結論だけを覚えれば十分である。

2 正······························ **重要度 ★★**

相続開始前においても、家庭裁判所の許可を受けて遺留分を放棄することができる（民法1049条１項）。しかし、遺留分を放棄しても、相続を放棄したわけではないから、**相続できなくなるわけではない**。したがって、遺留分を放棄したＣも、相続人となることができる。よって、本肢は正しく、本問の正解肢となる。

【解法の視点】相続の放棄と遺留分の放棄とは、まったく別のものである。なお、遺留分の放棄と異なり、相続開始前における相続の放棄は認められていない。

3　誤　　　　　　　　　　　　　　　　　重要度　★★★

遺留分を侵害する遺贈があっても、その遺贈は**当然に無効となるわけではなく**、遺留分権利者は、遺留分を侵害する遺贈及び贈与により侵害された遺留分につき、遺留分侵害額を請求することができる(民法1046条1項)。しかし、**遺留分権利者は、兄弟姉妹以外の相続人**であるから、Aの弟Fに遺留分はない(民法1042条1項柱書)。また、本問では、相続人は配偶者B、嫡出子C、D及びEであり、そもそもFは相続人とならない（民法887条1項、889条1項、890条)。したがって、Fは遺留分の侵害額請求をすることはできない。よって、本肢は誤り。

【講師からのアドバイス】兄弟姉妹に遺留分は認められていないことは必須の知識である。

4　誤　　　　　　　　　　　　　　　　　重要度　★

遺留分権利者及びその承継人は、受遺者又は受贈者に対し、遺留分侵害額に相当する金銭の支払を請求することができる（民法1046条1項）。遺留分侵害額の請求は、**訴えによることを要しない**。よって、本肢は誤り。

【解法の視点】遺留分侵害額請求権の行使は、意思表示のみで足りる。このことは、訴えによる必要はないことのほか、意思表示により当然に遺留分侵害額に相当する金銭の給付を目的とする債権（金銭債権）が発生することを意味する。

≪出る順宅建士合格テキスト①　第9章　相続≫

 不法行為

予想正解率　75％

1　誤　　　　　　　　　　　　　　　　　重要度　★★★

不法行為による損害賠償債務（民法709条）は、**催告を待たずに損害発生の時（不法行為の時）から遅滞に陥る**（判例）。よって、本肢は誤りであり、本問の正解肢となる。

【実力UP情報】加害者は、損害発生の時から完済に至るまでの遅延損害金を支払わなければならないことになる。

2　正　　　　　　　　　　　　　　　　　重要度　★★★

被用者がその事業の執行につき他人に損害を加えた場合、被用者自身もその損害賠償責任を負うが、使用者も、使用者責任として、損害賠償責任を負う（民法709条、

715条1項)。そして、この場合の両者の責任は、連帯債務の関係にあるので、被害者は、**被用者、使用者の両者に損害額の全額を請求することができる**（判例参照）。よって、本肢は正しい。

3　正 ･････････････････････････････ 重要度　★★★

使用者が被害者に損害を賠償した場合、不法行為を行った被用者に対して、信義則上相当と認められる限度において、**求償することができる**（民法715条3項、判例）。よって、本肢は正しい。

> 【実力ＵＰ情報】被用者から使用者に対する求償、いわゆる逆求償も、具体的な事情に照らし、損害の公平な分担という見地から信義則上相当と認められる限度において、認められる場合がある（判例）。

4　正 ･････････････････････････････ 重要度　★★

自働債権が不法行為によって生じた場合、すなわち不法行為の被害者が債権者である場合は、加害者に負う債務（受働債権）が「**悪意による不法行為に基づく損害賠償の債務**」と「**人の生命又は身体の侵害による損害賠償の債務**」を除き、相殺をすることができる（民法509条）。よって、本肢は正しい。

≪出る順宅建士合格テキスト①　第19章　不法行為≫

第11問　借地借家法（借地）　　正解 ❷

予想正解率　50%

1　誤 ･････････････････････････････ 重要度　★

借地上の建物の登記上の地番がその土地の地番の表示と**多少相違**していても、借地上の建物登記は、**借地権の対抗要件となる**（判例）。したがって、本肢の場合「常に借地権を対抗することができない」と言い切ることはできない。よって、本肢は誤り。

2　正 ･････････････････････････････ 重要度　★★★

専ら事業の用に供する建物（居住の用に供する建物を除く）の所有を目的とし、存続期間を10年以上50年未満として、契約の更新がなく、存続期間が満了すれば確定的に契約が終了する借地権を設定することができる（事業用定期借地権、借地借家法23条）。事業用定期借地権の設定契約は、**公正証書によらなければならない**（借地借家法23条3項）。よって、本肢は正しく、本問の正解肢となる。

> 【解法の視点】定期建物賃貸借等や定期借地権等で公正証書によらなければならないものは、事業用定期借地権だけである。

3　誤 ･････････････････････････････ 重要度　★★

借地契約の更新後の存続期間は、借地権設定後の最初の更新にあっては20年、2回目以降の更新にあっては10年であるが、当事者がこれより**長い期間を定めたときは、その期間**となる（借地借家法4条）。したがって、本肢において更新後の存続期間は、当事者間の約定通り30年となる。よって、本肢は誤り。

4　誤・・・・・・・・・・・・・・・・・・・・・・・・・・・・重要度　★★

借地契約を締結する際、借地権を消滅させるため、借地権設定後30年以上を経過した日に借地権者が所有する借地上の建物を借地権設定者に相当の対価で譲渡する旨の特約（建物譲渡特約）をすることができる（建物譲渡特約付借地権、借地借家法24条1項）。この特約により借地権が消滅した後でも、**借地権者が建物の使用を継続しているときは、借地権者の請求により、請求の時に建物について借地権者と借地権設定者の間で期間の定めのない建物賃貸借がされたものとみなされる**（借地借家法24条2項）。よって、本肢は誤り。

≪出る順宅建士合格テキスト①　第18章　借地借家法②≫

第12問　借地借家法（借家）　　

予想正解率　75%

1　誤・・・・・・・・・・・・・・・・・・・・・・・・・・・・重要度　★★

借賃の減額の請求をした後、減額を正当とする裁判が確定した場合、**裁判が確定した時点以降分だけでなく、減額の請求をしてから裁判が確定するまでの分の借賃も減額される**（借地借家法32条、判例）。よって、本肢は誤り。

【実力ＵＰ情報】増額請求が確定した場合も同じである。

2　誤・・・・・・・・・・・・・・・・・・・・・・・・・・・・重要度　★★★

建物賃貸借契約期間中に、賃借権が譲渡され、賃貸人が賃借権の譲渡を承諾した場合でも、**特段の事情のない限り、敷金に関する権利義務は、旧賃借人から新賃借人に承継されない**（民法622条の2第1項2号、判例）。よって、本肢は誤り。

【実力ＵＰ情報】本肢は「賃借人」が変わった場合である。これと逆に賃貸人が目的物を譲渡して「賃貸人」が変わった場合は、敷金に関する権利義務は、当然に新賃貸人に承継される。

3　正・・・・・・・・・・・・・・・・・・・・・・・・・・・・重要度　★★★

建物賃貸借契約における敷金は、賃貸借存続中の賃料債権のみならず、賃貸借契約終了後建物の明渡しの時までに生じる賃料相当損害金の債権その他賃貸借契約により賃貸人が賃借人に対して取得する一切の債権を担保するものである（民法622条の2第1項1号、判例）。したがって、Aは、Bの賃貸借契約終了後明渡しまでの期間の賃料相当損害額についても、敷金から控除することができる。よって、本肢は正し

く、本問の正解肢となる。

4　誤 ・・・・・・・・・・・・・・・・・・・・・・・・・・・・　重要度　★

一時使用目的の建物賃貸借契約は、民法のみが適用され、借地借家法は適用されない（借地借家法40条）。民法では、期間を定めた賃貸借契約については、期間内に解約する権利を留保しなければ、各当事者は解約の申入れをすることができない（民法618条、617条1項）。よって、本肢は誤り。

≪出る順宅建士合格テキスト①　第17章　借地借家法①≫

第13問　建物区分所有法　正解 ❹　重要度 Ⓒ

予想正解率　40％未満

1　正 ・・・・・・・・・・・・・・・・・・・・・・・・・・・・　重要度　★

管理者は、「規約」により原告又は被告となったときは、遅滞なく、区分所有者にその旨を通知しなければならない（区分所有法26条5項）。よって、本肢は正しい。

【講師からのアドバイス】「集会の決議」により管理者を原告又は被告としたときは、その旨の通知は不要である。「集会の決議の場合ということは、皆で話しあった結果なのだから、改めて通知する必要はないはず。」とイメージすればよい。

2　正 ・・・・・・・・・・・・・・・・・・・・・・・・・・・・　重要度　★

管理者は、規約に特別の定めがあるときは、共用部分を所有することができる（管理所有、区分所有法27条1項）。よって、本肢は正しい。

3　正 ・・・・・・・・・・・・・・・・・・・・・・・・・・・・　重要度　★

管理者は、共用部分等を保存し、集会の決議を実行し、規約で定めた行為をする権利を有し、義務を負う（区分所有法26条1項）。よって、本肢は正しい。

4　誤 ・・・・・・・・・・・・・・・・・・・・・・・・・・・・　重要度　★

管理者は、その職務に関し、区分所有者を代理するという点は正しい（区分所有法26条2項）。しかし、区分所有法26条3項は、「管理者の代理権に加えた制限は、善意の第三者に対抗することができない。」と規定しており、管理者の代理権に制限を加えることが可能であることを前提としている。よって、管理者の代理権に制限を加えることはできないとする本肢は誤りであり、本問の正解肢となる。

≪出る順宅建士合格テキスト①　第15章　建物区分所有法≫

第14問　不動産登記法　正解4　重要度C

予想正解率　40%未満

1　正　重要度　★

区分建物の表題登記の申請は、その一棟の建物に属する他の区分建物の表題登記の申請と併せてしなければならない（一括申請、不登法48条1項）。よって、本肢は正しい。

> 【実力UP情報】区分建物である建物を新築した場合において、その所有者について相続その他の一般承継があったときは、相続人その他の一般承継人も、被承継人を表題部所有者とする当該建物についての表題登記を申請することができる。

2　正　重要度　★

区分建物が規約による共用部分である旨の登記は、その登記をする建物の**表題部所有者**又は所有権の登記名義人が申請することができる（不登法58条2項）。よって、本肢は正しい。

3　正　重要度　★★

登記官は、表示に関する登記のうち、**区分建物に関する敷地権について表題部に最初に登記をするときは、当該敷地権の目的である土地の登記記録について、職権で、当該登記記録中の所有権、地上権その他の権利が敷地権である旨の登記をしなければならない**（不登法46条）。よって、本肢は正しい。

4　誤　重要度　★

共用部分である旨の登記がある区分建物について、共用部分である旨を定めた規約が廃止された場合には、当該区分建物の所有者は、当該規約の廃止の日から**1カ月以内に、当該区分建物の表題登記を申請しなければならない**（不登法58条6項）。よって、本肢は誤りであり、本問の正解肢となる。

≪出る順宅建士合格テキスト①　第11章　不動産登記法≫

第15問　都市計画の内容　正解2

予想正解率　75%

1　誤　重要度　★★★

特別用途地区は、**用途地域内**の一定の地区における当該地区の特性にふさわしい土地利用の増進、環境の保護等の特別の目的の実現を図るため当該**用途地域**の指定を補完して定める地区である（都計法9条14項）。よって、本肢は誤り。

【解法の視点】特別用途地区からの出題は比較的頻度が高い。しかし、定義を丸暗記していなければ解答できない問題はほとんどなく、大部分は「用途地域内にのみ定めることができる」というポイントに関する出題となっている。

2　正 ･････････････････････････････　重要度　★

　第一種住居地域は、住居の環境を保護するため定める地域である（都計法9条5項）。また、高層住居誘導地区は、第一種・第二種住居地域、準住居地域、近隣商業地域、準工業地域でこれらの地域に関する都市計画において建築物の容積率が10分の40又は10分の50と定められたものの内において定めることができる（都計法9条17項）。よって、本肢は正しく、本問の正解肢となる。

3　誤 ･････････････････････････････　重要度　★★★

　地区計画は、都市計画区域内において、一体としてそれぞれの区域の特性にふさわしい態様を備えた良好な環境の各街区を整備し、開発し、及び保全するための計画であり、用途地域が定められている土地の区域のほか、用途地域が定められていない土地の区域のうち一定の土地の区域においても定めることができる（都計法12条の4、12条の5第1項）。よって、本肢は誤り。

4　誤 ･････････････････････････････　重要度　★★★

　都市施設は、特に必要があるときは、都市計画区域外においても定めることができる（都計法11条1項）。よって、本肢は誤り。

【講師からのアドバイス】都市施設とは、道路、公園、上下水道、学校、図書館、病院、保育所等である。たとえば「道路」を例にとった場合、東京と大阪を結ぶ「道路」はあるが、東京と大阪は一つの都市計画区域ではない。したがって、東京と大阪を結ぶ「道路」のどこかは都市計画区域外を通っているはずである。このようなイメージで捉えることができれば十分である。

≪出る順宅建士合格テキスト③　第1章　都市計画法（都市計画の内容）≫

第16問　開発行為の規制等　正解 ④　重要度 Ⓐ

予想正解率　85％以上

1　誤 ･････････････････････････････　重要度　★★★

　市街化区域以外の区域内において行う開発行為で、農林漁業の用に供する一定の建築物の建築の用に供する目的で行うものは、都道府県知事による開発許可を受ける必要はない（都計法29条1項但書2号、施行令20条）。しかし、農産物の「加工」に必要な建築物は、ここでいう一定の建築物にあたらない。したがって、本肢の場合、原則として開発許可が必要である。よって、本肢は誤り。

【講師からのアドバイス】「加工」という表現から「工場」をイメージすればよい。好きな農産物を想像して、それを加工する工場を想像しよう。たとえば果物であるならば、缶詰工場等のイメージになり、農林漁業の用に供する建築物ではないことが分かるのではないだろうか。

2　誤　　　　　　　　　　　　　　　重要度　★★

　国、都道府県、指定都市等が行う開発行為については、当該国の機関又は都道府県等と**都道府県知事との協議が成立する**ことをもって、**開発許可があったものとみなされる**（都計法34条の2第1項）。しかし、本肢のような、都道府県知事にその旨を届け出れば、開発許可を受けることなく開発行為をすることができる旨の規定はない。よって、本肢は誤り。なお、「高等学校」は、開発許可が不要となる公益上必要な建築物には該当しない。

【解法の視点】開発許可が不要となる「公益上必要な建築物」の具体例としては、「公民館」、「図書館」、「変電所」、「駅舎」の4つをまずはしっかり覚えよう。余裕があれば、「公園施設」と「博物館」もあわせて覚えよう。いずれにしろ「高等学校」は含まれない。

3　誤　　　　　　　　　　　　　　　重要度　★★

　都道府県知事は、**用途地域が定められていない土地の区域**における開発行為について開発許可をする場合においては、**建蔽率に関する制限を定めることができる**（都計法41条1項）。用途地域が定められている土地の区域については、このような規定はない。よって、本肢は誤り。

【実力UP情報】建蔽率のほか、建築物の高さ、壁面の位置その他建築物の敷地・構造・設備に関する制限も定めることができる。

4　正　　　　　　　　　　　　　　　重要度　★★★

　開発許可を受けた開発区域内の土地において**用途地域等が定められていないとき**は、**工事完了の公告があった後**は、**都道府県知事の許可を受けなければ**、建築物を新築、改築し、又は建築物の用途を変更して**予定の建築物以外の建築物としてはならない**（都計法42条1項）。よって、本肢は正しく、本問の正解肢となる。

【実力UP情報】工事完了の公告「後」、用途地域等が定められているときは、知事の許可を受けなくても、予定建築物以外の建築物を新築、改築し、又は用途を変更して予定建築物以外の建築物とすることができる。建築基準法上の用途規制等が及ぶからである。

≪出る順宅建士合格テキスト③　第1章　都市計画法（開発行為の規制等）≫

　建蔽率・容積率など

予想正解率　60％

1　誤　　　　　　　　　　　　　重要度　★★

用途地域の指定のない区域内の建築物の建蔽率は、10分の3・4・5・6・7のうち、特定行政庁が都道府県都市計画審議会の議を経て定めるものとされている（建基法53条1項6号）。したがって、**用途地域の指定のない区域内の建築物についても、建蔽率に係る制限は適用される**。よって、本肢は誤りであり、本問の正解肢となる。

2　正　　　　　　　　　　　　　重要度　★★

建築物の敷地が都市計画により定められた**建蔽率の限度が異なる地域にまたがる場合、当該建築物の建蔽率は、それぞれの地域内の建築物の建蔽率の限度にその敷地の当該各部分の面積の敷地面積に対する割合を乗じて得たものの合計以下でなければならない**（建基法53条2項）。よって、本肢は正しい。

【講師からのアドバイス】容積率制限の異なる複数の地域にわたる場合についても同様である。また、用途規制や防火・準防火地域の規制とは考え方が異なるので、違いを確認しよう。

3　正　　　　　　　　　　　　　重要度　★

公園、広場、道路、川等の内にある建築物で**特定行政庁が安全上、防火上及び衛生上支障がないと認めて許可したものについては、建蔽率に係る制限は適用されない**（建基法53条6項3号）。よって、本肢は正しい。

4　正　　　　　　　　　　　　　重要度　★★★

建蔽率が10分の8とされている地域で、かつ、**防火地域内にある耐火建築物等については、建蔽率に係る制限は適用されない**（建基法53条6項1号）。よって、本肢は正しい。

【講師からのアドバイス】「準防火地域内」や「準耐火建築物」という設定であれば本肢の適用はない。「準」という一文字の読み飛ばしに注意しよう。

≪出る順宅建士合格テキスト③　第2章　建築基準法（建蔽率・容積率など）≫

第18問　単体規定など　正解 ❹　重要度 Ⓐ

予想正解率　85％以上

1　正　　　　　　　　　　　　　重要度　★★★

住宅の居室、学校の教室、病院の病室又は寄宿舎の寝室で**地階に設けるものは、壁及び床の防湿の措置その他の事項について衛生上必要な政令で定める技術的基準に適合するものとしなければならない**（建基法29条）。よって、本肢は正しい。

【講師からのアドバイス】「衛生上」必要な一定の技術的基準に適合することが必要で、「防火上」ではないので注意しよう。

2　正‥‥‥‥‥‥‥‥‥‥‥‥‥‥‥　重要度　★★★

便所には、**採光及び換気のため直接外気に接する窓**を設けなければならない。ただし、水洗便所で、これに代わる設備をした場合においては、この限りでない（建基法施行令28条）。よって、本肢は正しい。

3　正‥‥‥‥‥‥‥‥‥‥‥‥‥‥‥　重要度　★★★

石綿以外の物質で居室内において衛生上の支障を生ずるおそれがあるものとして**政令で定める物質**としては、**クロルピリホス、ホルムアルデヒド**がある（建基法28条の2第3号、施行令20条の5）。よって、本肢は正しい。

4　誤‥‥‥‥‥‥‥‥‥‥‥‥‥‥‥　重要度　★★

居室の天井の高さは、**2.1ｍ以上**でなければならない（建基法施行令21条1項）。そして、一室で高さの異なる部分がある場合は、その**平均の高さ**による（建基法施行令21条2項）。一番低い部分の高さではない。よって、本肢は誤りであり、本問の正解肢となる。

≪出る順宅建士合格テキスト③　第2章　建築基準法（単体規定など）≫

第19問　農地法　正解 4　重要度 A

予想正解率　75％

1　誤‥‥‥‥‥‥‥‥‥‥‥‥‥‥‥　重要度　★★★

遺産の分割により農地の権利を取得する場合には、**農地法3条の許可を受ける必要はない**（農地法3条1項但書12号）。よって、本肢は誤り。

【実力ＵＰ情報】遺産分割、相続により農地を取得した場合は、遅滞なく、その旨を農地又は採草放牧地の存する市町村の農業委員会へ届け出なければならない。

2　誤‥‥‥‥‥‥‥‥‥‥‥‥‥‥‥　重要度　★★★

国、都道府県が耕作の目的で農地の所有権を**取得する場合は、3条の許可を受ける必要はない**（農地法3条1項但書5号）。しかし、国、都道府県が転用目的で農地の所有権を取得する場合は、原則として**5条の許可を受ける必要がある**（農地法5条1項但書1号参照）。よって、本肢は誤り。

【実力ＵＰ情報】国又は都道府県等による転用又は転用目的権利移動について、原則として、農地法4条又は5条の許可が必要である。この場合、国又は都道府県等と都道府県知事等との協議が成立することをもって、許可があったものとみなされる（農地法4条8項、5条4

項）。例外として、国又は都道府県等が道路、農業用用排水施設等の地域振興上又は農業振興上の必要性が高いと認められる施設の用に供するために転用又は転用目的で取得する場合は、4条、5条の許可は不要となる。

3 誤 重要度 ★★★

市街化調整区域内の農地を転用する場合、原則として4条の許可を受ける必要がある（農地法4条1項）。農業者の居住用住宅の建築を目的とした転用が許可不要となる規定はない。よって、本肢は誤り。

4 正 重要度 ★★★

市街化区域内の農地を転用目的で権利移動をする場合には、あらかじめ農業委員会に届出をすれば、5条の許可を受ける必要はない（農地法5条1項但書6号）。よって、本肢は正しく、本問の正解肢となる。なお、面積が5ヘクタールであることは影響しない。

【講師からのアドバイス】市街化区域内の特則は、3条には規定されていないことに注意しよう。

≪出る順宅建士合格テキスト③　第4章　農地法≫

第20問　宅地造成等規制法　正解①　重要度 A

予想正解率　60%

1 正 重要度 ★★

宅地造成に関する工事について許可を受けた者は、当該許可に係る工事を完了した場合においては、その工事が一定の技術的基準に適合しているかどうかについて、**都道府県知事の検査を受けなければならない**（宅造法13条1項）。よって、本肢は正しく、本問の正解肢となる。

2 誤 重要度 ★★★

宅地造成工事規制区域の指定の際、当該宅地造成工事規制区域内において行われている宅地造成に関する工事の造成主は、その指定があった日から21日以内に、当該工事について都道府県知事に届け出なければならない（宅造法15条1項）。よって、本肢は誤り。

【講師からのアドバイス】届出制については、本肢のほか、「擁壁の除却工事等を行おうとする者は、その工事に着手する日の14日前までに、都道府県知事に届け出なければならない。」「宅地以外の土地を宅地に転用した者は、その転用した日から14日以内に、その旨を都道府県知事に届け出なければならない。」というものもある。あわせて押さえておこう。

3　誤‥‥‥‥‥‥‥‥‥‥‥‥‥‥‥‥　重要度　★★★

　規制区域内において行われる宅地造成に関する工事については、造成主は、当該工事に着手する前に、都道府県知事の許可を受けなければならない。ただし、**開発許可を受けて行われる当該許可の内容に適合した宅地造成に関する工事については、宅造法上の許可を受ける必要はない**（宅造法8条1項）。よって、本肢は誤り。

> 【講師からのアドバイス】「都市計画法第29条第1項又は第2項の許可」とは、開発許可のことである。本試験でもこの表現で出題されているので、開発許可のことだとわかるようにしておこう。

4　誤‥‥‥‥‥‥‥‥‥‥‥‥‥‥‥‥　重要度　★★★

　規制区域内の宅地において行われる**盛土による土地の形質の変更に関する工事で、1mを超える崖を生じるものは、宅地造成にあたり、原則として都道府県知事の許可を受けなければならない**（宅造法2条2号、施行令3条2号）。この場合、面積は関係ない。よって、本肢は誤り。

> 【講師からのアドバイス】どのような行為が宅地造成にあたるのか、許可が必要となる状況と規模（数字）の対応を必ず覚えよう。

≪出る順宅建士合格テキスト③　第6章　その他の法令上の制限（宅地造成等規制法）≫

第21問　土地区画整理法　

予想正解率　60％

1　誤‥‥‥‥‥‥‥‥‥‥‥‥‥‥‥‥　重要度　★★

　土地区画整理事業とは、**都市計画区域内の土地**について、公共施設の整備改善及び宅地の利用の増進を図るため、この法律で定めるところに従って行われる土地の区画形質の変更及び公共施設の新設又は変更に関する事業をいう（区画法2条1項）。したがって、市街化調整区域内においても、又は区域区分を定めない都市計画区域内においても行うことができ、**市街化区域内の土地についてのみ行われるわけではない**。よって、本肢は誤り。

2　正‥‥‥‥‥‥‥‥‥‥‥‥‥‥‥‥　重要度　★★

　換地計画において**換地を定める場合**においては、換地及び従前の宅地の位置、地積、土質、水利、利用状況、環境等が**照応するように定めなければならない**（換地照応の原則、区画法89条1項）。よって、本肢は正しく、本問の正解肢となる。

3　誤‥‥‥‥‥‥‥‥‥‥‥‥‥‥‥‥　重要度　★★

　仮換地について使用又は収益を開始することができる日が仮換地の指定の効力発生の日と**別に**定められたときであっても、従前の宅地の所有者は、仮換地の指定の効

力発生の日から、従前の宅地を使用し、又は収益することができなくなる（区画法99条1項、2項）。よって、本肢は誤り。

【講師からのアドバイス】「仮換地について使用又は収益を開始することができる日が仮換地の指定の効力発生の日と別に定められた」という文章は、「仮換地を使うことができる日と従前の宅地を使うことができなくなる日がずれる」ということを意味する。読み取りにく文章なのでイメージをつかめるようにしてほしい。

4　誤‥‥‥‥‥‥‥‥‥‥‥‥　重要度　★★

　仮換地が指定された場合、従前の宅地を権原に基づき使用又は収益することができる者は、その仮換地を使用又は収益することができる（区画法99条1項）。土地区画整理事業の施行地区内の従前の宅地を買い受けた者も、従前の宅地について権原に基づき使用し、又は収益することができる者に該当するので仮換地を使用又は収益することができる。よって、本肢は誤り。

【講師からのアドバイス】「従前の宅地の所有者は仮換地を使える。」と単純に押さえておけばよい。区画法の小難しい表現に惑わされないようにしよう。

≪出る順宅建士合格テキスト③　第5章　土地区画整理法≫

 その他法令上の制限

予想正解率　75％

1　正‥‥‥‥‥‥‥‥‥‥‥‥　重要度　★★★

　国定公園の特別地域内において、工作物の新築等の行為をする場合、原則として、都道府県知事の許可が必要である（自然公園法20条3項1号）。よって、本肢は正しく、本問の正解肢となる。

【実力ＵＰ情報】国立公園にあっては環境大臣の許可が必要である（自然公園法20条3項）。

2　誤‥‥‥‥‥‥‥‥‥‥‥‥　重要度　★★★

　史跡名勝天然記念物に関しその現状を変更し、又は、その保存に影響を及ぼす行為をしようとする者は、原則として、文化庁長官の許可を受けなければならない（文化財保護法125条1項）。よって、本肢は誤り。

3　誤‥‥‥‥‥‥‥‥‥‥‥‥　重要度　★★★

　都市計画区域外において10,000㎡以上の一団の土地に関する権利を、対価を得て移転・設定する契約を締結した場合、権利取得者は、原則として事後届出をする必要がある（国土法23条1項、2項1号ハ）。準都市計画区域は、都市計画区域外であるから、土地の面積が10,000㎡に満たない場合には、事後届出をする必要はない。本肢の

場合、一団の土地として合計しても5,000㎡であることから事後届出は不要である。よって、本肢は誤り。

【講師からのアドバイス】2013年度、2014年度、2017年度は総合問題の1肢として国土利用計画法が出題されている。「事後届出制」が出題の中心であるが、国土利用計画法1問として出題されることがある。

4　誤　　　　　　　　　　　　　　　　　　重要度 ★★★

港湾区域内において、港湾の開発、利用又は保全に著しく支障を与えるおそれのある一定の行為をしようとする者は、原則として、**港湾管理者の許可**を受けなければならない（港湾法37条1項4号）。よって、本肢は誤り。

【実力UP情報】河川法⇒河川「管理者」、海岸法⇒海岸「管理者」、港湾法⇒港湾「管理者」、道路法⇒道路「管理者」の許可である。

≪出る順宅建士合格テキスト③　第3章　国土利用計画法≫
≪出る順宅建士合格テキスト③　第6章　その他の法令上の制限≫

第23問　贈与税　正解 ③　重要度 B

予想正解率　50%

1　正　　　　　　　　　　　　　　　　　　重要度 ★★

直系尊属から住宅取得等資金の贈与を受けた場合の贈与税の非課税（非課税措置）について、**贈与者の年齢に関する規定がない**（租特法70条の2参照）。したがって、贈与者が住宅取得等資金の贈与をした年の1月1日において60歳未満の場合でも、この特例の適用を受けることができる。よって、本肢は正しい。

2　正　　　　　　　　　　　　　　　　　　重要度 ★★

この非課税措置の適用を受けるためには、受贈者が**住宅取得等資金の贈与を受けた日の属する年の1月1日において18歳以上**であって、当該年分の合計所得金額が**2,000万円以下**である者でなければならない（租特法70条の2第2項1号）。よって、本肢は正しい。なお、住宅取得等資金を充てて新築、取得又は増改築等をした住宅用の家屋の床面積が40㎡以上50㎡未満である場合には、当該年分の合計所得金額が1,000万円以下の場合に適用される（租特法施行令40条の4の2第1項、2項）。

3　誤　　　　　　　　　　　　　　　　　　重要度 ★★

この非課税措置は、直系尊属からの贈与により**住宅取得等資金**の取得をした特定受贈者について、当該贈与により取得をした住宅取得等資金のうち住宅資金非課税限度額までの金額について贈与税の課税価格に算入しない（租特法70条の2第1項本文）。したがって、**住宅用の家屋そのものの贈与については、この特例の適用を受けること**

ができない。よって、本肢は誤りであり、本問の正解肢となる。

4　正・・・・・・・・・・・・・・・・・・・・・・・・・・・重要度　★

相続時精算課税適用者がその年中において贈与により取得した財産の年分の贈与税の額は、**贈与税の課税価格**（その年中において特定贈与者からの贈与により取得した財産に係るその年分の贈与税については、2,500万円控除後の金額）に**20％の税率**を乗じて計算した金額とする（相続税法21条の12、21条の13）。よって、本肢は正しい。

≪出る順宅建士合格テキスト③　税・価格　第6章　贈与税≫

第24問　税法総合　正解❷　重要度Ⓑ

予想正解率　60％

1　誤・・・・・・・・・・・・・・・・・・・・・・・・・・・重要度　★★★

面積が200㎡以下の住宅用地（小規模住宅用地）の部分に対して課する**固定資産税の課税標準**については、当該住宅用地の課税標準となるべき**価格の6分の1の額**とする特例措置が講じられている（地方税法349条の3の2第2項）。よって、本肢は誤り。

【実力UP情報】面積が200㎡超の住宅用地（一般住宅用地）の200㎡超の部分については、当該住宅用地の課税標準となるべき価格の3分の1の額とする特例措置が講じられている。

2　正・・・・・・・・・・・・・・・・・・・・・・・・・・・重要度　★

市町村の徴税吏員は、固定資産税に係る徴収金について、滞納者が督促を受け、その督促状を発した日から起算して**10日を経過した日**までに、その督促に係る固定資産税の徴収金について完納しないときは、その**滞納者の財産を差し押さえなければならない**（地方税法373条1項1号）。よって、本肢は正しく、本問の正解肢となる。

3　誤・・・・・・・・・・・・・・・・・・・・・・・・・・・重要度　★★★

不動産取得税の課税標準は、不動産を取得した時における不動産の価格である（地方税法73条の13第1項）。そして、この**不動産の価格**は、**固定資産課税台帳の登録価格**によるのが原則である（地方税法73条の21第1項）。よって、本肢は誤り。

【実力UP情報】新築家屋のように固定資産課税台帳に価格が登録されていない不動産や、増改築の場合などについては、都道府県知事がその価格を決定する（地方税法73条の21第1項、2項、1条2項）。

4　誤・・・・・・・・・・・・・・・・・・・・・・・・・・・重要度　★★

一定の**新築住宅**を取得した場合における、不動産取得税に係る課税標準が1,200万円控除される特例は、個人が取得した場合のほか、法人が取得した場合にも適用され

る（地方税法73条の14第１項）。よって、本肢は誤り。

【実力ＵＰ情報】既存住宅の取得に係る特例は、個人のみに適用され、法人には適用されない。なお、この特例が適用される住宅は、床面積が50㎡以上240㎡以下である。

≪出る順宅建士合格テキスト③　税・価格　第１章　不動産取得税≫
≪出る順宅建士合格テキスト③　税・価格　第２章　固定資産税≫

第25問　地価公示法　正解 3　重要度 A

予想正解率　75%

1　正　　　　　　　　　　　　　　重要度　★★

不動産鑑定士は、公示区域内の土地の鑑定評価を行う場合において、当該土地の正常な価格を求めるときは、**公示価格を規準としなければならない**（地価公示法８条）。そして、**公示価格を規準とするとは**、対象土地の価格を求めるに際して、**当該対象土地とこれに類似する利用価値を有すると認められる一又は二以上の標準地との位置、地積、環境等の土地の客観的価値に作用する諸要因についての比較を行い、その結果に基づき、当該標準地の公示価格と当該対象土地の価格との間に均衡を保たせること**をいう（地価公示法11条）。よって、本肢は正しい。

2　正　　　　　　　　　　　　　　重要度　★

土地鑑定委員会の委員などは、標準地の鑑定評価もしくは価格の判定又は標準地の選定を行うために他人の占有する土地に立ち入って**測量又は調査**を行う必要があるときは、その必要の限度において、**他人の占有する土地に立ち入ることができる**（地価公示法22条１項）。よって、本肢は正しい。

【実力ＵＰ情報】日出前又は日没後においては、土地の占有者の承諾があった場合を除き、建築物が所在し、又はかき、さく等で囲まれた他人の占有する土地に立ち入ってはならない（地価公示法22条４項）。

3　誤　　　　　　　　　　　　　　重要度　★★★

土地収用法によって土地を収用することができる事業を行う者は、公示区域内の土地を当該事業の用に供するため取得する場合において、当該**土地の取得価格を定めるときは、公示価格を規準としなければならない**（地価公示法９条）。「公示価格を指標とするよう努めなければならない」のではない。よって、本肢は誤りであり、本問の正解肢となる。

4　正　　　　　　　　　　　　　　重要度　★★★

標準地の正常な価格とは、土地について、**自由な取引**が行われるとした場合におけるその取引において**通常成立**すると認められる価格をいい、当該土地に建物その他の

定着物がある場合又は当該土地に関して地上権その他当該土地の使用もしくは収益を制限する権利が存する場合には、これらの定着物又は権利が存しないものとして通常成立すると認められる価格をいう（地価公示法2条2項）。よって、本肢は正しい。

≪出る順宅建士合格テキスト③　税・価格　第7章　地価公示法≫

 ３７条書面

予想正解率　75％

1　記載すべき事項ではない ・・・・・・・・　重要度　★★★

宅地又は建物の上に存する**登記された権利**の種類及び内容並びに登記名義人又は登記簿の表題部に記録された所有者の氏名（法人にあっては、その名称）は、**重要事項説明書面（35条書面）**の記載事項ではあっても、37条書面の記載事項ではない（業法35条1項1号参照）。よって、本肢は記載すべき事項ではない。

2　必ず記載すべき事項である ・・・・・・・・　重要度　★★★

借賃以外の金銭の授受に関する定めがあるときは、その**額**並びに当該金銭の授受の**時期**及び**目的**は記載事項となる（業法37条2項3号）。よって、本肢は必ず記載すべき事項であり、本問の正解肢となる。

【実力ＵＰ情報】貸借の場合、借賃の額並びにその支払の時期及び方法も37条書面の記載事項である。

3　記載すべき事項ではない ・・・・・・・・　重要度　★★

売買・交換の場合、当該宅地又は建物に係る租税その他の公課の負担に関する定めがあるときは、その内容を37条書面に記載しなければならない（業法37条1項12号）。しかし、**貸借の場合、記載事項とはならない**（業法37条2項1号参照）。よって、本肢は記載すべき事項ではない。

4　記載すべき事項ではない ・・・・・・・・　重要度　★★★

売買・交換の場合、目的物が既存の建物であるときは、建物の**構造耐力上主要な部分等の状況**について当事者の**双方が確認した事項**は、必ず37条書面に記載しなければならない（業法37条1項2号の2）。しかし、**貸借の場合、記載事項とはならない**（業法37条2項1号参照）。よって、本肢は記載すべき事項ではない。

≪出る順宅建士合格テキスト②　第11章　37条書面≫

 報酬額の制限

ア 違反する・・・・・・・・・・・・・・・・・・・・・・・ 重要度 ★★★

　媒介の場合、建物の代金は5,000万円であるので、Aが甲から、Bが乙から受領できる報酬の限度額は、それぞれ、(5,000万円×3％＋6万円)×1.1＝171万6,000円となる（業法46条1項、告示第2）。よって、本肢は宅建業法の規定に違反する。

イ 違反する・・・・・・・・・・・・・・・・・・・・・・・ 重要度 ★★★

　媒介の場合、建物の代金は5,000万円であるので、Bが乙から受領できる報酬の限度額は、(5,000万円×3％＋6万円)×1.1＝171万6,000円となる（業法46条1項、告示第2）。この場合、Aが報酬を受領しないこととする話し合いがあったか否かは影響しない。よって、本肢は宅建業法の規定に違反する。

ウ 違反する・・・・・・・・・・・・・・・・・・・・・・・ 重要度 ★★★

　宅建業者が複数関与した場合であっても、報酬の限度額の合計は、一人の宅建業者の場合と同様である（業法46条1項、告示第3）。したがって、両者が代理の場合であっても、ＡＢの報酬合計額は、(5,000万円×3％＋6万円)×2×1.1＝343万2,000円以下でなければならない。よって、合計額が686万4,000円である本肢は、宅建業法の規定に違反する。

　以上より、違反しないものは一つもなく、4が本問の正解肢となる。

≪出る順宅建士合格テキスト② 第14章 報酬額の制限≫

 媒介・代理契約

予想正解率　85％以上

1 誤・・・・・・・・・・・・・・・・・・・・・・・・・・・・ 重要度 ★★★

　宅建業者は、専属専任媒介契約を締結した場合、当該宅地・建物の所在、規模、形質、売買すべき価額等の事項を、指定流通機構に登録しなければならない（業法34条の2第5項）。この規定に反する特約は無効である（業法34条の2第10項）。よって、本肢は誤り。

【実力ＵＰ情報】専属専任媒介契約の場合、契約締結の日から5日以内（宅建業者の休業日は除く。）に登録しなければならない。

2 誤・・・・・・・・・・・・・・・・・・・・・・・・・・・・ 重要度 ★★★

　専属専任媒介契約の有効期間は3カ月を超えることができず、3カ月より長い期間を定めたときは、3カ月とされる（業法34条の2第3項）。3カ月と定めた場合、そのまま3カ月として有効であり、2カ月に短縮されるわけではない。よって、本肢は

誤り。

> 【実力ＵＰ情報】専属ではない専任媒介契約の場合も有効期間は同様である。

3　正　　　　　　　　　　　　　重要度　★★★

　他の宅建業者に重ねて売却の媒介又は代理を依頼することができる媒介契約（一般媒介契約）を締結した場合には、宅建業法上、業務の処理状況の報告義務がない（業法34条の２第９項参照）。したがって、特約によって業務の処理状況の報告義務を負うとした場合、その回数等は自由に定めることができる。よって、本肢は正しく、本問の正解肢となる。

> 【実力ＵＰ情報】専任媒介契約又は専属専任媒介契約を締結した場合、当該媒介契約に係る業務の処理状況を、専任媒介契約の場合は２週間に１回以上、専属専任媒介契約の場合は１週間に１回以上、依頼者に報告しなければならない。

4　誤　　　　　　　　　　　　　重要度　★★★

　媒介契約に対する規制は、売買又は交換の媒介の場合に適用があり、貸借の媒介の場合には適用されない（業法34条の２第１項柱書）。したがって、契約の有効期間を６カ月と定めても３カ月に短縮されることはない。よって、本肢は誤り。

≪出る順宅建士合格テキスト②　第８章　媒介・代理契約≫

第29問　宅地建物取引業の意味　正解 ① 重要度 A

予想正解率　75％

ア　誤　　　　　　　　　　　　　重要度　★★★

　建物の敷地に供せられる土地は宅地であるから、その**売買のあっせん（媒介等）を反復継続して行うことは、宅建業にあたり**、免許を受ける必要がある（業法３条１項、２条１号、２号）。これに該当した場合、建設業者であっても宅建業の免許は必要である。よって、本肢は誤り。

イ　誤　　　　　　　　　　　　　重要度　★★★

　住宅の貸借の媒介を反復継続して行う場合、宅建業を行うことになるから、免許を受ける必要がある（業法３条１項、２条２号）。この点、本肢のような**社会福祉法人の場合も同様であり、免許が不要となる場合にあたらない**。よって、本肢は誤り。

ウ　正　　　　　　　　　　　　　重要度　★★★

　住宅の**貸借の媒介を反復継続して行う**場合、宅建業を行うことになるから、免許を受ける必要がある（業法３条１項、２条２号）。これに該当した場合、**賃貸住宅の管理業者であっても、宅建業の免許が必要となる**。よって、本肢は正しい。

エ 誤 ・・・・・・・・・・・・・・・・・・・・・・・・・・・・・ 重要度 ★★

　信託業法３条の免許を受けた信託会社は、宅建業の免許に関する規定が適用されないから、宅建業を営もうとする場合でも、**免許を取得する必要はない**（業法77条１項）。よって、本肢は誤り。なお、信託業法３条の免許を受けた信託会社が宅建業を営もうとする場合、国土交通大臣に届け出なければならない（業法77条３項、施行令９条３項）。

　以上より、正しいものはウの一つであり、１が本問の正解肢となる。
≪出る順宅建士合格テキスト② 第１章 宅地建物取引業の意味≫

 宅地建物取引士

予想正解率 50%

ア 誤 ・・・・・・・・・・・・・・・・・・・・・・・・・・・・・ 重要度 ★★★

　宅建業者である法人が、**不正の手段により免許を受けた**など業法66条１項８号又は９号に該当することにより**免許を取り消された場合**、その法人の役員のうち、当該取消しに係る**聴聞の期日及び場所の公示の日前60日以内に役員であった者は、登録が消除される**（業法68条の２第１項１号、18条１項３号）。しかし、**営業保証金を供託した旨の届出をせず免許が取り消された場合**は、業法66条１項８号又は９号に該当しない。よって、本肢は誤り。

イ 正 ・・・・・・・・・・・・・・・・・・・・・・・・・・・・・ 重要度 ★★★

　業法66条１項８号、９号に該当することにより免許を取り消された者が法人である場合、当該取消しに係る聴聞の期日及び場所の公示の日前60日以内にその法人の役員であった者は、登録を消除される（業法68条の２第１項１号、18条１項３号）。よって、本肢は正しい。

【講師からのアドバイス】法人の免許取消しが、その法人の役員に影響を及ぼすのは、①「不正手段による免許取得」、②「業務停止処分に該当し情状が特に重い」、③「業務停止処分に違反」（いわゆる三悪）して宅建業の免許を取り消された場合だけである。

ウ 誤 ・・・・・・・・・・・・・・・・・・・・・・・・・・・・・ 重要度 ★★

　宅地建物取引士は、禁錮以上の刑に処せられ、あるいは宅建業法違反等により罰金の刑に処せられた場合、登録が消除され、その刑の執行を終わり、又は執行を受けることがなくなった日から５年を経過するまでは登録を受けることができない（業法68条の２第１項１号、18条１項６号、18条１項７号）。本肢の場合、**執行猶予が付されているのは懲役についてのみであり、罰金については付されていない**。したがって、**執行猶予期間が満了しても、Ｅは、その翌日から登録を受けられることにはならない**。よって、本肢は誤り。

以上より、誤っているものの組合せはア、ウであり、3が本問の正解肢となる。
≪出る順宅建士合格テキスト② 第5章 宅地建物取引士≫

自ら売主制限

予想正解率　85％以上

1　誤‥‥‥‥‥‥‥‥‥‥‥‥‥‥‥‥　重要度　★★★

　宅建業者は、**自己の所有に属しない宅地又は建物**について、当該宅地又は建物を取得する契約（予約を含み、停止条件付のものを除く。）を締結しているとき、その他宅建業者が当該宅地又は建物を取得できることが明らかなときを除き、自ら売主となる**売買契約を締結してはならない**（業法33条の2）。裁判所による競売の公告がなされたからといって、**取得できることが明らかになっていない以上、契約を締結することはできない**。よって、本肢は誤り。

2　正‥‥‥‥‥‥‥‥‥‥‥‥‥‥‥‥　重要度　★★★

　宅建業者が自ら売主となる宅地又は建物の売買契約の締結に際して手付を受領したときは、**売主が契約の履行に着手するまでは宅建業者でない買主は手付を放棄して契約の解除をすることができる**。契約締結後2週間までとする特約は、買主に不利な特約として無効となり（業法39条2項、3項、判例）、Bは、Aが履行に着手するまで手付放棄による解除をすることができる。よって、本肢は正しく、本問の正解肢となる。

3　誤‥‥‥‥‥‥‥‥‥‥‥‥‥‥‥‥　重要度　★★★

　宅建業者は、自ら売主となる宅地又は建物の売買契約において、その目的物の契約不適合責任に関し、民法に規定するものより買主に不利となる特約をしてはならないが、例外として、契約不適合である旨の通知期間について目的物の引渡しの日から2年以上となる特約をすることができる（業法40条1項）。したがって、契約不適合である旨の通知期間を物件の**引渡しの日から3年間とする特約は有効**である。よって、本肢は誤り。

4　誤‥‥‥‥‥‥‥‥‥‥‥‥‥‥‥‥　重要度　★★★

　宅建業者は、自ら売主として宅地又は建物の割賦販売を行った場合には、引渡しまでに買主に登記を移転しなければならない（業法43条1項本文）。ただし、宅建業者が**代金額の10分の3以下の金銭の支払いしか受けていないときは、10分の3を超える額の金銭の支払を受けるまでに登記を移転すればよい**（業法43条1項かっこ書）。本肢では、代金額の10分の3である900万円を超える賦払金の支払を受けるまでに、移転登記をしなければならない。よって、本肢は誤り。

≪出る順宅建士合格テキスト② 第13章 自ら売主制限≫

第32問　その他の業務上の規制　正解 4　重要度 A

予想正解率　85％以上

ア　誤　　　　　　　　　　　　　　重要度　★★

宅建業者は、その業務に関してなすべき宅地もしくは建物の登記、引渡し又は取引に係る対価の支払いを不当に遅延してはならない（業法44条）。そして、この規定に違反した場合、6カ月以下の懲役もしくは100万円以下の罰金に処せられ、又はこれらを併科される（業法81条1号）。よって、本肢は誤り。

【実力UP情報】「不当に」とは、宅建業者が履行期に履行義務を負うにもかかわらず、正当な理由なく履行しないことをいい、履行遅延の原因と帰責性が宅建業者にあることをいう。

イ　誤　　　　　　　　　　　　　　重要度　★★★

宅建業者は、正当な理由なくして、業務上取り扱ったことについて知り得た秘密を他に漏らしてはならない（業法45条）。よって、本肢は誤り。

【実力UP情報】宅建業者の従業者も同様に秘密を守る義務がある。なお、正当な理由とは、「本人の承諾がある場合」、「裁判の証人として証言する場合」が典型例である。

ウ　誤　　　　　　　　　　　　　　重要度　★★

宅建業者は、国土交通大臣の定めた報酬限度額を超えた報酬を受領すると宅建業法違反となるが（業法46条2項）、たとえ現実には報酬を受け取らなくても、不当に高額の報酬を要求すれば、それだけで宅建業法違反となる（業法47条2号）。そして、不当に高額な報酬を要求した場合、1年以下の懲役もしくは100万円以下の罰金に処せられ、又はこれらを併科される（業法80条）。よって、本肢は誤り。

以上より、正しいものは一つもなく、4が本問の正解肢となる。

≪出る順宅建士合格テキスト②　第12章　その他の業務上の規制≫

第33問　手付金等の保全措置　正解 4　重要度 A

予想正解率　75％

1　正　　　　　　　　　　　　　　重要度　★★★

宅建業者が自ら売主となる売買契約を締結するにあたり、買主が宅建業者でない場合には、原則として、**保全措置を講じなければ手付金等を受領することができない**（業

法41条の２第１項本文、施行令３条の５）。そして、**宅建業者が手付金等の保全措置を講じない場合は、買主は手付金等の全額の支払いを拒むことができる**（業法41条の２第５項）。よって、本肢は正しい。

2　正・・・・・・・・・・・・・・・・・・・・・・・・　重要度　★★★

　宅建業者が自ら売主となる売買契約を締結するにあたり、買主が宅建業者でない場合には、代金の10分の２を超える額の手付金を受領することができず、原則として、**保全措置を講じなければ手付金等を受領することができない**。しかし、買主が宅建業者の場合には、そのような規制はない（業法78条２項）。よって、本肢は正しい。

3　正・・・・・・・・・・・・・・・・・・・・・・・・　重要度　★★★

　宅建業者が自ら売主となる売買契約を締結するにあたり、買主が宅建業者でない場合には、原則として、**保全措置を講じなければ手付金等を受領することができない**（業法41条の２第１項本文）。この手付金等には中間金も含む。本肢では、保全措置を講じれば、中間金を受領することができる。よって、本肢は正しい。

4　誤・・・・・・・・・・・・・・・・・・・・・・・・　重要度　★★★

　宅建業者が自ら売主となる売買契約を締結するにあたり、買主が宅建業者でない場合には、**代金の額の10分の２を超える手付を受領することができない**（業法39条１項）。これは、**保全措置を講じるか否かにかかわらない**。本肢の場合、代金の10分の２は「2,000万円」であることから、手付金として2,500万円を受領することはできない。よって、本肢は誤りであり、本問の正解肢となる。

> 【講師からのアドバイス】肢３の場合は、中間金であるので、保全措置を講じれば、受領できる金額に制限はないが、手付金の場合は、保全措置を講じているかだけでなく、もう一つの規制である「手付の額は代金の10分の２を超えてはならない」というものを必ずチェックしよう。

≪出る順宅建士合格テキスト②　第13章　自ら売主制限≫

　37条書面　　

予想正解率　85％以上

1　誤・・・・・・・・・・・・・・・・・・・・・・・・　重要度　★★★

　宅建業者は、**貸借の契約の両当事者に、37条書面を交付しなければならない**（業法37条２項）。したがって、宅建業者Ａが貸主の代理として借主と契約を締結した場合であっても、宅建業者Ｂは、37条書面を借主及び貸主に対して交付しなければならない。代理人のＡに交付するのではない。よって、本肢は誤り。

2　正・・・・・・・・・・・・・・・・・・・・・・・・　重要度　★★★

宅建業者Dは貸借の媒介において37条書面を、借主のみならず、貸主に対しても交付しなければならない。しかし、賃貸借契約の**貸主である宅建業者Cには宅建業法の適用がないので37条書面の交付義務はない**（業法2条2号、37条2項）。したがって、37条書面の内容に違反があったとしても、**交付義務のあるDのみが、監督処分・罰則の対象となる**（業法65条2項2号、66条1項9号、83条1項2号）。よって、本肢は正しく、本問の正解肢となる。

3 誤‥‥‥‥‥‥‥‥‥‥‥‥‥‥‥ 重要度 ★★

37条書面は、宅建業法37条に定められた所定の事項を記載した文書であればよい（解釈・運用の考え方）。したがって、取引の契約書に所定の事項が記載されていれば、その契約書をもって37条書面の作成・交付とすることができる。必ずしも**契約書とは別に作成・交付する必要はない**。よって、本肢は誤り。

4 誤‥‥‥‥‥‥‥‥‥‥‥‥‥‥‥ 重要度 ★★★

宅建業者は、宅地又は建物の売買又は交換に関し、媒介により契約が成立したときは、当該契約の各当事者に遅滞なく37条書面を交付しなければならない（業法37条1項）。**各当事者の承諾があったとしても、省略することはできない**。よって、本肢は誤り。

【講師からのアドバイス】宅建業法上、37条書面の交付に代えて相手方の承諾を得て電磁的方法で提供することができると規定されている。ただし、「本問においては、電磁的方法による提供は考慮しないものとする。」とあるので、電磁的方法による提供を考慮せず（書面で行うもの）に解答しよう。

≪出る順宅建士合格テキスト② 第11章 37条書面≫

予想正解率 75％

1 誤‥‥‥‥‥‥‥‥‥‥‥‥‥‥‥ 重要度 ★★★

保証協会に加入しようとする宅建業者は、「**加入しようとする日**」までに、政令で定める額の弁済業務保証金分担金を当該保証協会に納付しなければならない（業法64条の9第1項1号）。「加入しようとする日の前日まで」ではない。よって、本肢は誤り。

2 誤‥‥‥‥‥‥‥‥‥‥‥‥‥‥‥ 重要度 ★★★

保証協会は、弁済業務保証金分担金の納付を受けたときは、その日から1週間以内に、その納付額に相当する額の弁済業務保証金を**法務大臣及び国土交通大臣の定める供託所に供託しなければならない**（業法64条の7第1項、2項）。そして、弁済業務保証金分担金の額は、主たる事務所につき60万円、その他の事務所につき事務所ごと

に30万円の割合による金額の合計額である（業法64条の9第1項、施行令7条）。したがって、本問では、本店と支店3カ所であるので、**弁済業務保証金分担金及び弁済業務保証金の額は、150万円である**。したがって、**供託先は「Aの主たる事務所の最寄りの供託所」ではなく、また、供託金は「2,500万円」ではない**。よって、本肢は誤り。

> 【講師からのアドバイス】本肢は2カ所に誤りのポイントがある。どちらもしっかりと押さえておこう。

3 正 ･･････････････････････････ 重要度 ★★★

還付充当金を保証協会に納付すべき旨の通知を受けた社員は、その**通知を受けた日から2週間以内**に、その通知された額の還付充当金を当該保証協会に納付しなければならず、この期間内に還付充当金を納付しないときは、**社員の地位を失う**（業法64条の10第2項、3項）。よって、本肢は正しく、本問の正解肢となる。

4 誤 ･･････････････････････････ 重要度 ★★★

保証協会は、社員が社員の地位を失ったときは、当該社員であった者に係る宅建業に関する取引により生じた債権に関し弁済業務保証金の還付の権利を有する者に対し、6月を下らない一定期間内に保証協会の認証を受けるため申し出るべき旨を公告しなければならない（業法64条の11第4項）。したがって、**公告は、宅建業者Aではなく、保証協会が行う**。よって、本肢は誤り。

> 【解法の視点】「供託」「取戻し」「公告」は、すべて保証協会が行う。ケアレスミスに注意しよう。

≪出る順宅建士合格テキスト② 第7章 弁済業務保証金≫

第36問 その他の業務上の規制　正解 ① 重要度 B

予想正解率　60％

ア 違反する ･･････････････････････ 重要度 ★★★

宅建業者は、**手付について貸付けその他信用の供与をすることにより契約の締結を誘引する行為をしてはならない**（業法47条3号）。ここで、信用の供与とは、金銭等の有価物の現実の交付を後日に期することをいい、**貸付けのほか、約束手形の受領、手付を分割受領**とすることなどをいう。他方、**手付金を減額することは、信用の供与にあたらない**。よって、手付金の分割払いとする本肢は宅建業法の規定に違反する。

イ 違反しない ･･････････････････････ 重要度 ★★★

宅建業者は、手付について貸付けその他信用の供与をすることにより契約の締結を誘引する行為をしてはならない（業法47条3号）。しかし、**報酬について分割受領に**

応じることは、特に禁止されていない。よって、本肢は宅建業法の規定に違反しない。

ウ　違反しない・・・・・・・・・・・・・・・・・・・・・　重要度　★

　宅建業者が契約の目的物である宅地又は建物の将来の環境又は交通その他の利便について誤解させるべき**断定的判断を提供することは禁止されている**（業法47条の2第3項、規則16条の11第1号イ）。したがって、「確定はしていないが」とした上で、交通の整備の見通しについて**報道内容を説明する程度では断定的判断を提供したとはいえない**。よって、本肢は宅建業法の規定に違反しない。

エ　違反しない・・・・・・・・・・・・・・・・・・・・・　重要度　★★★

　宅建業法35条の重要事項については宅地建物取引士に説明をさせなければならない（業法35条1項）。しかし、本肢のような**物件の周辺に所在する施設の利用状況については、重要事項の説明対象とはなっていない**（業法35条、規則16条等参照）。よって、当該説明を従業者に行わせた本肢は宅建業法の規定に違反しない。

　以上より、違反するものはアの一つであり、1が本問の正解肢となる。
≪出る順宅建士合格テキスト②　第12章　その他の業務上の規制≫

第37問　宅建業法総合　

予想正解率　75％

ア　正・・・・・・・・・・・・・・・・・・・・・・・・・・・・　重要度　★★★

　宅建業者は、その**事務所ごとに従業者名簿を備える**必要があり（業法48条3項）、当該名簿は**最終の記載をした日から10年間保存**しなければならない（規則17条の2第4項）。よって、本肢は正しい。

イ　正・・・・・・・・・・・・・・・・・・・・・・・・・・・・　重要度　★★★

　宅建業者は、その**事務所ごとに、その業務に関する帳簿を備える**必要があり（業法49条）、当該帳簿は、**帳簿の閉鎖後5年間**（当該宅建業者が**自ら売主**となる**新築住宅**に係るものにあっては**10年間**）保存しなければならない（規則18条3項）。よって、本肢は正しい。

ウ　誤・・・・・・・・・・・・・・・・・・・・・・・・・・・・　重要度　★★★

　宅建業者は、国土交通省令で定めるところにより、その事務所ごとに、従業者名簿を備え、従業者の氏名等の所定の事項を記載しなければならない（業法48条3項）。ここでいう**従業者には、非常勤の役員や一時的な事務の補助者も含まれる**（解釈・運用の考え方）。よって、本肢は誤り。

　以上より、正しいものはア、イの二つであり、2が本問の正解肢となる。

≪出る順宅建士合格テキスト②　第2章　事務所の設置≫
≪出る順宅建士合格テキスト②　第12章　その他の業務上の規制≫

第38問　免許の効力　正解 1　重要度 A

予想正解率　75％

1　正 ・・・・・・・・・・・・・・・・・・・・・・・　重要度　★★★

法人の役員に免許欠格事由に該当する者がいる場合、免許権者はその法人の免許を取り消さなければならない（業法66条1項3号、5条1項12号）。そして、宅建業法に違反して罰金刑に処せられた場合、その刑の執行を終わり、又は執行を受けることがなくなった日から5年を経過しなければ、免許を受けることができないから、免許欠格事由に該当する（業法5条1項6号）。よって、本肢は正しく、本問の正解肢となる。

> 【解法の視点】法人の役員に免許欠格事由に該当する者がいる場合、その法人は免許を受けることができない。したがって、今ある免許は取り消されることになる。趣旨は同じである。

2　誤 ・・・・・・・・・・・・・・・・・・・・・・・　重要度　★★

宅建業者が合併により消滅した場合は、消滅の日から30日以内に、消滅会社の代表役員であった者が、その旨を免許権者に届け出なければならない（業法11条1項2号）。「1週間以内」ではない。よって、本肢は誤り。なお、国土交通大臣免許を受けている宅建業者について消滅の届出を行う場合、その主たる事務所の所在地を管轄する都道府県知事を経由して届け出なければならないとする点は正しい（業法78条の3第1項）。

3　誤 ・・・・・・・・・・・・・・・・・・・・・・・　重要度　★★★

宅建業者は、法定の事項に変更があった場合、30日以内に、その旨を免許権者に届けなければならない（変更の届出、業法9条）。しかし、**取締役の「住所」の変更は、変更の届出の対象ではない**。よって、本肢は誤り。なお、国土交通大臣免許を受けている宅建業者について変更の届出を行う場合、その主たる事務所の所在地を管轄する都道府県知事を経由して届け出なければならないとする点は正しい（業法78条の3第1項）。

> 【実力ＵＰ情報】法人である宅建業者は、その役員及び政令で定める使用人の氏名に変更があった場合、30日以内に、その旨を免許権者に届け出なければならない。

4　誤 ・・・・・・・・・・・・・・・・・・・・・・・　重要度　★★

宅建業者が、合併及び破産手続開始の決定以外の理由により解散した場合、その清算人は、30日以内にその旨を免許権者に届け出なければならない。「Ａ社を代表する

役員であった者」ではない（業法11条１項４号）。よって、本肢は誤り。

【実力ＵＰ情報】免許は、解散の届出があった時から、その効力を失う。

≪出る順宅建士合格テキスト② 第３章 免許≫

 重要事項の説明

予想正解率 75％

1 正 ・・・・・・・・・・・・・・・・・・・・・・・・ **重要度 ★★★**

宅建業者は、建物の貸借において、当該貸借の契約が借地借家法38条１項の規定に基づく**定期建物賃貸借契約**であるときは、その旨を重要事項として説明しなければならない（業法35条１項14号、規則16条の４の３第９号）。よって、本肢は正しい。

2 正 ・・・・・・・・・・・・・・・・・・・・・・・・ **重要度 ★★★**

宅建業者は、建物の貸借であっても、建物が津波防災地域づくりに関する法律53条１項により指定された**津波災害警戒区域**内にあるときは、その旨を重要事項として説明しなければならない（業法35条１項14号、規則16条の４の３第３号）。よって、本肢は正しい。

3 誤 ・・・・・・・・・・・・・・・・・・・・・・・・ **重要度 ★★★**

宅建業者は、売買・交換の目的物である建物が既存の建物であるときは、設計図書、点検記録その他の建物の**建築及び維持保全の状況に関する書類で国土交通省令で定めるもの**（建物状況調査の結果報告書等）の保存の状況について重要事項として説明しなければならない（業法35条１項６号の２ロ、規則16条の２の３）。しかし、**建物の貸借の媒介の場合は説明する必要はない**。よって、本肢は誤りであり、本問の正解肢となる。

【講師からのアドバイス】建物状況調査の実施の有無及び実施している場合の結果の概要は建物の貸借であっても説明しなければならない。

4 正 ・・・・・・・・・・・・・・・・・・・・・・・・ **重要度 ★★**

宅建業者は、貸借において、**敷金**その他契約終了時において精算することとされている金銭の**精算に関する事項**について、重要事項として説明しなければならない（業法35条１項14号、規則16条の４の３第11号）。よって、本肢は正しい。

≪出る順宅建士合格テキスト② 第10章 重要事項の説明≫

第40問　クーリング・オフ　正解 1　重要度 A

予想正解率　50％

1　記載事項でない・・・・・・・・・・・・・・・・　重要度　★★★

クーリング・オフができる旨を告げる書面には、「告げられた日から起算して8日を経過する日までの間は、宅地又は建物の**引渡しを受け、かつ、その代金の全部を支払った場合を除き**、書面により買受けの申込みの撤回又は売買契約の解除を行うことができること」が記載されていなければならない（業法37条の2第1項、規則16条の6第3号）。「又は」ではなく、「かつ」である。よって、本肢は記載しなければならない事項ではなく、本問の正解肢となる。

2　記載事項である・・・・・・・・・・・・・・・・　重要度　★★★

クーリング・オフができる旨を告げる書面には、「買受けの申込みの撤回又は売買契約の解除があったときは、宅建業者は、その買受けの申込みの撤回又は売買契約の**解除に伴う損害賠償又は違約金の支払を請求することができないこと**」が記載されていなければならない（業法37条の2第1項、規則16条の6第4号）。よって、本肢は記載しなければならない事項である。

3　記載事項である・・・・・・・・・・・・・・・・　重要度　★★★

クーリング・オフができる旨を告げる書面には、「買受けの申込みの撤回又は売買契約の解除は、買受けの申込みの撤回又は売買契約の解除を行う旨を記載した**書面を発した時に**、その効力を生ずること」が記載されていなければならない（業法37条の2第1項、規則16条の6第5号）。よって、本肢は記載しなければならない事項である。

4　記載事項である・・・・・・・・・・・・・・・・　重要度　★★★

クーリング・オフができる旨を告げる書面には、「買受けの申込みの撤回又は売買契約の解除があった場合において、その買受けの申込み又は売買契約の締結に際し**手付金その他の金銭が支払われているときは、宅建業者は、遅滞なく、その全額を返還すること**」が記載されていなければならない（業法37条の2第1項、規則16条の6第6号）。よって、本肢は記載しなければならない事項である。

【解法の視点】書面に記載しなければならない事項を問う問題であるが、クーリング・オフのルールを整理して、素直に考えよう。

≪出る順宅建士合格テキスト②　第13章　自ら売主制限≫

第41問　営業保証金　正解 4　重要度 A

1 正 ･････････････････････････ 重要度 ★★★

営業保証金から還付を受けるためには、宅建業者と宅建業に関する「取引」により生じた債権を有していることが必要である（業法27条1項）。**不払給与の支払請求権は、取引により生じた債権とはいえず、営業保証金から還付を受けることはできない。**よって、本肢は正しい。

> 【解法テクニック】「取引ではない」ケースを個別に覚える必要はない。「自ら売買・交換、売買・交換・貸借の代理をする行為、売買・交換・貸借の媒介をする行為」以外がすべて「取引ではない」ケースである。

2 正 ･････････････････････････ 重要度 ★★★

宅建業者は、事業開始後に**新たに事務所を設置**した場合には、その事務所についての営業保証金を**供託**し、その旨を**免許権者**に届け出た後でなければ、**新たに設置した事務所での事業を行うことができない**（業法26条、25条4項、5項）。よって、本肢は正しい。

3 正 ･････････････････････････ 重要度 ★★★

宅建業者は、営業保証金を供託し、その旨を届け出た後でなければ、その事業を開始してはならない（業法25条5項）。そして、この点に関しては、事務所の数に応じた額の営業保証金を供託して届け出た後でなければ、すべての事務所で事業を開始することができない。本肢の場合、主たる事務所分1,000万円と従たる事務所分500万円の合計額である1,500万円を供託して届け出た後でなければ、主たる事務所でも事業を開始することができない（業法25条1項、2項、施行令2条の4）。よって、本肢は正しい。

> 【解法の視点】営業保証金は合計額、すなわち「まとめて」という意識を持つようにしよう。たとえば、「まとめて」主たる事務所の最寄りの供託所に供託するのだから、従たる事務所の最寄りの供託所ではないという知識も定着しやすくなる。

4 誤 ･････････････････････････ 重要度 ★★

宅建業者は、免許の取消処分を受けた場合でも、供託した営業保証金を取り戻すことができる（業法30条1項）。よって、本肢は誤りであり、本問の正解肢となる。

> 【実力UP情報】この場合、免許取消処分の理由は影響しない。

≪出る順宅建士合格テキスト② 第6章 営業保証金≫

 重要事項の説明

予想正解率　85％以上

ア　違反しない・・・・・・・・・・・・・・・・・・・・・・　重要度　★★★

　宅建業者は、宅地建物取引士をして、書面を交付して、重要事項の説明をさせなければならない（業法35条1項）。しかし、その書面の交付に代えて、相手方の承諾を得て、書面に記載すべき事項を**電磁的方法**であって宅地建物取引士の記名に代わる措置を講ずるものとして**国土交通省令で定めるもの**により提供することができる（業法35条8項）。よって、本肢は宅建業法の規定に違反しない。

イ　違反しない・・・・・・・・・・・・・・・・・・・・・・　重要度　★★

　所定の要件を満たす場合、重要事項の説明にテレビ会議等のＩＴを活用することができる（業法35条1項、解釈・運用の考え方）。また、重要事項の説明をする場所の規定はない。ＩＴを活用する重要事項説明の場合も同様である。よって、本肢は宅建業法の規定に違反しない。

　【講師からのアドバイス】ＩＴを活用した重要事項の説明は、一定の要件を満たせば、売買であっても、貸借であっても認められる。なお、そのときでも、重要事項説明書の交付と宅地建物取引士証の提示は欠かせない。

ウ　違反しない・・・・・・・・・・・・・・・・・・・・・・　重要度　★★

　肢イの解説のとおり、ＩＴを活用した重要事項の説明を行うことができる。また、売主である宅建業者、代理業者である宅建業者のうち**1人**が重要事項の説明をすればよい。ＩＴを活用する重要事項説明の場合も同様である。よって、本肢は宅建業法の規定に違反しない。

エ　違反する・・・・・・・・・・・・・・・・・・・・・・　重要度　★★

　1つの取引に複数の宅建業者が関与する場合は、**すべての宅建業者に重要事項の説明義務がある**。確かに、1人の宅建業者の宅地建物取引士が代表して重要事項の説明を行うことができるが、説明義務は全ての宅建業者が負う。したがって、**宅地建物取引士の記名は、Ａ社の宅地建物取引士、Ｂ社の宅地建物取引士とも欠かせない**。よって、本肢は宅建業法の規定に違反する。

　以上より、違反するものはエの一つであり、1が本問の正解肢となる。

≪出る順宅建士合格テキスト②　第10章　重要事項の説明≫

第43問　宅地建物取引士　正解 ❶　重要度 Ⓐ

予想正解率　60％

1　正・・・・・・・・・・・・・・・・・・・・・・・・・・・　重要度　★★★

宅地建物取引士証の交付を受けようとする者は、原則として、登録をしている**都道府県知事が国土交通省令の定めるところにより指定する講習で交付の申請前６月以内に行われるものを受講しなければならない**（業法22条の２第２項本文）。よって、本肢は正しく、本問の正解肢となる。

> 【講師からのアドバイス】いわゆる「法定講習」である。国土交通大臣ではなく、都道府県知事の指定であることも、しっかり覚えておこう。

2　誤・・・・・・・・・・・・・・・・・・・・・・・・・・・重要度　★

宅地建物取引士は、**宅地建物取引士証を汚損又は破損その他の事由を理由として**、その交付を受けた都道府県知事に宅地建物取引士証の**再交付を申請することができる**。そして、汚損又は破損を理由とする宅地建物取引士証の再交付は、**汚損し、又は破損した宅地建物取引士証と引換えに新たな宅地建物取引士証を交付して行うものとする**（規則14条の15第１項、４項）。よって、本肢は誤り。

> 【実力ＵＰ情報】亡失・滅失の場合も再交付申請ができる。この場合、再交付を受けた後、亡失等した宅地建物取引士証を発見したときは、すみやかに、発見した宅地建物取引士証をその交付を受けた都道府県知事に返納しなければならない。

3　誤・・・・・・・・・・・・・・・・・・・・・・・・・・・重要度　★★★

宅地建物取引士は、事務禁止の処分を受けたときは、速やかに、宅地建物取引士証をその交付を受けた都道府県知事に提出しなければならない（業法22条の２第７項）。したがって、Ａは宅地建物取引士証を**甲県知事に提出しなければならない**。よって、本肢は誤り。

4　誤・・・・・・・・・・・・・・・・・・・・・・・・・・・重要度　★★

宅地建物取引士証は、**有効期間の更新請求をしない場合にも、その効力を失う**（業法22条の２第３項参照）。したがって、登録が消除されなくても、宅地建物取引士証が効力を失うことがある。よって、本肢は誤り。

> 【実力ＵＰ情報】期間の満了のほか、登録の移転があったときも、それまでの宅地建物取引士証は、その効力を失う。

≪出る順宅建士合格テキスト②　第５章　宅地建物取引士≫

　広告等に関する規制　

予想正解率　85％以上

1　違反する・・・・・・・・・・・・・・・・・・・・・重要度　★★★

宅建業者は宅地又は建物の所在、規模、形質もしくは現在もしくは将来の利用の制

限、環境もしくは交通その他の利便等について、著しく事実に相違する表示をし、又は実際のものよりも著しく優良であり、もしくは有利であると人を誤認させるような表示をしてはならない（業法32条）。**実際の道のりでは４ｋｍあるが、直線距離では駅まで１ｋｍ程度である物件につき、「駅まで１ｋｍの好立地」とする表示は、人を誤認させるような表示に該当する**（解釈・運用の考え方）。よって、本肢は宅建業法の規定に違反する。

【実力ＵＰ情報】徒歩による所要時間（80ｍにつき１分）も道路距離で計測する。同様の視点で捉えよう。

2　違反する　重要度　★★★

宅建業者は、その業務に関して広告をするときは、当該広告に係る一定の定められた事項について、著しく事実に相違する表示等をしてはならない（業法32条）。そして、**広告の媒体は、新聞の折込チラシ、配布用のチラシ、新聞、雑誌、テレビ、ラジオ又はインターネットのホームページ等種類を問わない**（解釈・運用の考え方）。よって、本肢は宅建業法の規定に違反する。

3　違反しない　重要度　★

広告開始時期の制限について、マンションのスケルトン・インフィル等の場合、「具体的な間取りが定められた場合、**変更の確認を受けることが必要となることもあります**」との旨を表示すれば広告をしても差し支えないものとされている（業法33条、解釈・運用の考え方）。よって、本肢は宅建業法の規定に違反せず、本問の正解肢となる。

4　違反する　重要度　★★★

宅建業者は、その業務に関して広告をするときは、当該広告に係る一定の事項について、著しく事実に相違する表示をし、又は実際のものよりも著しく優良であり、もしくは有利であると人を**誤認させるような表示をしてはならない**（業法32条）。直ちに**当該広告を回収する等の措置をとっても同様である**。よって、本肢は宅建業法の規定に違反する。

【解法の視点】表示（誇大広告等）をした時点で宅建業法違反となる。

≪出る順宅建士合格テキスト②　第９章　広告等に関する規制≫

 住宅瑕疵担保履行法 正解 4 重要度 A

予想正解率　75％

1　誤　重要度　★★★

住宅瑕疵担保履行法において、資力確保が義務付けられている者は、買主が宅建業

者でない場合の新築住宅の売主である宅建業者である（住宅瑕疵担保履行法2条7項2号ロ、11条1項、2項）。したがって、新築住宅の売買の媒介をする場合には、資力確保義務はない。よって、本肢は誤り。

【講師からのアドバイス】①宅建業者が自ら売主となる売買で、②買主は宅建業者でない、③売買の対象は新築住宅に限る、という住宅瑕疵担保履行法の適用場面を明確にしておこう。

2　誤‥‥‥‥‥‥‥‥‥‥‥‥‥‥　重要度　★★★

宅建業者は、基準日ごとに、当該基準日に係る資力確保措置の状況について、基準日から**3週間以内**に、その免許を受けた国土交通大臣又は都道府県知事に届け出なければならない（住宅瑕疵担保履行法12条1項、規則16条1項）。2週間以内ではない。よって、本肢は誤り。

3　誤‥‥‥‥‥‥‥‥‥‥‥‥‥‥　重要度　★★

住宅販売瑕疵担保保証金は、金銭のほか、国債証券、地方債証券その他の一定の**有価証券をもって、これに充てることができる**（住宅瑕疵担保履行法11条5項）。よって、本肢は誤り。なお、主たる事務所の最寄りの供託所に供託するとしている点は正しい。

【実力ＵＰ情報】供託については、営業保証金の供託とほぼ同じである。

4　正‥‥‥‥‥‥‥‥‥‥‥‥‥‥　重要度　★★

新築住宅とは、住宅の品質確保の促進等に関する法律（品確法）に規定する新築住宅をいい（住宅瑕疵担保履行法2条1項）、新たに建設された住宅で、**まだ人の居住の用に供したことのないもの**（建設工事の完了の日から起算して1年を経過したものを除く。）をいう（品確法2条2項）。よって、本肢は正しく、本問の正解肢となる。

≪出る順宅建士合格テキスト②　第13章　自ら売主制限≫

予想正解率　75％

1　誤‥‥‥‥‥‥‥‥‥‥‥‥‥‥　重要度　★★

機構は、住宅の建設又は購入に必要な資金の貸付けに係る主務省令で定める**金融機関の貸付債権の譲受けのみならず、住宅融資保険法による保険も行う**（機構法13条1項1号、3号）。よって、本肢は誤りであり、本問の正解肢となる。

【講師からのアドバイス】住宅金融支援機構は、住宅を必要とする者に対する直接融資は、原則として行わないが、例外的に、災害復興建築物の建設・購入資金等については、直接融資もするので注意しよう。

2　正・・・・・・・・・・・・・・・・・・・・・・・・・・・・・　重要度　★★

　機構の証券化支援事業（買取型）の**住宅ローン金利は長期固定金利**であるが、民間金融機関が顧客に貸し出す金利は、機構が提示した金利に独自の利益分を上乗せして決定される。したがって、住宅ローン金利は、**各金融機関によって異なる場合がある**。よって、本肢は正しい。

3　正・・・・・・・・・・・・・・・・・・・・・・・・・・・・・　重要度　★★

　機構は、重要な政策上の理由が認められる場合に直接融資業務を行うが（機構法13条1項5号、6号等）、**高齢者に直接貸し付ける場合、元金の返済を債務者本人の死亡時に一括して行う高齢者向け返済特例が認められている**（機構業務方法書24条4項）。**証券化支援業務ではこのような特例は認められていない**。よって、本肢は正しい。

4　正・・・・・・・・・・・・・・・・・・・・・・・・・・・・・　重要度　★★

　機構は、子どもを育成する家庭に適した良好な居住性能及び居住環境を有する賃貸住宅の建設に必要な資金又は当該賃貸住宅の改良に必要な資金の貸付けを行う（機構法13条1項8号）。よって、本肢は正しい。

　　≪出る順宅建士合格テキスト③　免除科目　第1章　住宅金融支援機構法≫

第47問　不当景品類及び不当表示防止法　正解 ❹　重要度 Ⓑ

予想正解率　50％

1　正・・・・・・・・・・・・・・・・・・・・・・・・・・・・・　重要度　★★

　道路法18条1項の規定により道路区域が決定され、又は都市計画法20条1項の告示が行われた**都市計画施設の区域に係る土地についてはその旨を明示しなければならない**（表示規約規則7条3号）。よって、本肢は正しい。

2　正・・・・・・・・・・・・・・・・・・・・・・・・・・・・・　重要度　★★

　土地の全部又は一部が**高圧電線路下**にあるときは、その旨及びそのおおむねの面積を表示し、**建物その他の工作物の建築が禁止されているときは、併せてその旨を明示しなければならない**（表示規約規則7条12号）。よって、本肢は正しい。

3　正・・・・・・・・・・・・・・・・・・・・・・・・・・・・・　重要度　★

　土地が**擁壁によっておおわれないがけの上又はがけの下にあるときはその旨を明示しなければならない**（表示規約規則7条11号）。よって、本肢は正しい。

【実力UP情報】当該土地に建築するに当たり、制限が加えられているときは、その内容を明示しなければならない。

4　誤‥‥‥‥‥‥‥‥‥‥‥‥‥‥‥　重要度　★★

広告表示には、ポスター、**看板**（**デジタルサイネージ**、プラカード及び建物又は電車、自動車等に記載されたものを含む。）、のぼり、垂れ幕、ネオン・サイン、アドバルーンその他これらに類似する物による広告及び陳列物又は実演による表示がある（表示規約4条5項3号）。看板にはデジタルサイネージが含まれる。よって、本肢は誤りであり、本問の正解肢となる。

≪出る順宅建士合格テキスト③　免除科目　第3章　不当景品類及び不当表示防止法≫

 不動産の需給・統計

予想正解率　50%

1　誤‥‥‥‥‥‥‥‥‥‥‥‥‥‥‥　重要度　★★★

令和5年地価公示（令和5年3月公表）によれば、令和4年1月以降の1年間の**地方圏平均**では、住宅地の地価は、**2年連続の上昇**となった。よって、本肢は誤り。

2　正‥‥‥‥‥‥‥‥‥‥‥‥‥‥‥　重要度　★★★

建築着工統計調査報告（令和4年計。令和5年1月公表）によれば、令和4年の**新設住宅着工総戸数**は、859,529戸（前年比0.4%増）であり、**2年連続の増加**であった。もっとも、持家（253,287戸、前年比11.3%減）は**昨年の増加から再びの減少**となった。よって、本肢は正しく、本問の正解肢となる。

【実力UP情報】貸家（345,080戸、前年比7.4%増）が2年連続の増加、分譲住宅（255,487戸、前年比4.7%増）が2年連続の増加となったため、全体で増加となった。

3　誤‥‥‥‥‥‥‥‥‥‥‥‥‥‥‥　重要度　★★

年次別法人企業統計調査（令和3年度。令和4年9月公表）によれば、令和3年度における**不動産業の売上高**は約48兆5,822億円（対前年度比9.6%増）で、**3年ぶりの増加**となった。よって、本肢は誤り。

4　誤‥‥‥‥‥‥‥‥‥‥‥‥‥‥‥　重要度　★

令和5年地価公示（令和5年3月公表）によれば、令和4年1月以降の1年間の**工業地の地価**は、**全国平均、三大都市圏平均、地方圏平均のいずれにおいても上昇を継続**している。よって、本肢は誤り。

≪出る順宅建士合格テキスト③　免除科目　第2章　不動産の需給・統計≫

第49問　土地　正解 ① 重要度 B

予想正解率　50%

1　最も不適当・・・・・・・・・・・・・・・・・・・・重要度　★

丘陵地や台地斜面の宅地造成では、起伏ある土地を平坦にし、斜面の切取りと盛土で、宅地として利用できる土地を確保するが、これに伴い**山林などの植生や表層土が除去されると、降水の地表流出量の増加や河川の氾濫をもたらすことになる**。よって、本肢は最も不適当であり、本問の正解肢となる。

> 【講師からのアドバイス】土地の出題としては、宅地として適当であるかどうかを判断させるものが多いが、造成工事の方法等を問うものもたびたび出題されている。

2　適当・・・・・・・・・・・・・・・・・・・・・・・・重要度　★★

地形図で見ると、等高線が山頂に向かって**高い方に弧を描いている部分は谷**で、山頂から見て**等高線が張り出している部分は尾根**である。よって、本肢は適当である。

3　適当・・・・・・・・・・・・・・・・・・・・・・・・重要度　★★

自然堤防に囲まれた後背低地は、地盤が軟弱で地震に弱く、また洪水や集中豪雨にも弱く、宅地には適さない土地である。よって、本肢は適当である。

4　適当・・・・・・・・・・・・・・・・・・・・・・・・重要度　★★

湿潤な土地、出水のおそれの多い土地又はごみやこれに類する物で埋め立てられた土地に建築物を建築する場合には、**盛土、地盤の改良その他衛生上又は安全上必要な措置を講じなければならない**（建基法19条2項）。よって、本肢は適当である。

≪出る順宅建士合格テキスト③　免除科目　第4章　土地≫

第50問　建物　正解 ② 重要度 B

予想正解率　60%

1　適当・・・・・・・・・・・・・・・・・・・・・・・・重要度　★

鉄骨造の構造耐力上主要な部分である**柱の脚部は、原則として基礎にアンカーボルトで緊結しなければならない**。ただし、滑節構造によって基礎に緊結する場合等は、この限りではない（建基法施行令66条）。よって、本肢は適当である。

> 【講師からのアドバイス】建物の分野は、建築の専門知識が出題されることがある。まずは、建築物の基本的な用語について確実に押さえるようにしよう。

2 最も不適当・・・・・・・・・・・・・・・・・・・・・　**重要度　★★**

　鉄骨造は、比較的**自重が軽く**、鋼材の**靱性**があるので、大空間建築や高層建築の骨組みに適しているといえる。しかし、**鋼材は火熱に弱いので、耐火構造にするためには鉄骨骨組を耐火材料で被覆しなければならない**。よって、本肢は最も不適当であり、本間の正解肢となる。

> 【**実力ＵＰ情報**】鉄骨造における鋼材は、火熱に弱く、約500℃でその強度が半減し容易に変形する。なお、自重とは、建築物自体の重量のことであり、鉛直方向に働く荷重を意味し、靱性とは、材料の粘り強さのことである。

3 適当・・・・・・・・・・・・・・・・・・・・・・・・・・　**重要度　★**

　鉄筋コンクリート造における**柱の帯筋や梁（はり）のあばら筋**は、地震力に対する**せん断補強**のほか、**内部のコンクリートを拘束**したり、**柱主筋の座屈（ざくつ）を防止**したりする効果がある。よって、本肢は適当である。

4 適当・・・・・・・・・・・・・・・・・・・・・・・・・・　**重要度　★**

　鉄筋コンクリート造の耐力壁の厚さは、12cm以上としなければならない（建基法施行令78条の2第1項1号）。よって、本肢は適当である。

≪出る順宅建士合格テキスト③　免除科目　第5章　建物≫

出る順宅建士シリーズ

2023年版 出る順宅建士 当たる！直前予想模試

| 1994年3月31日 | 第1版 | 第1刷発行 |
| 2023年6月15日 | 第30版 | 第1刷発行 |

編著者●株式会社　東京リーガルマインド
　　　　LEC総合研究所　宅建士試験部

発行所●株式会社　東京リーガルマインド
　　　　〒164-0001　東京都中野区中野4-11-10
　　　　　　　　アーバンネット中野ビル
　　　　LECコールセンター　✉ 0570-064-464
　　　　　　　受付時間　平日9：30～20：00/土・祝10：00～19：00/日10：00～18：00
　　　　　　　※このナビダイヤルは通話料お客様ご負担となります。
　　　　書店様専用受注センター　TEL 048-999-7581 / FAX 048-999-7591
　　　　　　　受付時間　平日9：00～17：00/土・日・祝休み
　　　　www.lec-jp.com/

印刷・製本●情報印刷株式会社

©2023 TOKYO LEGAL MIND K.K., Printed in Japan　　　ISBN978-4-8449-9742-9
複製・頒布を禁じます。
本書の全部または一部を無断で複製・転載等することは，法律で認められた場合を除き，著作者及び出版者の権利侵害になりますので，その場合はあらかじめ弊社あてに許諾をお求めください。
なお，本書は個人の方々の学習目的で使用していただくために販売するものです。弊社と競合する営利目的での使用等は固くお断りいたしております。
落丁・乱丁本は，送料弊社負担にてお取替えいたします。出版部（TEL03-5913-6336）までご連絡ください。

LEC宅建士 受験対策書籍のご案内

受験対策書籍の全ラインナップです。
各学習進度に合わせてぜひご活用ください。

INPUT
テキスト
自分に合うテキストを選ぼう

基礎からよくわかる！ 宅建士 合格のトリセツ シリーズ

法律初学者タイプ
・イチから始める方向け
・難しい法律用語が苦手

↓

★イラスト図解
★やさしい文章
★無料動画多数

基本テキスト
A5判 好評発売中
- フルカラー
- 分野別3分冊
  ＋別冊重要論点集
- インデックスシール
- 無料講義動画45回分

【読者アンケート特典】
①キャラふせんセット
②スマホ対応一問一答DL

試験範囲を全網羅！ 出る順宅建士 シリーズ

万全合格タイプ
・学習の精度を上げたい
・完璧な試験対策をしたい

↓

★試験で重要な条文・
　判例を掲載
★LEC宅建士講座
　公式テキスト

合格テキスト
（全3巻）
❶権利関係
❷宅建業法
❸法令上の制限・税・その他

A5判 好評発売中

超速合格タイプ
・短期間で合格したい
・法改正に万全に備えたい

どこでも宅建士
とらの巻
A5判 好評発売中
- 暗記集『とらの子』付録

↓ **合格は問題集で決まる** ↓

────── OUTPUT ──────

過去問題集	一問一答問題集	直前対策
分野別なので弱点補強に最適	学習効果が高く効率学習ができる	本試験の臨場感を自宅で体感

厳選分野別過去問題集

A5判 好評発売中
- 分野別3分冊
- 無料解説動画24回分
- 最新過去問DL

頻出一問一答式過去問題集

A5判 好評発売中
- 全問収録本格アプリ
- 最新過去問DL

当たる！直前予想模試

B5判 好評発売中
- 無料解説動画4回分
- 最新過去問DL
- 無料採点サービス

ウォーク問過去問題集（全3巻）

B6判 好評発売中
- 令和4年度試験問題・解説を全問収録

一問一答○×1000肢問題集

新書判 好評発売中
- 赤シート対応
- 全問収録本格アプリ

過去30年良問厳選問題集　模試型　6回分＆最新過去問

A5判 好評発売中
- セパレート問題冊子
- 最新過去問全問収録

要点整理本

読み上げ音声でいつでもどこでも要点をスイスイ暗記

逆解き式！最重要ポイント555

B6判 好評発売中
- 赤シート対応
- 読み上げ音声DL

※デザイン・内容・発刊予定等は、変更になる場合がございます。予めご了承ください。

基礎から万全！「合格のトレーニングメニュー」を完全網羅！

プレミアム合格フルコース 全78回

スーパー合格講座 (34回×2.5h)	出た順必勝 総まとめ講座 (12回×2.5h)	とにかく6点アップ！ 直前かけこみ講座 (2回×2h)
分野別！コレだけ演習 総まとめ講座 (3回×3.5h)	究極のポイント300 攻略講座 (3回×2h)	全日本宅建公開模試 基礎編(2回) 実戦編(3回)
マスター演習講座 (15回×2.5h)	試験に出るトコ 大予想会 (3回×2h)	ファイナル模試 (1回)

※講座名称は変更となる場合がございます。予めご了承ください。

受講形態

通学クラス　　通信クラス

● 各受講スタイルのメリット

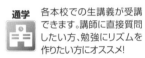

通学 各本校での生講義が受講できます。講師に直接質問したい方、勉強にリズムを作りたい方にオススメ！

通信 Web通信動画はPC以外にもスマートフォンやタブレットでも視聴可能。シーンに応じた使い分けで学習効率UP。

内容　「スーパー合格講座」では合格に必要な重要必須知識を理解・定着させることを目標とします。講師が、難しい専門用語を極力使わず、具体例をもって分かりやすく説明します。「分野別！これだけ演習総まとめ講座」ではスーパー合格講座の分野終了時に演習を行いながら総まとめをします。WebまたはDVDでの提供となりますので進捗にあわせていつでもご覧いただけます。「マスター演習講座」では、スーパー合格講座で学んだ内容を、○×式の演習課題を実際に解きながら問題の解き方をマスターし、重要知識の定着をさらに進めていきます。「出た順必勝総まとめ講座」は、過去の本試験問題のうち、合格者の正答率の高い問題を題材にして、落としてはならない論点を実際に解きながら総復習します。最後に、「全日本公開模試・ファイナル模試」で本試験さながらの演習トレーニングを受けて、その後の直前講座で実力の総仕上げをします。

対象者
・初めて宅建の学習を始める方
・何を勉強すればよいか分からず不安な方

● **受講料**

受講形態	一般価格(税込)
通信・Web動画＋スマホ＋音声ＤＬ	154,000円
通信・DVD	170,500円
通学・フォロー(Web動画＋スマホ＋音声ＤＬ)付	181,500円

詳細はLEC宅建サイトをご覧ください
⇒ https://www.lec-jp.com/takken/

学習経験者専用のインプットと圧倒的な演習量を備えるリベンジコース

再チャレンジ合格フルコース

学習経験者専用コース　**全58回**

合格ステップ完成講座 （10回×3h）	総合実戦答練 （3回×4h）	全日本宅建公開模試 ファイナル模試 （6回）
ハイレベル合格講座 （25回×3h）	直前バックアップ 総まとめ講座 （3回×3h）	免除科目スッキリ 対策講座 （2回×2h）
分野別ベーシック答練 （6回×3h）	過去問対策 ナビゲート講座 （2回×3h）	ラスト1週間の 重要ポイント見直し講座 （1回×3h）

※講座名称は変更となる場合がございます。予めご了承ください。

受講形態

通学クラス

通信クラス

● 各受講スタイルのメリット

通学 各本校での生講義が受講できます。講師に直接質問したい方、勉強にリズムを作りたい方にオススメ！

通信 Web通信動画はPC以外にもスマートフォンやタブレットでも視聴可能。シーンに応じた使い分けで学習効率UP。

内容　「合格ステップ完成講座」で基本的なインプット事項をテンポよく短時間で確認します。さらに、「ハイレベル合格講座」と2種類の答練を並行学習することで最新の出題パターンと解法テクニックを習得します。さらに4肢択一600問（模試6回＋答練9回）という業界トップクラスの演習量があなたを合格に導きます。

対象者
・基礎から学びなおしてリベンジしたい方
・テキストの内容は覚えたのに過去問が解けない方

● **受講料**

受講形態	一般価格(税込)
通信・Web動画＋スマホ＋音声ＤＬ	143,000円
通信・DVD	159,500円
通学・フォロー(Web動画＋スマホ＋音声ＤＬ)付	170,500円

詳細はLEC宅建サイトをご覧ください
⇒ https://www.lec-jp.com/takken/

あなたの実力・弱点が明確にわかる!
公開模試・ファイナル模試成績表

ご希望の方のみ模試の成績表を送付します(有料)。

LECの成績表はココがすごい!

その① 正解率データが一目で分かる「総合成績表」で効率的に復習できる!
その② 自己分析ツールとしての「個人成績表」で弱点の発見ができる!
その③ 復習重要度が一目で分かる「個人成績表」で重要問題を重点的に復習できる!

■総合成績表

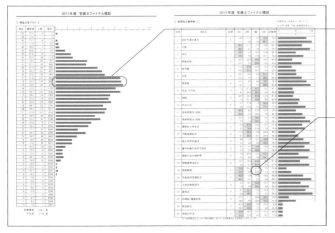

宅建士試験は競争試験です。
最も人数が多く分布している点数のおよそ2〜3点上が合格ラインとなります。
復習必要度aランクの肢はもちろん、合否を分けるbランクの肢も確実にしましょう。

ひっかけの肢である選択肢3を正解と判断した人が半数近くもいます。
ひっかけは正解肢よりも前にあることが多いです。早合点に注意しましょう。

■個人成績表

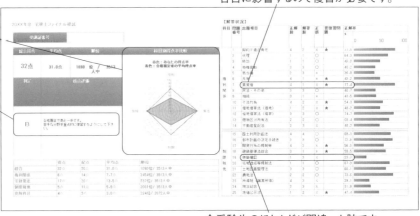

分野別の得点率が一目でわかるようにレーダーチャートになっています。

現時点での評価と、それを踏まえての今後の学習指針が示されます。

全受験生の6割以上が正解している肢です。合否に影響するので復習が必要です。

全受験生のほとんどが間違った肢です。合否には直接影響しません。深入りは禁物です。

講座及び受講料に関するお問い合わせは下記ナビダイヤルへ

LECコールセンター
☎ 0570-064-464 (平日9:30〜20:00 土・祝10:00〜19:00 日10:00〜18:00)

※このナビダイヤルは通話料お客様ご負担となります。
※固定電話・携帯電話共通(一部のPHS・IP電話からもご利用可能)。

夏以降の学習の指針に！

2023 宅建実力診断模試　1回

高い的中率を誇るLECの「宅建実力診断模試」を、お試し価格でご提供します。まだ学習の進んでいないこの時期の模試は、たくさん間違うことが目的。弱点を知り、夏以降の学習の指針にしてください。

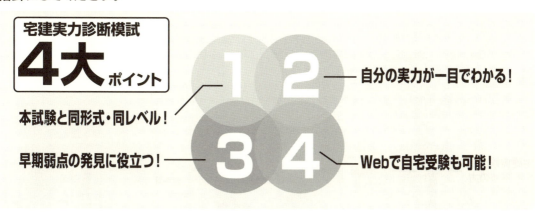

宅建実力診断模試 4大ポイント
1. 本試験と同形式・同レベル！
2. 自分の実力が一目でわかる！
3. 早期弱点の発見に役立つ！
4. Webで自宅受験も可能！

ねらい　本試験で自分の力を十分に発揮するためには、本試験の雰囲気や時間配分に慣れる必要があります。LECの実力診断模試は、本試験と全く同じ形式で行われるだけでなく、その内容も本試験レベルのものとなっています。早い時期に本試験レベルの問題に触れることで弱点を発見し、自分の弱点を効率よく克服しましょう。

試験時間　**2時間**(50問)
本試験と同様に50問の問題を2時間で解いていただきます。試験終了後、詳細な解説冊子をお配り致します（Web解説の方はWeb上での閲覧のみとなります）。また、ご自宅でWeb解説（1時間）をご覧いただけます。

対象者　**2023年宅建士試験受験予定の全ての方**
早期に力試しをしたい方

● **実施スケジュール**
　6/7(水)〜6/18(日)

スケジュール・受講料・実施校など
詳細はLEC宅建ホームページをご覧下さい。

　　　LEC宅建　　検索

● **実施校（予定）**
新宿エルタワー・渋谷駅前・池袋・水道橋・立川・町田・横浜・千葉・大宮・水戸見川・梅田駅前・京都駅前・神戸・難波駅前・福井南・札幌・仙台・静岡・名古屋駅前・富山・金沢・岡山・広島・福岡・長崎駅前・那覇
※現時点で実施が予定されているものです。実施校については変更の可能性がございます。
※実施曜日、実施時間については学校によって異なります。お申込み前に必ずお問合せください。

● **出題例**

実力診断模試　問31

【問 31】　宅地建物取引業者Aが、Bの所有する宅地の売却の媒介の依頼を受け、Bと専属専任媒介契約（以下この問において「媒介契約」という。）を締結した場合に関する次の特約のうち、宅地建物取引業法の規定によれば、無効となるものはいくつあるか。
ア　媒介契約の有効期間を6週間とする旨の特約
イ　Aがその業務の処理状況を毎日定時に報告する旨の特約
ウ　媒介契約の有効期間が満了した場合、Bの更新拒絶の申出がなければ、媒介契約は自動的に更新したものとみなされるとする旨の特約
エ　当該宅地を国土交通大臣が指定する流通機構に登録しないこととする旨の特約
1　一つ
2　二つ
3　三つ
4　四つ

解答　2　（ア：有効、イ：有効、ウ：無効、エ：無効）

LEC宅建登録実務講習のご案内

登録実務講習実施機関登録番号(6)第2号

LECは業務を行うために必要な「宅建士証」の取得を応援します!

宅建登録実務講習とは

宅建登録実務講習とは、直近10年以内の実務経験が2年未満の方が宅地建物取引士登録をするために受講・修了が必要となる講習のことです。

試験合格から宅地建物取引士証交付までの流れ

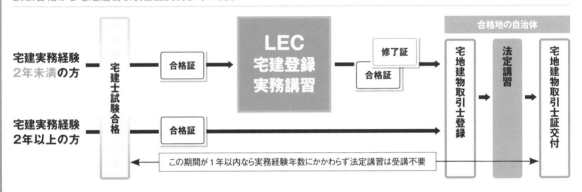

【LEC宅建登録実務講習の流れ】

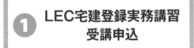
① LEC宅建登録実務講習受講申込

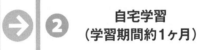
② 自宅学習（学習期間約1ヶ月）

③ スクーリング（12時間）＋修了試験（1時間）

⑤ 宅建士登録申請 ← ④ 修了者に修了証発行 ←

【申込書入手方法】

申込書は下記の方法で入手可能です!
① https://personal.lec-jp.com/request/ より資料請求。
② お近くのLEC本校へ来校。
③ LEC宅建登録実務講習ホームページよりPDFをプリントアウト。
④ 宅建講習専用ダイヤルへ問合せ。

> スクーリングクラスには定員がございますので、お早めのお申込みをオススメします!

> 法定講習免除ルートで宅建士登録申請したい…

> 就職前の年度末までに修了証が欲しい…今から間に合う!?

ひとまずLECをあたってみる!

2021年LEC登録実務講習修了率 **99.9%以上！**

※申込者数ではなく受講者数を基に算出しています。
また、不合格となった場合は1回のみ再受験が可能であり、
再受験された方については、2回目の結果のみ反映しています。

LEC宅建登録実務講習の特長

★無料再受講制度

万一修了試験が不合格でも、無料再受講制度(1回)により救済!（LEC登録実務講習**修了率は例年99%**を超えています）

★Web申込で一歩も外出せず申込完了

Web申込であれば、本来郵送が必要な提出物もデータ添付すれば申込完了。さらに希望日の座席が確保されます。

圧倒的なスクーリングクラスバリエーション

働く合格者が会社を休まず、休日を使わず受講できるLECならではのスクーリング!

★2日間〈週またぎ〉クラス（実施校限定）連休が取れない方、週1日はオフを取りたい方に!

★2日間〈連日〉クラス（通常クラス）全国24拠点で**550**クラス実施予定

★短期集中1日クラス（実施校限定）多忙な社会人の方でも**会社を休まず**受講できる短期集中クラス!

★修了証即日発行クラス 札幌・仙台・中野・静岡・名古屋・京都・梅田・広島・福岡 一部日程で実施予定

［参考価格］ **22,000円**(税込) ／ 2022年登録実務講習（2021.10.17 〜 2022.10.12申込受付分）

Web・LEC本校・郵送にて申込受付中!

◎合格発表前に申込まれる場合、合格証書コピーの提出は合格発表日以降で結構です

［LEC宅建講習専用ダイヤル］ **0120-092-556** (携帯・PHSからは) **03-5913-6310**
（受付時間／10：00〜17：00）

［LEC宅建登録実務講習ホームページ］ www.lec-jp.com/takken/kouza/jitsumu/

LEC　登録実務 ◀検索

全国のライバルと真剣勝負!

2023 全日本宅建公開模試 全5回

多くの受験者数を誇るLECの全日本宅建公開模試。個人成績表で全国順位や偏差値、その時点での合格可能性が分かります。問題ごとに全受験生の正解率が出ますので、弱点を発見でき、その後の学習に活かせます。

基礎編（2回）　試験時間 2時間（50問）

内 容 本試験の時期に近づけば近づくほど瑣末な知識に目が奪われがちなもの。そのような時期だからこそ、過去に繰り返し出題されている重要論点の再確認を意識的に行うことが大切になります。「基礎編」では、合格するために不可欠な重要論点の知識の穴を発見できるとともに、直前1ヶ月の学習の優先順位を教えてくれます。

対象者 全宅建受験生

実戦編（3回）　試験時間 2時間（50問）

内 容 本試験と同じ2時間で50問解くことで、今まで培ってきた知識とテクニックが、確実に習得できているかどうかを最終チェックします。「実戦編」は可能な限り知識が重ならないように作られています。ですから、1回の公開模試につき200の知識（4肢×50問）、3回全て受けると600の知識の確認ができます。各問題の正解率データを駆使して効率的な復習をし、自分の弱点を効率よく克服しましょう。

対象者 全宅建受験生

● 実施スケジュール（一例）

			会場受験		
			水曜クラス	土曜クラス	日曜クラス
実施日	基礎編	第1回	7/19(水)	7/22(土)	7/23(日)
		第2回	8/ 2(水)	8/ 5(土)	8/ 6(日)
	実戦編	第1回	8/23(水)	8/26(土)	8/27(日)
		第2回	8/30(水)	9/ 2(土)	9/ 3(日)
		第3回	9/ 6(水)	9/ 9(土)	9/10(日)

※成績発表は、「Score Online(Web個人成績表)」にて行います。成績表の送付をご希望の方は、別途、成績表送付オプションをお申込みください。

● 実施校（予定）

新宿エルタワー・渋谷駅前・池袋・水道橋・立川・町田・横浜・千葉・大宮・新潟・水戸見川・梅田駅前・京都駅前・京都・神戸・難波駅前・福井南・和歌山駅前・札幌・仙台・静岡・名古屋駅前・富山・岡山・広島・山口・高松・福岡・那覇・金沢・松江殿町・長崎駅前

※現時点で実施が予定されているものです。実施校については変更の可能性がございます。
※実施曜日、実施時間については学校によって異なります。お申込み前に必ずお問合せください。

● 出題例

公開模試　実戦編　第3回　問3

【問 3】 Aの子BがAの代理人と偽って、Aの所有地についてCと売買契約を締結した場合に関する次の記述のうち、民法の規定及び判例によれば、誤っているものはどれか。
1 Cは、Bが代理権を有しないことを知っていた場合でも、Aに対し、追認するか否か催告することができる。
2 BがCとの間で売買契約を締結した後に、Bの死亡によりAが単独でBを相続した場合、Cは甲土地の所有権を当然に取得する。
3 AがBの無権代理行為を追認するまでの間は、Cは、Bが代理権を有しないことについて知らなかったのであれば、過失があっても、当該契約を取り消すことができる。
4 Aが追認も追認拒絶もしないまま死亡して、Bが単独でAを相続した場合、BはCに対し土地を引き渡さなければならない。

解答　2

■お電話での講座に関するお問い合わせ(平日9:30～20:00　土・祝10:00～19:00　日10:00～18:00)

LECコールセンター ☎ **0570-064-464**
※このナビダイヤルは通話料お客様ご負担となります。
※固定電話・携帯電話共通(一部のPHS・IP電話からもご利用可能)。

本試験対策の最終確認!

2023 ファイナル模試 1回

本試験の約3週間前に実施するファイナル模試。受験者が最も多く、しかもハイレベルな受験生が数多く参加します。学習の完成度を最終確認するとともに、合格のイメージトレーニングをしましょう。

内 容 本試験直前に、毎年高い的中率を誇るLECの模試で、本試験対策の総まとめができる最後のチャンスです! 例年、本試験直前期のファイナル模試は特に受験者も多く、しかもハイレベルな受験生が数多く結集します。実力者の中で今年の予想問題を解くことで、ご自身の本試験対策の完成度を最終確認し、合格をより確実なものにしましょう。

試験時間 **2時間**(50問)

対象者 **全宅建受験生**

● 実施スケジュール(一例)

	会場受験		
	水曜クラス	土曜クラス	日曜クラス
実施日	9/27(水)	9/30(土)	10/1(日)

※成績発表は、「ScoreOnline(Web個人成績表)」にて行います。成績表の送付をご希望の方は、別途、成績表送付オプションをお申込みください。
※自宅受験(Web解説)の場合、問題冊子・解説冊子・マークシート等の発送は一切ございません。Webページからご自身でプリントアウトした問題を見ながら、「Score Online」に解答入力をしてください。成績確認も「Score Online」になります。

● 実施校(予定)

新宿エルタワー・渋谷駅前・池袋・水道橋・立川・町田・横浜・千葉・大宮・新潟・水戸見川・梅田駅前・京都・京都駅前・神戸・難波駅前・福井南・和歌山駅前・札幌・仙台・静岡・名古屋駅前・富山・岡山・広島・山口・高松・福岡・那覇・金沢・松江殿町・長崎駅前

※現時点で実施が予定されているものです。実施校については変更の可能性がございます。
※実施曜日、実施時間については学校によって異なります。お申込み前に必ずお問合せください。

● 出題例

【問 19】 建築基準法(以下この問において「法」という。)に関する次のアからエまでの記述のうち、誤っているものの組合せはどれか。

ア 建築物が防火地域及び準防火地域にわたる場合においては、原則として、その全部について防火地域内の建築物に関する規定を適用する。

イ 公衆便所、巡査派出所その他これらに類する公益上必要な建築物は、特定行政庁の許可を受けずに道路内に建築することができる。

ウ 容積率を算定する上では、共同住宅の共用の廊下及び階段部分は、当該共同住宅の延べ面積の3分の1を限度として、当該共同住宅の延べ面積に算入しない。

エ 商業地域内にある建築物については、法第56条の2第1項の規定による日影規制は、適用されない。ただし、冬至日において日影規制の対象区域内の土地に日影を生じさせる、高さ10mを超える建築物については、この限りでない。

1 ア、イ
2 ア、エ
3 イ、ウ
4 ウ、エ

解答 3

■お電話での講座に関するお問い合わせ(平日9:30〜20:00 土・祝10:00〜19:00 日10:00〜18:00)

LECコールセンター ☎**0570-064-464** ※このナビダイヤルは通話料お客様ご負担となります。
※固定電話・携帯電話共通(一部のPHS・IP電話からもご利用可能)。

「とら」＋「模試」が効く！
5月〜8月に始める方のための
短期集中講座ラインナップ

合格まで全力疾走できる短期合格目標コース
ウルトラ合格フルコース＜全48回＞

ウルトラ速習 35時間完成講座 （15回×2.5h）	出た順必勝 総まとめ講座 （12回×2.5h）	とにかく6点アップ！ 直前かけこみ講座 （2回×2h）
短期合格を目指す 宅建スタートダッシュ講座 （3回×2.5h）	究極のポイント 300攻略講座 （3回×2h）	全日本宅建公開模試 （実戦編3回）
ウルトラ演習 解きまくり講座 （6回×2.5h）	試験に出るトコ 大予想会 （3回×2h）	ファイナル模試 （1回）

＜講座内容＞

5月以降に学習を始めて今年の宅建士試験に合格するためには、めったに出題されない論点や他の受験生が得点できない論点を思い切って切り捨てることが必要です。LECは、過去の出題傾向・正解率データをもとに、膨大な論点をダウンサイジングし、「合格に必要な知識」に絞り込みました。この「合格に必要な知識」を何度も繰り返し学習することで、「引っ掛け問題」や「受験生心理を揺さぶる問題」にも対応できる「合格力」が身につきます。合格まで一気に駆け抜けましょう。

①短期合格を目指す宅建スタートダッシュ講座⇒しっかり入門！
②ウルトラ速習35時間完成講座⇒短期学習の決定版！
③ウルトラ演習解きまくり講座⇒習得した知識を"使える"知識へ
④出た順必勝総まとめ講座⇒出た順で知識を総まとめ
⑤全日本宅建公開模試→自分の弱点を発見・克服する

⑥究極のポイント300攻略講座⇒○×チェック
⑦試験に出るトコ大予想会⇒本試験予想
⑧とにかく6点アップ！かけこみ講座⇒超直前！
⑨ファイナル模試⇒最後の予想模試

詳細はLEC宅建ホームページまたはコールセンターまで

＜別売テキスト（税込）＞

2023どこでも宅建士とらの巻		定価2,420円
2023ウォーク問過去問題集	❶権利関係	定価1,870円
	❷宅建業法	定価1,870円
	❸法令上の制限・税・その他	定価1,980円　　合計4冊／8,140円

＜受講料＞

受講形態	一般価格（税込）
通信・Web動画＋スマホ＋音声DL	110,000円
通学・フォロー（Web動画＋スマホ＋音声DL）付	121,000円

※通信DVDもございます。また、通学・提携校通学の詳細はLEC宅建サイトをご覧ください。
※上記の内容は発行日現在のものであり、事前の予告なく変更する場合がございます。あらかじめご了承ください。

詳細はLEC宅建サイトをご覧ください ⇒ https://www.lec-jp.com/takken/

○×チェックでスピーディーにまとめる!

究極のポイント300攻略講座 全3回 ＜通学/通信＞

内容 合格のためには、知識を確実に身につけなければなりません。試験直前期には、その知識をより確実なものにする必要があります。この講座では、「合格に必要な知識」をさらに精錬した究極の300のポイントを示し、知識の再確認をします。

こんな人にオススメです
・合格に必要な知識を確実にし、合格を不動のものにしたい方
・直前期の勉強法に悩んでいる方

使用教材
究極のポイント300攻略講座
オリジナルテキスト（受講料込）

受講料

受講形態	一般価格(税込)	講座コード
通信・Web動画＋スマホ＋音声DL	14,300円	TB23571

※通学・通信DVDなどその他受講形態もございます。詳しくはLEC宅建ホームページをご覧ください。

今年も当てます!本試験!!

試験に出るトコ大予想会 全3回 ＜通学/通信＞

内容 過去問の徹底分析に基づき、LEC宅建講師陣が総力をあげて2023年度の宅建士試験に「出るトコ」を予想する講座です。復習必要度の高い重要論点ばかりで問題が構成されています。2023年度の宅建士試験合格を、より確実なものにできます。

こんな人にオススメです
・今年の宅建本試験に何がなんでも合格したい方
・一発逆転を狙う方
・2022年度宅建本試験にあと一歩だった方

使用教材
試験に出るトコ大予想会
オリジナルテキスト（受講料込）

受講料

受講形態	一般価格(税込)	講座コード
通信・Web動画＋スマホ＋音声DL	14,300円	TB23576

※通学・通信DVDなどその他受講形態もございます。詳しくはLEC宅建ホームページをご覧ください。

本試験前日の超直前講座!

とにかく6点アップ!直前かけこみ講座 全2回 ＜通学／通信＞

内容 2023年度宅建士試験は10月15日(日)に実施されます(予定)。本講座は、その前日、10月14日(土)に行います。本試験前日ともなると、なかなか勉強が手につかないもの。やり残した細かい所が気になってしまうのも受験生の心理でしょう。そんなときこそ、当たり前のことを落ち着いて勉強することが重要です。本講座で重要ポイントをチェックして、本試験に臨んでください。

こんな人にオススメです
・本試験に向けて最後の総まとめをしたい方
・最後の最後に合格を確実にしたい方

使用教材
とにかく6点アップ!直前かけこみ講座
オリジナルテキスト（受講料込）

受講料

受講形態	一般価格(税込)	講座コード
通信・Web動画＋スマホ＋音声DL	7,150円	TB23565

※通学・通信DVDなどその他受講形態もございます。詳しくはLEC宅建ホームページをご覧ください。

※上記の内容は発行日現在のものであり、事前の予告なく変更する場合がございます。あらかじめご了承ください。

■お電話での講座に関するお問い合わせ(平日9:30～20:00　土・祝10:00～19:00　日10:00～18:00)

LECコールセンター 携帯OK **0570-064-464**

※このナビダイヤルは通話料お客様ご負担となります。
※固定電話・携帯電話共通(一部のPHS・IP電話からもご利用可能)。

LEC Webサイト ▷▷ www.lec-jp.com/

🖱 情報盛りだくさん！

資格を選ぶときも，
講座を選ぶときも，
最新情報でサポートします！

▷ 最新情報
各試験の試験日程や法改正情報，対策講座，模擬試験の最新情報を日々更新しています。

▷ 資料請求
講座案内など無料でお届けいたします。

▷ 受講・受験相談
メールでのご質問を随時受付けております。

▷ よくある質問
LECのシステムから，資格試験についてまで，よくある質問をまとめました。疑問を今すぐ解決したいなら，まずチェック！

▷ 書籍・問題集（LEC書籍部）
LECが出版している書籍・問題集・レジュメをこちらで紹介しています。

🖱 充実の動画コンテンツ！

ガイダンスや講演会動画，
講義の無料試聴まで
Webで今すぐCheck！

▷ 動画視聴OK
パンフレットやWebサイトを見てもわかりづらいところを動画で説明。いつでもすぐに問題解決！

▷ Web無料試聴
講座の第1回目を動画で無料試聴！気になる講義内容をすぐに確認できます。

スマートフォン・タブレットから簡単アクセス！ ▶▶

自慢のメールマガジン配信中！（登録無料）

LEC講師陣が毎週配信！ 最新情報やワンポイントアドバイス，改正ポイントなど合格に必要な知識をメールにて毎週配信。

www.lec-jp.com/mailmaga/

LEC E学習センター

新しい学習メディアの導入や，Web学習の新機軸を発信し続けています。また，LECで販売している講座・書籍などのご注文も，いつでも可能です。

online.lec-jp.com/

LEC電子書籍シリーズ

LECの書籍が電子書籍に！ お使いのスマートフォンやタブレットで，いつでもどこでも学習できます。

※動作環境・機能につきましては，各電子書籍ストアにてご確認ください。

www.lec-jp.com/ebook/

LEC書籍・問題集・レジュメの紹介サイト **LEC書籍部** www.lec-jp.com/system/book/

LECが出版している書籍・問題集・レジュメをご紹介	当サイトから書籍などの直接購入が可能（＊）
書籍の内容を確認できる「チラ読み」サービス	発行後に判明した誤字等の訂正情報を公開

＊商品をご購入いただく際は，事前に会員登録（無料）が必要です。
＊購入金額の合計・発送する地域によって，別途送料がかかる場合がございます。

※資格試験によっては実施していないサービスがありますので，ご了承ください。

れっく LEC全国学校案内

＊講座のお問合せ，受講相談は最寄りのLEC各校へ

LEC本校

■ 北海道・東北

札　幌本校　　☎011(210)5002
〒060-0004 北海道札幌市中央区北4条西5-1　アスティ45ビル

仙　台本校　　☎022(380)7001
〒980-0022 宮城県仙台市青葉区五橋1-1-10　第二河北ビル

■ 関東

渋谷駅前本校　　☎03(3464)5001
〒150-0043 東京都渋谷区道玄坂2-6-17　渋東シネタワー

池　袋本校　　☎03(3984)5001
〒171-0022 東京都豊島区南池袋1-25-11　第15野萩ビル

水道橋本校　　☎03(3265)5001
〒101-0061 東京都千代田区神田三崎町2-2-15　Daiwa三崎町ビル

新宿エルタワー本校　　☎03(5325)6001
〒163-1518 東京都新宿区西新宿1-6-1　新宿エルタワー

早稲田本校　　☎03(5155)5501
〒162-0045 東京都新宿区馬場下町62　三朝庵ビル

中　野本校　　☎03(5913)6005
〒164-0001 東京都中野区中野4-11-10　アーバンネット中野ビル

立　川本校　　☎042(524)5001
〒190-0012 東京都立川市曙町1-14-13　立川MKビル

町　田本校　　☎042(709)0581
〒194-0013 東京都町田市原町田4-5-8　町田イーストビル

横　浜本校　　☎045(311)5001
〒220-0004 神奈川県横浜市西区北幸2-4-3　北幸GM21ビル

千　葉本校　　☎043(222)5009
〒260-0015 千葉県千葉市中央区富士見2-3-1　塚本大千葉ビル

大　宮本校　　☎048(740)5501
〒330-0802 埼玉県さいたま市大宮区宮町1-24　大宮GSビル

■ 東海

名古屋駅前本校　　☎052(586)5001
〒450-0002 愛知県名古屋市中村区名駅4-6-23　第三堀内ビル

静　岡本校　　☎054(255)5001
〒420-0857 静岡県静岡市葵区御幸町3-21　ペガサート

■ 北陸

富　山本校　　☎076(443)5810
〒930-0002 富山県富山市新富町2-4-25　カーニープレイス富山

■ 関西

梅田駅前本校　　☎06(6374)5001
〒530-0013 大阪府大阪市北区茶屋町1-27　ABC-MART梅田ビル

難波駅前本校　　☎06(6646)6911
〒556-0017 大阪府大阪市浪速区湊町1-4-1
大阪シティエアターミナルビル

京都駅前本校　　☎075(353)9531
〒600-8216 京都府京都市下京区東洞院通七条下ル2丁目
東塩小路町680-2　木村食品ビル

四条烏丸本校　　☎075(353)2531
〒600-8413　京都府京都市下京区烏丸通仏光寺下ル
大政所町680-1　第八長谷ビル

神　戸本校　　☎078(325)0511
〒650-0021 兵庫県神戸市中央区三宮町1-1-2　三宮セントラルビル

■ 中国・四国

岡　山本校　　☎086(227)5001
〒700-0901 岡山県岡山市北区本町10-22　本町ビル

広　島本校　　☎082(511)7001
〒730-0011 広島県広島市中区基町11-13　合人社広島紙屋町アネクス

山　口本校　　☎083(921)8911
〒753-0814 山口県山口市吉敷下東 3-4-7　リアライズⅢ

高　松本校　　☎087(851)3411
〒760-0023 香川県高松市寿町2-4-20　高松センタービル

松　山本校　　☎089(961)1333
〒790-0003 愛媛県松山市三番町7-13-13　ミツネビルディング

■ 九州・沖縄

福　岡本校　　☎092(715)5001
〒810-0001 福岡県福岡市中央区天神4-4-11　天神ショッパーズ
福岡

那　覇本校　　☎098(867)5001
〒902-0067 沖縄県那覇市安里2-9-10　丸姫産業第2ビル

■ EYE関西

EYE 大阪本校　　☎06(7222)3655
〒530-0013　大阪府大阪市北区茶屋町1-27　ABC-MART梅田ビル

EYE 京都本校　　☎075(353)2531
〒600-8413　京都府京都市下京区烏丸通仏光寺下ル
大政所町680-1　第八長谷ビル

【LEC公式サイト】www.lec-jp.com/ スマホから簡単アクセス！

LEC提携校

＊提携校はLECとは別の経営母体が運営をしております。
＊提携校は実施講座およびサービスにおいてLECと異なる部分がございます。

■ 北海道・東北

八戸中央校【提携校】 ☎ 0178(47)5011
〒031-0035　青森県八戸市寺横町13　第1朋友ビル　新教育センター内

弘前校【提携校】 ☎ 0172(55)8831
〒036-8093　青森県弘前市城東中央1-5-2
まなびの森　弘前城東予備校内

秋田校【提携校】 ☎ 018(863)9341
〒010-0964　秋田県秋田市八橋鯲沼町1-60
株式会社アキタシステムマネジメント内

■ 関東

水戸校【提携校】 ☎ 029(297)6611
〒310-0912　茨城県水戸市見川2-3092-3

所沢校【提携校】 ☎ 050(6865)6996
〒359-0037　埼玉県所沢市くすのき台3-18-4　所沢K・Sビル
合同会社LPエデュケーション内

東京駅八重洲口校【提携校】 ☎ 03(3527)9304
〒103-0027　東京都中央区日本橋3-7-7　日本橋アーバンビル
グランデスク内

日本橋校【提携校】 ☎ 03(6661)1188
〒103-0025　東京都中央区日本橋茅場町2-5-6　日本橋大江戸ビル
株式会社大江戸コンサルタント内

■ 東海

沼津校【提携校】 ☎ 055(928)4621
〒410-0048　静岡県沼津市新宿町3-15　萩原ビル
M-netパソコンスクール沼津校内

■ 北陸

新潟校【提携校】 ☎ 025(240)7781
〒950-0901　新潟県新潟市中央区弁天3-2-20　弁天501ビル
株式会社大江戸コンサルタント内

金沢校【提携校】 ☎ 076(237)3925
〒920-8217　石川県金沢市近岡町845-1　株式会社アイ・アイ・ピー金沢内

福井南校【提携校】 ☎ 0776(35)8230
〒918-8114　福井県福井市羽水2-701　株式会社ヒューマン・デザイン内

■ 関西

和歌山駅前校【提携校】 ☎ 073(402)2888
〒640-8342　和歌山県和歌山市友田町2-145
KEG教育センタービル　株式会社KEGキャリア・アカデミー内

■ 中国・四国

松江殿町校【提携校】 ☎ 0852(31)1661
〒690-0887　島根県松江市殿町517　アルファステイツ殿町
山路イングリッシュスクール内

岩国駅前校【提携校】 ☎ 0827(23)7424
〒740-0018　山口県岩国市麻里布町1-3-3　岡村ビル　英光学院内

新居浜駅前校【提携校】 ☎ 0897(32)5356
〒792-0812　愛媛県新居浜市坂井町2-3-8　パルティフジ新居浜駅前店内

■ 九州・沖縄

佐世保駅前校【提携校】 ☎ 0956(22)8623
〒857-0862　長崎県佐世保市白南風町5-15　智翔館内

日野校【提携校】 ☎ 0956(48)2239
〒858-0925　長崎県佐世保市椎木町336-1　智翔館日野校内

長崎駅前校【提携校】 ☎ 095(895)5917
〒850-0057　長崎県長崎市大黒町10-10　KoKoRoビル
minatoコワーキングスペース内

沖縄プラザハウス校【提携校】 ☎ 098(989)5909
〒904-0023　沖縄県沖縄市久保田3-1-11
プラザハウス　フェアモール　有限会社スキップヒューマンワーク内

※上記は2023年4月1日現在のものです。

書籍の訂正情報について

このたびは，弊社発行書籍をご購入いただき，誠にありがとうございます。
万が一誤りの箇所がございましたら，以下の方法にてご確認ください。

1 訂正情報の確認方法

書籍発行後に判明した訂正情報を順次掲載しております。
下記Webサイトよりご確認ください。

www.lec-jp.com/system/correct/

2 ご連絡方法

上記Webサイトに訂正情報の掲載がない場合は，下記Webサイトの
入力フォームよりご連絡ください。

lec.jp/system/soudan/web.html

フォームのご入力にあたりましては，「Web教材・サービスのご利用について」の
最下部の「ご質問内容」に下記事項をご記載ください。

- ・対象書籍名（○○年版，第○版の記載がある書籍は併せてご記載ください）
- ・ご指摘箇所（具体的にページ数と内容の記載をお願いいたします）

ご連絡期限は，次の改訂版の発行日までとさせていただきます。
また，改訂版を発行しない書籍は，販売終了日までとさせていただきます。

※上記「2ご連絡方法」のフォームをご利用になれない場合は，①書籍名，②発行年月日，③ご指摘箇所，を記載の上，郵送にて下記送付先にご送付ください。確認した上で，内容理解の妨げとなる誤りについては，訂正情報として掲載させていただきます。なお，郵送でご連絡いただいた場合は個別に返信しておりません。

送付先：〒164-0001 東京都中野区中野4-11-10 アーバンネット中野ビル
　　　　株式会社東京リーガルマインド 出版部 訂正情報係

- ・誤りの箇所のご連絡以外の書籍の内容に関する質問は受け付けておりません。
  また，書籍の内容に関する解説，受験指導等は一切行っておりませんので，あらかじめご了承ください。
- ・お電話でのお問合せは受け付けておりません。

講座・資料のお問合せ・お申込み

LECコールセンター　☎0570-064-464

受付時間：平日9:30～20:00/土・祝10:00～19:00/日10:00～18:00

※このナビダイヤルの通話料はお客様のご負担となります。
※このナビダイヤルは講座のお申込みや資料のご請求に関するお問合せ専用ですので，書籍の正誤に関するご質問をいただいた場合，上記「2ご連絡方法」のフォームをご案内させていただきます。